reinhardt

IMPRESSUM

Alle Rechte vorbehalten
© 2020 Friedrich Reinhardt Verlag, Basel
Projektleitung: Michael Martin
Layout: Morris Bussmann, Franziska Scheibler
ISBN: 978-3-7245-2435-9

Der Friedrich Reinhardt Verlag wird vom
Bundesamt für Kultur mit einem Strukturbeitrag
für die Jahre 2016–2020 unterstützt.
www.reinhardt.ch

IM TAL DER TRÄNEN

UND DAS LEBEN GEHT WEITER

CHRISTINA BOSS
CHRISTIAN BOSS

INHALT

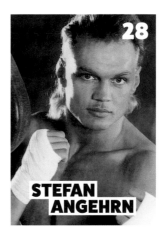

URS KLIBY 222

KEVIN LÖTSCHER 238

MATTHIAS LÖTSCHER 254

SVEN MONTGOMERY 270

JASMIN NUNIGE 286

BEAT SCHLATTER 306

MARC SURER 326

ANDY TSCHÜMPERLIN 344

HANSPETER WENGER 364

PATRICK FISCHER

AUFGEBEN GIBT ES NICHT

Oftmals wird verkündet, dass das Leben ein Würfelspiel ist. Entspricht diese Aussage tatsächlich der Wirklichkeit?

Hier ist man darauf angewiesen, dass der Würfel aus Holz oder Plastik oben eine hohe Zahl anzeigt, am liebsten eine 6. Dann gehört man zu den glücklichen Gewinnern. Wendet sich jedoch das Glück ab, und es liegt oben eine 1, dann wird man schnell zum Loser.

Bei der echten, eigenen Lebensgestaltung kann man einen ordentlichen Teil dazu beitragen, dass man die Sonnenseite geniessen darf. Das Buch «Im Tal der Tränen und das Leben geht weiter» zeigt eindrücklich auf, dass es jedoch einen unerwünschten Spielverderber geben kann: Das Schicksal.

Bei einigen der Persönlichkeiten wird nachdrücklich erkennbar, dass sie ohne ihr Dazutun in die Dunkelheit verbannt wurden und sich mit einer grossartigen Willensleistung wieder zurückkämpfen konnten. Das immer mit dem Motto vor Augen: Aufgeben gibt es nicht. Andere, welche eine harsche Bauchlandung erlitten, wussten bereits im Vorfeld ihres tragischen Wirkens, dass eine grosse Portion Risiko mit dabei war.

Aus eigener Erfahrung ist mir voll bewusst, wie beschwerlich der lange Marsch durch das Tal der Tränen sein kann. Die vom Autorenpaar Christina und Christian Boss ausgewählten Persönlichkeiten erzählen in diesem Buch, in einer bewundernswerten Offenheit, ihre ureigenen Geschichten. Ihr Weg aus dem Tal der Tränen in eine Welt mit vielen hoffnungsvollen Sternen ist vorbildlich und geniesst meinen hohen Respekt. Das Leben geht weiter und wir alle bestimmen selber – in welcher Art. Meine Empfehlung dafür: Mit offenen, aufmerksamen Augen. Mit einem tiefen Glauben an das Gute. Und mit einem unbegrenzten Optimismus.

Ihr immer positiv denkender
Patrick Fischer, Trainer der Schweizer
Eishockey-Nationalmannschaft

Im April 2020

DANIEL
ALBRECHT

DER GRAUENHAFTE STURZ INS TAL DER TRÄNEN

Nicht jedes Genie ist auf den ersten Blick als solches erkennbar. Es ist jedoch erwiesen, dass man durch viel Fleiss, unbändigem Willen und gesunder Strebsamkeit zum Genie werden kann, wenn eine ordentliche Portion Talent vorhanden ist. Diese kurze Umschreibung trifft auf Daniel Albrecht optimal zu.

Als kleines Bübchen, bevor er nämlich so richtig stramm laufen konnte, stand er bereits auf den schmalen Latten. Zwar war er noch um einiges zu klein, um vom Bügellift angenehm in die Höhe befördert zu werden, was ihn aber nicht davon abhielt, in jeder freien Minute auf die Skipiste zu eilen. Genau dadurch baute er sein rennfahrerisches Grundhandwerk Schritt für Schritt auf und aus. Dieses unbändige Bestreben reifte in ihm aus absolut freien Zügen – ungezwungen, ungeformt und unverformt.

Als Autoren stellten wir uns ernsthaft die Frage, ob bei so viel skifahrerischem Herzblut und Engagement die schulischen Leistungen nicht allenfalls zu kurz gekommen seien. Um unser umsorgtes Gewissen zu beruhigen, erlaubten wir uns, eine Persönlichkeit anzufragen, welche es genau wissen musste: Anton Clausen, einer seiner damaligen Lehrer.

«Dani Albrecht war ein stiller, ruhiger Schüler, welcher sich offenbar immer zum Ziel gesetzt hatte, in keiner Art und Weise aufzufallen. Er hat seinen Weg gut gemacht und es wäre niemals vorgekommen, dass er seine Hausaufgaben nicht tadellos erfüllt hätte. Im Fach Turnen stand das turnerische Element im Vordergrund und dabei wies nichts darauf hin, dass er einmal ein so brillanter Skirennfahrer werden würde. Zugegeben, auf der Piste hatte ich Dani während seiner Schulzeit nie live erlebt.»

Der erfolgshungrige Bursche gab sich nicht mit Spitzenrängen an regionalen Wettkämpfen zufrieden, und schon bald legte er auf dem internationalen Parkett einen richtigen Steigerungslauf hin. Im Jahre 2001 tauchte er an den Junioren-Weltmeisterschaften in Verbier im Slalom in den Top-Zwanzig auf. Ein Jahr später im italienischen Tarvis im Super-G bereits in den Top-Ten. Es ging rasant aufwärts mit dem ruhigen, aber dynamischen Oberwalliser. Der ganz grosse Durchbruch gelang ihm bei den Junioren-Weltmeisterschaften im Jahre 2003 im französischen Serre Chevalier. Dort wurde er sage und schreibe dreifacher Weltmeister. Er dominierte in der Abfahrt, im Riesenslalom und in der Kombination. Nicht genug, im Slalom wurde er sogar noch Vize-Weltmeister. Eine unglaubliche Erfolgsstory. Die Stiftung Schweizer Sporthilfe zeichnete ihn daraufhin als erfolgreichsten Nachwuchsathleten des Jahres 2003 aus. In seinem Heimatdorf Fiesch gab es zu seinen Ehren einen Empfang und ein tolles Fest so richtig nach Walliserart.

Daniel Albrecht, der grosse Stolz des Walliser-Volkes, liess nicht locker, ruhte sich nicht auf seinen Lorbeeren aus und zeigte auch an der Weltspitze, dass mit ihm ernsthaft zu rechnen war. Bei seinem ersten Start an Olympischen Spielen erlebte er hautnah, dass im Spitzensport Glück und ein Quäntchen weniger Glück sehr nahe beisammen sind, denn er verpasste in Turin die Bronzemedaille in der Kombination um nur sechs Hundertstelsekunden. Sich deswegen lange grämen? Sicher nicht.

Bereits im darauffolgenden Jahr 2007 zeigte Daniel Albrecht im schwedischen Are eine weitere Sonderleistung. Er wurde Weltmeister in der Super-Kombination, Vizeweltmeister im Riesenslalom und Bronzemedaillengewinner im Teamwettbewerb. Im November 2007 feierte er bei der Super-Kombination und beim Riesenslalom in Beaver Creek seine ersten Siege im Weltcup. Mit dem Sieg im Riesenslalom von Alta Badia setzte der 25-jährige Alleskönner ein starkes Zeichen. Am Ende der Saison 2008 räumte er in Davos bei den Schweizer Meisterschaften ebenfalls tüchtig ab: Gold im Slalom und Gold im Riesenslalom. Das Tor zu ungeahnten Dimensionen stand sperrangelweit offen.

ICH BIN DANIEL ALBRECHT

▸ Geboren am 25. Mai 1983 in Fiesch VS
▸ Verheiratet mit Kerstin
▸ Vater von Maria
▸ Meine Hobbys sind eine freudvolle Beschäftigung mit unseren Hunden und als tiefe Leidenschaft: Die Mondhaus-Bauphilosophie.

DER ABSTURZ INS TAL DER TRÄNEN

Obwohl Daniel Albrecht im Jahre 2008, bei seinem ersten Kontakt mit der gefürchteten Streif-Abfahrt in Kitzbühel, nicht ins Ziel kam, war er ein Jahr später voller Elan und Zuversicht. Er wusste genau, dass er auf dieser schwierigen Strecke extrem schnell sein würde. Das erste Training bestätigte diesen Eindruck. Daniel präsentierte sich in einer ausgezeichneten Verfassung. In einem Interview finden wir folgende Worte von ihm: «Ich kam nach Kitzbühel und sagte mir: Dieses Rennen gewinne ich jetzt. Es war ein Gedanke, den ich so zuvor nie hatte. Ich war in einer tollen Form, das Selbstvertrauen stimmte und ein Sieg die logische Folge daraus.»

Am 22. Januar 2009 stand das Abschlusstraining zu dieser klassischen und berüchtigten Abfahrt auf dem Programm. Daniel Albrecht war wie erwartet schnell unterwegs, kam mit über 140 km/h auf den Zielsprung zu und dann ... gingen bei ihm wortwörtlich die Lichter aus. Er stürzte so dramatisch, dass er ein schweres Schädel-Hirn-Trauma mit diversen Rissen und Einblutungen sowie eine schwere Lungenquetschung erlitt und deshalb in ein künstliches Koma versetzt werden musste. Nach einer ersten Versorgung im nächstgelegenen Krankenhaus wurde er in einem äusserst lebensbedrohlichen Zustand in die Universitätsklinik Innsbruck verlegt. Erst nach drei Wochen, am 11. Februar 2009, erwachte er aus dem Koma und wurde zur Rehabilitation ins Inselspital nach Bern überführt. Dieses konnte Daniel Albrecht am Mittwoch, dem 29. April 2009 verlassen, worauf er als eine seiner ersten Handlungen ein Projekt zur Unterstützung hirnverletzter Menschen ins Leben rief.

Erinnerungen an diesen fatalen 22. Januar 2009 und die Wochen und Monate unmittelbar danach hat Daniel Albrecht keine. Diese sind für immer weg.

Heute, viele Jahre später, ist er froh, dass sein Gedächtnis diese lebensverändernde Zeit vergessen und nirgends abgespeichert hat. Es ist wahrscheinlich, dass er deshalb mit dem ganzen Verarbeitungsprozess besser zurechtkam.

Daniel Albrecht:«Die erste Zeit, als ich aus dem Koma erwachte, war eigentlich ganz angenehm. Ich wusste ja nichts, stellte mir nichts vor und machte mir keine Gedanken. Ich konnte mich an nichts erinnern, kannte meine Eltern und meine Freundin nicht und wusste auch nicht, dass ich einer der besten Skirennfahrer war.»

Doch einer wie Daniel Albrecht ergab sich nicht einfach so in sein Schicksal oder haderte sogar mit diesem. Er arbeitete hart und unverdrossen an seinem Comeback. Was niemand für möglich gehalten hatte, machte der willensstarke Oberwalliser möglich: Am 5. Dezember 2010, 682 Tage nach seinem Unfall, kehrte er in den Weltcup zurück und erreichte im Riesenslalom von Beaver Creek den 21. Rang. Ein Märchen. Daniel Albrecht: «Ich habe bewiesen, dass eine Rückkehr möglich ist. Doch die Trainer sagten mir, dass das ein Zufall war. Ich sei noch nicht so weit. Und ... ich glaubte ihnen. Das ist das Einzige, was ich rückblickend bereue. Ich habe zuvor und danach immer nur auf mein Bauchgefühl und meine Intuition gehört – und habe von dieser Haltung profitiert».

Welchen heroischen Kampf er in dieser Zeit mit sich selbst ausfechten musste, kann niemand wirklich erahnen. Das Wunder einer Rückkehr in den Weltcup erforderte von ihm Übermenschliches. Hören wir ihm gut zu, wenn er aus dieser harten Lebensphase erzählt. «Es war im Sommer nach meinem Sturz im Konditionstrainings-

▲ Daniel Albrecht – auch in Sölden
nicht zu bremsen.
◄ Beaver Creek – die ersten
Siege im Weltcup.

Trotz dem Schicksalsschlag hat Daniel immer noch sehr gute Gefühle für Kitzbühel ...

... und sieht das Leben positiv.

Lager mit der Mannschaft in Mallorca, als ich ziemlich neben den Schuhen stand. So bin ich beispielsweise bis dahin nie Velo gefahren, weil ich gar nicht wusste, ob ich es überhaupt noch kann. In meinem Kopf war fast alles unklar, aber ich wollte unbedingt dabei sein.

Seltsam war: Ich hatte Erinnerungen an die Zeit vor dem Unfall, trug noch das gleiche gute Gefühl in mir und spürte dieses Selbstvertrauen. Nur: Ich konnte praktisch alles nicht mehr. Die Kollegen wussten nicht, wie sie mit mir umgehen sollten. Wenn ich beim Nachtessen drei- oder viermal das Gleiche fragte, schauten sie mich komisch an. Irgendwann realisierte ich, dass ich wieder etwas Dummes gesagt oder gefragt hatte. Leider waren meine Copains nicht darüber informiert worden, was es bedeutet, ein schweres Schädel-Hirn-Trauma zu haben.

Die Konsequenz: Ich zog mich immer mehr zurück und fühlte mich verloren. Diese Phase dauerte Jahre. Wenn ich nach zwei Fahrten nicht mehr konnte oder nach zehn Minuten auf dem Velo nichts mehr ging, wusste ich zuerst nicht, woran das lag. Auf einmal setzte nicht mehr mein Körper Grenzen, sondern mein Kopf. Denn wenn ein Mensch etwas zum ersten Mal tut, muss er das ganz bewusst tun, das braucht Kraft. Ich musste selbst das bewusst tun, was vorher von alleine gegangen war – das kostete brutal Energie.

Keine Frage, dass ich alles von Grund auf neu erlernen musste und dadurch extrem gefordert war. Ich war derart mit mir beschäftigt, dass mein Umfeld zu kurz kam. Am

Anfang war das positiv, weil ich nicht merkte, dass kaum jemand an mein Vorhaben glaubte. Beispielsweise sagte ich zu meinem Trainer: Ich will Weltcuprennen fahren. Dabei war ich nicht einmal fähig, meinen eigenen Rucksack zu tragen. Oder ich fragte ihn: Wann ist der Auftakt in Sölden? Ich will dort gewinnen. Dabei konnte ich nicht einmal geradeaus fahren.

Ich hätte jemanden gebraucht, der gesagt hätte: Die Abfahrt ist das Ziel, aber wir fangen mit dem Riesenslalom an. Ich wollte nur wissen, was noch geht, wie weit ich kommen kann. Hätten mich die Trainer einfach machen lassen, hätte ich selbst gemerkt, was geht. Doch die Trainer sagten mir bei den Sprüngen, es sei gefährlich. Panik und Angst wurden mir fast eingeredet. Wenn nämlich ein Junior das erste Mal eine Abfahrt fährt, geht er nicht weniger Risiko ein. Ihm wird gesagt: Das musst du in den Griff kriegen. Bei mir hiess es: Es könnte schwierig und gefährlich werden. Erst als ich mich an meine neuen Grenzen gewöhnt hatte, konnte ich wieder aufleben – in einem neuen Leben ohne Spitzensport.»

Bevor Daniel Albrecht in sein neues Leben eingestiegen war und dieses akzeptiert hatte, versuchte er alles, um im Weltcup nochmals dorthin zu gelangen, wo er einmal gewesen war. Auch als er im November 2012 im Abfahrtstraining in Lake Louise stürzte, sich dabei eine Kniescheibenluxation und einen Riss des Innenbandes im linken Knie zuzog, wollte er nicht aufgeben. Resignieren – dieses Wort kannte er nie. Doch die Trainer und der Verband hatten Zweifel und strichen ihn kurzerhand aus dem Kader. Daniel Albrecht: «Das war eine brutale Ohrfeige. Bis zu diesem Zeitpunkt war mein ganzes Leben auf Skifahren ausgerichtet – plötzlich aber war dies vorbei, obwohl ich mich mit einem Privatteam auf einem guten Weg befand und trotz allem besser war, als viele andere.»

Nach 138 Weltcup-Rennen gab er seinen Rücktritt bekannt.
Und wie sah er seine Leistungen nach dem Comeback?
«Ich habe gewonnen. Ich habe nach dem Sturz mehr erreicht, als viele gesunde Athleten. Aber weil ich vorher so gut gewesen war, wurde erwartet, dass ich wieder voll dabei sein würde. Dafür hätte ich aber mehr Zeit gebraucht und nie Fehler machen dürfen. Und diese Vorgabe war nicht nur schwierig, sondern schlicht unmöglich.»

Was sagt Daniel Albrecht heute zu seinem Leben?
«Ich bin glücklich. Trotz dem Sturz, der mich komplett aus dem Leben gerissen hat. Das harte Training fürs Comeback hat sich gelohnt, ich kann wieder alles machen und bin beruflich erfolgreich. Ganz zufrieden aber möchte ich nie sein, sonst würde ich nämlich nichts mehr tun.»

10 JAHRE NACH DEM STURZ

Der, der nach den Sternen griff, baut jetzt Mondhäuser.
Was sagt Daniel Albrecht zu dieser Schlagzeile?
«Bereits vor dem verhängnisvollen Sturz hatte ich mit meiner Kleiderlinie ‹Albright› ein erfolgreiches Unternehmen aufgebaut. Nach meinem sportlichen Rücktritt verkaufte ich die Markenrechte an meinen einstigen Kopfsponsor. Genau an denjenigen, welcher bei meinem Horrorsturz meinen Helm zierte.

Heute verkaufe ich tatsächlich Häuser aus ganz minutiös ausgewähltem Holz. Dieses ist unbehandelt und leimfrei. Zudem werden nur rein natürliche Materialien verwendet. Klar, meine Leidenschaft geht in eine leicht extreme Richtung, welche für mich aber vollumfänglich stimmig ist. Ich bin bestens auf Kurs, um die Bauphilosophie zu verändern. «Mondhaus» ist ein Marketingname, welcher die Leute anspricht, fesselt und bei ihnen hängen bleibt. Es ist ein handfestes Konzept dahinter. «Mondhaus» baut nämlich Wohn- und Lebensraum für Menschen, Firmen und Institutionen, welche sich für ein besseres und gesünderes Wohnklima entscheiden. Mein Ziel ist es, dass mein Konzept den Menschen und der Natur guttut und beide Seiten aufleben lässt. Für den Bau der Einheiten werden grundsätzlich lückenlos Bäume aus der Region verwendet. Das Holz kann, damit es eben die volle Wirkung des positiven Mondeinflusses hat, nur an vier bis fünf Tagen im Jahr geschlagen werden. Die dafür richtigen und wertvollen Mondphasen sind nur im Winter, weil sich die Säfte dann aus dem Stamm in die Wurzeln zurückziehen. Das so geschlagene Holz hat dadurch optimale Eigenschaften für den Bau unserer Mondhäuser. Dieses bei Weitem nicht alltägliche Geschäft passt irgendwie zu mir. Man fragt sich, ist er ganz normal? Meine Antwort ist immer die gleiche: Ich bin es nicht und war es nie. Aber wenn ich an etwas glaube, mache ich es mit ganzem Herzen.»

«Aber wenn ich an etwas glaube, mache ich es mit ganzem Herzen.»

Daniel Albrecht, ein junger Mann, der schon Lebenserfahrung für einige Leben hinter sich hat. Wer ist er wirklich? Waren seine Wurzeln schon geheimnisvoll? Autorin Christina macht sich auf den Weg ins Oberwallis, um den vielen offenen Fragen und allfälligen Geheimnissen auf die Spur zu kommen. Wetten, dass … es spannend wird?

ROLLBRETTKÜNSTE WÄHREND DES KÜCHENDIENSTES

Weit oben in der Alpenwelt, genau 2212 Meter über dem Meeresspiegel, liegt die Fiescheralp. Umrahmt von einem herrlichen Wandergebiet und bunten Matten steht das Hotel Restaurant Kühboden. Um diesen Flecken Erde noch edler ins sonnigste Licht zu stellen, sei erwähnt, dass dieses Gebiet ins UNESCO-Weltnaturerbe aufgenommen wurde. Eine Ehre und Wertschätzung sondergleichen. Da gibt es aber auch noch die kulinarischen Spezialitäten aus dem Kanton Wallis, wo Milch, Wein und Aprikosen die Lebensgrundlage vieler Bewohner garantieren. Auch die Familie Albrecht mit Vater Martin, Mutter Beatrice und den Söhnen Fabian und Daniel war auf den Zustrom der Menschen von nah und fern angewiesen. Die Familie sorgte nämlich im Hotel Restaurant Kühboden für das Wohl der Gäste. Das führte natürlich zur Konsequenz, dass sie ihren Wohnsitz für einen grossen Teil des Jahres in die relative Abgeschiedenheit verlegen musste.

Neben dem Gästehaus diente ein schmuckes Chalet für den familiären Wohnraum. Für die Brüder Fabian und Daniel war es eine Selbstverständlichkeit, dass sie anfänglich ein Zimmer teilen mussten. Ob es wohl an der friedvollen Umgebung lag, dass die beiden nie Streit oder sogar Schlägereien hatten? Die Antwort steht in den Sternen. Später durfte Daniel ein Reich für sich alleine beanspruchen. Die Ordnung im Zimmer wurde dadurch jedoch nicht merklich besser. Die Eltern legten grossen Wert darauf, dass die Unordnung einigermassen ordentlich aussah. Beispielsweise mussten alle Legosteine immer fein säuberlich auf einem Haufen liegen. Das war die beharrliche und ultimative Minimalanforderung.

Selbstständigkeit war überhaupt ein wichtiges Zauberwort, welches sehr früh in den Köpfen der Buben Einlass gefunden hatte. Beide wussten mit dieser freizügigen Ausgangslage bestens umzugehen. Sie nützten diese Situation niemals aus, um abwegige oder verbotene Aktionen zu starten. Daniel Albrecht heute zu dieser Ausgangslage: «Wir waren tatsächlich Schlitzohren in einem sozialverträglichen Rahmen. Elterliche Strafen? Solche waren nie das geringste Thema, weil es schlicht keinen Anlass dazu gegeben hatte.» Ein wichtiger Erziehungsfaktor, welcher Daniel lebenslänglich begleitet, hiess: Wenn du etwas machst, dann mache es mit Überzeugung richtig.

Bereits als Dreikäsehoch hatte Daniel nachhaltig den Beweis erbracht, dass er in der Sparte Kombination ein ganz Grosser werden kann. Allerdings bezieht sich diese Feststellung noch nicht auf den Skisport.

In den Sommerferien war es ihm nämlich vorbehalten, eine Tellerwäscher-Karriere zu starten. Es blieb nicht beim Tellerwaschen. Er wurde auch zum Trennen und Entsorgen von Essensresten, Servietten und was sonst noch alles von den Gästetischen zurückkam, eingesetzt. Diese Arbeitsgänge hatten es richtig in sich, weil es äusserst speditiv zu und her gehen musste. Da kam Daniel auf die glorreiche Idee, das Notwendige mit dem Praktischen zu kombinieren. Von nun an rauschte er mit

▼ Viele Jahre später fährt Daniel Albrecht in Nakiska Weltcup-Rennen.

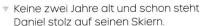
▼ Keine zwei Jahre alt und schon steht Daniel stolz auf seinen Skiern.

dem Rollbrett durch die grosszügig angelegte Waschstrasse hin und her. Ein hochwertvolles Training zur Verbesserung der Koordination und der Beweglichkeit. Der Clou zum Schluss: Dieses ganze Freizeitvergnügen wurde erst noch mit einem ordentlichen Taschengeld abgegolten.

DER SCHWEBENDE SCHULWEG

Es wäre völlig vermessen und würde der Realität in keiner Hinsicht entsprechen, wenn man Daniel Albrecht in die Kaste der Hinterwäldler versorgen würde. Zugegeben, er wohnte während Monaten in einem Gebiet, wo sich Steinbock und Gämse gute Nacht sagen. Weltfremd war er deswegen jedoch überhaupt nicht. In der Touristensaison kam er mit Menschen aus der ganzen Welt in Kontakt und wenn es im Alpengebiet ruhiger wurde, sorgten die Eltern für die Erweiterung des geografischen Horizontes. Bereits als elf Kerzlein auf Daniels Geburtstagstorte erstrahlt hatten, hatte er schon viel von der schönen weiten Welt gesehen. In den Ferien ging es in fremde Länder wie Italien, Frankreich und

«Später, als ich wieder zu Hause war und das Kindheitsfotoalbum durchstöberte, war mir alles klar.»

sogar über den grossen Teich nach Kanada. Besonders die Niagarafälle hinterliessen in ihm einen eindrücklichen und nachhaltigen Eindruck. Daniel Albrecht erzählt: «Die Vorbereitungen auf die Weltcup-Abfahrt in Nakiska in der kanadischen Provinz Alberta liefen auf Hochtouren. Die Piste an den Hängen der Rocky Mountains forderte alles. Trotz der starken Beanspruchung stutzte ich, als mir ein markanter Schriftzug am Eingang des Skigebietes auffiel und in mir eine Erinnerung weckte. Aber welche? Später, als ich wieder zu Hause war und das Kindheitsfotoalbum durchstöberte, war mir alles klar. Auf einem Bild sah ich mich, wohlverstanden als 10-Jähriger, vor dem markanten Schriftzug stehen. Das Geheimnis war gelüftet.»

Ja, wenn nur die Schule nicht wäre. Dieser Gedanke verfolgte Daniel immer wieder. Trotzdem musste er diese Pflicht auf sich nehmen und in den sauren Apfel beissen. Der Schulweg war jedoch attraktiv, leicht abenteuerlich angehaucht und immer mit Zeitdruck verbunden. Das begann schon am frühen Morgen. Mit der ersten Gondel aus dem Tal wurden jeweils die Backwaren für den Gästebetrieb angeliefert. Das bedeutete, dass sich die Albrecht-Buben mit je einem Gipfeli und einem Mütschli eindecken und in der schwebenden Gondel das verdiente Frühstück geniessen durften. Ein Privileg der Sonderklasse. Ein richtiges Wettrennen gehörte in der Mittagspause zum Pflichtprogramm. Schnelllauf vom Schulhaus zur Bahnstation, zurücklegen der Höhendifferenz von 1162 Metern mit der Luftseilbahn, Mittagessen zu Hause im Restaurant Kühboden und dann die Fortsetzung in umgekehrter Reihenfolge. 60 Minuten blieb exakt Zeit, um dieses happige Programm abzuspulen, um rechtzeitig wieder in der Schulbank zu sitzen. Positiv: Beide Burschen waren gesund verpflegt und um eine Trainingslektion reicher.

Der Schulbetrieb war definitiv nicht ein Fall für Daniel Albrecht. Super fand er die vielseitigen Aktivitäten auf dem Pausenplatz und natürlich auch das Fach Turnen. Zudem war er für alles zu haben, welches im Kollektiv, das heisst in Gruppenarbeiten, realisiert werden konnte. Sein Hang zum positiven Teamplayer war jederzeit bestens erkennbar.

Eiszeit herrschte hingegen blitzartig, wenn die Lehrerschaft ihre Autoritätsallüren an die Schüler bringen wollten. Da klopften sie bei Daniel an die völlig falsche Pforte. Als zur Selbstständigkeit erzogener Bursche konnte er locker selber denken und gut ohne den Obrigkeitsdruck auskommen. Die entsprechenden Anweisungen im Befehlston erreichten ihn lediglich, wenn er es eben zuliess. Sonst hiess seine Devise: Zum einen Ohr hinein und zum anderen schleunigst wieder hinaus.

In sich gekehrt zeigte sich Daniel, wenn es darum ging, vor versammelter Schülerschar einen Vortrag zu halten. Diese Art von Kommunikation lag ihm nicht. Offen und äusserst zugänglich erlebte man ihn jedoch, wenn es um eine Art Frage- und Antwortspiele ging. Wie später, als Grosser der Skigilde, lebte er bei interviewähnlichen Übungen freudig auf.

Zum Abschluss der Schulzeit ziehen wir Autoren für einmal Bilanz und geben Daniel Albrecht folgende Zeugnisnote: 5–6. Unsere Begründung: In den schulischen Fächern war er, trotz nicht gerade berauschendem Interesse, im breiten Mittelfeld. Dafür glänzte er als positiver Stimmungsmacher im Klassenverband, war absolutes Vorbild bei den Pausenplatzaktivitäten und gegenüber den Mitschülern jederzeit freundlich, hilfsbereit und zuvorkommend. Beste Voraussetzungen, um das Thema «Berufliche Zukunft» ruhig und gelassen in Angriff zu nehmen. An Perspektiven fehlte es ihm schliesslich nicht und im Hinterkopf hatte er längst schon einen klaren Plan.

WENN DIE LEHRERIN DIE WELT NICHT MEHR VERSTEHT

Wenn einer in der Schulzeit fleissig auf verschiedenen sportlichen Hochzeiten tanzte, war es Daniel Albrecht. Bis zum 13. Altersjahr kämpfte er beim Fussballclub Fiesch um Punkte und um Anerkennung. Beides gelang ihm tadellos. Genau in dieser Zeit schossen Trend-Sportarten wie Pilze aus dem Boden. Beispielsweise Inline-Skating, ein wilder Ritt mit schnellen Rädchen an den Schuhen. Daniel und Freunde zögerten nicht und gründeten ein entsprechendes Rollteam. Die mutigen Gipfelstürmer suchten immer wieder prickelnde Herausforderungen und fanden diese im Skate-Park auf dem schwyzerischen Sattel. Weitab vom Wallis ging es darum, wer wohl den Mut und die Vermessenheit aufbrachte, um von der gut drei Meter hohen Halfpipe hinunterzudonnern und das ohne zu stürzen.

Natürlich schaffte es nur ein Einziger: Daniel Albrecht.

Natürlich schaffte es nur ein Einziger: Daniel Albrecht. Keine Frage, auch auf den schmalen Brettern, welche später für Daniel die Welt bedeuten sollten, fühlte er sich pudelwohl. Da er ja das Wort «Schule» wenn immer möglich umschiffte, blieb er auch der Skischule konsequent fern. Trotzdem lag ihm viel daran, sich an den jeweiligen Skirennen mit anderen Burschen wettkampfmässig zu messen. Bruder Fabian brachte es tatsächlich fertig, dass Daniel an den Start durfte. Zwar hatte dieser das startberechtigte Alter noch nicht erreicht, was ihn aber nicht hinderte, das Rennen souverän zu gewinnen. Als Zeitzeichen dient ein illustres Foto: Daniel steht zuoberst auf dem Treppchen, die beiden Nächstklassierten, wie es sich gehört, unten. Und … alle Gesichter lachen von der genau gleichen Höhe in die Kamera.

▲ Daniel geniesst die Stimmung am südlichsten Punkt,
wo man Skifahren kann – in Ushuaia (Argentinien).

Sehr viele positive Gefühle an Beaver ▶
Creek werden immer bleiben.

Die Lehrerin war zweifellos für die Schülerinnen und Schüler, welche in eine andere Lebensphase treten mussten, eine Vertrauensperson. Deshalb lag ihr auch das Wohl ihrer Anvertrauten sehr am Herzen. Die Frage nach der beruflichen Zukunft liess ihr keine Ruhe. Auch Daniel Albrecht wurde zum Gespräch gebeten und antwortete auf die Frage nach dem Berufswunsch spontan und in vollster Überzeugung: Skirennfahrer. Die Folge: Stille im Raum. Als die Lehrerin ihren ersten Schock überwunden hatte, versuchte sie alles Menschenmögliche, um Daniel von seinem Vorhaben abzubringen. Den ernsthaften Hinweis, dass Skirennfahrer wirklich kein Beruf sei, überhörte Daniel konsequent. Schliesslich hatte dieser schon öfters gehört und in seinen Gedanken registriert, dass man mit Skifahren sehr gutes Geld verdienen könne. Der 13-Jährige verfolgte seinen Plan hartnäckig weiter und suchte eine Möglichkeit, um eine professionelle Ausbildung starten zu können. Bald war ihm klar, dass es in den heimischen Gefilden keine solche gab. Dann halt in die Ferne schweifen, wenn es in der Nähe nicht klappen sollte. Warum sollte er die Lehre nicht beim grossen nachbarlichen Skisport-Konkurrenten in Österreich absolvieren? Dort gab es schliesslich die Internatsschule für Skisportler Stams nahe Innsbruck im Tirol. Die bekannteste und erfolgreichste Skisportschule der Welt. Nebst Ernährungs- und Trainingsbetreuung war man dort streng darauf aus, dass das Erledigen der Unterrichtsarbeit nie zu kurz kam. Daniel wusste genau, dass die Aufnahme in diese elitäre Schule eine gewaltig hohe Hürde darstellen werde. Über sechzig Bewerber hatten das gleiche Ziel wie er und für einmal fand der Grosskampf nicht auf der Skipiste, sondern am grünen Tisch statt. Doch Daniel wusste sich in dem über vier Tage dauernden Aufnahmeverfahren bestens in Szene zu setzen und so war er einer der glücklichen Acht, welche jubeln durften. Er durfte die vierjährige Ausbildung in Angriff nehmen und konnte am Schluss, neben den skirennfahrerischen Schwerpunkten, ein wichtiges und wertvolles zusätzliches Standbein zementieren:

Die erfolgreich abgeschlossene Handelsschule. Daniel Albrecht im Rückblick: «Die positive Botschaft, dass ich im Skigymnasium Aufnahme fand, löste in mir ein lachendes und ein weinendes Auge aus. Lachend, weil sich mir eine einmalige Riesenchance bot, um zwei Fliegen auf einen Streich zu erlegen: Ein berufliches Fundament und ein Karrieresprung erster Güte. Weinend, weil ich mich von meiner Familie, meiner Freundin und von meinem vertrauten Kollegenkreis trennen musste. Einzig an Weihnachten gab es jeweils ein herzliches Wiedersehen. Im ersten Jahr litt ich wegen sprachlichen Schwierigkeiten enorm. Mein Walliser-Dialekt hörte sich für mein österreichisches Umfeld wie Chinesisch an. Logisch, dass ich mich fremd und unverstanden gefühlt habe. Tatsächlich kam es nicht nur einmal vor, dass ich an ein Aufgeben und einen Rückzug in meine heimatliche Komfortzone gedacht habe.»

WER EIN CHAMPION WERDEN WILL, KENNT NUR EINE REGEL: AUFGEBEN VERBOTEN

Im zweiten Studienjahr war die sprachliche Barriere glücklicherweise nicht mehr vorhanden. Daniel hatte den österreichischen Dialekt im Griff, konnte sich bestens auf diese neue Situation einstellen und näherte sich auch der nachbarschaftlichen Mentalität. Das unangenehme Durchbeissen war Geschichte und, das war superpositiv, es schien sich langsam aber sicher auszuzahlen. In der Zeit zwischen Dezember und März rückte die Schule sowieso jeweils in den Hintergrund. Die absolute Priorität gehörte den Wettkämpfen irgendwo auf dem Erdball. Über sechzig Mal stiess sich Daniel Albrecht dynamisch aus einem Starttor ab, um mit vollster Konzentration und zielorientiert um Hundertstelsekunden zu kämpfen. Immer wieder leuchtete in ihm eine starke Motivationslampe auf, welche signalisierte: «Wenn du ein erfolgreicher Skirennfahrer werden willst, gibt es nur eines: Durchhalten.» Dazu begleiteten ihn ständig die Worte seines Vaters – beinahe dämonenhaft: «Wenn du etwas machst, mache es richtig.»

> **«Wenn du ein erfolgreicher Skirennfahrer werden willst, gibt es nur eines: Durchhalten.»**

Daniel beherzigte alle diese Parolen, liess sich von nichts und niemandem von seinem Weg abbringen und schaffte die Abschlussprüfung zum Handelskaufmann auf Anhieb. Doch bei einem Prüfungsfach befiel ihn ein nervöses Zittern. Berechtigt?

«In den Fremdsprachen musste ich mit einem echten Nachteil klarkommen. In Österreich gehörte nämlich Englisch zum Pflichtprogramm und meine schulische Basis lag nur in der französischen Sprache. Einen Teil meines Vortrages musste ich in Englisch kommunizieren und dabei war meine Nervosität an der obersten Grenze. Das Gesamtbild meiner Tests liess sich jedoch sehen. Die Handelsschule war in trockenen Tüchern – es konnte aufgeatmet werden.»

Sportlich ging es rasant aufwärts. Als 17-Jähriger durfte Daniel Albrecht seinen ersten Zahltag entgegennehmen: 5000 Franken als Jahreslohn des Kopfsponsors. Zudem konnte er anlässlich eines Rennens in Kanada, stufenmässig analog dem Europacup, sein erstes Preisgeld auf der Aktivseite seiner Bilanz verbuchen. Der Bann war gebrochen, der Geldsegen kam ins Fliessen. Es wäre nun dem ideenreichen Aufsteiger nicht in den Sinn gekommen, die Moneten auf die hohe Kante zu legen. Sofort investierte er in seine Zukunft. Lassen wir Daniel selbst erzählen: «Man hat mich damals für ziemlich verrückt erklärt, als ich für stolze 560 harte Schweizerfranken einen Bose-Kopfhörer angeschafft habe. Ich hörte das Gemurmel wohl: Kein Geld, aber eine solche Luxusanschaffung. Dabei war es ein wirklich cleverer Kauf. Die Musikqualität war dermassen hoch, dass ich mich im richtigen Zeitpunkt in einen optimalen Zustand versetzen konnte. Kurz und gut: Der Erfolg gab mir umfänglich recht.»

SCHNELL, ERFOLGREICH, RISIKOFREUDIG UND GESCHÄFTSTÜCHTIG

Der junge Walliser-Skicrack entwickelte sich hervorragend. Das grosse Talent und der immense Trainingswille von Daniel Albrecht entgingen auch dem Trainerfuchs Karl Frehsner nicht. Der «eiserne Karl» berief die beiden zur Spitze drängenden Daniel Albrecht und Marc Berthod in die Equipe für die Weltmeisterschaften im Jahre 2003 in St. Moritz. Damit war für Daniel das Tor nach ganz oben sperrangelweit offen. Er erkannte die grosse Chance, setzte sich zum Ziel, von den jungen Wilden der Beste zu werden und lieferte prächtige Ergebnisse. An den Junioren-Weltmeisterschaften 2003 in Serre Chevalier gewann Daniel drei Mal Gold und einmal Silber. Eine unwahrscheinliche Erfolgsstory. Die Stiftung Schweizer Sporthilfe zeichnete ihn daraufhin als Nachwuchsathleten des Jahres 2003 aus.

Risikofreudigkeit strahlte Daniel Albrecht auch im geschäftlichen Bereich aus. Seine abgeschlossene Handelsschule half ihm gewiss, sein Tun und Lassen richtig abschätzen zu können. Er gründete eine eigene Skikleider-Kollektion und beförderte sich gleichzeitig zum Chef des Unternehmens. Die ersten Produkte gingen bereits im Jahre 2003 über die Ladentische. Da war Daniel gerade mal 20 Jahre alt.

Daniel wäre nicht Daniel, wenn er sich auf den Lorbeeren ausgeruht hätte. Der Himmelsstürmer wollte mehr, viel mehr. Der Ausbau seiner Firma wurde munter weiter gepusht und im Jahre 2007 entstand die Albright GmbH. Die schmucke «Albright Collection» mit 29 Artikeln für Damen, Herren und Kinder wurde danach in über 70 Ochsner Sport-Filialen angeboten. Äusserst klug lancierten der Macher und sein Gefolge die neue Produktepalette: An einer Medienkonferenz und Modeschau

Ein vortrefflicher Schachzug mit einem optimalen Timing.

im etablierten Zürcher Musikclub Mascotte. Ein vortrefflicher Schachzug mit einem optimalen Timing. Daniel Albrecht gewann nämlich just das erste Weltcuprennen der Saison 2008/2009 in Sölden.

Daniel Albrecht, wie kamen Sie auf den Namen «Albright»?
«Ein kanadischer Zimmerkollege am Skigymnasium in Stams konnte meinen Namen nicht aussprechen und machte aus ‹Albrecht› kurzerhand ‹Albright›. Dadurch war mein künftiger Spitzname geboren. Alle riefen nur noch ‹Albright›. Bereits in dieser Zeit reifte in mir die Idee mit der eigenen Skibekleidungskette.»

▲ Daniel Albrecht -
der Mondhaus-Experte.

Ihr Fazit zu diesem risikoreichen Unterfangen?
«Es ist alles prima aufgegangen. Was ich geplant hatte, funktionierte lückenlos und entwickelte sich Schritt für Schritt in die richtige Richtung. Mein zweites Standbein war zweifellos auf einem starken Fundament gebaut.»

Sind Sie auch als Autofahrer schnell und risikofreudig unterwegs?
«Überhaupt nicht. Ich habe bis heute lediglich zwei Bussen wegen zu schnellem Fahren eingefangen. Human und eigentlich nicht der Rede wert. Ganz ungeschoren kam ich allerdings nicht über die Runden. Als ich zum ersten Mal nach Adelboden aufgeboten wurde, um für die Weltcuprennen zu trainieren, geschah das Unheil. Die Anreise mit dem vom Verband zur Verfügung gestellten Audi A3 genoss ich als 18-Jähriger in vollen Zügen. Dass ich immer etwas zu schnell durch die Kurven

▲ Die Natur – Erholungsquelle pur.

rauschte, hatte anfänglich keine Folgen. Plötzlich geriet ich jedoch auf einen Strassenabschnitt, welcher den ganzen Tag im Schatten gelegen hatte, kam etwas von meiner Linie ab und touchierte seitlich ein entgegenkommendes Fahrzeug. Bei meinem schönen Audi A3 wurde dadurch das Chassis so stark verschoben, dass dieser unter der Rubrik ‹Totalschaden› ausgemustert werden musste. Bei diesem unangenehmen Zwischenfall durfte ich doppeltes Glück in Anspruch nehmen. Niemand wurde verletzt und ... das ‹gegnerische› Auto war mit sechs Personen widerrechtlich überfüllt. Die Klärungsgespräche konnten, nicht zuletzt deswegen, in einem freundlichen Rahmen abgewickelt werden. Seither zähle ich mich eher zu den autofahrerischen Geniessern. Ich mag es gemütlich und bin jederzeit bestrebt, ohne Stress zu fahren.»

Themenwechsel. Entpuppte sich die Schweizer Armee
für Sie als Erfolgsblocker?

«Eingangs möchte ich mit Nachdruck erwähnen, dass ich ein guter Soldat war und meine militärischen Aufgaben immer sehr ernst genommen habe. Die ersten vierzehn Wochen der Rekrutenschule absolvierte ich als Füsilier in Andermatt. Ohne von einem Sportler-Bonus zu profitieren, einfach wie jeder andere Dienstpflichtige. Die restlichen Wochen verbrachte ich anschliessend in der Spitzensportler-RS in Magglingen. Eine Episode bleibt mir in bester Erinnerung, weil ich darin viel Positives für mich erkannt habe. Zusammen mit fünf Leidensgenossen musste ich eine ganze Woche lang Wache schieben. Das war ein Härtetest sondergleichen. Kurz zusammengefasst: Im Wechsel und immer zu zweit hiess es: zwei Stunden Arbeitsdienst, zwei Stunden Bereitschaft und zwei Stunden Schlaf. Ganz brutal war es, wenn ich nachts um zwei Uhr an der Barriere stehen musste und es kam nie eine Menschenseele vorbei. Das Positive: Ich konstruierte für mich daraus ein optimales Mentaltraining und kam dadurch zu wertschöpfenden Elementen. Einfach so unter dem Motto: Fantasie verlass mich nie.»

UND DAS LEBEN GEHT WEITER — IMMER WEITER UND WEITER

Am 22. Januar 2009 durfte Daniel Albrecht in der Tat auf ein ganzes Heer von Schutzengeln zählen, damit sein junges Leben überhaupt eine Fortsetzung fand. Beim brutalen Sturz in Kitzbühel hätte der liebe Gott auch eine andere Entscheidung treffen können. Das tat er aber nicht. Dafür gebührt ihm ein grosses Dankeschön.

Bis zu diesem Zeitpunkt rockte Daniel in allen Belangen von einer Erfolgswelle zur nächsten. Sportlich top, unternehmerisch top und was in diesem schwerwiegenden Moment von grösster Wichtigkeit war: Er konnte auf eine gut funktionierende Partnerschaft mit Kerstin bauen. Sie war eine Art Leuchtturm in dem auf ihn zukommenden stürmischen Lebensabschnitt. Die Stabilität dieser Brücke in ein neues, in ein anderes Leben war erprobt und hatte Standfestigkeit. Wie und wo diese bereits mehrere Jahre dauernde Beziehung ihren Ursprung hatte, erzählt Daniel gleich selber: «An einem schönen Wintertag liess ich mich mit dem Sessellift ins Skigebiet chauffieren. Dabei wurde ich Augenzeuge, wie eine Snowboarderin direkt unter mir nach einem Sturz im Pulverschnee landete. Ich fand das Schauspiel extrem lustig. Als ich das ‹Sturzopfer› später im Restaurant wiedersah, hatte ich einen guten Grund, um sie auf ihren Tiefschneetaucher anzusprechen. Es blieb nicht nur bei diesem Thema und so wurde diese Begegnung zum Ausgangspunkt unserer Beziehung. Diese erfuhr gezwungenermassen gewisse Unterbrüche, da ich als 14-Jähriger bekanntlich meinen Lebensmittelpunkt nach Österreich verlegt hatte. Vor der Weltmeisterschaft im Jahre 2007 war es dann so weit, dass wir endgültig und unwiderruflich zusammenzogen. Das Leben ging für uns auch nach dem schweren Unfall gemeinsam weiter. Am 3. August 2012 fand die Hochzeit in Brig in einem harmonischen, entspannten und familieninternen Rahmen statt. Gut vier Jahre später, genau am 6. November 2016, wurde unser Glück mit der Geburt von Töchterchen Maria in dankbarer Weise weiter begünstigt.»

Heute lebt Daniel mit seiner Frau Kerstin, Töchterchen Maria und zwei Hunden in einem wunderbaren Mondhaus. Autorin Christina hat den Aufenthalt für die Zeit des Buchgespräches im prächtigen Heim äusserst geschätzt und ist vom Mondhaus-

Konzept hell begeistert. Das Leben ging für Daniel Albrecht auch beruflich weiter und das unter völlig anderen Rahmenbedingungen. Seine erfolgreiche «Albright-Collection» hat er verkauft und der Spitzensport hat seine alles überstrahlende Bedeutung logischerweise auch weitgehend verloren. Trotzdem erkennt der Denker und Lenker zwischen seiner heutigen Tätigkeit als Mondhaus-Unternehmer und seiner Zeit als Weltklasseathlet wertvolle Gemeinsamkeiten. Gespannt verfolgen wir seinen Vortrag über dieses Phänomen: «Die Teamzusammenzüge zählten immer zu meinen Highlights. Wir waren eine Gruppe von Rennfahrern, jedoch jeder für sich speziell und einzigartig, und trotzdem hatten wir alle das gleiche Ziel: Erfolg und nochmals Erfolg. Um mich herum bildeten sich immer wieder Grüppchen und das weckte in mir die Herausforderung, diese so zu vernetzen und zu motivieren, dass die Erfolgsziele nie aus dem Blickwinkel gerieten. Da ich mich mental immer stark fühlte, gelang mir diese Mission in der Regel sehr gut.

Nun stehe ich voll im Prozess, Mondhäuser zu realisieren und dem ehrgeizigen Projekt zum absoluten Durchbruch zu verhelfen. Wieder sind ein Vernetzen und ein Ineinandergreifen der einzelnen Etappenteile, dieses Mal in der Arbeitswelt, von höchster Wichtigkeit. Nur wenn es mir gelingt, die Planer und Architekten, die verschiedenen Handwerkgruppen und letztendlich das Marketing zu einem harmonischen und motivierten Team zu vereinen, werden die Mondhäuser einen hohen Bekanntheits- und Qualitätsgrad erreichen und am Ende der Erfolgskette glückliche und zufriedene Kunden finden.»

Keine Frage, mit Daniel Albrecht steht ein Kapitän im Führerstand, der genau weiss, wie man hohe und gefährliche Wellen zu meistern vermag. Wetten, dass es ihm wieder gelingt, in eine rosige Zukunft zu schweben?

Daniel Albrecht, das Leben geht weiter.
Was hat der damalige Sturz tief in Ihnen verändert?
«Tief in mir? Eigentlich nichts. Ich war und bin der Überzeugung, dass alles was geschieht, eine Konsequenz aus dem ist, was davor war. Nicht immer habe ich Einfluss auf alles. Manches passiert einfach. Aber es liegt an mir, immer das Beste aus jeder noch so dummen Situation zu machen. Ich hadere nicht, ich mache. Das war so, und bleibt so.»

«Die Teamzusammenzüge zählten immer zu meinen Highlights. Wir waren eine Gruppe von Rennfahrern, jedoch jeder für sich speziell und einzigartig, und trotzdem hatten wir alle das gleiche Ziel: Erfolg und nochmals Erfolg.»

DREI FRAGEN ZUM SCHLUSS

*Wie viel Raum und Zeit nahm in
Ihrer Schulzeit die Musik ein?*
«Da muss ich ehrlich gestehen, dass die Musik in Bezug auf das Lernen eines Instrumentes völlig an mir vorbei ging. Die Musik hatte für mich als Sportler jedoch eine ganz wichtige Bedeutung. Der richtige Sound mit dem entsprechenden motivierenden Rhythmus half mir sehr, den immer wieder geforderten Leistungsstand zu erreichen.»

*Sie gelten als Mann von Welt, immer
gepflegt und mit einem guten Outfit.
War das schon immer so?*
«Diese Frage möchte ich gerne auf folgende Weise beantworten. Bereits als Kind oder Jugendlicher durfte ich vom Privileg profitieren, alle meine Wünsche an die Eltern zu richten. Immer hörte ich daraufhin das gleiche Lied: Wenn du etwas wirklich gerne willst, ist das in Ordnung. Aber es muss ein gutes Produkt von angemessener Qualität sein. An diesem Grundsatz hat sich bei mir bis heute nichts verändert.»

*Bitte offenbaren Sie uns Ihre Wünsche,
Träume und Visionen.*
«Keine Frage, dass in mir viele Wünsche, Träume und Visionen schlummern. Praktisch alle haben jedoch einen futuristischen Hintergrund. Immer wieder frage ich mich, was wohl in der fernen Zukunft noch alles möglich sein wird. Auch wenn eine Idee noch realitätsfremd und utopisch anmutet, suche ich einen Weg, um den Durchbruch zum Möglichen zu finden. Schliesslich wurde ich Weltmeister, baute eine erfolgreiche Kleiderkollektion auf und kam nach der Verletzung in den Weltcup zurück. Alles Dinge, die auch einmal in weiter Ferne lagen. So bin ich überzeugt, plötzlich wieder einen grossen Wurf landen zu können. Denn wie heisst es doch so treffend in meinem Lieblingszitat von Hermann Hesse: Man muss das Unmögliche versuchen, um das Mögliche zu erreichen.»

◄ Daniel Albrecht: «Man muss das Unmögliche
versuchen, um das Mögliche zu erreichen.»

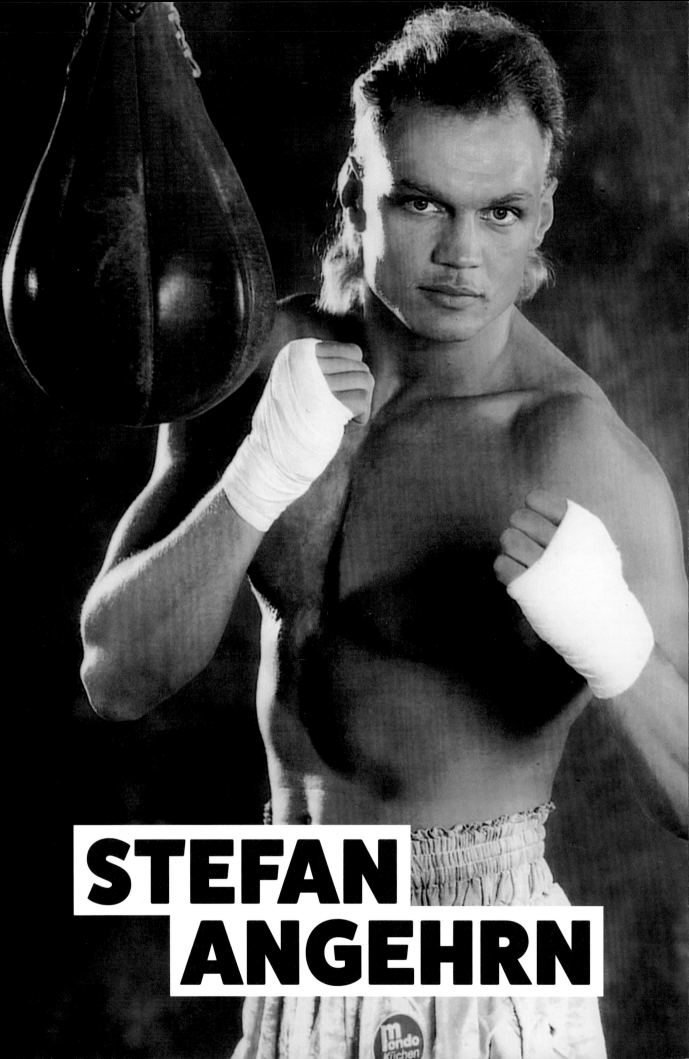

STEFAN ANGEHRN

ES GIBT IMMER EINEN WEG

Stefan Angehrn hat als Profiboxer 25 Kämpfe bestritten. 19 Mal verliess er den Ring siegreich, davon 10 Mal vor der Zeit, das heisst durch KO. Dagegen stehen fünf Niederlagen und ein Unentschieden zu Buche.

1996 und 1997 kämpfte er jeweils um den Weltmeister-Titel und verlor beide Auseinandersetzungen gegen Ralf Rocchigiani ganz knapp. Beim ersten Fight war die Niederlage weitgehend korrekt, doch bei der zweiten Auseinandersetzung wäre ein Unentschieden dem Kampfgeschehen eher gerecht geworden.

Kein Grund, um den Kopf in den Sand zu stecken. Im selben Jahr 1997 trat er nochmals zu einem ganz wichtigen Kampf an. Es handelte sich dabei um einen Weltmeisterschafts-Ausscheidungskampf im Cruisergewicht, eine Klasse unter dem Schwergewicht.

Sein Gegner: Olympiasieger Torsten Max, ein 1,96-Meter-Hüne aus Deutschland. In der Düsseldorfer Philipshalle stand er diesem übermächtigen Kontrahenten gegenüber und das erst noch vor dessen Heimpublikum. May war motorisch viel besser als der technisch eher limitierte Stefan Angehrn, welcher den Weg zum Boxsport erst spät gefunden hatte.

Die Medien berichteten über das grosse Ereignis wie folgt:

Der Kampf beginnt für den Schweizer schlecht. Bereits in der zweiten Runde kassiert er einen Cut unterhalb des rechten Auges. Das Auge schwillt immer mehr zu und der Ringrichter ist drauf und dran, den Kampf abzubrechen. Der Deutsche spielt seine Stärken in der Startphase voll aus. Seine Rechte trifft immer wieder Angehrns Kopf und er spielt seine bedeutend grössere Reichweite geschickt und gekonnt aus. Es ist nur noch eine Frage der Zeit, bis der Kampf zugunsten des Deutschen entschieden ist. Doch in der vierten Runde geschieht Wundersames. May kommt nach seinen Schlägen immer weniger weit vom Gegner weg und muss das Duell im Infight annehmen. Plötzlich wird er durch eine schwere Linke des Schweizers voll an der Stirn getroffen. Mays Kopf schnellt brutal zurück und die Furcht ist ihm daraufhin in seinen Augen bestens abzulesen. Klug nützt Angehrn seinen temporären Vorteil aus. Der Kopftreffer gibt ihm neues Selbstvertrauen. Er lässt sich von diesem Zeitpunkt an nicht mehr verprügeln, wächst förmlich über sich hinaus und kippt den bereits verloren geglaubten Fight zu seinen Gunsten.

Stefan Angehrn streckt die Arme in die Höhe. Endlich hat er es allen Kritikern so richtig gezeigt. Das blutunterlaufene Auge und das geplatzte Trommelfell stören ihn nicht im Geringsten. Angehrn geniesst den grössten Erfolg seiner Karriere und die ganz besondere Genugtuung.

Der Weltklasseboxer schien am Ziel seiner Träume angelangt zu sein – auch finanziell. Vom Gewinn der rund 350 000 Franken blieb nach Abzug der Steuern und anderen Abgaben unter dem Strich nicht mehr viel übrig. Immerhin reichte es, um seine momentanen Schulden zu bezahlen.

Stefan Angehrn:

«Bei meinem nächsten Fight will ich endlich einmal gross verdienen können.»

ICH BIN STEFAN ANGEHRN

- ▸ Geboren am 5. November 1964 in Frauenfeld TG
- ▸ Nicht mehr verheiratet und seit 2008 in einer neuen Partnerschaft mit Bettina Pape
- ▸ Vater von vier Kindern plus zwei von Bettina
- ▸ Meine Hobbys sind Reisen, Persönlichkeitsentwicklung und «die Welt besser machen»

DER ABSTURZ INS TAL DER TRÄNEN

Ein wichtiger und angesehener deutscher Boxveranstalter verspricht Stefan Angehrn nun ein Duell gegen den US-amerikanischen IBF-Weltmeister Imamu Mayfield. Der Weg zum Honigtopf scheint geebnet. Kurz vor der Realisierung zeigt der Veranstalter sein wahres, korruptes Gesicht und will von seiner Zusage plötzlich nichts mehr wissen. Was nun?

Stefan Angehrn lässt sich nicht unterkriegen und organisiert den Kampf um den Interkontinental-Titel gegen Dan Ward im September 1998 gleich selbst und geht dabei zweifellos ein grosses Risiko ein. Trotz gewonnenem Kampf, endlich kann sich Stefan jetzt zumindest mit dem IBF-Intercontinental-Meister-Gürtel schmücken, verkommt das Unterfangen zu einem Fiasko. Nur gerade 840 Zuschauer kauften im Klotener Schluefweg ein Ticket. Der hoch dotierte sportliche Erfolg kommt Stefan Angehrn finanziell teuer zu stehen. Der Verlust beläuft sich auf schmerzhafte 149 000 harte Franken – für einen einzigen Abend. Dazu belastete ihn die gesamte Vorbereitung mit nochmals rund 50 000 Franken. Seine Schuldenlast beträgt ab sofort: 250 000 Franken. Der Absturz ist unmenschlich hart. Doch die Rutschpartie in Richtung finanzielle Hölle ist damit noch nicht zu Ende. Es folgen zwei umfangreiche und kostspielige Vorbereitungen auf weitere Kämpfe. Doch .... beide kommen nicht zur Austragung, werden einfach abgesagt. Ein weiteres Desaster von rund 60 000 Franken ist die unausweichliche Folge. Und die Lebenskosten für die Familie fallen logischerweise jeden Monat an. Ein Fall zum Verzweifeln.

Seine Schuldenlast beträgt ab sofort: 250 000 Franken.

Dann geschieht Unglaubliches. Über seinen letzten Kampf in St. Gallen, gegen keinen Geringeren als den Europameister Christophe Girard aus Frankreich, lassen wir Stefan Angehrn selbst erzählen: «Es fehlten noch zwei Minuten bis zum Sieg. Die vergangenen Ereignisse hatten mich jedoch dermassen zermürbt und entnervt, dass ich den Kampf, obwohl auf der Siegesstrasse, aufgab. Ich hatte die Schnauze voll. Punkt und fertig.»

Sein grösster Kampf begann nach Ende seiner erfolgreichen Boxkarriere erst so richtig. Kaum war die Schuldenhöhe von gegen einer halben Million durch die Boulevardmedien publik gemacht, wurde Stefan über Nacht zum Geächteten. Freunde und Geschäftspartner wandten sich von ihm ab. Das von nun an ewig fehlende Geld führte verständlicherweise auch in der Ehe oft zu Streit und war zweifellos einer der Gründe, weshalb diese dann irgendwann auch in die Brüche ging.

Im Tal der Tränen angekommen, zeigen die nachfolgenden Aussagen der Box-Legende, wie es sich dort angefühlt hat. «Mir blieb am Ende des Monats nichts mehr. Ich lebte am Existenzminimum. Die Raten-Vereinbarungen mit meinen Gläubigern und die Alimente für meine Kinder verschlangen meine ganzen Einkünfte. Meine Kinder trugen jahrelang nur Kleider von der Tauschbörse. Für die Zahnarztkosten mussten Freunde einspringen. Eine Parkbusse von 40 Franken brachte mich beinahe ins Gefängnis, denn ich konnte diese nicht bezahlen. Die Busse erhöhte sich wegen der Schreibgebühren und der Verzugszinsen auf sage und schreibe 840 Franken. Erst in letzter Sekunde brachte ich das Geld irgendwie auf. Sonst hätte ich die Summe absitzen müssen.»

▲ Die Fäuste zum Himmel.
Stefan Angehrn, der Star.

◄ Die Boxwelt steht weit offen –
sogar im Land der unbe-
schränkten Möglichkeiten.

Ein weiterer Sturz ins Tal der Tränen folgte am 16. Oktober 2012. Stefan Angehrn wurde von der Polizei verhaftet, weil er unter Verdacht stand, Drahtzieher eines Kokainrings zu sein. Das führte dazu, dass er eine Nacht im Gefängnis verbringen musste. Erst einige Monate später wurde das Verfahren gegen ihn eingestellt.

Stefan Angehrn zu diesem Tiefschlag: «Ein Drogenschmuggler, welcher wegen Dreifachmordes lebenslänglich im Gefängnis sitzt, belastete mich und eine weitere Person schwer. Ich hatte damit aber nichts zu tun. Vielmehr handelte es sich um eine reine Erfindung des Dreifachmörders. Die Anschuldigungen waren wirklich absurd. Die Geschichte war aber trotzdem für mich im höchsten Masse rufschädigend. Beim Freispruch erhielt ich eine Entschädigung von sage und schreibe 1400 Franken. Ein Hohn.»

RUHELOS, TROSTLOS, BROTLOS

In den ersten Lebensjahren lernte der kleine Stefan Angehrn bereits, was es heisst, viele Entbehrungen hinzunehmen, eher in Angst und Schrecken und von der Hand in den Mund als im Luxus zu leben. Zügeln war bei Angehrns Trumpf und das in einem ausserordentlich häufigen Rhythmus. Kurz gesagt, es ging von einer Billigwohnung in die nächste. Ruhelos und wenig komfortabel.

Vater Marcel verdiente sein Geld als Akkordgipser und zog dadurch von Pontius bis Pilatus. Die Unterkünfte der Arbeiter waren meistens mehr schlecht als recht. Es regnete durch's Dach, der Schnee haftete innwendig an den Scheiben und in der kalten Zeit mussten die Kinder mit den Winterkleidern ins Bett. Zu all dem Elend waren die Arbeitsleistungen des Vaters eher schlecht bezahlt, sodass grundsätzlich nie viel Geld vorhanden war. Logisch, dass auch die seltenen Ausfahrten mit dem Familienauto, einem uralten Kadett, abenteuerlich waren. Schliesslich sah man konstant den Strassenboden und wusste nie, wann das Vehikel auseinanderbrechen würde. Abgesehen von den finanziellen Dauerengpässen belastete ein anderes Kapitel den schmächtigen Stefan über alle Massen. Der Vater, ein Mann wie ein Bär, kannte selten eine Toleranzgrenze. Wurde er während seines obligaten Mittagschlafes gestört oder stellte er fest, dass Stefan seinen Teller, es gab praktisch immer Teigwaren, nicht ganz leergegessen hatte, setzte es nicht selten ein echtes Donnerwetter ab.

«Auch in der Schule schlug der Lehrer immer mal wieder zu.»

Stefan Angehrn dazu: «Es war eine brutale Zeit. Schläge gehörten in den 70er-Jahren zum Alltag und das nicht nur zu Hause. Auch in der Schule schlug der Lehrer immer mal wieder zu. Als dünner Bub mit langen Beinen waren Angst und Schrecken meine ständigen Begleiter. Mein Vater war ein Kraftpaket und es war es nicht erstaunlich, dass er Vize-Schweizermeister im Boxen war – nicht nur zu meiner Freude.»

Stefan besuchte die dritte Klasse, als es punkto zügeln endlich ein Ende nahm. Die Familie Angehrn wurde sesshaft. Der Vater machte sich beruflich als Gipser selbstständig und die Familie konnte in ein altes Haus in der thurgauischen Gemeinde Hüttwilen einziehen. Der grosse Riegelbau-Hausteil gehörte vorher der Grossmutter mütterlicherseits. An ein harmonisches, frohes Familienleben war aber auch im neu-

▲ Da ist die Welt rundum in Ordnung. Mit Mutter Sonja.

en Umfeld vorerst nicht zu denken. Weiterhin herrschte sehr oft Ebbe im Portemonnaie, die Gewaltbereitschaft auf verschiedenen Ebenen nahm nicht ab und die Mutter mühte sich neben Familie und eigenem Geschäft mit Servicearbeiten in der Gastronomie ab. So wurde Stefan automatisch mit einer anderen ganz wichtigen und verantwortungsvollen Aufgabe betraut. Seine vier Jahre jüngere Schwester Ursula kam mit einer geistigen Behinderung zur Welt und brauchte dadurch viel Zuwendung und Fürsorge. Der hilfsbereite Bube nahm diese Herausforderung an und war immer für Ursula da. Später wurde sie tage- oder wochenweise in einem Heim in Teufen untergebracht. Für Stefan war es jedoch eine prägende Zeit, weil er seither den Zugang zu behinderten Menschen tief in sich trägt. Im Jahre 1970 vervollständigte Schwester Doris die Familie.

Trotz allen Widerwärtigkeiten sagt Stefan Angehrn heute: «Ich hatte eine gute Jugend. Die Eltern machten das Beste aus der nicht einfachen Situation. Sie setzten alles daran, dass wir sogar regelmässig verreisen durften. Familienferien im Billighotel Florida in Mallorca oder Badeferien in der Nähe von Rimini. Dort wohnten wir in einer einfachen Wohnung, während dem der Besitzer für diese Zeit in die Garage zügelte. Für meine Eltern war es immer ein Kraftakt. Dennoch wollten sie uns das für sie Bestmögliche bieten.

Mein Vater war zudem ein begnadeter ‹Spiele-Fan› und so waren wir Kinder in jeder freien Minute, welche sich für ihn geboten hatte, mit ihm etwas am Spielen. Papa baute zum Beispiel einen Badminton-Platz auf der Wiese, er hatte einen Tischtennistisch im Estrich und wir lernten alle schon ganz jung den Schieber, was mich dann auch viele Jahre meiner Jugend beglückte. Denn wir jassten und jassten und jassten bis zum Geht-nicht-mehr.»

Es ist aber dennoch nicht von der Hand zu weisen, dass Stefan als Knabe immer einsamer, verzweifelter und auch gesellschaftskritisch wurde. Mutter Sonja war gläubig und sang sogar im Kirchenchor, Stefan war als Ministrant im Einsatz und der Vater glaubte an nichts. Vom Beten und «solchem Zeug» wollte er nichts wissen. Bei Nichtbefolgen dieser Nichtglaubensrichtung gab es heftige Diskussionen. Stefan wollte aber mehr zum Thema höhere Macht erfahren, schliesslich hatte er als 10-Jähriger ein einschneidendes Erlebnis, welches ihn bis zum heutigen Tag begleitet.

Seine Worte: Mein Grossvater Gebhart war schwer erkrankt und lag im Spital. In einer Nacht wachte ich auf und mein Zimmer war wunderbar beleuchtet, Engeli waren da und ebenso mein Grossvater. Dieser sprach zu mir: «Ich gehe jetzt auf eine grosse Reise und bin nicht mehr da. Du musst aber nicht traurig sein, denn ich bin immer bei dir.» Später in dieser Nacht wurde ich geweckt und die Mutter sagte mir, dass der Grossvater gestorben sei. Sie schaute nur ungläubig, als ich erzählte, dass er vorher bei mir gewesen war und mich direkt informiert hatte. Von diesem Zeitpunkt an war mir klar, dass es keinen Tod gibt, sondern das Leben an einem anderen Ort weitergeführt wird.

Stefan beschäftigte sich nach diesem wunderbaren Ereignis intensiv mit der Bibel. Er las die Texte mehrmals durch. Zudem beschaffte er sich sogar die verbotenen Bücher Moses und forschte darin, um zu wissen, was auf ihn zukommen wird. Bereits im Knabenalter verstand er, dass es Dinge gibt, die es nicht gibt und die trotzdem vorhanden sind. Immer wieder durfte er Vorkommnisse erleben, welche mit normalen Massstäben nicht zu messen waren und ihn darin bestärkten, dass am Ende immer alles gut ist. Dieses Wissen verleiht ihm eine endlose Kraft und Zuversicht.

▼ Ein Geniesser – einst und jetzt.

▼ In der Schule sehr oft unterfordert.

Weiterhin wurde sein junges Leben von Angst vor der Gewalt geprägt. So gab es auch Nächte, in welchen er einen spitzigen Dolch unter seinem Kopfkissen hatte. Am Tag begleitete ihn oft sein lieber Hund, welcher ihm Sicherheit gab. Einmal, und wirklich nur dieses eine Mal, schlief Stefan ohne Sorgen und Ängste ein: Als er im Spital Wattwil die Mandeln operieren durfte.

DER VIEL ZU HOHE EQ ALS STOLPERSTEIN

Das Riegelhaus der Familie Angehrn thronte weit oben im Dorf. Bis Stefan jeweils in der Schule war, hatte er genügend Zeit, um sich Streiche auszudenken. So war er bereits als Bube ein Anführer und Chef. Beispielsweise gründete er eine eigene Pfadi, weil es in der näheren Umgebung keine richtige gab. Mit seiner «Organisation» baute er eine Waldhütte um Waldhütte und nicht selten wohnte er mit seinen Freunden über eine längere Zeit am Waldrand in selbstfabrizierten Zelten. Tag und Nacht. Bei Mutproben, beispielsweise beim Erklettern höchster Bäume, zeigte er sich als Vorreiter. Er liess sich in schwindelerregender Höhe schaukeln und kannte das Wort «gefährlich» überhaupt nicht. Auch dann nicht, als er sich so nebenbei den Arm brach, und den Gips als Zeichen der Stärke stolz zur Schau stellte.

«Im Innersten wusste ich immer, dass diese Ungerechtigkeiten zu verurteilen waren.»

Zurück zum Thema «Streiche auf dem Schulweg». Stefan erinnert sich heute noch bestens an die Beweggründe seiner Untugenden. «Meine Gruppe, allen voran ich, hatte nie die Absicht, jemanden zu verletzen oder gar grossen Schaden anzurichten. Doch es gehörte zum guten Ton, dass man Ärgernisse ausheckte und in die Tat umsetzte. Alles was im Dorf nicht niet- und nagelfest war, sah sich bedroht. So hängten wir Gartentürli aus und setzten diese an einem anderen, völlig unpassenden Ort wieder ein. Wir spannten in der Dämmerung Schnüre über die Strasse und erfreuten uns über die Schreckensmomente der ‹Opfer›. Im Innersten wusste ich immer, dass diese Ungerechtigkeiten zu verurteilen waren. Doch der Gruppenzwang war häufig stärker als die Vernunft.»

Leistungsmässig zählte Stefan zu den Besten – wenn er wollte. Seine Bereitschaft stand immer in einem engen Zusammenhang mit der Sympathie zum Lehrer. Die coolste Zeit erlebte er mit seinem Lieblingslehrer Hansjörg Enz, welcher später «als Mann mit der Fliege», beim Schweizer Fernsehen als Nachrichtensprecher eine grosse Karriere machte. Das war in der 3. Klasse und dann nochmals in der 1. Sekundarschule.

Wir befragen den prominenten Fernsehmann über seine Erinnerungen an den damaligen Schüler Stefan Angehrn und erhalten folgende Antwort: «An Stefan erinnere ich mich gut. Ich denke sogar, dass er zweimal zu mir in die Schule ging. Ich war in Hüttwilen zuerst Primarlehrer, kurz darauf Sekundarlehrer. Als ich in die Medienwelt abwanderte, hat mir die Klasse von Stefan einen Zinn-Teller geschenkt und darin war eingraviert: Das Radio hat uns den Lehrer gestohlen. Stiefel, wie ihn sein Kollegenkreis nannte, war ein aufgeweckter Schüler und eher klein und schlank. Wenn es auf dem Pausenplatz Auseinandersetzungen gab, war er nicht der, der in der ersten Reihe stand. Er bestimmte das Geschehen eher aus etwas Distanz. Darum erstaunte es mich dann schon, als ich erfuhr, dass er – relativ spät – zu boxen begann. Er lud mich und meine Frau später einmal an einen ganz wichtigen Boxkampf ins Hallenstadion ein. Ich staunte, wie hart Stefan im Nehmen war, wie viele Kopftreffer er abbekam und nicht wankte. Ich hätte ihm gerne zugerufen: So schlag doch härter zu. Tatsächlich hatte ich immer das Gefühl, er halte sich beim Austeilen etwas zurück. Ich kann das allerdings nicht wirklich beurteilen, weil ich vom Boxsport keine Ahnung habe.»

Leider hatte Stefan in der Folge nicht mehr das Glück, auf so verständnisvolle und einfühlsame Lehrpersonen zu treffen. Keiner wollte wahrhaben, dass er praktisch in allen Fächern grenzenlos unterfordert war. Seine Auffassungsgabe war schlicht phänomenal.

Vielseitig talentiert war er, wenn es um sportliche Aktivitäten ging. Bei Ballsportarten wie Tennis, Tischtennis oder Volleyball war er Spitze. In der Jugendriege brachte er sich und seinen Turnverein sogar zu besonderen Ehren. Er wurde Thurgauer Meister im Hochsprung und über die «Beisser-Distanz» von 800 Meter. Bei beiden Disziplinen kam ihm seine Figur zustatten: Lange dünne Beine und enorm schnellkräftig. Schon damals zählte für ihn nur ein Grundsatz: Entweder mache ich etwas richtig oder gar nicht.

Erinnern Sie sich an ein spezielles Lagererlebnis?
«Der Volleyball-Klub Hüttwilen führte ein Langlauflager in Fideris im Prättigau durch. Wir waren alles gut trainierte Sportler und das Langlaufen war uns schnell zu langweilig. Was nun? Kurz entschlossen stiegen wir mit unseren dünnen Latten ins Skigebiet Heuberge hinauf und fuhren mit dem Mut der ‹leicht Verrückten› über die offiziellen Skipisten ins Tal. Dadurch wurde aus dem trägen Langlauflager ein Spektakellager vom Coolsten.»

Stimmt es, dass Sie am Examen auch im Theater mitspielten?
«Da es mir ausserordentlich leicht fiel, Texte auswendig zu lernen, bekam ich in den Aufführungen immer gute und tragende Rollen. Theaterspielen war für mich eine grosse Freude. Da fühlte ich mich frei und lebte richtig auf. Doch der Höhepunkt des Examens lag in einer ganz anderen Richtung. Es gab jeweils ein Gratis-Bürli. Es tönt vielleicht etwas eigenartig, aber diese Gaumenfreude gehört heute zu meinen besten Schulerinnerungen.»

Eine andere Episode wird Stefan Angehrn niemals vergessen. Hier kommt die unglaubliche Geschichte. Es ging dem Ende der Schulzeit entgegen, als sich Stefan einmal verspätete. Statt um Mitternacht traf er zwanzig Minuten später ein. Das konnte der diktatorische Vater nicht akzeptieren und so schlug er für einmal derart kraftvoll zu, dass Stefan rückwärts über ein Sofa flog. Das war nun doch ein Schlag zu viel. Stefan leerte überall die Kassen und haute mit seinem Kollegen Kongo ab. Das Ziel der beiden wilden Burschen hiess Montevideo, die Hauptstadt Uruguays. Irgendwo in Frankreich wollten sie später einschiffen. Als blinde Passagiere konnten sie dem Zugpersonal stets entwischen, bis beide gleichzeitig einschliefen und deswegen in Marseille ertappt und aus dem Zug geworfen wurden. Marseille wurde zu einer Lebensschule erster Güte. Zwar hatte Stefan durch das Hüten seiner behinderten Schwester ordentlich Taschengeld verdient, doch dieses war bald aufgebraucht. Zum

Schlafen schlossen sich Stefan und Kongo Hausbesetzern an und hatten somit mindestens ein Dach über dem Kopf. Damit sie etwas zu essen hatten, klauten sie in grossen Läden, was sie brauchte. Übrigens, als Erstes kauften sie sich eine Schusswaffe, um für das Schlimmste gewappnet zu sein. Tatsächlich kam es ein einziges Mal vor, dass beim Wegrennen geschossen werden musste.

Sage und schreibe zehn Wochen lang überlebten die beiden Halbwüchsigen in Marseille. Längst hatten die Eltern Interpol eingeschaltet, welche aber keine Erfolgsmeldung abliefern konnte. Als Stefan spürte, dass der Umgang mit seinem Kollegen Kongo viel zu gefährlich wurde, zog er die Reissleine und rief zu Hause an. Zu seinem Glück. Kollege Kongo wurde nämlich kurze Zeit später ermordet.

Stefan zum Inhalt des Telefongesprächs: «Es war spürbar, dass sich der Vater Sorgen machte. Das war die Gelegenheit, um die Forderung zu stellen, dass er mich niemals wieder schlagen dürfe. Nachdem er mir dieses Versprechen abgegeben hatte, kehrte ich mit dem allerletzten Geld nach Hause zurück, denn schliesslich liebte und vermisste ich meine Eltern sehr.»

DAS DRAMA MIT DER BERUFSWAHL

Stefan Angehrn brauchte keinen Berufsberater. Er war selbstbewusst genug, um seine berufliche Zukunft zu bestimmen. Kurz, er wollte Grafiker werden. Leider stiess er mit dieser Absicht bei den Eltern auf heftigen Widerstand. Sie sahen in diesem Gewerbe keine Zukunft. Das Veto war unverrückbar. Mit der Faust im Sack musste Stefan einen anderen Weg suchen. Das war kein einfaches Unterfangen, weil seine jugendlichen Eskapaden nicht unerkannt blieben. Zudem fiel er durch ein nicht unbedingt gängiges Outfit auf. Gründe genug, dass er sich bei Banken und Versicherungen nicht einmal vorstellen durfte. Letztendlich fand er eine kaufmännische Lehrstelle bei der Damenkleiderfirma Bollag AG in Frauenfeld. Schon wieder kam ihm ein Hindernis mächtig in die Quere: Seine Intelligenz. Wenn es in den Köpfen der Mitdenker noch immer heftig rauchte, war Stefan mit der Aufgabestellung längst fertig. Speziell im dritten Lehrjahr zeigte er sich im Schulbetrieb immer seltener und die Bilanz von 129 entschuldigten und 89 unentschuldigten Absenz-Stunden bewiesen alles. Eine Verwarnung folgte der nächsten. Höhepunkt der schulischen Disharmonie war folgende Begebenheit: Der kleine, spitzzüngige Klassenlehrer setzte vor den versammelten Lehrlingen

Er war selbstbewusst genug, um seine berufliche Zukunft zu bestimmen.

zu einer nächsten Massregelung und Brandrede gegen Stefan an. Weit kam er damit nicht, weil ihn der Angeklagte beidhändig am Revers packte und an der Wand hochhob. Damit hatte Stefan die Grenze definitiv überschritten und flog, fünf Monate vor der Lehrabschlussprüfung, von der Gewerbeschule.

Stefan trug diesen Entscheid mit stoischer Fassung, da er auch im Lehrbetrieb immer mehr zum Spielball des neuen Chefs geworden war. Dieser bestrafte ihn dauernd mit Aufgaben, welche in der vorgegeben Zeit niemals zu realisieren waren. Die Abneigung des Vorgesetzten begründete sich darin, dass sich Stefan immer zum Fürsprecher der Schwachen machte und das hie und da mit fehlender Diplomatie. Damit schien das Kapitel KV-Lehre beerdigt.

▲ Kurz vor der wilden Flucht nach Marseille.

Offensichtlich hatten gewisse Verantwortungsträger plötzlich mit dem schlechten Gewissen zu kämpfen. Nur so ist zu erklären, dass man den «Helfer der Schwachen» wieder zurückholen wollte. Die Obrigkeit sprach von einer letzten Chance. Doch Stefan Angehrn lehnte dankend ab – für ihn gab es kein Zurück mehr.

DIE SCHLÄGEREI IN DER GARTENWIRTSCHAFT

Das Aus in der beruflichen Ausbildung war gleichbedeutend mit dem Beginn einer unglaublich wilden, abenteuerlichen und gefahrvollen Zeit. Immer wieder bewegte sich Stefan Angehrn zwischen Legalität und Absturz in einer eher anrüchigen Welt. Er hatte sich nämlich einem Rocker-Club angeschlossen und war mit dieser Gang über ein Jahr lang on Tour. Überlebensstrategie hiess das Zauberwort. Als Nachtlager dienten Zelte, Waldhütten oder wenn es sich gerade ergab, ein warmes Plätzchen bei einer Freundin. In allerhöchsten Notsituationen fand er zu Hause Unterschlupf. Wenn sein Portemonnaie komplett leer war, verdiente er sich sein Geld vorübergehend als Gipser im väterlichen Betrieb, mit welchem er es seit dem Marseille-Vorfall richtig gut hatte. Und eines konnte Stefan aus dem Effeff: Reden, reden und nochmals reden. Sein geschliffenes Mundwerk brachte es mit sich, dass er sogar zum Chef der Gang aufstieg. Eine mehr als brotlose Ehre.

Stefan Angehrn, was faszinierte Sie an diesem unkonventionellen Leben?
«Eine schwierige Frage. Bestimmt führte der Lehrabbruch so kurz vor dem Ziel zu einer Art Kurzschluss. Ich wollte der ganzen Welt beweisen, dass ich auf niemanden angewiesen war. Natürlich gab es einige Höhepunkte. Beispielsweise klauten wir nichtsahnenden Leuten das Portemonnaie, um diesen zu demonstrieren, wie dämlich sie sich anstellten. In aller Regel gaben wir das Diebesgut mit dem nötigen geharnischten Kommentar zurück. Spannend wie im besten Film ging es zu und her, wenn unsere Gang von der Polizei zu Hilfe gerufen wurde, um fremde Gangsterbanden unschädlich zu machen. Solche Momente stifteten Selbstbewusstsein bis zum Geht-nicht-mehr, auch wenn wir mehrmals die Todesgefahr im Nacken spürten.»

Mit etwas mehr als 17 Jahren kehrten Sie diesem wilden Leben den Rücken zu. Weshalb?
«Grundsätzlich hatte ich überall das Gefühl, dass ich nicht für das gesellschaftlichweltliche System geschaffen war. Mein Empfinden für die Gerechtigkeit wurde dauernd mit Füssen getreten. Jedoch auch im Kreise der Rocker war mir von Anfang an nicht richtig wohl. Es dauerte eine recht lange Zeit, bis ich den Mut fand, um wieder auszusteigen. Auch hatte ich von mir ein haargenaues Selbstbild: Eine grosse Klappe und nichts dahinter. Das wollte ich ändern. Mein neuer Slogan musste ab sofort heissen: Nicht nur Schein, sondern seriöses Sein.»

Von nun an arbeitete Stefan konstant im Betrieb seines Vaters. Handwerklich konnte er von ihm, dem ausgewiesenen Fachmann, viel lernen. Wieder einmal übernahm das Schicksal die Regie und sah im Drehbuch vor, dass Stefan in einer Gartenwirtschaft in Islikon bei Frauenfeld einkehrte und es sich so richtig gemütlich machen wollte. Schon bald war die Gemütlichkeit jedoch vorbei, weil mehr als zehn Rocker anrückten und den abtrünnigen Stefan vermöbeln wollten. Das liess hingegen einer, der das zufällig sah, nicht zu. Michael Oswald war Schweizermeister im Boxen und solche Ungerechtigkeiten konnte dieser nicht ertragen. Oswald schnappte sich die zwei kräftigsten Kerle und legte sie innert Sekunden flach. Die gesamte Rockerbande war geschockt und verliess den Kampfplatz fluchtartig. Stefan war natürlich sehr dankbar für die Hilfestellung, und er war von der unglaublichen Selbstverteidigungskunst des eher schmächtigen Boxers tief beeindruckt. In diesem Moment war

> «Mein Fazit: Entsorgen – ausser Spesen nichts gewesen.»

für ihn klar, dass er sich auch dieser Sportart zuwenden würde. Ein Mann, ein Wort und schon bald machte er im Boxclub Frauenfeld seine ersten Schlagversuche. Ab dem 18. Altersjahr war der ehemalige Boxclub seines Vaters in Schaffhausen sein Trainingsdomizil.

Stefan hatte mit Leichtigkeit die Lizenz zum Autofahren erworben. Doch so ohne Nebengeräusche ging die Pilotenkarriere nicht über die Bühne. Stefan Angehrn erzählt: «Noch bevor ich offiziell fahren durfte, besass ich einen gelben Datsun mit einer automatischen Schaltung. Die Tücken des Automatismus musste ich bereits auf einer meiner ersten Fahrten erleben. Irgendwie machte sich das Getriebe selbstständig, ich raste gefahrvoll über eine Kreuzung und direkt in einen gewaltigen Pfosten. Mein Fazit: Entsorgen – ausser Spesen nichts gewesen.»
«Das Nachfolgeauto war mein ganzer Stolz: Ein hellblauer BMW 505. Mit diesem Vorzeigemodell bot ich tatsächlich eine filmreife Schau. Nach dem Training in

Schaffhausen musste ich mich mit meinem Kollegen Michael zuerst einmal in einem nahen Lokal erquicken und erlaben. Die alkoholische Stärkung dehnte sich etwas aus und als wir ins Auto stiegen, war der Alkoholpegel zu hoch. Zudem waren in der Zwischenzeit die Strassen total vereist. Nichtsdestotrotz stieg ich kräftig aufs Gaspedal und dann geschah Unglaubliches. Der BMW drehte sich zweimal um die eigene Achse und blieb auf der Gegenseite ... in einer Parklücke zwischen zwei Autos stehen. Ordentlich, wie es sich gehört, aber durch die heftige Bremsaktion mit gebrochener Vorderachse. Rein zufällig war ein Hüter des Gesetzes Augenzeuge dieses Schauspiels. Der Polizist liess sich nicht zweimal bitten und waltete seines Amtes. Bei der Kontrolle der Ausweispapiere stellte er erfreut fest, dass er meinen Vater bestens kannte. Damit war die Sache polizeilich erledigt und der Vorfall wurde in keiner Art aktenkundig. Mein Fazit: Glück gehabt, Bursche, aber die Reparatur der Vorderachse war Strafe genug.»

Handelte es sich dabei um Ihren ersten alkoholischen Rausch?
«Oh nein. Mein erster Kontakt mit Alkohol fiel echt brutal aus. Ich war mit dem Turnverein an einem Sektionswettkampf so erfolgreich im Einsatz, dass wir einen Kelch als Preis entgegennehmen durften. Dieser wurde mit billigem Weisswein gefüllt und machte die Runde. Das war mein Verderben. Ich widmete mich diesem Kelch, oder besser formuliert dem Inhalt, so intensiv, dass ich mit einer Alkoholvergiftung ins Spital Frauenfeld eingeliefert wurde. Eine halbe Woche lang musste ich das Spitalbett hüten. Furchtbar. Auch beim Rauchen war mein Konsum mehr als grenzwertig. Während der Jahre, als ich beim Vater auf dem Bau mein Geld verdiente, paffte ich nahezu vier Päckli Zigaretten am Tag.»

DER BOXRING — FÜR LANGE ZEIT EINE TABUZONE

Stefan Angehrn war im Boxclub Schaffhausen und in den Händen von Trainer René Schäppi bestens aufgehoben. Er rauchte zwar wie ein Bürstenbinder, zeigte jedoch einen zielgerichteten und unermüdlichen Trainingsfleiss. Die Grundkraft holte er sich beim Gipsen und die Muskulatur wurde automatisch verbessert. Trainer Schäppi war für Stefan ein guter Lehrmeister. Der Beste, welchen er als Amateur haben konnte. Doch auch dessen gutes Zureden trug nicht dazu bei, dass sich Stefan für einen ersten richtigen Kampf entschliessen konnte. Er zögerte, wartete zu und zögerte ein weiteres Mal. Erst nach weit mehr als zwei Jahren konnte er seine Angsthasenhaltung etwas abstreifen.

Am 26. April 1985 war das Kunststück vollbracht und Stefan war bereit, in den Ring zu klettern. Im Eventsaal des Schaffhauserhofes trat er gegen Ibrahim Uezmez an. Dieser hatte bereits die Erfahrung von vierzehn Ernstkämpfen aufzuweisen. Vor über 500 Zuschauern wurde Stefan als verdienter Punktsieger ausgerufen. Die Siegergage: Fünfzig Franken. Stefan Angehrn: «Das Gefühl als Sieger war gewaltig. Mein Selbstwert stieg wie ein Barometer in der Sommerhitze. Aber ganz ehrlich, das Angstgefühl blieb hartnäckig in mir. Ich war immer froh und glücklich, wenn sich der Gegner kurzfristig unpässlich fühlte und der Kampf nicht stattfinden konnte. Die Hauptsache war, dass alle wussten, dass ich Boxer war.»

Die Bilanz als Amateur: Von den 36 Kämpfen gewann Stefan 30, verlor 4 Mal und in zwei Duellen gab es keinen Sieger. In seinem ersten und zweiten Jahr wurde er jeweils Vize-Schweizermeister und im dritten Jahr holte er sich in Wettingen für den Boxclub Schlieren-Zürich den begehrten Titel als Schweizermeister. Logisch, dass er dadurch für die Olympischen Spiele in Seoul qualifiziert war.

«Dass ich nicht nach Seoul ging, ist rückblickend einer der grössten Fehler meines Lebens. Letztendlich war ich damals einfach zu naiv, zu jung, und auch zu dumm, um zu wissen, was für eine Ehre das gewesen wäre, in Seoul für die Schweiz aufzulaufen. Aber nach einem Streit mit René Schäppi beschloss ich damals, ihn durch meine Nichtteilnahme zu bestrafen. Heute weiss ich, wen ich ausser René wirklich bestraft habe: mich selbst. Denn diese Chance kam nie wieder.»

> **«Dass ich nicht nach Seoul ging, ist rückblickend einer der grössten Fehler meines Lebens.»**

Sie sind sehr spät in den Boxring gestiegen. War das Militär vielleicht ein Karrierekiller?
«Nein, die Schweizer Armee hat mich sehr interessiert. Die Rekrutenschule startete ich in Thun als Panzergrenadier. Das viele Robben und die weiten Märsche führten jedoch dazu, dass meine Knie konstant entzündet waren. Nach gut sieben Wochen wurde ich deshalb ausgemustert. Man nannte mich inskünftig HD Angehrn. Ich folgte drei Aufgeboten als Wachkommando für Damen-RS-Ausbildungen. Später erlangte mich noch einmal ein Marschbefehl für den Zivilschutz und dann geriet ich auf wundersame Weise in Vergessenheit. Konflikte wegen des Boxsports gab es nie.»

UND PLÖTZLICH IST STEFAN EHEMANN

Noch hatte Stefan Angehrn den Status eines Promis in keiner Art und Weise erlangt. Doch insgeheim liess ihn dieser Wunschtraum nicht los und er arbeitete hart daran. Es war im Jahre 1987, als er mit einem guten Freund, dieser war Besitzer einer Kung-Fu-Schule, einen Besuch in einem Nachtclub machte. Der Freund wollte unbedingt einem ehemaligen Schulschatz einen Besuch abstatten. Dieser Schulschatz mit Namen Renata machte auf Stefan einen umwerfenden Eindruck, der so stark war, dass eine ernsthafte Beziehung daraus wurde. Stefan arbeitete von nun an im gleichen Betrieb wie seine Angebetete. Zuerst im Service, dann als Türsteher und später als DJ. Als Renata ihn zur privaten Weihnachtsfeier zu sich nach Hause einlud, zögerte er nicht und fand ab sofort ein neues Zuhause. Dem um acht Jahre jüngeren Stefan gefiel nicht nur die Frau, sondern das ganze mondäne Umfeld. Alleine der schöne grosse Mercedes war für ihn wie aus einer anderen Welt. Das neue Lebensbild nahm ihn mit Haut und Haaren in seinen Bann. Am 8.8.1988 wurde geheiratet, obschon die beiden Charaktere nicht optimal zueinander passten. Man einigte sich auf eine Art Lotto-Spiel, Top oder Flop, und gab sich das Ja-Wort.

Etwas ganz Wertvolles brachte Renata mit in die Ehe: Sohn Patrick. Für den Buben war es damals auf jeden Fall ein Gewinn. Nach zwei Wochen fragte er Stefan: «Darf ich Papi zu dir sagen? Es ist schön, wenn ich endlich auch einen Papi habe.» Stefan war von nun an hoch bestrebt, diesem Anspruch gerecht zu werden. Als sich im Hause Angehrn weiterer Nachwuchs ankündigte, entschlossen sich Vater und Mutter zu einem grossen und wichtigen Schritt: Sie gaben das Rauchen auf. Der Himmel schien voller Geigen, denn der Reihe nach kamen Kim, Mel und Joy auf die Welt.

DER TRAUM VOM PROFI WIRD WAHR
UND BRINGT NICHT NUR SONNENSCHEIN

Beziehungsmässig lief es beim Ehepaar Angehrn weitgehend gut, wenn auch immer wieder Unruheherde gelöscht werden mussten. Finanziell war alles im hellgrünen Bereich. Sie verdiente als Geschäftsführerin viel Geld und er unterstützte sie überall und nach besten Kräften. Stefan war es nun möglich, sich einen Traum zu erfüllen: Er trat ins Lager der Profiboxer über.

Am 13. Oktober 1989 gelang ihm in Genf ein Superstart. Im Rahmen eines wichtigen Weltmeisterschaftskampfes von Mauro Martelli kämpfte er vor 5000 Zuschauern gegen den Jugoslawen Zoran Gantar und gewann auch klar nach Punkten. Gage: 800 Franken. Der Sieg kam nicht von ungefähr. Stefan hatte unglaublich hart für diesen Erfolg trainiert. Alle zwei Wochen war er für jeweils vier Tage nach Genf gereist und hatte sich dort in die Hände des bekannten Boxtrainers und Managers François Sutter begeben.

Um sich noch ein weiteres Standbein anzueignen, absolvierte er während eineinhalb Jahren eine intensive Schulung bei der Basler Versicherung. Später, als Halbprofi im grossen Box-Profi-Zirkus zurück, war Stefan nach seinen 11 Kämpfen plötzlich eine bekannte Nummer. 10 seiner Fights hatte er gewonnen. Einzig den Kampf im heimischen Weinfelden musste er aufgeben, weil er durch hohes Fieber stark geschwächt war. Alle gutgemeinten Ratschläge, nicht anzutreten, schlug er in den Wind. Er büsste dafür und zog die notwendigen Lehren daraus.

Die ganz grosse Chance kündigte sich im Laufe des Jahres 1994 an. Der angesehene italienische Promoter Benedetto Montella rief Stefan eines schönen Tages an und offerierte ihm einen äusserst prestigeträchtigen Kampf. Sein Gegner: Muslim Biyarslanov aus Russland. Auf dessen Visitenkarte stand: 16 Kämpfe und allesamt durch K.o. gewonnen. Nicht zuletzt wurde Stefan für diesen grossen Fight ausgewählt, weil es sonst keine Boxer mit langen blonden Haaren gab. Und es winkte ihm eine Klassierung in der Weltrangliste. Der Haken an der schönen Geschichte: Stefan musste selbst als Organisator auftreten. Da er sich diese grosse Chance nicht entgehen lassen wollte, riskierte er Kopf und Kragen und verschuldete sich bei den Eltern und bei Kollegen. Tatsächlich wurde der wichtige Event am 27. November 1994 im Limmathaus in Zürich Realität. Sportlich zeigte Stefan Angehrn eine Glanzleistung und nach 12 Runden hatte er sein Minimalziel erreicht: Unentschieden und ab sofort Platz 12 in der Weltrangliste des Boxverbandes IBF.

> **Er wurde selbstständiger Unternehmer und träumte vom grossen Geld und vom ewigen Ruhm.**

Von diesem Zeitpunkt an setzte Stefan alle seine Chips aufs Boxen. Er wurde selbstständiger Unternehmer und träumte vom grossen Geld und vom ewigen Ruhm. Und wieder stand ein absolut wegweisender Kampf bevor. Im Vorfeld wurde Stefan bereits an gemeinsamen Pressekonferenzen mit Weltmeister Henry Maske präsentiert. Die Erwartungshaltung war unmenschlich hoch. Stefan Angehrn nahm sie an, war körperlich in Topform und sah sich schon gegen den unglaublich populären Henry Maske im Ring. Zuvor musste er allerdings im Kursaal Bern den Engländer Simon McDougall auf die Bretter legen.

MEMBER-CARD

FAN CLUB STEFAN ANGEHRN

▲ Ein Spitzenprofi mit gnadenlosem
Ehrgeiz und Fleiss.

◀ Zuversichtlich, austrainiert
und risikofreudig.

Bern, 17. April 1995, kurz vor dem schicksalhaften Kampf. Stefan verliess seine Garderobe, um mit dem Konditionstrainer das Aufwärmprogramm durchzuführen. Er
fühlte sich top und war voller guter Dinge. Nach der letzten Stärkung stieg er auf die
Hebebühne und liess sich direkt an den Ring befördern. Nach dieser kurzen Fahrt
war nichts mehr wie vorher. Stefan sah seine Umgebung neblig, unscharf und ver-
schwommen. Obwohl er im Kampf sein Bestes gab, war ein Abbruch in der fünften
Runde nicht abzuwenden. Die grosse Chance war vertan – ein Tiefpunkt in seinem
Sportlerleben.

Bis zum heutigen Tag ist nicht schlüssig erwiesen, wer ihm damals etwas in sein Getränk gemischt hatte. Stefan Angehrn heute zu diesem Drama: «Es war eine schreck-
liche Erfahrung. Innert ein paar Minuten verlor ich die Chance auf Millionen. Seither
hatte ich meine Garderobe nie mehr ohne Aufsicht gelassen.»

DAS COMEBACK UND DER HOHE PREIS

Nach diesem Taucher und der Gewissheit, dass man der Menschheit nur in einem verminderten Mass vertrauen darf, setzte Stefan zu einem Comeback an. Ranking-mässig begann er bei Null. Sein innerer Antrieb war jedoch ungebremst und Tausende von Malen sagte er sich: Ich will reich sein; ich will ein Held sein.

Und tatsächlich ging es wieder aufwärts. Stefan Angehrn war in den Jahren 1997/98 der mit Abstand häufigste Gast bei Tele Zürich. Visiten bei Bundesräten waren keine Seltenheit.

Wie reagierte Ihr diktatorischer Vater auf Ihre Erfolge?
«Als ich noch ein Kind war, hatte er andauernd zu mir gesagt: ‹Mache nicht so etwas Dummes wie Boxen.› Später war er richtig stolz, auch weil ich nach meinen wilden Jahren etwas Grosses zustande brachte.»

Machen wir es kurz. Heldenstatus erlangte Stefan Angehrn wirklich. Mit dem Reich-werden klappte es leider nicht. Im Gegenteil, er riskierte immer mehr und zahlte einen unglaublich hohen Preis dafür. Von allen Seiten drückte ihn der Schuldenberg. Die negative Spirale erfasste dadurch auch die Ehe.

Im Jahre 2000 hängte Stefan entnervt die Boxhandschuhe an den berühmten Nagel. Zurück blieben ein riesige Schuldenlast und eine Beziehung, in welcher vor allem eines zur Tagesordnung gehörte: Streit. Die allseitige Belastung und der Leidensweg waren so gravierend, dass es am 15. Hochzeitstag zwischen Renata und Stefan zu einer ernsthaften Standortbestimmung kam. Was sich längst abgezeichnet hatte, wurde zur Gewissheit: Es gab keine gemeinsame Zukunft mehr.

Unter Tränen wurden die Kinder über die neue Situation ins Bild gesetzt und das Leben ging trotzdem weiter, immer weiter. Stefan Angehrn dazu: «In unserer Ehe gab es viele schöne Momente. Höhepunkte waren die Geburten der wunderbaren Kinder. Renata war seit jeher sehr impulsiv und liebte es, zu streiten. Es ist mir klar, dass es zum Streiten immer zwei braucht und dass ich mir ohne ihre Hilfe meinen Traum vom Boxen auf allerhöchstem Niveau nicht hätte erfüllen können.»

Erinnern Sie sich an eine aussergewöhnliche Geschichte mit Ihren Kindern?
«Zuerst möchte ich stark betonen, dass ich mit allen meinen Kindern eine tiefe Beziehung pflegte und immer noch pflege. Es war eine grossartige Zeit, mit ihnen einen gemeinsamen intensiven Lebensabschnitt erleben zu dürfen. Eine Episode ist für mich unvergesslich: Joy, die jüngste Tochter, schlich in den Nächten nach der Trennung genau drei Jahre lang regelmässig zu mir ins Bett im Gästezimmer, legte ihren Arm um mich und liess mir dadurch Trost zukommen. Eine wunderschöne Geste. Als Joy zwölf Jahre alt war, wünschte sie sich ein grosses Bett. Dieser Wunsch wurde ihr erfüllt. Daraufhin sprach sie in ernstem Tonfall zu mir: ‹Papi, nun habe ich ein eigenes grosses Bett – jetzt musst Du erwachsen werden.›»

Zum Schluss dieser turbulenten Phase erinnern wir uns an einen alt-irischen Segenswunsch, welcher perfekt auf die Weiterentwicklung des Lebensverlaufes von Stefan Angehrn passt: Mögen die Grenzen, an die du stösst, einen Weg für deine Träume offen lassen.

▲ Als umsorgter Familienvater inmitten seiner Kinderschar.

UND DAS LEBEN DANACH

«SWISS SHAPE – schnell gesund, fit und schlank werden – ist für mich eine geniale Kombination aus ‹Geld verdienen› und den ‹Menschen helfen›». Seit dem Jahre 2004 folgt Stefan Angehrn dieser Berufung, welche er zu seinem Beruf gemacht hat. Ein Blick zurück zeigt, dass Stefan das Single-Dasein irgendwann nicht mehr so lustig fand. Da fasste er den Entschluss, sich neu zu verlieben. Obwohl seine Kinder allesamt meinten, dass ihn als Ladenhüter vermutlich niemand haben wolle, war Stefan dazu entschlossen und so begann er über die Idee aktiv nachzudenken, wie er sich wohl am besten neu verlieben könnte. Im Juni 2007 lernte er in einem Informations-Seminar Bettina Pape kennen. Nach dem Motto: Gut Ding will Weile haben lief die Beziehung eher gemächlich an. Die Geduld wurde belohnt und das gemeinsame Glück ist bis zum heutigen Tag unvermindert und ... die Partnerschaft hinterlässt auch beruflich erfolgreiche Spuren.

Zusammengefasst kann man den aktuellen Status wie folgt definieren:
- **Berufliche Bezeichnung:** Diamant Club Member bei Unicity International und Founder und Mitinhaber bei SWISS SHAPE, der Nummer 1 von Unicity in Europa.
- **Finanzlage:** Der Schulden-Schuh drückt nur noch ganz leicht. Die restlichen Verpflichtungen nehmen kontinuierlich ab.
- **Aussichten:** Positiv bis euphorisch.

FÜNF FRAGEN ZUM SCHLUSS

Spielten Sie irgendwann ein Instrument?
«Es gab eine Zeit, da spielte ich Gitarre. Die nötigen Griffe brachte ich mir im Selbststudium bei. Da ich letztendlich nicht über den Anfängerstatus hinaus kam, liess ich es bleiben. Stark war ich im Singen. Im Zeugnis hatte ich immer eine blanke 6. Ehrlich gesagt, diese Bestnote hatte ich meiner Mutter zu verdanken. Sie war eine begnadete Sängerin und immer wenn ich beim Vorsingen an der Reihe war, sagte der Lehrer: ‹Du schlägst bestimmt der Mutter nach, hinsetzen und Note 6.›»

Bei welcher Gelegenheit dankten Sie Ihrem
Schutzengel besonders für seinen Einsatz?
«Ein Kollege borgte mir seinen schnellen BMW, damit ich in Estavayer-le-Lac beim Wasserskifahren teilnehmen konnte. Bereits war ich fast am Ziel angelangt, als ich mit einem Rad an einem Randstein hängen blieb, auf das Trottoir katapultiert wurde und eine Vortritts-Tafel wegfliegen liess. Das eiserne Stück flog wie ein Pfeil in eine Hauswand und blieb dort stecken – keine 50 Zentimeter neben dem Kopf einer vorbeispazierenden Dame. Der Schaden war überblickbar, doch der Schock kostete mich einige schlaflose Nächte.»

Weshalb wurden Sie eigentlich Profiboxer?
«Am 7. November 1988 übertrug das Schweizer Fernsehen den Weltmeisterschaftskampf zwischen dem legendären US-Amerikaner Sugar Ray Leonard und dem Herausforderer Donny Lalonde. Der Kanadier verlor erst in der neunten Runde durch technischen K.o. Dieser Fight zeigte mir, dass Lalonde, der by the way mit langen

▲ Der Schuldenberg stimmt nachdenklich.

blonden Haaren praktisch aussah wie ich, nicht besser boxen konnte als ich. Da war für mich klar: Was der kann, kann ich auch. Eine Herausforderung, die ich unbedingt annehmen wollte, um später einmal glücklich sterben zu können.»

Ihr grösster Schock in diesem harten Business?
«Im Jahre 1995 durfte ich in St. Petersburg gegen den US-Amerikaner Jules Pierre in den Ring steigen. Bereits in der 2. Runde gewann ich durch K.o.. Wie es in Russland üblich war, gab es im Anschluss eine richtig grosse Party. Ich sass an einem Tisch vis-à-vis der hohen russischen Obrigkeit. Der Wodka floss in Strömen und die Unterhaltungen wurden immer lauter. Offenbar sagte ich irgendwann, und das völlig unbeabsichtigt, etwas Falsches. Plötzlich hatte mein Gegenüber eine Pistole in der Hand und wollte mich sprichwörtlich hinrichten. Im letzten Moment schlug ihm sein Sitznachbar voll die Faust ins Gesicht und das Geschoss schwirrte ins Nichts. Der Schock in mir war gewaltig.»

Waren Sie auch schon Profiteur einer höheren Macht?
«In der Phase, als es mir besonders mies ging, habe ich an einem ganz anderen Ort Hilfe bekommen: Bei einer Heilerin im Dorf Wienacht. Die gute Frau setzte das Pendel an und erschrak sichtlich. Das Pendel machte keinen Wank. Daraufhin war ihr Ratschlag klar: ‹Sie müssen in Ihrem Leben blitzartig eine Kehrtwende einleiten, sonst leben Sie nicht mehr lange.› Und wie bitte soll das geschehen? Ihr Rezept: ‹Gehen Sie in Gotteshäuser und lassen Sie sich von der dort herrschenden Ruhe umhüllen und heilen.› Unglaublich, aber diese Therapie wirkte Wunder. Zuversicht, Glaube und Power kehrten in mich zurück. Seit dieser Begegnung in Wienacht ist für mich klar, dass es kein Leben nach dem Tod gibt, weil es keinen Tod gibt, das Leben ist unendlich.»

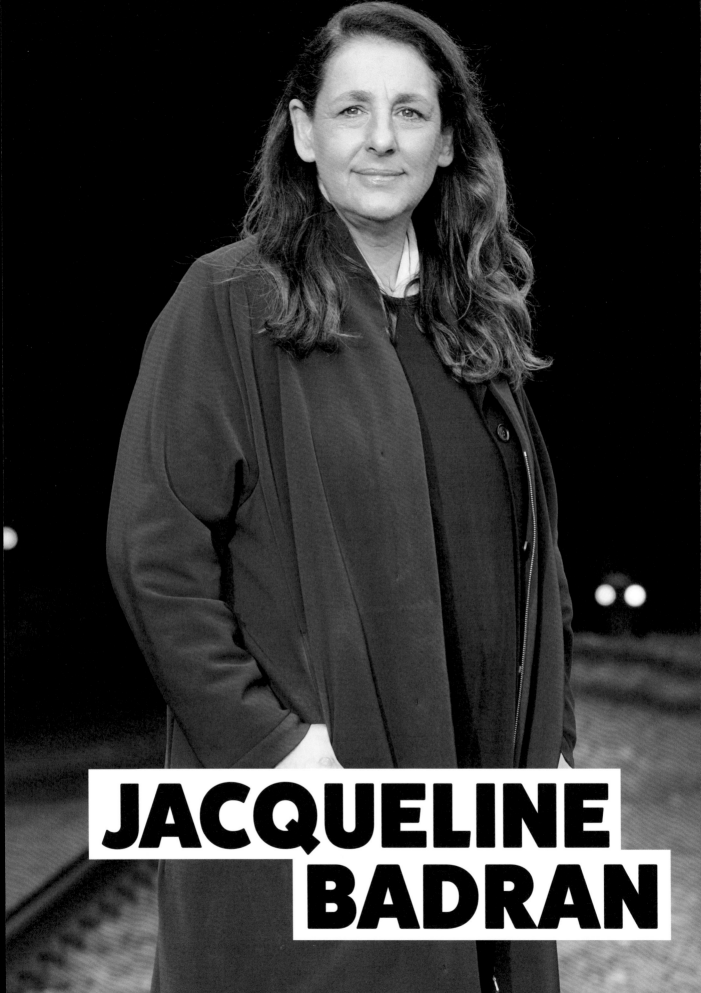

JACQUELINE
BADRAN

ICH GLAUBTE, STERBEN ZU MÜSSEN

Die Funktionsweise des Lebens hat Jacqueline Badran schon immer fasziniert. Wenn in der Schule die Fächer Biologie oder Turnen ausfielen, war sie regelrecht traurig. Da lag es fast auf der Hand, dass sie in der Folge an der Universität Zürich Biologie, mit der Vertiefung in Bezug auf Neurobiologie und Verhaltensforschung, studierte. Bereits während dieses Studiums eignete sie sich ein respektables Fachwissen zu Umweltschutzthemen an. Die wissensdurstige Frau gab sich jedoch mit dem Erreichten nicht zufrieden. An der Universität St. Gallen ging ihr tiefgründiges Lernen weiter. Dort studierte sie Ökonomie und Staatswissenschaften. Und immer wieder trug sie die Frage in ihrem Innenleben mit sich: «Wie kann man die Welt gerechter machen?»

Jacqueline Badran ist eine Zeitgenossin mit klaren, unverrückbaren Grundausrichtungen. So war für sie zum Beispiel immer klar, dass sie ihre Studien in Zürich und St. Gallen zu hundert Prozent selbst finanzieren würde. Dieses Vorhaben bedingte natürlich, dass sie nach verschiedenen Einnahmequellen suchte und diese auch prompt fand: Als patentierte Skilehrerin im Engadin, als Eisenlegerin auf dem Bau und als Reitlehrerin, Bridgelehrerin und Marktforscherin.

Die unverrückbare Grundausrichtung legte sie auch an den Tag, als sie sich im Jahre 2000 auf den Weg machte, um Geschäftsführerin und Mitinhaberin einer eigenen Firma zu werden. Sie rackerte fünf Jahre lang ohne Ferien und mit nur drei Stunden Schlaf pro Nacht, um diese Softwarefirma aufzubauen. Dafür brachte sie sogar das Opfer, dass sie mit dem Basketballspielen aufhörte, obwohl sie in der Nationalliga B die absolute Score-Leaderin war.

Jacqueline Badran weiss genau, was sie will. Auch heute als erfolgreiche Geschäftsfrau und bestens qualifizierte Nationalrätin. Wenn man sie nach einer persönlichen Einschätzung befragt, muss sie nicht lange studieren.

«Ich bin garantiert unbestechlich, unabhängig, ungepierct, untätowiert, unbeschmuckt und ungeschminkt – dafür garantiert bestiefelt, ehrlich, gradlinig und bisweilen ein wenig besserwisserisch.»

ICH BIN JACQUELINE BADRAN

▸ Geboren am 12. November 1961 in Sydney (Australien)
▸ Verheiratet mit Victor
▸ Meine Hobbys sind Basketball, Bridgespielen und alle Sportarten mit Ball, Bällchen oder mit Fahrtwind (zum Beispiel Skifahren, Wakeboarden oder Velofahren), Film, meinen Garten bestellen.

DER ABSTURZ INS TAL DER TRÄNEN

Es ist die Nacht vom 24. November 2001, welche sich bei Jacqueline Badran nie von ihrer inneren Festplatte löschen lässt. Sie befand sich damals mit ihrem Geschäftspartner Peter Hogenkamp, mit welchem sie sich aus geschäftlichen Gründen in Berlin aufgehalten hatte, auf dem Heimweg von Berlin nach Zürich. Der Flug verlief normal und ohne Anzeichen jeglicher Turbulenzen. Bereits hatte die Crossair die heimatlichen Gefilde und die Nähe des Flughafens Zürich erreicht. Es handelte sich nur noch um wenige Minuten, bis die Landung erfolgen sollte.

Doch es kam ganz anders. Plötzlich gab es einen heftigen Aufprall und Jacqueline Badran dachte: «Hoppla, das ist aber eine harte Landung.» Bis sie realisierte, dass es sich weder um eine normale Landung, noch um eine Notlandung handelte, vergingen ein paar Sekunden. Ihr Geschäftspartner fühlte sich wie auf einer Achterbahn. Nach dem Aufprall wurde das Flugzeug unkontrolliert hin und her geschleudert. Dann begann es zu brennen.

Jacqueline Badran im Rahmen eines Interviews: «Die Leute schrien wie in einem Film. Ich hatte Angst, in die Flammen zu fallen und meinte, die Flammen kämen auf mich zu. Wir hörten das Feuer knistern und es stank ganz eklig nach verbranntem Plastik.»

Die beiden lösten, einem Reflex gehorchend, ihre Sitzgurte und fielen nach unten, da das Flugzeug schräg stand. Jacqueline Badran glaubte, sterben zu müssen, bis sie das «paradiesische Loch» entdeckte, wo das Heck vom Rumpf des Flugzeuges abgetrennt worden war. Eine Einladung, um hinauszurennen. Die beiden hasteten weg, strauchelten auf dem verschneiten Waldboden, stürzten, rappelten sich wieder auf und suchten «das rettende Ufer». «Es war gespenstisch im Wald. Man läuft da weg und hinter sich sieht man einen Feuerschein und hört es knallen.»

Sie kämpften sich durch den Wald, bis sie Autoscheinwerfer und dann Blaulicht sahen. Durch ein Dornengebüsch und über einen Bach gelangten sie auf einen Weg, wo bereits die Feuerwehr eintraf. Das anschliessende Warten bei der improvisierten Hilfestelle war so nervenzerrend, dass sie sich entschlossen, in einer nahe gelegenen Beiz ein Bier und einen Zwetschgen-Luz zu trinken. Nachdem eine ortsansässige Arztgehilfin erste Hilfe geleistet hatte, wurden sie ins Universitätsspital gebracht, welches sie am nächsten Tag wieder verlassen konnten.

24 Menschen kamen bei diesem schrecklichen Unglück ums Leben. Jacqueline Badran war bei den neun Personen, welche überlebt hatten. Und trotzdem war sie im Tal der Tränen angelangt. Warum?

Jacqueline Badran: «Wir hatten ursprünglich die Sitznummern 11 A und 11 B. Da es uns vorne im Flugzeug zu laut gewesen war, hatten wir uns nach hinten gesetzt, vermutlich in die 16. Reihe. Dies ist eine mögliche Antwort auf die Frage: Warum bin ich hier draussen und lebe? Alle sagten, wir sollten psychologische Hilfe in Anspruch nehmen. Ich dagegen versuchte zu rationalisieren: Ich wollte verstehen, was passiert war, habe mich mit Flugphysik auseinandergesetzt, Aviatikgrundlagen studiert und einmal einen Psychologen am Flughafen aufgesucht. Auch einen Kurs gegen Flugangst habe ich absolviert, und ich durfte auf meinen Wunsch hin in einem Flug-Simulator einen Beinaheabsturz bei Nacht und Sturm simulieren. Und vor allem habe ich immer wieder über das Unglück gesprochen. Jedem, der es hören wollte, habe ich erzählt, was ich erlebt hatte. Das hat Distanz geschaffen.»

▲ Als Skilehrerin in der
Gondelbahn unterwegs –
trotz gebrochenem Arm.

▲ Jacqueline Badran in voller Fahrt.

In einem Zeitungsinterview, wohlverstanden zehn Jahre später, weist Jacqueline Badran noch auf eine andere massive Belastung hin. «Das Schicksal der Hinterbliebenen bedrückte mich nach wie vor sehr. Die Konfrontation mit den Angehörigen der Todesopfer, nur wenige Tage nach dem Absturz, war sehr schwierig. Alle wollten mit uns Überlebenden sprechen, um zu hören, dass es schnell gegangen sei und niemand habe leiden müssen. Die Verstorbenen, die wir ja nicht gekannt hatten, wurden erst durch die Erzählungen der Hinterbliebenen gewissermassen lebendig.»

Keine Frage, dass dieser Weg durch das Tal der Tränen für Jacqueline Badran in vielerlei Bereichen anspruchsvoll und herausfordernd war und für ewig unvergesslich bleiben wird. Obwohl sie beim Unglück Brüche an der Hand, eine Wunde am Bein und Prellungen an der Stirn davongetragen hatte, ist ihr Schlusswort stark: «Alles ging in Sekundenschnelle vor sich und ich bin noch am Leben. Im Vergleich zu Menschen, die Gewalt am eigenen Leib erfahren haben, habe ich nichts Schlimmes durchgemacht.»

Vielleicht ist diese pragmatisch tönende Einschätzung besser einzuordnen, wenn man weiss, dass die populäre Politikerin schon früher eine Nahtoderfahrung durchlebt hatte. Wie bitte? Die ausgebildete Skilehrerin war im Jahre 1994 mit einem Kollegen am Piz Lagalb im Oberengadin ausserhalb der markierten Pisten unterwegs. Während dieses Skiplausches hörte Jacqueline plötzlich einen Riesenknall. Sie realisierte schnell, dass die Schneemassen unausweichlich den Berg herunterdonnerten. Der Versuch, dem Unheil zu entkommen, endete unglücklicherweise mit einem Sturz. Dann wurden sie unweigerlich unter den Schneemassen begraben.

Der Originalton von Jacqueline Badran: «Ich war wie einbetoniert. Mein grosses Glück war aber, dass ich wusste, wo oben war, weil ein leichter Lichtkegel durch den Schnee drang. Die Befreiung geschah explosionsartig. Ich konzentrierte mich, wie ich das von den Karate-Trainierenden vom Sehen her kannte, und habe so in dieser Situation Kräfte entwickelt, die ein normaler Mensch sonst nicht hat.

Wieder im Freien, fehlte von meinem Begleiter jede Spur. Durch reinen Zufall, weil das Sonnenlicht die Spitze eines Skistocks aufblitzen liess, entdeckte ich den Ort, wo mein Begleiter liegen musste. Ich konnte ihn befreien und auch er überlebte den Niedergang unverletzt.»

Wie haben Sie diesen Schock verarbeitet?
«Mit zittrigen Beinen und völlig erschöpft schleppten wir uns zur Talstation. Wir fuhren heim, duschten und folgten einer Einladung – als ob nichts geschehen wäre.»

JACQUELINE UND IHRE LEBENSRETTENDEN MASSNAHMEN

Als das Neugeborene in Sydney das Licht der Welt erblickte, war der erwartungsfrohe Vater zunächst tief enttäuscht, dass er nicht einen Thronfolger in die Arme schliessen durfte. Da schliesslich nichts daran zu ändern war, akzeptierte er zerknirscht die Situation und sagte sich, dass er das Beste daraus machen werde. Als erfolgreicher Mann von Welt war er darauf bedacht, dass seine Tochter wenigstens einen klingenden Namen erhalten sollte. Schnell war ihm klar, dass sie den gleichen Namen wie die weltweit verehrte Jacky Kennedy bekommen musste: Jacqueline.

Dann zog er noch ein anderes Register und war mit aller Konsequenz darum besorgt, dass sein Mädchen wie ein Bube aufzuwachsen hatte. Er warf die dreijährige Jacqueline ins Wasser und rief: Schwimme. Sie tat es. Er setzte sie als Vierjährige auf einen hohen Baum und rief: Klettere. Sie tat es. So kam es, wie es kommen musste, bereits als Kleinkind steckte in ihr die Zähigkeit einer Katze. Sie fiel oft, manchmal extrem hart und … landete immer wieder auf ihren Beinen. Nur so ist es zu erklären, dass Jacqueline die nachfolgenden «Angriffe» auf ihr junges Leben erfolgreich überstehen konnte.

So kam es, wie es kommen musste, bereits als Kleinkind steckte in ihr die Zähigkeit einer Katze.

Sie war vier Jahre alt, energiegeladen, neugierig und kaum zu bremsen. Auch kulinarisch liess sie nichts anbrennen und testete alle Speisen Australiens. So auch, als sie einen Fisch sorglos verschlang. Doch, oh Schreck, ein Fischgrat blieb quer in ihrem Hals stecken und liess sie bereits gefährlich blau anlaufen. Geistesgegenwärtig packte sie der Vater an beiden Füssen und schüttelte sie so heftig, wie Frau Holle in den besten Zeiten ihre Decken, bis wieder Leben in das kleine Wesen kam. Der Vater als Lebensretter – nicht zum letzten Mal. Und seither hat Jacqueline Badran tatsächlich nie mehr einen Fisch mit Gräten gegessen.

Ein Jahr später. Die Familie Badran reiste aus dem fernen Australien an, um in Ascona wunderbare Ferien zu verbringen. Im schönen Hotel durfte selbstverständlich der Swimmingpool nicht fehlen. Die emsige Wasserratte Jacqueline war von den Bademöglichkeiten hell begeistert, kaum zu bremsen und entdeckte erst noch ein lustiges Abenteuer. Sie hüpfte durch einen Gummiring und wurde beim Eintauchen wie «Ajax weisser Wirbelwind» im Wasser herumgewirbelt. Einfach herrlich. Es ging bereits gegen das Dinner zu, als der Vater, mit dem edelsten Abendanzug ausgestattet, seine Tochter abholen wollte. Doch was er sah, versetzte ihn in Panik. Im Pool schwamm nur der Gummiring. Durch das Wasser schimmerte in der Tiefe der leb-

▲ Ankunft der Eltern in Australien (Vater Frédéric Georg rechts).

lose Körper von Jacqueline. Logisch, dass der Vater nicht zögerte und blitzartig hinuntertauchte. Er fischte das kleine Mädchen heraus und begann mit der erfolgreichen Reanimation. So wurde Jacqueline innert Jahresfrist zweimal von ihrem Vater in allerletzter Sekunde gerettet. Wäre der Vater nur eine Minute später zum Pool gekommen, hätte es garantiert keine Rettung mehr gegeben.

Ob sich wohl Vater Frédéric für die wundersame Rettung im letzten Augenblick an höherer Stelle bedankt hatte? Mit Sicherheit nicht. Als libanesischer Christ sprach er im Kreise seiner Familie häufig über die Bibel. Doch seine Analyse über historische Perspektiven und Machbarkeiten liess ihn zum Schluss kommen, dass in der Bibel sehr vieles nicht stimmen kann. Er stempelte das Buch der Bücher sogar als dubios ab. Tief in seinem Innern flammte allerdings immer wieder die Frage auf: «Was ist wohl, wenn es doch Himmel und Hölle geben sollte?» Die nicht schlüssige Antwort bereitete ihm gewaltig Sorgen. Denn er wusste genau, dass er im Falle von Himmel und Hölle mit Sicherheit in die Hölle kommen würde. Deshalb machte er um Glaubensfragen und um Gotteshäuser jeweils einen grossen Bogen.

Jacqueline wohnte in Zürich an der Aurorastrasse. Sie war sieben Jahre alt, als sie wiederum in eine lebensbedrohliche Lage kam. Alles begann wunderschön. Mit einem erhebenden Gefühl stellte sie sich in Gedanken vor, wie sie als Zirkusfräulein vor einem grossen Publikum auftreten würde. Sie sah sich als Seiltänzerin, stieg auf das Balkongeländer und blickte verzückt in die Ferne. In Tat und Wahrheit lag der Balkon in gut zwanzig Metern Höhe. Jacqueline Badran erzählt heute zu diesem unvergesslichen Vorkommnis: «Plötzlich verlor ich das Gleichgewicht und stürzte in die Tiefe. Einem Impuls folgend, griff ich nach einer vorstehenden Brüstung und diese hielt der Belastung stand. Ein Rätsel. Das zweite Rätsel ist noch verrückter: Es ist physikalisch praktisch unmöglich und nicht nachvollziehbar, dass ich mich wieder hinaufhangeln konnte. Dieses Mal wurde ich selbst zu meiner Lebensretterin.»

Wie hatten Sie es mit dem Beten?
«Zu Hause kannten wir dieses Ritual nicht. Ich ging folgsam in die Sonntagsschule bei der anglikanischen Kirche, wurde später reformiert konfirmiert, gehöre der Reformierten Kirche an und unterstütze diese Organisation, weil sie sich sozial stark für die Jungen und die Alten einsetzt und damit Gutes tut.»

ZWEI STEINREICHE VÄTER — OHNE GELD

Frédéric Georg Badran war als 18-jähriger Bursche mit seinem Vater aus dem Libanon ausgezogen, um in einem anderen Land ein besseres Leben zu finden. Sie kamen fast mittellos nach Australien, leasten mit ihrem wenigen Geld ein Auto, deckten sich mit Alltagsgegenständen ein und fuhren zu den abgelegenen Farmen und verkauften dort ihre Ware. Der Start war geglückt. Später eröffneten sie einen Laden, importierten Kleider und machten mit diesem Handel den erwarteten Gewinn. Das ganz grosse Geld machte der clevere F.G. Badran, als er realisierte, dass er die Kleider selber herstellen konnte. Er baute in Sydney eine Fabrik auf und hatte in Australien bald schon das Monopol für Herrenoberbekleidung. Eine Tellerwäscher-Karriere, wie sie im Buch steht. Als Patron der alten Schule führte er die Firma in einem engen Korsett und hatte alles in den eigenen Händen. Seine Tochter Jacqueline behauptet, dass er sein Vermögen am liebsten unter dem Kopfkissen gelagert hatte. Eines schönen Tages führte ihn eine Geschäftsreise auch nach Zürich. Dort stieg er im Hotel Baur au Lac, einer Topadresse, ab.

Genau in dieser Zeit hatte eine gewisse Helga die Handelsschule absolviert. Das Gymnasium wurde ihr von der eigenen Mutter verwehrt, weil sie – wie in den Fünfzigerjahren üblich - einen ganz anderen Plan ausgeheckt hatte. So begaben sich die zwei Frauen an einem Sonntagnachmittag ins Baur au Lac zum Tee-Dance. Die Absicht war klar: Die hübsche Tochter sollte sich einen reichen Mann angeln und heiraten. Im Hinterkopf dachte die Mutter, dass sie damit selbst eine gute Altersversorgung erhalten würde. Tatsächlich klappte der Deal, Helga lachte sich den Textilmogul Badran an, und bereits drei Monate später war sie verheiratet und auf dem Weg nach Australien.

Im Jahre 1957 kam in Sydney Tochter Karin und im Jahre 1961 Tochter Jacqueline zur Welt. Aber auch der Kindersegen trug nicht dazu bei, dass sich die Mutter im fremden Land akklimatisieren und wohlfühlen konnte. Das Heimweh wurde immer stärker und sie immer unglücklicher. Der temperamentvolle Textilunternehmer konnte diesem Leiden nicht länger zusehen. Er verkaufte sein Imperium und zog mit der ganzen Familie nach Zürich. Jacqueline war fünf Jahre alt. Sprachlich war dieser Umzug für sie kein grosses Problem, da die Mutter mit ihr Hochdeutsch sprach – der Vater Englisch.

Frédéric G. Badran hatte Geld und protzte oft mit seiner eigenen Tochter. Längst hatte Jacqueline sein Herz erobert und der Vater liebte sie abgöttisch. Die beiden waren häufig im Dolder-Wellenbad anzutreffen, zeigten gemeinsame Kunststücke vom Sprungbrett und zogen die Blicke der Anwesenden auf sich. Als Jacqueline acht

Jahre alt geworden war, hatte ihr der Vater das Autofahren beigebracht und immer wenn Freunde oder Bekannte im Hause Badran zu Gast waren, durfte das kleine Mädchen mit dem Auto Runden drehen und damit grosses Aufsehen erregen. Der Stolz des Vaters war grandios.

Jacqueline Badran, wie charakterisieren Sie Ihre Mutter?
«Kurz und knapp: Sie ist halb Schweizerin, halb Deutsche und sonst sehr sanft, blond und blauäugig.»

Durften Sie alleine ein Zimmer beanspruchen?
«Eigentlich schon. Da ich im Dunkeln immer Angst hatte, legte ich mich regelmässig zu den Eltern ins Bett.»

Die Herrlichkeit hielt leider nicht lange an. Da dem Vater seine grosse Popularität, welche er in Australien genossen hatte, in der Schweiz nichts nützte und er zum Mister Nobody degradiert wurde, war es nun an ihm, komplett unglücklich zu sein. Ihm fehlten die Freunde und das «grosse Publikum». Bereits im Jahre 1969 kam es zur Scheidung. Der Vater kehrte kurz vor dem Bürgerkrieg in den Libanon zurück und wurde dort zum Kriegsverlierer. Sein ganzes Hab und Gut wurde ausradiert.

Übrigens, die einst verkuppelnde Grossmutter hätte auch in einem guten Fall nicht von der erhofften Altersvorsorge profitieren können. Als Jacqueline 10-jährig war, kam sie bei einem Autounfall am Lukmanierpass ums Leben.

Voltastrasse Zürich, 3-Zimmer-Wohnung, 3-Frauen-Haushalt. Das war die nächste Etappe in Jacqueline Badrans Biografie. Die nun alleinerziehende Mutter musste ihr einstiges Wissen aus der Handelsschule rasch auffrischen, um eine Stelle zu bekommen. Beim Schuhhaus Bally an der Bahnhofstrasse gelang ihr der Einstieg ins Erwerbsleben als Kassierin schnell und gut. Nebenbei erwarb sie sich noch das Sekretärinnen-Diplom und konnte den Lebensunterhalt für sich und ihre beiden Töchter knapp bestreiten. Als es am neuen Ort um die Zimmerzuteilung ging, gab es keine Diskussionen. Die Schwester durfte alleine ein Zimmer belegen und die Mutter mit Jacqueline teilte sich das andere. Die Begründung der

> **«Da die Mutter arbeiten musste, wurde ich zur Selbstversorgerin.»**

Mutter: «Jacqueline schläft sowieso immer bei mir.» So kam es, dass Jacqueline vielfach bis um 3 Uhr nachts las und die Mutter aufgrund des Lichtes vor sich hindöste, ohne je zu reklamieren.

Jacqueline Badran heute: «Das Zimmer mit der Mutter zu teilen, fand ich ok. Da die Mutter arbeiten musste, wurde ich zur Selbstversorgerin. Ich war oft alleine, kochte für mich, kämmte auftragsgemäss die Fransen des Teppichs und genoss die vielen Freiheiten. Hie und da haderte ich im Stillen damit, dass andere Mamis für ihre Kinder kochten. Als ich 14 Jahre alt war, kam es zu einem nächsten und sehr prägenden Wechsel der Familiensituation.»

Was für Erziehungsgrundsätze mussten Sie bis zu diesem Zeitpunkt befolgen?
«Eigentlich gar keine. Die Mutter hatte mir nie Vorschriften gemacht. Einerseits setzte sie viel Vertrauen in mich und andererseits gab es noch einen ganz banalen Grund: Sie war froh und glücklich, mich nicht erziehen zu müssen, weil sie überhaupt nicht wusste, wie.»

Die Schülerin
mit der Note 7.

▲ Zufriedene Studentin der Biologie.

Die neue Seite im Lebensbuch von Jacqueline Badran trägt folgende Überschrift:
«Mein Stiefvater ist ein italienischer Graf.» Dadurch hatte sie Zugang zu einer ganz
anderen Klasse Menschen. Doch die Fassade des italienischen Grafen hielt in finanzieller Hinsicht nicht, was sie versprach, denn auch seine Familie zählte, in der Zeit
Mussolinis, zu den Kriegsverlierern. Das Vermögen musste in die USA transferiert
werden, um so den Zugriff Mussolinis zu verhindern. Ungeachtet dessen wollte der
Stiefvater Jacqueline zur besten Golferin der Schweiz machen. Als Repräsentant der
Tabakprodukte-Firma Philip Morris International war für ihn Golf nicht nur Sport,
sondern eine wichtige Plattform zur wirtschaftlichen Vernetzung. Jacqueline liess
einige Golfstunden über sich ergehen, fand das ganze Getue mehr als doof und liess
inskünftig den Schläger im Regal.

Sie hatte nämlich auch keine Zeit, um in den mondänen Kreisen herumzuhangeln.
Ihre Entdeckung war als 14-Jährige von einer ganz anderen Art: Die Liebe zu einem
18-jährigen Burschen. Es blieb nicht bei einem oberflächlichen Kontakt. Im Gegenteil, es entwickelte sich die erste ganz grosse Liebe, welche vier Jahre Bestand haben
sollte. Die unruhige, unstete und sich in der Pubertät befindende Jacqueline fand
einen Felsen, an welchen sie sich in dieser schwierigen Zeit anlehnen konnte.

Jacqueline Badran im Rückblick: «Es war eine wunderschöne Zeit. Das Gefühl, so
richtig geliebt zu werden, ist kaum zu beschreiben. Diese Beziehung war für mich von
einer ganz prägenden Wichtigkeit. Ich wurde in mir selbst gefestigt, spürte die wach-
sende innere Ruhe und konnte den Drang der Suchenden locker ablegen. Nach den
bereichernden vier Jahren gingen wir ohne jegliches Getöse auseinander und machten uns völlig unabhängig zu neuen Ufern auf.»

Ein Ende nahm für sie nach sechseinhalb Jahren auch die wohlbehütete Zeit am
Gymnasium der höheren Töchterschule. Nun stand sie vor der wichtigen Entscheidung, was sie beruflich aus ihrem zukünftigen Leben machen wollte. Eines wusste sie

mit aller Deutlichkeit: Sie hatte zwei steinreiche Väter, welche beide eine leere Brieftasche mit sich herumtrugen. Sollte sie sich für ein Studium entscheiden, musste sie dieses auf Heller und Pfennig selbst berappen. Was nun?

DIE SCHÜLERIN MIT DER NOTE 7

Als Jacqueline in die Schweiz kam, begann ihre Einschulung in einer englischen Schule. Bald schon gab es gute Gründe, dies zu ändern und ab der 2. Klasse in den ordentlichen Schweizer Schulbetrieb einzutreten. In diesem Zusammenhang ist ganz wichtig zu wissen, dass sie zu diesem Zeitpunkt bereits einen gut gefüllten Schulsack mitbrachte. Ihre vier Jahre ältere Schwester Karin hatte nämlich mit ihr stundenlang «Schülerlis» gespielt. Karin als Lehrerin und Jacqueline als Schülerin. Dieser Drill war wirklich sehr effizient. So konnte die 5-Jährige bereits lesen, schreiben und rechnen.

> «Frau Egger, ich habe es nicht gewusst, ich habe geraten.»

Die krassen Methoden in der Schule beunruhigten sie nicht im Geringsten. Bei den wöchentlichen Rechnungswettbewerben war sie sowieso unschlagbar. Alle Kinder mussten sich dabei an der Wand aufstellen, die Lehrerin stellte die Aufgabe und wer die Lösung zuerst in den Raum rief, durfte einen Schritt nach vorne machen. Ausnahmslos präsentierte sich das gleiche Bild. Jacqueline erreichte die gegenüberliegende Wand und alle anderen Schüler standen immer noch wie angefroren am Ausgangspunkt. Da stellte die Lehrerin einmal eine ganz besonders schwierige «Sätzlirechnung». Jacqueline musste sich bei den letzten zwei Applikationen eingestehen, dass sie nicht mehr folgen konnte. Trotzdem rief sie am Schluss die Zahl 50 in die Runde. Volltreffer. Da aber das gute Mädchen nie lügen oder schummeln konnte, sagte sie laut und deutlich: «Frau Egger, ich habe es nicht gewusst, ich habe geraten.» Dadurch stieg ihr Ansehen bei der perplexen Lehrerin noch mehr und sie durfte trotzdem einen Schritt nach vorne machen. Später erhielt sie sogar die Spezialnote 7. Das wiederum weckte die Eifersucht der Mitschüler gewaltig. Sie lauerten der «Intelligenz-Bestie» nach der Schule auf und verprügelten sie. Nach einem Jahr und nach der Scheidung der Eltern zog Jacqueline um und kam in ein neues Schulhaus in den Fluntern.

Bereits die ersten Schritte ins Schulzimmer der neuen Klasse waren mit einer Überraschung verbunden. Jacqueline wurde neben ein Mädchen namens Esther Girsberger (heutige Autorin und Publizistin) gesetzt und hörte folgenden Kommentar der Lehrerin: «Dass Esther endlich weniger schwatzt.» Zwischen den beiden Mädchen entstand schnell eine schöne Freundschaft. Esther holte Jacqueline jeden Morgen zu Hause ab, war meistens das Weckkommando, weil Jacqueline die halbe Nacht gelesen hatte, und auf dem Schulweg brachte sie ihr Schweizerdeutsch bei. Der Heimweg dauerte stets etwas länger, weil die beiden noch einen Umweg zu einer Bäckerei machen mussten. Sie stellten sich auf der Rückseite vor der Backstube auf und sangen ein tolles Lied. Der Lohn liess nicht auf sich warten. Immer durften sie sich an Ausschusswaren in Form von Crèmeschnitten oder Schoggi erfreuen. Wenn dann die Kirschen reif waren, machten sie sich ein Abenteuer daraus, diese vom Baum zu stehlen und dabei nicht erwischt zu werden. Es war immer etwas los.

Schlimm war in der Folge, dass nun zwei chronisch unterforderte Mädchen in der Klasse sassen. Um der Langeweile Herr zu werden, tauschten sie bei Prüfungen die Resultate unter dem Pult aus, obwohl das absolut nicht nötig war und beim Schwatzen waren es nun zwei.

Im Zeugnis von Jacqueline gab es selbstverständlich auch noch Kommentare zu den «weichen Fächern». Beispielsweise: Fleiss: sehr gut; Ordnung: sehr gut; Betragen: sehr gut und mit Bleistift schrieb die Lehrerin darunter: Zu unruhig. Warum wir das explizit erwähnen? Davon später mehr.

Als die Zeit reif war, um die Aufnahmeprüfung fürs Gymi abzulegen, dachte Jacqueline nicht im Traum daran, sich für diese Tests zu bewerben. Sie wollte mit ihren anderen Freundinnen lieber in die Sekundarschule. Doch eines Tages flatterte trotzdem ein Aufgebot für die Gymiprüfung ins Haus. Die Mutter von Esther Girsberger hatte Jacqueline kurzerhand und ohne jegliche Absprache angemeldet. «So ein gescheites Mädchen geht mir ins Gymi», sagte sie dazu. Um niemanden vor den Kopf zu stossen, trat Jacqueline an und schaffte die Aufnahme spielend. Sie kam mit Esther Girsberger ins Gymi, wo nie ein Zweifel darüber bestand, dass die beiden in den Klassen dominant waren. So kam es, dass sie als Rädelsführerinnen bezeichnet und nach dem zweiten Gymi in separate Klassen gesteckt wurden.

Jacqueline Badran, gab es etwas, was Sie nicht ausstehen konnten?
«Streit. Bei Auseinandersetzungen war ich in der Regel diejenige, welche für Frieden sorgte. Und gar nicht ausstehen konnte ich, wenn mir jemand etwas ins Ohr flüsterte. Da wurde ich ausnahmslos zur Übersetzerin und sagte den anderen Mädchen, was ich gerade leise erfahren hatte. Flüstern war und ist schliesslich ein nicht akzeptables Zeichen der Ausgrenzung.»

DIE BERUFSWAHL WIRD DURCH EIN TÖFFLI ENTSCHIEDEN

Schon während dem Gymi musste Jacqueline arbeiten. Sie wusch Teller in der Schulkantine. Das verdiente Geld investierte sie übrigens in ein goldenes Puch Maxi Töffli. Dadurch war sie mobil für ihre vielen Aktivitäten, was zudem ihre Freiheit drastisch erhöhte. Nach dem Gymnasium war für Jacqueline Badran die Berufswahl immer noch ungeklärt. In Tat und Wahrheit hatte sie echt keinen Plan, wie es mit ihr weitergehen sollte. Da sie sich gerade von ihrem Freund getrennt hatte, fühlte sie sich vogelfrei, nützte diese Ausgangslage und verreiste für zwei Jahre in die grosse weite Welt. Schliesslich wollte sie wissen, wie das Land aussah, von welchem sie den Pass in der Tasche trug. Um gut überleben zu können, brauchte sie das nötige Geld und heuerte in Australien auf einer Pferdefarm an. Im Winter gab sie im Engadin Skischule und machte das Skilehrerpatent. Zudem spielte sie immer wieder an internationalen Basketballturnieren und genoss das Leben in vollen Zügen. Ganz aus ihren Gedanken konnte sie das Was und Wie in Bezug auf ihre berufliche Zukunft nicht ausblenden. Geistesblitze tauchten immer wieder auf, und sie wusste:

Dass sie eine gute Schauspielerin war. Schliesslich hatte sie jahrelang im Kinder- und Jugendtheater Rosmarie Metzenthin intensiv mitgespielt. Zwei Stunden pro Woche hatte sie dieses attraktive Handwerk erlernt. Später besuchte sie die Theater- und Bewegungsschule und hatte in den Aufführungen immer gute Rollen zugesprochen bekommen. Doch ihre Traumrolle – eine Prinzessin – durfte sie nie spielen, weil sie nicht blond war. Dafür glänzte sie im Stück «Der Teufel mit den drei golde-nen Haaren» als Grossmutter des Teufels so auffallend, dass sie 40 Jahre später an einem Lobby-Anlass vom Verwaltungsrats-Präsidenten der CS wiedererkannt und darauf angesprochen wurde. Unglaublich. Dass sie mit viel Fleiss und Einsatz, in ver-schiedenen handwerklichen Berufen, der Männerbastion ebenbürtig war. Als Eisen-legerin hatte sie sich auf dem Bau tagtäglich derart abgequält, dass sie jeweils am Abend richtig klamme Finger hatte und diese nur unter grossen Schmerzen wieder in die ursprüngliche Form bringen konnte.

Dass sie eine der besten Basketball-Spielerinnen der Schweiz war und vielleicht ins Profi-Lager wechseln oder als Skilehrerin hauptberuflich einsteigen könnte.

Die zwei Jahre waren vorbei und als sie sich wieder in Zürich niederliess, wusste sie genau, dass die Gnadenfrist abgelaufen war. Jacqueline war jedoch einen grossen Schritt weitergekommen. Zur Auswahl standen für sie ein Studium in Jurisprudenz. Dabei wäre es ihr möglich, ihren Gerechtigkeitsfimmel auszuleben, und bestimmt viel Gutes zu tun. Ungefähr auf gleicher Höhe buhlte ein Studium in Biologie. Immer wenn dieses Fach in der Schule ausfiel, war sie sehr traurig. Ein gutes Omen. Zudem war es ihr ein grosses Anliegen, zu wissen, wie das Leben funktioniert. Doch in gut einer Stunde lief die Anmeldefrist für diese Studienrichtung ab. Was nun? So stand

▲ Zuversichtlich in allen Lebenslagen.

◀ Skilehrerin im Engadin.

▲ Jacqueline Badran mit ihrem Lieblingsmenschen Victor.

sie ratlos auf dem Bellevue-Platz und … traf ganz spontan einen Entscheid. Sie setzte sich auf ihr goldenes Puch Maxi Töffli und fuhr los, die Rämistrasse hinauf. Für sie war klar, dass ihr goldenes Zweirad die Entscheidung treffen würde. Fuhr das Töffli am Hauptgebäude der Uni vorbei, schied die Juristerei aus. Fuhr das Töffli bis zum Bio-Labor am Irchel weiter, dann war klar, dass sie Biologie studieren würde. Und tatsächlich, sie wurde bis vor das Eingangstor der Universität Irchel, dem Zentrum für die Naturwissenschaften, chauffiert. Der Entscheid war gefallen, das Gefühl der Erleichterung bei Jacqueline grossartig. Doch die Uhr blieb nicht stehen und es war exakt 10 Minuten vor 17 Uhr, als sie ins Büro von Herrn Frankenstein hetzte. Herr Frankenstein machte seinem Namen alle Ehre und drohte Jacqueline mit gerunzelter Stirne nachhaltig damit, dass beim 1. Vordiplom 60 Prozent der Studierenden hinausfliegen und beim 2. Vordiplom nochmals 40 Prozent vom gleichen Schicksal getroffen würden. Er fragte, ob sie sich das Studium gut überlegt habe. Sie liess sich weder beirren noch einschüchtern und sagte laut und überzeugt: «Ja, ich bin sicher, dass ich das Biologiestudium machen will.»

Das Studium war wirklich kein Honiglecken. Jacqueline Badran dazu: «Brutal und knallhart ist noch gelinde ausgedrückt. Natürlich musste ich neben dem anspruchsvollen schulischen Teil viel Kraft und Energie einsetzen, um das Geld für das

Studium zusammenzubringen. Beispielsweise als Marktforscherin, Kinoticket-Kontrolleurin, Serviererin, Ski- und Bridgelehrerin und nicht zuletzt als Bauarbeiterin. Mit Stolz darf ich mich ein wenig rühmen, alles unter einen Hut gebracht zu haben.»

Erlauben Sie uns noch eine diskrete Frage: Waren Sie, um das harte Pensum durchzustehen, hie und da auf Drogen angewiesen?
Sicher nicht. Seit dem 13. Altersjahr bin ich eine konstante Raucherin. Das ist vermutlich mein einziges Laster. Als ich im Engadin als Skilehrerin unterwegs war, versuchte ich aus Neugier Kokain und Heroin und verspürte zu meinem grossen Glück Null Wirkung. Experimentell habe ich in den Ferien in Griechenland auch einmal LSD eingenommen. Der Respekt davor war allerdings sehr gross.»

Man höre und staune. Der Wissens- und Bildungsdurst von Jacqueline Badran war längst noch nicht gestillt. Im Jahre 1994 studierte sie an der Universität St. Gallen Ökonomie und Staatswissenschaften und schloss mit dem Lizenziat ab. Auch diesen Zusatzeffort musste sie sich quasi am Mund absparen. Chapeau.

DER SCHWUR IM JUGENDALTER: ICH WERDE POLITIKERIN

Aufgewachsen ist Jacqueline Badran am Zürichberg, umgeben vom guten alten Freisinn. Sie wird nie müde zu erwähnen, dass man in dieser sehr gehobenen Gesellschaft damals «geleistet und nicht geprotzt» hat. Am eigenen Leibe durfte sie erfahren, dass viele Freisinnige sehr egalitär waren. Unterschiede wurden aktiv ausgeglichen.

«Wir Kinder trugen alle praktisch die gleichen Kleider und hatten denselben Schulsack. Dadurch wurde verhindert, dass Arbeiterkinder herabgesetzt wurden. Es ging so weit, dass wir zum Znüni die gleiche Zwischenverpflegung assen: Ein Gala-Käsli-Brot. Dieses war für reich und arm erschwinglich. Das Praktizieren des Bürgertums, das sich ja gegen die Privilegien des Adels richtete, imponierte mir sehr.»

Eine Mitgliedschaft beim «Freisinn der alten Art» wäre bestimmt eine Option gewesen. Dass es in eine andere Richtung ging, schreibt Jacqueline zwei prägenden Geschichten zu. Hier sind sie.

Die Schulreise mit Geografielehrer Arthur Dürst. Bereits im Vorfeld wurden Jacqueline, mit folgender These ihres Lieblingslehrers Dürst, die Augen weit geöffnet: «Die Hälfte der Menschheit verbringt die Hälfte ihres Lebens, um Wasser zu suchen und dieses, meistens auf dem Kopf, zu transportieren. Bei uns muss man nur den Hahnen aufdrehen und das Wasser kommt. Eine unglaublich privilegierte Situation.» Dieses Beispiel zeigte deutlich auf, dass es auf der weiten Welt ganz andere Lebensrealitäten gibt, als diejenigen in unserem Land.

«Lehrer Dürst führte uns auf einer Schulreise in seine Kindheit zurück. Er war als Sohn des Eisenbergwerk-Leiters auf dem Gonzen gross geworden. Die Schule musste er in Sargans besuchen und dafür einen täglichen Fussmarsch von drei Stunden auf sich nehmen. Uns wurde nichts erspart und wir Schüler mussten diesen Schulweg, mit einer kaum endenden Treppe, ebenfalls zurücklegen. Weit oben

«Ich realisierte wie elektrisiert: Im gleichen Kulturkreis, nicht weit von meinem zu Hause entfernt, gibt es eine völlig andere Welt. »

angelangt, kamen wir in das Bergwerk mit dem 90 Kilometer umfassenden Stollen. Ich realisierte wie elektrisiert: Im gleichen Kulturkreis, nicht weit von meinem Zuhause entfernt, gibt es eine völlig andere Welt. Die Armut war hier an allen Ecken und Enden spürbar und mir wurde klar: Das sind Leute wie ich und doch komplett anders. Dieses Wissen befeuerte in mir Gedanken, Ideen und Überzeugung: Ich werde mich mit allen Mitteln für eine bessere und gerechtere Welt einsetzen.»

Die Wolfram-Story. Im obligatorischen Religionsunterricht im Gymi erzählte Pfarrer Stückelberger die Wolfram-Story, welche Jacqueline in ihrer Absicht, politisch aktiv zu werden, nochmals so richtig animierte.

Wolfram ist ein weissglänzendes Schwermetall, welches auch in Bolivien in Südamerika abgebaut wurde. Die Arbeiter mussten die Produktionsmittel selbst zur Verfügung stellen und wurden im Taglohn und pro Kilo entlöhnt. Ein Kernproblem war, dass für die Gewinnung nur ein Bohrer mit einer Bohrspitze aus Wolfram eingesetzt werden konnte. Diese Bohrspitzen wurden durch eine weltbekannte Firma aus München geliefert. In der Praxis sah das folgendermassen aus: Das Rohmaterial wurde von Bolivien nach München und als Bohrspitzen den gleichen Weg zurückgeflogen.

Das Drama und die Ungerechtigkeit: Die Arbeiter mussten für eine einzige Bohrspitze, welche im besten Falle ein Jahr eingesetzt werden konnte, der Firma Bosch acht Monatslöhne abliefern. Vier Monatslöhne mussten den Arbeitern ausreichen, um mit ihren Familien zu überleben. Das reichte gerade mal dafür, dass die Arbeiter zur Ausübung ihrer körperlich harten Tätigkeit genügend Kalorien aufnehmen konnten.

◄ Kurze Ruhe vor dem Polit-Sturm.

Jacqueline Badran war erschüttert, konnte eine solche Ungerechtigkeit zwischen Gewinn und Armut kaum verdauen und schwor sich als 15-Jährige, etwas gegen solche Machenschaften zu unternehmen. Dazu brauchte sie ein politisches Amt, als Mittel zum Zweck.

Um die politischen Rechte und Pflichten wahrnehmen zu können, waren einige Formalitäten zu regeln. Als Tochter einer Schweizerin gab es für sie die Möglichkeit einer erleichterten Einbürgerung. Das entsprechende Gesuch lag auf dem zuständigen Amt und Jacqueline war überzeugt, dass die Einbürgerung locker über die Bühne gehen würde. Schliesslich war sie in allen Teilen unbescholten. Ein Irrtum. Es war an einem Freitag, um 17 Uhr, als es bei ihr an der Wohnungstüre klingelte. Die Fortsetzung der Geschichte erzählt uns Jacqueline Badran gleich selbst:

«Als ich die Türe öffnete, schob mich ein Mann kurzerhand beiseite, trat ein und setzte sich unaufgefordert an den Stubentisch. Nun eröffnete er mir kurz und knapp, dass er wegen der Einbürgerung komme und Nachforschungen anstellen werde. Als Obrigkeitsgläubige liess ich es geschehen. Nachdem der Herr sich gründlich umgeschaut hatte, verlangte er von mir alle Zeugnisse. Beim zweiten Blick ins Zeugnis der Primarschule trumpfte er wie ein erfolgreicher Detektiv auf und sagte: ‹AHA. Da steht: Zu unruhig. Bedeutet das, dass Sie eine Unruhestifterin sind?› Ich versuchte ihm zu erklären, dass es sich nur um eine Bleistift-Anmerkung handle, die man hätte ausradieren können. Und er solle doch die Noten anschauen, da sehe er, dass ich unruhig war, weil ich offensichtlich unterfordert war.

«AHA. Da steht: Zu unruhig. Bedeutet das, dass Sie eine Unruhestifterin sind?»

Es ging mit dem Verhör weiter und er verlangte das separate Handarbeitszeugnis. Wieder leuchtete sein Gesicht auf: ‹AHA, Sie haben im Stricken eine 4. Wieso nur eine 4? Unsere Schweizermädchen stricken nämlich alle gerne.› Ich liess den despektierlichen Hieb gegen mich als ‹Ausländerin› an mir abprallen und erklärte ihm ruhig, das sei meinen schwitzigen Händen geschuldet.

Nun wollte der überhebliche Beamte auch noch mein Schlafzimmer inspizieren. Kein Problem, denn ich legte immer Wert auf ein megaaufgeräumtes Zimmer. Aussergewöhnlich für eine 17-Jährige. Nach einem kurzen Moment des Staunens riss er unvermittelt den Einbaukasten auf und fegte meine ganze Unterwäsche einfach auf den Boden. Das war nun doch zu viel. Ich rief meine Schwester Karin an und bat sie um dringende Hilfe. Ein paar Minuten später tauchte sie auf und dann verlor der AHA-Typ sichtlich die Lust. Er verschwand, wie er gekommen war, rücksichtslos und ohne den geringsten Anstand. Einige Jahre später sah ich den Film ‹Schweizermacher› mit Emil Steinberger und konnte zum Inhalt immer nur nickend zustimmen.»

DER MANN AN DER SEITE DER STARKEN FRAU

Unerschrocken, impulsiv, direkt bis es weh tut, so wird Jacqueline Badran von Kollegen im Nationalrat beschrieben. Beim Buchgespräch sass uns eine ganz andere Frau Badran gegenüber: Geduldig, offen, rücksichtsvoll und sympathisch. Und wenn sie von sich sagt, und das erst noch sehr betont, dass sie extrem harmoniebedürftig sei, glauben wir das sofort.

◄ Jacqueline Badran und Victor kurz vor der Hochzeit.

Es war im Jahre 1985, als Jacqueline an der Uni in einer freien Stunde einen Mitspieler zum Jassen suchte. Da kam Mitstudent Victor Kemper des Weges. Sie sprach ihn auf ein kurzfristiges Engagement an. Dieser schaute erstaunt hinter sich, sah dort nur einen Coca-Cola-Automaten und wusste, dass sie ihn meinte. Freudig sagte er zu, denn – er hatte schon länger ein Auge auf Studentin Jacqueline geworfen. Der erste Schritt war getan.

Da die Finanzen bei Jacqueline immer im Kampfbereich lagen, konnte sie sich nur eine äusserst günstige Wohngelegenheit leisten. Es kam dazu, dass sie zusammen mit ihrer WG die Möglichkeit bekam, eine renovationsbedürftige Wohnung zu einem Schnäppchenpreis zu mieten. Allerdings mit der Auflage, diese wieder in Schwung zu bringen. Der Deal klappte. Bei den verschiedenartigen Arbeiten zeigte sich auch ein guter Geist sehr hilfsbereit: Victor Kemper. Natürlich nicht nur wegen seines Einsatzes und seines Geschickes eroberte er das Herz von Jacqueline quasi im Fluge.

Am 12. Juni 1992 ereignete sich im uralten Rathaus von Amsterdam, inmitten der Ahnengalerie aus dem Mittelalter, Historisches. Jacqueline Badran und Victor Kemper hatten sich auf dem Flohmarkt mittelalterliche Kleider gekauft und traten in diesem Outfit zur Trauungszeremonie an. Beide hatten einen Trauzeugen mitgebracht und so wurde im fernen Holland die Ehe feierlich besiegelt. Der Standesbeamte staunte zuerst über das historisch gekleidete Paar und dann noch mehr, als es um das Eheversprechen ging. Es wurden nämlich nicht Ringe ausgetauscht, sondern Blutsbrüderschaft geschlossen.

Jacqueline Badran zu diesem ungewöhnlichen Ritual: «Diese Art der ewigen Verbindung war für uns beide klar. Da ich zu feige war, die Blutsbrüderschaft mit einem Messer zu manifestieren, reichte uns ein Nädeli dazu.» Diese ungewöhnliche Art des «Ja-Wortes» hat auf jeden Fall reife Früchte getragen.

Victor, eine Velokurier-Legende, Sammler von Comics und Philatelist, sagt zu seiner Ehe: «Wir gehören einfach zusammen.» Jacqueline Bader legt mit herzlichen Worten nach und sagt: «Das Top meines Lebens ist meine Ehe und meine Beziehung zu meinem Lieblingsmenschen Victor.»

FÜNF FRAGEN ZUM SCHLUSS

*Hatten Sie mit Ihrem leiblichen Vater nach seiner
Rückkehr in den Libanon weiterhin Kontakt?*
«Solange es ihm möglich war, kam er jedes Jahr in die Schweiz. Doch Schwester Karin und ich besuchten ihn auch regelmässig in seiner Heimat – sogar während des herrschenden Krieges.»

Erinnern Sie sich an spezielle Familienferien?
«Mit Mutter und Schwester durfte ich mehrmals Ferien in Milano Marittima an der Adria in einem Hotel direkt am Meer verbringen. Die Erinnerungen daran sind unvergesslich: Ping-Pong-Turniere, Töggelikasten-Fights, Wasserskifahren und Gelati à discretion. Mein natürlicher Ehrgeiz bewirkte, dass ich immer mit den Älteren mitspielen durfte. Bei den Wettkämpfen war ich als Mädchen nicht nur geduldet, sondern zählte zur echten Konkurrenz. Bei den realen Fussballspielen kam es immer wieder vor, dass jemand einen Penalty schiessen musste. Und dieser jemand war kein Bursche, sondern ich. Kurz, es waren wunderbare Ferien, welche mein Selbstbewusstsein immer in Hochstimmung versetzten.»

Welches war Ihr erstes Auto und gab es auch einen Grund, um Sie zu büssen?
«Als ich im Engadin als Skilehrerin unterwegs war, musste ich zwingend ein Auto haben. Ich schaffte mir einen VW Scirocco, hellblau metallic, Baujahr unbekannt, an. Zugegeben, ich fuhr wie eine Irre, kannte keinerlei Gefahren und verhielt mich fahrlässig bis kriminell. Wie ein Wunder ging es immer gut, tempomässig wurde ich nie erwischt und Bussen wegen Parkvergehens bezahlte ich ohne Ende. Seither habe ich nie mehr ein Auto besessen.»

*Sie haben im Jahre 2000 mit zwei Partnern die Firma
ZEIX AG gegründet. Wie hört sich Ihre Erfolgsbotschaft an?*
«Obwohl wir einem harten Konkurrenzkampf ausgesetzt sind, funktioniert das ganze Team voller Vertrauen und mit viel Respekt. Mit einer grossen inneren Zufriedenheit darf ich feststellen, dass wir nie Theater miteinander haben und dass die Mitarbeitenden der Firma lange treu bleiben. Weil es so harmonisch ist, ist das für mich einfach wunderbar. Dafür bin ich unendlich dankbar.»

*Litten Sie eigentlich während Ihren verschiedenen
schweren Unglücken unter Todesangst?*
«Es ist unglaublich, aber ich wurde angesichts des Todes jedes Mal extrem wach. Für Angst gab es keinen Raum. Diese wurde automatisch ausgeblendet. Ich hörte rundherum nichts mehr, alles war auf Flucht oder Selbsterhaltung ausgerichtet. Ich denke, dass der Wille auf ein Weiterleben alles andere rigoros verdrängt.»

◀ Gemeinsam – mit viel Zuversicht, Power und Weitsicht.

NILS BURRI

DIE MUSIK ALS LEBENSHILFE

Der waschechte Berner Oberländer Nils Burri wird auch als «Hardest Working Singer-Songwriter of the Bernese Oberland» betitelt. Pro Jahr ist er bei über 120 Shows in der ganzen Schweiz und im nahen Ausland engagiert. Der Vollblutmusiker beweist dabei eindrücklich, dass seine Musik auf den grossen Bühnen, wie beispielsweise am Gurtenfestival in Bern, genauso gut funktioniert, wie in kleinen Locations. Er ist ein begnadeter Live-Musiker, der das Publikum vom ersten Ton an in seinen Bann zieht und es bis zum letzten Klang nicht mehr loslässt.

Freitag, der 26. Januar 2018, wird vermutlich nicht nachhaltig in die Weltgeschichte eingehen. Doch dieser Tag wird in den Memoiren von Nils Burri garantiert einen Sonderplatz einnehmen. Genau dazumal wurde nämlich sein drittes Album, auf den Namen «Superman» getauft, lanciert und der Öffentlichkeit vorgestellt. Ein Album, auf welchem Musik zu hören ist, die viel Zuversicht versprüht. Für die Gesangsaufnahmen zog Nils in das 160 Jahre alte Geburtshaus seiner Grossmutter hoch über Meiringen. «Das war wie zu Gotthelfs Zeiten. Wir mussten zum Kochen und Heizen zuerst Holz hacken, hatten ein Plumpsklo und als ich einmal beim Singen aus dem Fenster schaute, sah ich, dass mir draussen ein Fuchs zuhörte.»

Schon bei anderen Aufnahmen verhalfen spezielle «Arbeitsorte» zum guten Gelingen. So etwa bei der Single «Love». Mythische Nordlichter erhellten in klaren Spätsommernächten den norwegischen Himmel fernab der Zivilisation. Zusammen mit seinem Produzenten Christian Häni feilte Nils Burri von frühmorgens bis spät in die Nacht an den zukünftigen Arrangements. Die Arbeit unterbrachen sie nur, um zu schlafen, auf dem offenen Feuer eine Mahlzeit zu kochen oder weil ein Elch den Studioausgang versperrte. Sonst richtete sich der Fokus bedingungslos und hoch konzentriert auf die Musik.

Dieser Eingangstext könnte zur Annahme verführen, dass der Mensch Nils Burri von Erfolg, Glück, Wohlergehen und Segen immer richtig verwöhnt worden ist. Wirklich?

ICH BIN NILS BURRI

- ▶ Geboren am 27. September 1985 in Unterseen BE
- ▶ Verheiratet mit Franziska
- ▶ Vater von Nando (2015) und Mica (2017)
- ▶ Meine Hobbys sind Tennis, Joggen, Langlauf, mit Freunden Zeit verbringen, Sportinteresse allgemein und zudem bin ich ein grosser Roger Federer-Fan.

DER ABSTURZ INS TAL DER TRÄNEN

Trauer und Glück liegen oft nahe beieinander. Über Höhen und Tiefen singt Nils Burri denn auch in seinen Songs. Leider blieb ihm nämlich der Gang ins Tal der Tränen nicht erspart.

In den Jahren 2001 bis 2004 war er als Torhüter des EHC Adelboden auf dem Sprung in eine sportlich höhere Sphäre. Sein Talent und sein extremer Wille waren offensichtlich und das Träumen von einer grossen Karriere längstens erlaubt. Natürlich ging Nils mit seinen Kräften nicht gerade haushälterisch um. Er tat, auch neben dem Eisfeld, für seine Athletik eine ganz grosse Menge. Als er in die Rekrutenschule einrückte, streikte sein Körper heftig. Hüftprobleme stellten sich ein und erforderten fünf Operationen, welche nicht alle optimal verliefen. Für die Mediziner war aber ein Fakt völlig klar: Die Fortsetzung seiner sportlichen Karriere war nicht mehr zu verantworten. Die Diagnose «Seien Sie froh, wenn Sie wieder normal laufen können» brachte die unwiderrufliche Entscheidung: Der Traum von der grossen Eishockeybühne war ausgeträumt. Nils war temporär im Tal der Tränen angekommen. Was nun?

Nils Burri liess sich davon nicht unterkriegen und tauschte kurzerhand den Hockeystock gegen eine Gitarre ein, das eisige Stadion gegen die grossen und kleinen Konzertbühnen. Er brachte sich innert kürzester Zeit und dank YouTube-Videos eigenhändig das Gitarrenspielen bei – mit einem unglaublichen Fleiss und einer konsequenten Beharrlichkeit. 2010 veröffentlichte er mit «Next Generation» sein Debütalbum. Es war mehr als ein Silberstreifen am Horizont. Er wurde gebucht, begehrt und verehrt.

Im Jahre 2015 zogen plötzlich wieder ganz düstere Wolken auf. Ein neuer Schicksalsschlag zog Nils und seine Ehefrau Franziska ins nächste tiefe Tal der Tränen. Dramatische Tage, Wochen und Monate drehten sich um die Geburt ihrer Zwillinge. Ein Baby starb kurz nach der Ankunft auf dieser Welt und das andere kämpfte ums Überleben. Gott sei Dank gewann wenigstens ein Bübchen den Kampf und entwickelt sich erfreulich positiv. Nils Burri in aller Kürze: «Wieder war es die Musik, die uns half, und es immer noch tut, das Erlebte zu verarbeiten.»

FLUCHEN, STEHLEN UND LÜGEN STRENG VERBOTEN

Der Mühliplatz in Thun präsentierte sich an diesem wunderschönen Sommerabend im prächtigsten Kleide. So richtig einladend, um sich in einem idyllischen Restaurant gemütlich niederzulassen und ein feines Essen zu geniessen. Kaum beim Dessert angelangt, verdüsterte sich die Miene von Nils Burri immer heftiger. Ungefähr so, wie wenn ein tosendes Gewitter im Anzug wäre. Seine Sorge war aber nicht meteorologischer Art, sondern wegen seiner plötzlichen und schrecklichen Bauchschmerzen. Seine Frau Franziska machte auf Beruhigung und vermutete eine lästige Blasenentzündung. Zu Hause angekommen, war keine Besserung eingetreten und die beiden begaben sich trotzdem zur Nachtruhe. Die Ruhe war sehr einseitig verteilt. Franziska schlief den Schlaf der Gerechten und Nils quälte sich durch die endlosen Stunden. Gepeinigt und ratlos.

Um fünf Uhr in der Früh war die Schmerzgrenze derart weit über dem Erträglichen, dass er seine Frau wecken und vor folgende Wahl stellen musste: «Entweder du bringst mich ins Spital oder ich bestelle mir ein Taxi.» Verständlich, dass die Geweckte über die viel zu frühe Tagwacht nicht in Jubel ausbrach. Im Gegenteil, sie reagierte mittelmässig genervt und entschied sich grollend, nach dem Spitaltransport direkt zur Arbeit zu fahren. So geschah es auch.

Etwas später lag Nils auf einem Schragen in der Notfallabteilung, die Schmerzen hatten sich auf wundersame Weise verflüchtigt und der Erschöpfungsschlaf entführte ihn ins Land der Träume. Was er in dieser kurzen Zeit träumte, wissen wir nicht. Sicher wissen wir, dass für ihn das grosse Erwachen kam, als ihn der Arzt aufweckte. Die Diagnose hörte sich nämlich alles andere als beruhigend an: «Geplatzter Blinddarm.» Eine ganz gefährliche Angelegenheit, weil die bestehende Entzündung auf das Bauchfell übergreifen und nach relativ kurzer Zeit den ganzen Körper vergiften könnte. Die lebensrettende Operation musste unverzüglich vorgenommen werden. Nils blieb noch kurz Zeit, um seine Frau zu informieren und Utensilien für mindestens fünf Tage anzufordern. Dann ging es in den Operationssaal und die Ärzte zeigten sich in Hochform. Wieder im Hier und Jetzt lag Nils in seinem Spitalbett, hatte die Augen geschlossen und seine Gedanken führten ihn um Jahre zurück, in seine Kindheit.

Vater Hanspeter verdiente sein Geld unter anderem als Ausbildner in der Abteilung Bevölkerungsschutz des Kantons Bern. In der Freizeit sang und singt er immer noch im Gesangsensemble Sound Agreement, er sucht Pilze, wandert in der herrlichen Bergwelt herum oder zeigte sein Können als begnadeter Fussballer. Für Mutter Therese waren Leidenschaft, Hobby und Zeitmanagement in einem grossen Ganzen vereint: Sie war stets für die Familie da. Die Söhne Thomas (1982), Balz (1984) und Nils (1985) sorgten immer für genügend Stimmung und Betrieb.

▼ Aufgeweckt, lieb und manchmal
dickschädlig.

▲ Früh schon von einer Leidenschaft
erfasst: Eishockeygoalie.

Nils hatte offenbar schon als Ungeborener einen Dickschädel. So passte es ihm wohl nicht, im Spital Interlaken das Licht der Welt zu erblicken. Er bevorzugte für dieses wichtige Ereignis die Polstergruppe einer wildfremden Familie als Geburtsbett. Wie kam es dazu? Seine Eltern fuhren zur Kontrolle ins Spital nach Interlaken. Der Gynäkologe konnte keine besonderen Vorkommnisse ausfindig machen, überreichte der Mutter jedoch ein Tablettli und vereinbarte den nächsten Termin in einer Woche. Bevor es wieder zurück nach Frutigen gehen sollte, gönnte sich das zufriedene Ehepaar in einem Restaurant ein feines Mittagessen. Dabei verspürte die werdende Mutter Therese leichte Bauchschmerzen. Nach einer kurzen Lagebeurteilung wurde beschlossen, Therese zu ihrem Bruder nach Unterseen zu bringen. So wäre sie schneller im Spital, falls die Wehen doch bald einsetzen sollten. Leider war der Bruder nicht zu Hause.

Die nette Gastgeberin telefonierte ins Spital und forderte eine Hebamme und eine Ambulanz an.

Therese musste sich wegen der schlimmer werdenden Bauchschmerzen nun draussen auf eine Gartentreppe setzen, worauf sie von einer Nachbarin eingeladen wurde, in ihrem Wohnzimmer auf Besserung zu warten. Der Zufall wollte es, dass deren Mann im Spital arbeitete und erst noch Dienst hatte. Nun ging plötzlich alles rasch und der Versuch, zu Fuss zum fünfzig Meter entfernten Auto zu gelangen, war nicht mehr möglich. Auf dem Sofa wurden ein paar Tücher ausgelegt, die nette Gastgeberin telefonierte ins Spital und forderte eine Hebamme und eine Ambulanz an. Aus der Nachbarschaft wurde zudem eine Kinderkrankenschwester zur Unterstützung gerufen.

Plötzlich läutete das Telefon und der Mann der gastgebenden Familie rief leicht aufgebracht aus dem Spital an, reklamierte, dass seine Frau nicht schwanger sei und man gefälligst auf solche Witze verzichten solle. Trotz dieses Missverständnisses und der sich daraus ergebenden Verzögerung und trotz einer Hebamme, welche erstmals ausserhalb des Spitals half ein Kind zur Welt zu bringen, kam Nils gesund auf unserem Planeten an.

Das aussergewöhnliche Ereignis brachte noch eine Fortsetzung mit sich. Erstens musste die Versicherung eine neue Polstergruppe finanzieren und zweitens, das wiederum ist der erfreuliche Teil, entstand zwischen den beiden Familien eine lang andauernde Freundschaft.

Als Nils vier Jahre alt war, zügelte die Familie Burri innerhalb von Frutigen von einer Blockwohnung in ein Einfamilienhaus. Nils belegte zusammen mit seinem Bruder Balz ein Zimmer. Über seinem Bett thronten Poster der Eishockeystars Renato Tosio und David Aebischer. Die beiden Torhüter zählten zu seinen ganz grossen Idolen. Ungeachtet seiner Vorliebe für das Spiel auf der glatten Eisfläche kam er nicht darum herum, den familiären Ämtliplan zuverlässig einzuhalten. Abwaschmaschine ausräumen, Wäsche aufhängen, Einkaufen und Reinigungsarbeiten aller Art ausführen, gingen ihm locker von der Hand. Schliesslich musste er diese Dienstbarkeiten nicht zu Gottes Lohn verrichten. Er bekam dafür ein angemessenes Taschengeld. Und wenn wieder der «Frutigmärit» zur Attraktion wurde, setzte er einen Teil seines Vermögens für den Kauf von «Chäpslipistolen», Steinschleudern und Zuckerwatte ein. Seine Erziehung liess es allerdings nicht zu, dass er mit den gefährlichen Geschützen Unfug anstellte oder sogar auf andere Kinder zielte. Ihm waren nämlich christliche Werte wie nicht lügen, niemals stehlen und auch nicht laut fluchen früh beigebracht worden. Auch die Regeln eines guten Anstandes wurden bei der Familie Burri hochgehalten. Abends vor dem Einschlafen war es ein Ritual, dass sich alle drei Buben mit einem eigenen Gutenachtgebet vom abwechslungsreichen Tag verabschiedeten.

DIE SCHULE UND ANDERE ÄRGERNISSE

Beim Ranking der Lieblingstätigkeiten in der Schule stand bei Nils ein Wort ganz zuoberst auf der Liste und erst noch dick unterstrichen: Schulferien. Da konnte er so richtig aufleben und wunderbare Höhepunkte erleben.

Viele Jahre lang hatte die Familie das gleiche Ferienziel im Visier. Mit dem Auto, und das letzte Teilstück mit der Fähre, führte die Reise auf die Insel Elba. Immer wieder war es für Nils wie eine Art Heimkommen. Beim Zelten traf man viele bekannte Gesichter, es bildeten sich gute Verbindungen und sogar Freundschaften. Die Tage am Meer, mit den spannenden Abwechslungen und Erlebnissen, gingen viel zu schnell vorbei.

Im Jahre 1994 lag die Zieldestination so weit entfernt, dass sie nicht mit Auto und Fähre zu erreichen war. Es ging nämlich über den grossen Teich in die Staaten. Im äusserst attraktiven Florida, der Heimat der Disney-Figuren, gab es einen längeren Aufenthalt. Wir schliessen uns diesem Stopp an und erzählen an dieser Stelle eine kuriose, schicksalhafte und wahre Story.

Nils' Urgrosseltern väterlicherseits waren beide angesehene Dorflehrer, wohnhaft im engeren Berner Oberland. Als ihr Sohn, der Grossvater von Nils, kurz nach seiner Bauzeichnerlehre als 20-Jähriger ein Kind mit einer 18 Jahre alten Verkäuferin gezeugt hatte, war das zu dieser Zeit sehr unehrenhaft, weil sie nicht verheiratet waren. Damit der Ruf der Lehrerfamilie nicht nachhaltig leiden musste, hatte man dem Sohn nahegelegt, die Schweiz so schnell wie möglich zu verlassen. So blieb die in guter Hoffnung stehende Frau alleine zurück und war die uneheliche Mutter von Nils' Vater. Dieser wuchs bei seinen knapp über 40-jährigen Grosseltern mütterlicherseits in Frutigen auf. Ärgerlich und traurig war in den Folgejahren, dass der Auswanderer, auch wenn er sich in der Schweiz aufhielt, seinen Sohn niemals besuchte. So drehte dieser, der Vater von Nils, eines Tages den Spiess um und suchte, im Alter von 25 Jahren, nach seinem Vater in Nordamerika. Tatsächlich wurde er fündig. Der Gesuchte hatte seine Spuren in Kanada und USA nachhaltig hinterlassen: In Kanada und in Florida wurden, zusätzlich zu Nils' Vater, drei Halbbrüder und zwei Halbschwestern in zwei verschiedenen Familien ausfindig gemacht. Nicht genug, es gab sogar noch eine weitere «Stiefmutter», jedoch ohne Kinder, in Antigua. Das bedeutet nichts anderes, als dass Nils in der halben Welt Verwandte hat. Gute Kontakte wurden jedenfalls bereits geknüpft und bei manchen neuen Songs von Nils werden die Texte von einer Tante in Florida überprüft.

Zurück zum Blick in die Schulstube. Die Aufschlüsse sind dabei sehr rar. Wenig überraschend war das Turnen das Lieblingsfach von Nils. Sonst hangelte er sich in der Mittelmässigkeit herum. Eher schwer tat er sich mit der französischen Sprache. Kurz zusammengefasst ist klar, dass bei Nils viele Dinge im Leben weit höhere Prioritäten genossen, als die Schulbank zu drücken. Die hartnäckigen Recherchen von Autorin Christina brachten letztendlich doch noch zwei interessante Aspekte ans Tageslicht.

Wenn es bei den jeweiligen Theateraufführungen um die Verteilung der Rollen ging, stellte sich Nils in schöner Regelmässigkeit so weit ins Abseits, dass er wirklich übersehen werden musste. Er wollte sich nämlich partout nicht auf den Brettern, die die Welt bedeuten, zur Schau stellen. Unter keinen Umständen. Dafür streckte er seinen Arm zuerst und erst noch geräuschvoll in die Höhe, wenn es darum ging, die Verantwortung für das Bühnenbild zu übernehmen. Da zeigte der stille Denker und Lenker im Hintergrund, was in ihm steckt.

Die erste Lektion beim Musiklehrer. Nils war in der siebenten Klasse, als sich in der ersten Lektion beim Musiklehrer folgender Dialog zwischen den beiden abspielte:

Nils: «Ich bin der Nils Burri.» Lehrer: «Hast Du noch Brüder?» Nils: «Ja, sie heissen Thomas und Balz.» Lehrer: «Das darf doch nicht wahr sein.»

Ohne Worte und mit sichtbarem Kopfschütteln zog der musikalische Pädagoge von dannen. Doch die Geschichte war damit noch lange nicht ausgestanden. Einige Tage später rief der Fachmann die Eltern von Nils an und beglückte diese mit folgendem vernichtenden Urteil: «Ihre beiden älteren Söhne bewegen sich musikalisch bereits auf einem sehr niedrigen Niveau. Doch ihr jüngster Sohn Nils ist musikalisch die reinste Katastrophe. Bei diesem ist nun wirklich Hopfen und Malz verloren. Aus dem gibt es nie einen Musiker.»

Obwohl der Lehrer für Musik und Gestalten bei Nils absolut kein Land in Sicht sah, musste Nils dem Unterricht gleichwohl beiwohnen. Der Lehrer verlange von ihm, dass er sich total ruhig verhalten solle und sonst machen könne, was er wolle.

Der grosse Moment stellte sich immer kurz vor der Abgabe des Zeugnisses ein und gipfelte in einem erneuten Gespräch zwischen dem Lehrer und Schüler Nils.
Lehrer: Was würdest du dir für eine Note geben?
Nils: «Er pokerte und sagte: Eine Fünf.» Lehrer: «Eine Vier. Ist das auch recht?» Nils: «Ja, das stimmt für mich.» Lehrer und Schüler waren beide glücklich und zufrieden.

▲ Der Saisonabschluss wird im edlen Gewand begangen.

◀ Schwerbeladen geht es zum Training

Nicht immer war das Verhältnis zwischen dem Lehrer und Nils so entspannt und locker. Gegen Ende der Schulzeit hatte Nils immer wieder viele Flausen im Kopf und nicht nur «edle Sprüche» auf den Lippen. So kam es, dass er zu einer ernsthaften Aussprache aufgeboten wurde. Bei dieser Anhörung, übrigens kurz vor der Mittagszeit, sassen der Schulleiter und zwei Lehrer dem Angeklagten gegenüber. Der Dialog kam nur schwer in die Gänge und als es langsam zur Sache ging, läutete die Schulglocke. Da fiel Nils den hohen Herren ins Wort und sagte keck: «Sie haben es gehört, das Läuten hat soeben das Schulende angezeigt und somit schliesse ich das Gespräch ab.» Er erhob sich von der Anklagebank, wünschte höflich einen guten Appetit und machte sich auf den Heimweg.

SPITZENSPORT UND DER RAUCHERBONUS

Es war schon Ironie des Schicksals, dass der Musiklehrer die schlummernden Talente seines Schülers Nils Burri nicht erkennen und erwecken konnte. So hämmerte dieser, tatsächlich ohne echtes Können und vor allem fernab jeder Motivation, auf einem Schlagzeug herum. Eine musikalische Zukunft sieht ganz anders aus.

In einer ganz anderen Dimension zeichneten sich seine Talente im sportlichen Bereich ab. Nils stand als Schüler reihenweise bei Mittel- und Langstreckenläufen auf dem Podest und im Winter glänzte er als erfolgreicher Langläufer. Doch auch in Mannschaftssportarten wie Unihockey oder Fussball zählte er immer zu den Leadern. Doppelt stolz konnte der Trainer der Junioren C des FC Frutigen auf seinen Mittelstürmer sein. Der torgefährliche Stossstürmer Nils wusste immer genau, wo das gegnerische Tor stand. Instinktiv und gekonnt hämmerte er die Bälle in die Maschen. Fast hätten wir es vergessen, der stolze Trainer war Nils' Vater Hanspeter.

Der umtriebige Nils hatte nicht nur den Sport im Kopf. Es gab noch eine andere Faszination, welche ihn total begeisterte: Die Zirkuswelt. In seinen Gedanken sah er sich bereits als Zirkusdirektor und dabei liess er es nicht bewenden. Zu Hause setzte er sich hinter die Bücher, zeichnete entsprechende Schemas und plante einen eigenen Zirkus. Doch für einmal führte ihn seine ausgeprägte, verbissene Willensstärke nicht zum anvisierten Ziel. Die Realisierung scheiterte einerseits an den fehlenden Moneten und andererseits am fehlenden Personal. Schweren Herzens musste er einsehen, dass ein Zirkusdirektor ohne Artisten und ohne Helfer zum Scheitern verurteilt ist.

«Er übte und übte und übte, manchmal wie ein Verrückter…»

Nils Burri liess sich nicht heftig beirren und setzte seine überschüssige Energie anderweitig gewinnbringend ein. Beispielsweise beim Eishockey. Neun Jahre alt war er, als er seine Hockeyschuhe zum ersten Mal so richtig schnürte und für den EHC Kandersteg zwischen den Pfosten stand. Für ihn war immer klar gewesen, dass er auf der Position des hintersten Mannes Grosses leisten würde. Nach zwei Jahren vollzog er einen Transfer und kämpfte fortan für den EHC Adelboden um Punkte, Erfolg und Ehre. Sein Talent war unverkennbar und sein Traum, einmal in einer Topliga auflaufen zu können, überhaupt kein Luftschloss. Hansjürg Thüler, damaliger Nachwuchschef des EHC Adelboden und gleichzeitig Trainer und Coach von Nils: «Ansätze für weit nach oben waren bei Nils besonders in Bezug auf Fleiss, Wille und

▲ Traumhafte Ferien in Bella Italia.

▲ Stark und erfolgreich in
Strassen- und Bergläufen.

einem extremen Trainingseinsatz klar vorhanden. Er übte und übte und übte, manchmal wie ein Verrückter, und wurde immer stärker. Er tat auch vieles dafür, seine Technik akribisch zu verbessern. Kurz, er war auf gutem Kurs.»

In der 1. Mannschaft des EHC Adelboden, welche in der 1. Liga spielte, war die Rolle des Ersatztorhüters klar geregelt. Diese Ehre fiel jeweils einem der drei Junioren-keeper zu. Im Heimspiel gegen das Team von Wiki-Münsingen wurde Nils aufgeboten. Plötzlich hatte das Sprichwort: «Des einen Leid ist des andern Freud» volle Berechtigung. Der standesmässige Torhüter wurde von einem Puck am Hals getroffen und musste sich auswechseln lassen. Da schlug die grosse Stunde für den 15-jährigen Nils. Der Junior zeigte keinerlei Nerven, spielte als wenn es das Normalste der Welt wäre, und hielt kurz vor Schluss mit einem Big Save seiner Mannschaft den Sieg fest. Ein grosser Traum ging für den ehrgeizigen, zielorientierten und fanatischen Nils in Erfüllung. Die ganz grosse Karriere schien lanciert.

Hansjürg Thüler zum Thema Abwechseln bei der Rolle des Ersatztorhüters: «Natürlich war das für die drei jungen Gipfelstürmer nicht einfach, wenn sie sich die Rolle teilen mussten. Doch Nils Burri tat dies in beeindruckender Art. Er zeigte sich als ganz wertvoller Teamplayer und unterstützte seine beiden Mitkonkurrenten erst noch bei jeder sich bietenden Gelegenheit. Wenn er zum Aufgebot gehörte oder im Tor stand, war er immer auf sich selbst fokussiert und gab sein Bestes. Nils war jederzeit gut führbar und für mich als Trainer ein positiver, sehr motivierter und ziel-orientierter Sportler.»

Doch der erhoffte Durchbruch liess auf sich warten. Ein Rückschlag geschah, als ihn beim Einspielen ein Puck unglücklich aussen an der Stockhand traf. Die Folge: Der Knoten des kleinen Fingers der rechten Hand verschob sich bis zum Handgelenk. Eine Operation im Spital Frutigen war unumgänglich und dadurch nahm die

Saison für ihn ein frühes Ende. Doch dieser Unfall war, gelinde gesagt, lediglich eine Bagatelle. Es kam viel schlimmer und brach knüppeldick über den ambitionierten Sportler herein. Kurzer Szenenwechsel.

Hansjürg Thüler, haben Sie Nils Burri einen so steilen
Weg ins Rampenlicht der Musikszene zugetraut?
«In der Zeit, als er in meinem Team spielte und ich mit ihm einen ausgesprochen guten Kontakt hatte, dachte niemand daran, dass in ihm musikalische Talente vorhanden waren. Damals gab es nur ein wichtiges Thema: Eishockey.

Im Rückblick ist klar, dass er mit seinen Charakterzügen: Enorm ausdauernd, fleissig, immer am Puck bleibend, zielorientiert und zäh wie Leder, auch in einer anderen ‹Branche› zum Durchbruch kommen musste. So gesehen, ist das für mich keine Überraschung.» Apropos Raucherbonus. Dazu schuldet Autorin Christina noch eine Erklärung. «Der Vater der drei Burri-Brüder setzte folgenden Bonus aus: Wer bis zur Rekrutenschule nicht raucht, erhält ein Bett nach freier Wahl. Jeder der drei Burschen holte sich die Auszeichnung und konnte danach laut mit folgenden Worten jubilieren: E tüüfe gsunde Schlaf.

DER KRASSE IRRTUM UND DIE FOLGEN

Wenn man mit Nils Burri gegen Ende der Schulzeit über seine berufliche Zukunft debattieren wollte, hielt sich seine Bereitschaft dazu in sehr engen Grenzen. Er hatte nämlich seine Ziele längst definiert: Eine Lehre in Frutigen erfolgreich abschliessen, anschliessend in den Schnellzug ins Bündnerland steigen, um dort Hockey-Profi zu werden. Seine Gedankengänge kamen nicht von ungefähr. Im Engadin wohnte sein Götti Men und dieser war Inhaber eines Sanitär-Heizungs-Betriebes. Praktisch in allen Ferien durfte Nils zu ihm, wurde Mitarbeiter im Geschäft und konnte damit gutes Geld verdienen. Die vielseitige Arbeit entfachte in Nils Interesse und Begeisterung. Für ihn war klar, dass er später genau diesen Beruf erlernen wollte. Dass der Götti früher auch noch Eishockeytorhüter in St. Moritz gewesen war, zeigt die Parallelen zu Nils deutlich auf.

Die tollen Götti-Ferien wurden noch durch eine abenteuerliche Erfahrung aufgewertet. Nils durfte jeweils im September mit auf die Bündner-Hochwildjagd. Ein Highlight. So wurde das Engadin für ihn effektiv zu seiner zweiten Heimat.
Der erste Teil seines Planes schien wunderbar aufzugehen und begann verheissungsvoll. Er fand eine Lehrstelle als Sanitär-Installateur und stürzte sich voller Elan und Freude in diesen wichtigen Lebensabschnitt. Doch seine hohen Erwartungen wurden schon bald brutal zerstört. Seine Tagwerke gestalteten sich ausserordentlich eintönig und langweilig. Weil immer alle Aufträge im Eiltempo erledigt werden mussten, durfte er nur eines: Zuschauen. So nach dem Motto: «In der ersten Reihe sind Sie voll dabei.» Nach einem halben Jahr, welches für Nils eine Ewigkeit dauerte, war für ihn klar, dass er die Lehrzeit keinesfalls beenden würde. Er wollte den Bettel kurzerhand hinschmeissen. Dazu kam es jedoch nicht, weil seine konservative Erziehung einen solchen Schritt nicht zuliess. «Durchbeissen bis zum bitteren Ende» hiess die Parole. Tatsächlich wurde seine Lehre, bis ein paar Monate vor den

Abschlussprüfungen, zum kompletten Reinfall. Nils lernte nichts, nada, niente oder noch weniger. Immerhin realisierte der Chef, er war schliesslich Prüfungsexperte, dass für Nils bald der Ernst der Abschlussaktivitäten anbrechen würde. Nun gab er plötzlich Vollgas. Nils musste jeden Samstag Sonderschichten einlegen und Schweissen lernen. So nach dem Motto: «Besser spät als nie.» Die Lehrabschlussprüfung ging völlig reibungslos über die Bühne. Bei der praktischen Arbeit hatte Nils alles im Griff und bei der theoretischen Fachprüfung profitierte er leicht von der Tatsache, dass ihn sein eigener Chef selbst abfragen wollte. Dieser brachte den Deal zustande und stellte Nils hauptsächlich Fragen, welche dieser mit Leichtigkeit beantworten konnte. Wenn man nun davon ausgehen sollte, dass dies ein versöhnlicher Abschluss bedeutete, ist man schwer auf dem Holzweg. Bereits während der trost- und brotlosen Lehre verlor Nils nämlich jegliche Freude an diesem Beruf und er wählte er zum Schluss folgendes Vorgehen: Er packte seine ganzen Schulbücher, Hefte und sogar das Zeugnis in seinen Veloanhänger, fuhr damit in ein Kiesbett und zündete die ganze unschöne Vergangenheit an. Frust-Entladung in Reinkultur.

«Besser spät als nie.»

Anzufügen gibt es zum Kapitel Lehre nur noch, dass er im dritten Lehrjahr, um für eine Zeitlang auf schönere Gedanken zu kommen, mit einem Kollegen folgende Wette abschloss: «Ich fahre in fünf Tagen mit meinem Velo und Anhänger durch die ganze Schweiz und brauche pro Tag nicht mehr als 5 Franken.»

Top, die Wette gilt. Und wie ging es wohl aus? Natürlich schaffte der ehrgeizige Nils sein Vorhaben und gewann die Wette. Etwas anderes hätten wir auch nicht erwartet.

DIE GITARRE UND DAS MÄRCHEN

Gegen das Ende der Lehrzeit musste Mutter Therese besorgt feststellen und erfahren, dass Nils immer aggressiver, immer unglücklicher und immer unzufriedener wurde. Vermutlich erkannte dieser, dass ihm die Felle auf allen Ebenen wegzuschwimmen drohten. Beruflich war er auf Feld 1 zurückgeworfen worden, weil ihm die Freude gründlich verdorben wurde und in Richtung Spitzensport legte sein Körper immer wieder ein Veto ein.

Genau in dieser verzweifelten Situation erinnerte sich Nils an einen Schwur, welchen er mit zwei Kollegen während der Schulzeit abgelegt hatte: «Wir werden nie einen Nullachtfünfzehn-Job ausüben, wir werden ein freies Leben führen und unsere Träume verwirklichen.»

Im Gegensatz zu seinen beiden Schulfreunden nahm Nils den Schwur für bare Münze und entwickelte sich zu einem Träumer und nicht zuletzt auch zu einem Lebenskünstler. Den erlernten Beruf als Sanitär-Installateur übte er keinen einzigen Tag aus. Um seine «Kriegskasse» aufzubessern, montierte er eine Zeitlang Skibindungen und dann führte für eine Hydraulikfirma Qualitätskontrollen durch. Als er das Kleingeld zusammen hatte, bereiste er während eines Monats England und Schottland.

Nils war in diesen recht wilden und knallharten Jahren nicht zum Nichtstun verurteil. Überhaupt nicht. Im bereits «fortgeschrittenen» Alter von 19 Jahren griff er, im Anschluss an eine weitere Hüftoperation, im Dezember 2004 zur Gitarre. Mit einer unwahrscheinlichen Hartnäckigkeit lernte er das Spielen auf diesem Instrument im Selbststudium. Er schrieb begleitend Songs dazu und plötzlich kam sein schlummerndes Talent an die Oberfläche.

Noch hatte Nils seine Ziele als Hockeyprofi nicht revidiert. An der militärischen Aushebung in Sumiswald legte er sich mächtig ins Zeug und glänzte durch eine hohe Punktzahl. Das wiederum eröffnete ihm die Möglichkeit, als Panzergrenadier seine körperliche Verfassung unter optimalen Bedingungen zu stählern. Leider funktionierte dieser Plan nicht.

Nach einer Woche Rekrutenschule in Thun war klar, dass seine Hüftschmerzen einen weiteren militärischen Verlauf nicht zuliessen. Es zeigte sich, dass die Überbelastungen und die Abnützungserscheinungen so massiv fortgeschritten waren, dass weitere Operationen im Spital Münsingen und im Sonnenhofspital in Bern nicht zu umgehen waren.

Nils Burri zu seinem frühen militärischen Aus: «Selbstverständlich rückte ich in die Rekrutenschule ein, um körperlich so richtig gefordert zu werden. Das wäre eine optimale Basis für die Erreichung meiner hohen sportlichen Ansprüche gewesen. Das Aus traf mich schon. Nicht zuletzt, weil von uns drei Brüdern nur Thomas die Rekrutenschule durchziehen konnte und er lediglich als Soldat den Dienst fürs Vaterland leistete. Mein Out liess vermutlich das Herz meines Vaters nicht kalt. Schliesslich hatte er den hohen Grad eines Majors inne.»

Mit 21 Jahren war für Nils Burri klar, dass nichts klar war. Die sportliche Laufbahn musste er aus gesundheitlichen Gründen vergessen. Beruflich wollte er sich als Sanitär-Installateur nicht ins Unglück stürzen. Was ihm blieb, war seine Gitarre und die Hoffnung auf einen märchenhaften Aufstieg. Und genau in diese Zukunftsvision verbiss er sich regelrecht.

Am 20. Mai 2005 durfte er zum ersten Mal in der Öffentlichkeit auftreten. Im Rustico Pup in Frutigen spielte er mit seinen Kollegen als Vorband von Trummer auf. Der Startschuss war abgefeuert, die Rakete jedoch noch nicht so richtig gezündet. Seine Engagements reichten nur knapp aus, um ein äusserst karges Leben zu führen. Von allen Seiten wurde er mit der gleichen Prophezeiung bombardiert: Es ist nicht möglich, von der Musik zu leben.

Es ist nicht möglich, von der Musik zu leben.

Alle diese negativen Zukunftsvoraussagen waren für Nils Burri genau die richtige Motivation, um der ganzen Welt das Gegenteil zu beweisen. Er wusste, dass er ein hohes Risiko einging, liess sich nicht davon abbringen und suchte in fast sturer Weise seinen eigenen Weg.

Mutter Therese zu dieser kritischen Phase: «Wir spürten, dass Nils finanziell unter einem massiven Druck stand. Er liess sich jedoch nicht helfen. Die zum Teil chaotischen Zustände gaben schon zu Besorgnis Anlass. Dann trat glücklicherweise Franziska in sein Leben. Sie gab ihm einen wertvollen Halt und dadurch ging alles viel geordneter und besser vonstatten.»

Nils Burri: «Den letzten fixen Monatslohn bekam ich in der Lehre. Seither habe ich nie mehr an einem Monatsende Zahltag erhalten. Dieses Gefühl ist mir völlig fremd. Nicht selten musste ich echte Durststrecken meistern. Doch aufgeben? Niemals. Heute kann ich sagen: Ich habe mein Ziel erreicht und das Hobby zum Beruf machen können. Ein Traum ging in Erfüllung.»

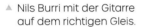
▲ Nils Burri mit der Gitarre
auf dem richtigen Gleis.

▲ Erstes Fotoshooting im Gebiet
Tellenburg in Frutigen.

WENN MAN IM TAL DER TRÄNEN EIN LICHTLEIN SIEHT

Nachdem Nils Burri als 19-Jähriger zu Hause ausgezogen war, um den Erdball zu erobern, begann für ihn eine unstete Zeit. Er wohnte in drei verschiedenen Wohngemeinschaften und dabei ging es nicht immer harmonisch und friedvoll zu und her.

Sein Originalkommentar: «Es war eine wirklich extensive Zeit. Heute unmöglich, aber damals sehr lehrreich und eine Schule für das ganze Leben. Ich kann mir gut vorstellen, dass ich zur gegebenen Zeit meinen Söhnen auch eine solche Lebensphase empfehlen werde.»

Eine stabilisierende Wirkung kam in sein Leben, als er seine Freundin und heutige Ehefrau Franziska entdeckte. Wie so oft im Leben, hatte dabei auch der Autor des Lebensbuches seine Hände kräftig im Spiel.

Es war Toni Stoller, welcher Nils anrief und fragte, ob er ihn zu einem Frauenfussballspiel begleiten würde. Die Reaktion von Nils fiel relativ heftig aus: «Bisch Du wahnsinnig?» Toni Stoller liess nicht locker und klärte Nils über die Ausgangslage unbeirrt und ruhig auf. Sollte der FC Rot-Schwarz das Spiel gewinnen, werde eine tolle Aufstiegsparty steigen und zudem spiele eine flotte, junge Frau mit, welche ihm bestimmt gefallen könnte. Dieses Argument hatte eine überzeugende Wirkung und so zogen die beiden Burschen los. Der FC Rot-Schwarz gewann das Spiel, es kam zur angekündigten Party und die Spielerin mit der Rückennummer 20 gefiel Nils auf Anhieb. Anstatt sich im Partyrummel aufzuhalten, setzte sich eine kleine Gruppe ab und diese verbrachte den schönen Abend auf einem Bänkli neben dem Fussballplatz. Nils spürte bald, dass er Franziska ebenfalls sympathisch war. Ein gutes Omen. Dummerweise verpassten es die beiden, die Natelnummern auszutauschen. Dank der Schwester von Kollege Toni konnte das nachgeholt werden. Nils unterliess den geplanten Anruf, warum auch immer. Aber halt, er hatte eben seine eigene, erneut mit viel Risiko verbundene, Strategie: «Franziska soll sich melden, wenn ich ihr wichtig bin.»

Unglaublich, aber sein Pokerspiel hatte Erfolg. Sie rief ihn, Gott sei Dank, an und Nils ist sich auch heute noch sehr bewusst, dass ihm damit ein grosses Glück zulachte. Nach einem Treffen am Thunersee begann die Beziehung richtig zu wachsen und am 5. September 2014, rund zehn Jahre später, läuteten für die beiden die Hochzeitsglocken.

Das Schicksal meinte es mit dem jungen Paar beileibe nicht nur gut. Dramatische Tage, Wochen und Monate folgten später, Söhnchen Mael starb nach der Geburt und sein Zwillingsbrüderchen Nando musste ums Überleben kämpfen.

Das Lichtlein im dunklen Tal: Nando gewann diesen wichtigen Kampf. Dieses einschneidende Erlebnis relativierte im Leben der Eheleute Burri einiges. Sogar die Musik rückte in den Hintergrund.

«Meine Frau und ich diskutierten lange und intensiv darüber, wie sehr unsere Geschichte Platz in meinen Liedern finden sollte. Wir sind uns nicht in allen Punkten einig geworden. Aber für mich ist klar: Ich muss den Tod unseres Kindes in meinen Liedern verarbeiten. Ich kann nicht anders.»

Fünf Jahre war es still um Nils Burri. Im Jahre 2018 kehrte er mit seinem Album «Superman» auf die Bühnen zurück. Mit diesem neuen Kapitel verarbeitete er tatsächlich auch diesen schweren Schicksalsschlag. Ein weiterer strahlender Lichtblick: Die Geburt des Sohnes Mica. Nils Burri will das Publikum mit seiner Musik begeistern. «Die Leute sollen fröhlich sein, denn um das geht es im Leben.»

▲ USA-Reise mit seiner zukünftigen Ehefrau Franziska.

◄ Mit viel Power am Engadiner Skimarathon.

▲ Nils Burri - ein Leben mit und von der Musik.

SECHS FRAGEN ZUM SCHLUSS

Erinnern Sie sich an Ihr erstes eigenes Auto?
«Das war ein Volvo C 30. Nicht ganz üblich ist, dass ich die Autoprüfung erst mit 24 Jahren ablegte. Vorher hatte ich überhaupt kein Bedürfnis dazu. In der Anfangsphase handelte ich mir massenhaft Bussen für zu schnelles Fahren ein. Dann zog ich die Konsequenzen und kann mich heute auf meinen treuen Tempomat verlassen.»

Im Schultheater scheuten Sie die Bühnenpräsenz.
Heute spürt man davon nichts mehr. Wie haben Sie das geändert?
«Durch meinen Beruf als Musiker ist es normal und gehört dazu, dass ich im Mittelpunkt stehe. Trotzdem ist es heute noch so, dass ich die Öffentlichkeit nicht suche. Ich gehöre wirklich zu den ruhigen Erdenbürgern.»

Verraten Sie uns einen Traum, welcher in Erfüllung ging?
«Da muss ich keine Sekunde überlegen. Ich träumte seit Langem davon, Roger Federer einmal auf dem heiligen Rasen in Wimbledon live in Aktion zu sehen. Nun konnte ich zufälligerweise am Geburtstagsfest eines Trainers von Roger Federer aufspielen. Dafür habe ich keine Gage verlangt, aber den Wunsch geäussert, in Wimbledon oder an den US-Open ein Sitzplatz-Ticket zu erhalten. Und ... nun ging dieser Traum in diesem Sommer in Wimbledon tatsächlich in Erfüllung. Ich durfte gleich oberhalb der Familienbox der Federers ein Spiel von Roger verfolgen.»

Sind Sie gläubig?

«Wenn man in Frutigen aufgewachsen ist, das behaupten jedenfalls böse Zungen aus dem Unterland, ist man entweder gläubig oder ein Alkoholiker. Ein Alkoholiker bin ich definitiv nicht. Gläubig? In diesem Punkt bin ich sehr vorsichtig mit meiner Antwort. Da mich die Freikirchen immer wieder hartnäckig zu missionieren versuchten, habe ich mich vom ganzen ‹Glaubenskrieg› sehr distanziert. Meine bisherige Lebensgeschichte ist auch kein Paradebeispiel dafür, dass mir eine höhere Macht nur gut gesinnt ist. Übrigens stimmt natürlich die oben erwähnte Aussage der bösen Zungen aus dem Unterland nicht.»

Sind Sie für jede Mutprobe zu haben?

«Grundsätzlich schon. Doch es gibt eine wichtige Einschränkung: Ich leide unter Höhenangst. Deshalb sind Mutproben, welche aus der Höhe erfolgen, kein Thema. Mein Bruder Tom erhielt vor ein paar Jahren einen Gutschein für zwei Personen für Canyoning im Gebiet «chli Schliere» in Alpnach Dorf. Obwohl ich keine Ahnung hatte, was auf mich zukommt, sagte ich spontan zu. So fuhren wir, gemeinsam in einer Achtergruppe, über den Brünig ins unbekannte Abenteuer. Ausgerüstet mit Neoprenanzügen, Schwimmweste und Helm ging es extrem zur Sache. Die Begehung des reissenden Bergbaches durch eine enge Schlucht bedingte Sprünge bis zu acht Meter in die Tiefe, dreimal wurde über 25 Meter abgeseilt und dazu gab es absolut verrückte Rutschpartien. Das ganze Spektakel dauerte über vier Stunden. Ein tolles Abenteuer der Sonderklasse.»

Welches ist das Top Ihres bisherigen Lebens?

«Das Leben mit meiner Familie und das reale Märchen, dass ich quasi aus dem Nichts Berufsmusiker werden durfte.»

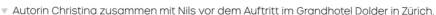
▼ Autorin Christina zusammen mit Nils vor dem Auftritt im Grandhotel Dolder in Zürich.

OSCAR CAMENZIND

DER HOHE ANSPRUCH IST GEBLIEBEN

Oscar «Ösi» Camenzind wechselte im Jahre 1996 ins Lager der Profi-Radrennfahrer. In den beiden Jahren zuvor gewann der schnelle Briefträger jeweils die Hegiberg-Rundfahrt in Winterthur und bewies damit, dass er für diesen markanten Schritt bestens vorbereitet war. Die Erfolge stellten sich erfreulicherweise schnell ein. 1997 gewann er das Etappenrennen Grand Prix Tell, beendete die Tour de Suisse auf Rang zwei und wurde Schweizer Strassenmeister. Längstens hatte er das Gesellenstück meisterlich abgelegt, als er im Jahre 1998 seinen Muskelturbo erst so richtig zündete. Bevor er die Lombardei-Rundfahrt für sich entschied, konnte die Schweizer Medienlandschaft wieder einmal aus dem Vollen schöpfen und dem Patriotismus zu Recht freien Lauf lassen.

Im holländischen Valkenburg rast Velorennfahrer Oscar Camenzind zum grössten Triumph seiner Karriere. Im strömenden Regen und bei ganz schwierigen Verhältnissen wird er als dritter Schweizer Strassen-Weltmeister.

Vor dem 258 Kilometer langen Rennen deutete selbst für seinen Zimmerkollegen Roland Meier nichts auf diesen Grosserfolg hin. Dieser verkündete in der Fachzeitschrift SPORT: «Er war so, wie ich ihn schon von den Amateuren her kannte. Nichts wies darauf hin, dass er besonders stark oder besonders motiviert gewesen wäre.»

Oscar Camenzind wusste genau, dass er in einem Sprint gegen seine starken Konkurrenten in der Spitzengruppe wohl kaum eine Siegeschance gehabt hätte. Denn Cracks wie die Topfavoriten Michele Bartoli, Michael Boogard, Peter van Petegem oder Lance Armstrong wurden als sprintstärker eingeschätzt. 14 Kilometer vor dem Zielstrich, am Bemelerberg, griff Ösi relativ früh an. Seine Taktiküberlegungen: Sicher war ein Risiko dabei. Wenn ich aber zugewartet hätte, wären die anderen viel besser vorbereitet gewesen. Ich habe attackiert und wollte sehen, wie die Gegner reagieren. Vermutlich waren sie sich einen Moment lang uneins. Da bin ich halt volles Rohr gefahren.

Fast ein halbes Jahrhundert nach Ferdy Kübler durfte die Schweiz wieder einen Weltmeister feiern. Und was sagte Rad-Legende Ferdy Kübler zu seinem Nachfolger?

«Ich habe das ganze Rennen von A bis zu Hause am Fernseher mitverfolgt. Was Oscar mit den Gegnern gemacht hat, war schlicht sensationell. Ich habe vor Freude geweint.»

Übrigens – Oscar Camenzind dachte im Moment seines grössten Erfolges nicht nur an sich selbst. Der damalige Profi Niki Aebersold erinnert sich: «Jedem seiner elf Helfer zahlte Ösi 12 000 Franken aus und ich bekam dank ihm zudem noch einen Vertrag im Schweizer Phonak-Team.»

Aufgrund der grossen Leistungen wurde Oscar Camenzind 1998 zum Schweizer Sportler des Jahres gewählt. Die Erfolgsstory ging für den Mann im Regenbogentrikot des Weltmeisters weiter. 2000 dominierte er die Tour de Suisse und 2001 durfte er sich bei einem der fünf Monumente des Radsports als Sieger feiern lassen: Beim Klassiker Lüttich-Bastogne-Lüttich.

ICH BIN OSCAR CAMENZIND

▶ Geboren am 12. September 1971 in Gersau SZ
▶ Verheiratet mit Angela
▶ Meine Hobbys sind allgemeines Sportinteresse, Skitouren, Berghochtouren, Bergsteigen. Anmerkung: Ich habe bereits über 30 Viertausender in der Schweiz bezwungen. Meine grosse Leidenschaft ist damit noch lange nicht gestillt.

DER ABSTURZ INS TAL DER TRÄNEN

Das Tal der Tränen durchlebte der bescheidene und allseits beliebte Sympathieträger in Raten. Nach der Vuelta 2001, der Spanien-Rundfahrt, wurde Oscar Camenzind vom tückischen Pfeifferschen Drüsenfieber-Virus heimgesucht. Wenn man bedenkt, dass der Verlauf dieser Krankheit sehr kräftezehrend ist und sich über mehrere Monate hinweg ziehen kann, ist es klar, dass ein Spitzensportler extrem darunter zu leiden hat. Nicht genug. Weitere gesundheitliche Probleme zwangen den Champion auch 2002 zu einem langen Nichtstun. Erst im Herbst konnte er wieder ins Renngeschehen eingreifen. Danach waren es Stürze, welche an verschiedenen wichtigen Rennen bessere Platzierungen verhindert hatten.

Man könnte ruhig vom verflixten siebenten Jahr als Profi sprechen, wenn es um die Renngeschichte 2003 geht. Nach guten Trainingsleistungen und ansprechenden Resultaten zeigte die Formkurve deutlich nach oben. Ösi startete mit anspruchsvollen Ambitionen in die prestigeträchtigen Frühjahrsklassiker. Doch bereits bei der Flandern-Rundfahrt warf ihm ein Konkurrent eine Regenjacke ins Vorderrad. Ein Spitalaufenthalt wegen der erlittenen Rückenverletzungen und eine mehrwöchige Pause waren die Konsequenzen. Mit viel Wille und Zuversicht baute er seine Form wieder neu auf. Es klappte bestens, gute Ergebnisse stellten sich ein und für die Weltmeisterschaft im amerikanischen Hamilton durfte sich Oscar berechtigte Hoffnungen machen. Das Schicksal meinte es weiterhin nicht gut mit ihm. Ein Sturz kurz vor dem Ziel brachte Schürfungen, Prellungen und Tränen – statt des greifbaren Edelmetalls.

Sofort war ihm klar, dass er in diesem Moment im Tal der Tränen angekommen war.

Dann auf zu neuen Ufern. Das Jahr 2004 kündigte einen ereignisreichen Rennkalender an. Neben den üblichen Grossanlässen zählten die Olympischen Spiele in Athen zu einem Highlight der besonderen Art. Doch Oscar Camenzind spürte immer mehr, dass er die verletzungs- und krankheitsbedingten Ausfälle nicht einfach wegstecken konnte. Auch durch knallhartes Training und einen beinahe übermenschlichen Willen liess sich das Verpasste nicht kompensieren. Die Gedanken, dem Rennsport den Rücken zu kehren, machten sich in seinem Innenleben immer häufiger breit. Dann rappelte er sich doch wieder auf, weil er sich selber, den Fans und dem Team beweisen wollte, dass er weiterhin zu herausragenden Leistungen fähig sei. Der Ehrgeiz tat Ösi keinen guten Dienst.

Der tiefe Fall wurde am 22. Juli 2004 während einer Trainingsfahrt Richtung Klausen-Pass eingeleitet. Oscar Camenzind wurde von einem Kommissär für eine Doping-Kontrolle angehalten. Vom Rennsattel aus musste er zur Urinabgabe. Sofort war ihm klar, dass er in diesem Moment im Tal der Tränen angekommen war.

Das Leben ging trotzdem weiter, der ruhige Schwyzer zog die Konsequenzen und trat am 10. August 2004 in Luzern vor die Medienvertreter aus nah und fern. Sein ungefährer Wortlaut: «Ich bin sehr ehrgeizig, auch wenn das gegen aussen nicht unbedingt immer sichtbar ist. Die erste Saisonhälfte 2004 war wiederum nicht zu meiner Zufriedenheit ausgefallen. Meine Hoffnung, an der Olympiade in Athen und an den wichtigen Rennen im Herbst eine gute Rolle zu spielen, verleiteten mich zur Dümmsten aller Methoden: Ich habe Roulette gespielt und mir eigenhändig EPO gespritzt. Die A-Probe hat den positiven Befund ergeben, auf eine B-Probe verzichte

◀ Die Stadt Valkenburg ehrt Oscar
mit einem Denkmal.

▼ Weltmeister in Valkenburg 1998.
Begeisterung pur.

ich, weil ich weiss, dass der Befund korrekt war. Für mein Vergehen wurde ich für zwei Jahre gesperrt. Obwohl es dafür eigentlich keine Entschuldigung gibt, möchte ich mich für mein Tun bei meinem Team, bei den jungen Fahrern, die mich als Vorbild genommen haben, und bei all meinen Fans entschuldigen. Hiermit gebe ich meinen Rücktritt vom aktiven Radrennsport bekannt.»

DAS RISKANTE ROULETTE-SPIEL RAUBTE IHM VIEL — DAS LEBEN GING JEDOCH WEITER

Oscar Camenzind war grundsätzlich jederzeit der Herr über sich selbst. Nach der tückischen Erkrankung am Pfeifferschen Drüsenfieber stieg er zwar wieder auf sein Rennrad, reizte alle legalen Mittel und Wege aus, um erneut zu seiner alten Kraft und Stärke zu kommen. Bald schon war ihm im Innersten seiner Seele klar, dass der medizinische Tiefschlag zwar nicht das K.o. bedeutete, dass er jedoch, um in der Boxersprache zu bleiben, erheblich angezählt war. Dreiundzwanzig Jahre im knallharten Radrennbusiness hatten bei ihm Verschleisserscheinungen, eine geistige Müdigkeit und eine nicht ausgesprochene Widerwärtigkeit gegen das Leben unter einer Glaskuppel hinterlassen. Sein Spitzensportler-Dasein war über Jahre hinweg komplett durchgeplant und die weite Reiserei eine x-fache Wiederholung. In dieser langen Zeitspanne waren es jährlich sage und schreibe drei Wochen, in welchen er nicht ans Velo denken musste. Alle diese Komponenten führten zum Entscheid, am Ende der Saison 2005 dem riesigen Velorenn-Zirkus adieu zu sagen und das «Leben danach» in Angriff zu nehmen.

Die unheilige Allianz von Ehrgeiz und Weltmeisterpflichten war für Oscar Camenzind Ausgangspunkt zum Griff in das Kästchen mit den verbotenen Substanzen. Fast gar könnte man das abgedroschene Sprichwort «Der Wahn ist kurz, die Reu ist lang» bemühen. Die Trainingsfahrt hinauf zum Klausen-Pass wurde dem über Jahrzehnte vorbildlichen Sportsmann zum Verhängnis. Durch die unangemeldete Dopingkontrolle wurden alle Zukunftspläne zur Makulatur. Ösi stieg vom Rennrad und wusste sofort, was es geschlagen hatte. Das Ende seiner erfolgreichen Karriere geschah von 100 auf 0 – zack – Knall auf Fall war das abrupte Aus da. In der Tat war es ein tiefer Fall ins Tal der Tränen.

Oscar Camenzind hatte überhaupt keine Gedanken, wie er sein weiteres Leben gestalten könnte. Nur über einen Punkt herrschte in ihm vollste Klarheit: Er werde nach der zweijährigen Sperre und der Bezahlung der Busse von 10 000 Franken mit jeder Garantie nicht mehr in den Rennrad-Spitzensport zurückkehren.

Geben Sie uns bitte einen Einblick über Ihr damaliges Innenleben.
«Zweifellos war es eine brutal schwere Zeit. Zum einen sah ich im ganzen Prozess eine Art Erlösung, die ersten drei Wochen sass ich jedoch nur da und dachte über nichts nach. In mir war eine grosse Leere, einfach ein schwarzes Loch. Zu meinem Glück verlor ich in dieser Phase nie den Boden unter den Füssen, und nach den gut drei Wochen Tiefflug zog es mich in die Höhe – in die Bergwelt. In der wunderschönen Natur und in der Abgeschiedenheit fand ich langsam, aber sicher wieder zu mir. Da ich jahrelang praktisch nur von monotoner, jedoch erfolgsorientierter Rennfahrerkost gelebt hatte, kam die Zeit des ‹Nachfutterns›. Die Konsequenz: Innert weniger Monate zeigte der Zeiger auf der Waage gute zehn Kilo mehr.»

▲ Die einzigen Strassen-
Weltmeister der Schweiz:
Oscar Camenzind und
Ferdy Kübler.

▲ Gersau für immer. Heimat und Lebensmittelpunkt.

Wie reagierte Ihr Umfeld?

«Für mich war immer klar, dass ich mit meinem manipulativen Verhalten ein grosses Risiko einging. Nun war das Horrorszenario da, nicht zu entschuldigen und auch nicht mehr zu ändern. Das Leben ging jedoch trotzdem weiter. Mich einzuigeln, in die Fremde abzusetzen oder mich gar zu hintersinnen, war definitiv keine Lösung. Nach wenigen Tagen kehrte ich ins Dorfleben zurück, spürte jedoch mit allen Fasern, wie die Leute verunsichert waren und nicht wussten, wie sie mir gegenübertreten sollten. Das war eine ganz spezielle Situation. Natürlich wurde mir zugetragen, dass mein Vater mit der Angst leben würde, dass ich mich umbringen könnte. Diese Bedenken waren allerdings unberechtigt, da mir meine Frau Angela in guten wie in schlechten Zeiten eine wertvolle Stütze war und es immer noch ist.»

Benötigten Sie Medikamente, um psychisch über die Runden zu kommen?

«Nein, niemals. Ich war auch nie in ärztlicher Behandlung. Meine Psychologen waren die Natur und die Berge.»

Das Velo wurde von Oscar Camenzind für lange Zeit in den Ruhestand befördert. Um nichts auf der Welt hätte er sich auf den Sattel geschwungen. Und immer wieder bohrte die Frage in ihm: «Was machst du jetzt?» Die Zeit verging, ein Jahr war bereits verflossen und Oscar dümpelte immer noch vor sich hin. Bei schönem Wetter war das unstrukturierte Leben einigermassen erträglich, doch bei schlechter Witterung fiel ihm wortwörtlich die Decke auf den Kopf. Das Nichtstun forderte von ihm immer mehr Energie.

Wie das Leben so spielt, führte ein handfestes Gejammer zur glücklichen Wende. Dorfpöstler Gusti, welcher schon mit dem Vater von Oscar Postdienste geleistet hatte, machte bei Oscar einen kleinen Zwischenhalt, liess sich mit Kaffee verwöhnen und setzte zu einer feurigen Rede an. Er beklagte sich jämmerlich über den herrschenden Personalmangel bei seiner Poststelle. Zum Schluss dieser sorgenvollen Botschaft antwortete Oscar, natürlich nicht mit voller Ernsthaftigkeit: «Wenn einer zu wenig ist, kannst du mich ja anrufen. Ich habe viel Zeit.»

Endlich, nach bald eineinhalb Jahren, hatte sich Oscar wieder so weit gefangen, dass er im Auftrage einer Unternehmung in Mallorca Veloferien leitete. Bei einem Zwischenstopp erreichte ihn ein Anruf aus der Heimat. Karl Kopp, der Chef des Postamtes Gersau, stellte folgende kecke Frage: «Wann kannst du bei uns als Pöstler die Arbeit beginnen?» Oscar war sprachlos, überrumpelt und er wusste im ersten Moment gar nicht, wie ihm geschah. Sein spontaner Gedanke: «Was denken wohl die Leute, wenn ich als Weltmeister plötzlich Postsendungen überbringe?» Die Vorstellung, dass er in seinem Dorf die gleiche Bergposttour übernehmen dürfte, welche in früheren Jahren bereits sein Vater innehatte, erzeugte in ihm ein unglaublich gutes Gefühl. Seine Zweifel waren bald verflogen und er sagte freudig Ja zum neuen Job. Die Nebengeräusche liessen allerdings nicht lange auf sich warten. Schlagzeilen in der Medienwelt waren die humanste Form. Dazu kamen einige anonyme Briefe und ein hartnäckiges Stalking eines Verwirrten oder gar Verrückten. Dank der Unterstützung seines engsten Umfeldes und seines Chefs Karl Kopp wurden die verwerflichen Aktionen ins richtige Licht gerückt und letztendlich überwunden. Noch heute, viele Jahre später, kann sich Oscar zu seinem damaligen Entscheid nur auf die Schulter klopfen: «Meine Arbeit als Briefträger ist zwar mit den Jahren eine ordentliche Spur härter geworden, aber ich denke daran, wie hart mein Vater in der Winterzeit arbeiten musste. Damals gab es zu den entfernten Höfen im Berggebiet noch keine Strassen. Wenn viel Schnee lag, musste er sich zu Fuss und schwer beladen zu den Familien durchkämpfen. Heute habe ich es in dieser Beziehung viel leichter. Und ... der Kontakt mit den Leuten, mein Wirken in der Natur bei Wind und Wetter, da kann ich nur laut sagen: Herz, was willst du mehr?»

«Was denken wohl die Leute, wenn ich als Weltmeister plötzlich Postsendungen überbringe?»

PÖSTLER — WELTMEISTER — BRIEFTRÄGER: DAS MEHRETAPPEN-RENNEN

Erste Etappe von Gersau nach Brunnen. Gute 100 Meter oberhalb des Seespiegels von Gersau gibt es das Gebiet Ried. Genau dort war und ist der Landwirtschaftsbetrieb der Familie Camenzind angesiedelt. Vater Adalbert, ein Naturmensch erster Güte, musste enorm hart arbeiten, um seiner Familie eine gute Existenz zu gewährleisten. Neben dem Führen des eigenen Milchwirtschaftsbetriebes verdiente er sein Geld als Briefträger. Immer morgens musste er sich sputen, um die Sendungen an die Empfänger auf der Bergpostroute zu liefern. Das geschah vornehmlich mit dem 50er-Motorfahrrad in postgelb oder zu Fuss. Trotz der konstant harten Arbeitsleistung gönnte er sich ein einziges Freizeitvergnügen: Er sang im Jodlerclub Heimelig Gersau.

Mutter Josephine, durch und durch Hausmutter und Bäuerin, verband ihre Freizeitleidenschaft mit dem Nützlichen: Dem grossen Gemüse- und Blumengarten. Zu versorgen gab es schliesslich eine ordentliche Kinderschar. Der Reihe nach: Bruno (1959), Leo (1961), Priska (1962), Zita (1965) und Nachzügler Oskar (1971). Sofort fällt auf, dass aus Oskar später ein Oscar wurde. Diese Verwandlung ist darauf zurückzuführen, dass die ausländische Presse und die Medien immer über einen Oscar Camenzind berichteten. So blieb der Name bestehen und wurde Teil seines Markenzeichens.

Zurück zum Buben Oskar. In der Regel war das Aufwachsen
auf einem Bauernhof eng mit dem Wort «Mitarbeit» verbunden.
War das wohl auch bei ihm der Fall? Wir fragen nach.

«Tatsächlich hatten mich die Eltern nicht nur zum Anschauen auf die Welt gestellt. Immer wieder wurde darüber debattiert, ob ich als Nachzügler überhaupt auch Hand anlegen müsste oder nicht. Zur Beruhigung aller: Meine Eltern kannten in dieser Beziehung keine Rücksichtnahme. Ausser Melken, der älteste Bruder Bruno hatte bereits eine Melkmaschine installiert, war ich von keinen Arbeiten dispensiert. Extrem hart zupacken musste ich beim Heuet und bei der Kirschenernte. In dieser Zeit durfte ich Baden im See mit Kollegen oder Velofahren nur in Gedanken erleben. Und immer wieder sonntags hiess es: Ab in die Kirche. Bis zu meinem 14. Altersjahr musste ich regelmässig Ministranten-Dienst leisten und auch der Besuch der Frühmesse unter der Woche war als Schüler Pflicht. Vor jedem Mittagessen wurde zudem ebenfalls gebetet. In der Summe aller religiösen Aktivitäten muss ich klar und deutlich erwähnen, dass ich diesbezüglich eine Überdosis erhielt.»

> **«Extrem hart zupacken musste ich beim Heuet und bei der Kirschenernte.»**

Da Nachzügler Oskar unplanmässig auf die Welt kam, gab es räumlich einen Engpass. Deshalb wurde in der Anfangszeit ein kleines Bettchen ins Zimmer der bedeutend älteren Brüder Bruno und Leo gestellt. Das wiederum hatte den grossen Vorteil, dass Oskar schon als kleiner Knirps mit dem Sportvirus infiziert wurde. Die die beiden herumliegenden Zeitschriften «Typ» und «Sport» blätterte er jeweils mit grossem Interesse durch.

Nicht zwei Mal bitten musste ihn Bruder Leo, als es darum ging, an Strassen- und Geländeläufen wettkampfmässig teilzunehmen. Der inzwischen zehnjährige Oskar zeigte auf Anhieb starke Leistungen und reihte sich immer unter den ersten Fünf der Rangliste ein.

Im Jahre 1982 hatte das Dorf Gersau eine Neuheit zu bieten. Im Rahmen eines Kantonalen Cups wurden in verschiedenen Ortschaften Velorennen durchgeführt. Die jeweils Bestplatzierten durften am Ende des Jahres im Hauptort Schwyz zu einem grossen Finale antreten. Gersau war Austragungsort und auch Oskar Camenzind wollte partout starten. Leider gab es zwei Hindernisse. Seine Eltern hatten gar nichts für das Velorennen übrig und, weit schwerwiegender, Oskar hatte kein Velo. Da sprang Schwester Zita, jedoch ohne ihr Wissen, in die Bresche. Oskar entwendete das schwesterliche Minivelo, gab mit dem unüblichen «Rennvelo» Vollgas und qualifizierte sich zur grossen Überraschung der gesamten Zuschauerschaft für den Final in Schwyz. Logisch, dass sich unter den Schaulustigen auch Strategen des Veloclub

Gersau befanden. Ein Mann namens Marcel Camenzind, mit Oskar in keiner Art verwandt, erkannte im schnellen Mini-Velofahrer ein echtes Talent. Nach dem Event überzeugte er den Bauernbuben, unverzüglich in seine Renngruppe einzutreten. Mit diesem Anliegen rannte er beim Velofan offene Türen ein. Doch, wie sage ich es meinen Eltern? Alles Fragen und Bitten half nichts. Das kategorische Nein war unumstösslich. Da musste er zum ersten Mal in seinem jungen Leben zu einer Notlüge greifen. Sein Weggehen von zu Hause begründete er, ohne rot zu werden, mit dem Besuch der Ministranten-Probe. In Tat und Wahrheit spulte er im Veloclub seine ersten Trainingskilometer ab. Die Basis für eine grosse Karriere war gelegt. Marcel Camenzind entpuppte sich als sein grosser Förderer und bereits am Finaltag in Schwyz durfte Oskar mit einem Leihrennrad des Clubs in den Wettkampf steigen. Die Freude und Begeisterung für diese Sportart hatten den Bauernbuben total erfasst. Mit weit weniger Elan zog Oskar jeweils in die Schulstube. Solange er in Gersau sein schulisches Können demonstrieren musste, gehörte er, auch als absoluter Minimalist, zu den Guten. Speziell in den Bubenfächern Rechnen, Geografie und Turnen konnte er konstant Glanzlichter setzen. Mühe machte ihm die deutsche Sprache und später, als das Französisch aktuell wurde, war es alles andere als hilfreich, dass er beim Lernen der Wörtchen erneut nur die Minimalvariante wählte.

> # Die Freude und Begeisterung für diese Sportart hatten den Bauernbuben total erfasst.

Schüchterne Frage, wie sahen die Zeugnisse jeweils aus?
«Überraschend gut. Mein Minimalismus zeigte sich erst in der Sekundarschule notenmässig als Problem. In der Unterstufe hatte ich gute Noten und alle Noten über einer 5 machten sich beim Taschengeld positiv bemerkbar. Die Eltern legten nämlich grossen Wert auf gute Zeugnisnoten und setzten immer wieder eine Art Prämie aus.»

Auch wenn Oskar gar nicht gerne zur Schule ging, wurde diese für ihn zum Glücksfall. Warum? Wegen des Schulweges. Das ihm vom Veloclub zur Verfügung gestellte Rad nützte er als willkommenes Transportmittel. Vom Hof bis ins Dorf ging es ordentlich bergab und Oskar nahm bei seinen Fahrten viel Risiko in Kauf. Beim Rückweg waren dann seine Kletterqualitäten gefragt. Eine harte und fordernde Geschichte. Da das elterliche Heimet nur wenige Meter unter der Grenze lag, damit die Camenzind-Kinder das Mittagessen im Dorf einnehmen durften, musste der steile Weg auch in der Mittagspause bewältigt werden. Die Bergfahrerqualitäten des späteren Stars lassen grüssen.

Offenbar machte das intensive Beten doch einen wichtigen Sinn und brachte für den lebendigen und ruhelosen Oskar einen echten Segen. Es gab nämlich einen Vorfall, bei welchem der Knabe einige Schutzengeli beanspruchen musste.

In der Umgebung des Nachbarhofes tobte das Spiel Räuber und Poli. Ohne Rücksicht auf Verluste rannte Oskar dem Poli davon und mit voller Wucht in ein heranfahrendes Auto. Er wurde weggeschleudert und war in der Folge ohne Bewusstsein. Mit einer starken Hirnerschütterung musste er ins Spital Schwyz eingeliefert werden. Nun lag er länger als eine Woche im persilweissen Krankenbett, kämpfte mit heftigem Heimweh und hoffte, dass ihn jemand besuchen käme. Dies war allerdings nur am Sonntag der Fall. Da konnte sich die Mutter für einige wenige Stunden zu Hause frei machen.

Waren Sie auch in der Schule eher ein Räuber?

«Ich gebe es ungerne zu, aber ich war in der Schule immer einer der Schlimmsten. Bei allem, was ‹verbrochen› wurde, hatte ich eine Vorreiter-Rolle. So haftete an mir die berechtigte Vermutung, dass ich bei Streichen praktisch immer in die engeren Kränze kam. Das ging so weit, dass ich zu einer Geburtstagsfeier einer Schulkollegin, zusammen mit einem Kollegen, nicht eingeladen wurde. Die Party fand im Garten des Geburtstagskindes statt und rund um den schönen Pool schmeckte es herrlich nach Grilladen. Die Nichteinladung traf mich sehr und so schlich ich mich im hohen Gras wie ein Indianer an und bewarf die feiernde Gesellschaft mit rohen Eiern.»

Zweite Etappe von Brunnen nach Altdorf. Mit dem Eintritt in die Sekundarschule in Brunnen hatte sich bei Oskar Camenzind einiges verändert. Sein intensives Renntraining beim Veloclub Gersau wurde von seinen Eltern noch immer nicht vorbehaltlos gutgeheissen, denn viel lieber hätten sie gesehen, wenn er diese Kraft in die Arbeit auf dem Hof investiert hätte. Ganz positiv wirkte sich das hohe körperliche Engagement auf das Verhalten von Oskar aus. Plötzlich galt er in der Schule nicht mehr als «böser Bube» oder sogar als Rüpel. Durch das wettkampfmässige Velofahren wurde er ruhiger und ausgeglichener. Die Kehrseite der Medaille: Das konsequente Ausdauertraining hatte zur Folge, dass er zu Fuss an Speed einbüsste. Das wiederum bedeutete, dass er die Trophäe des «Schnellsten Gersauers» den Mitkonkurrenten überlassen musste. Der Schmerz darüber hielt sich bei ihm in engen Grenzen.

▲ Erfolgreich als Junior, hier mit von links: René Niederberger, Bruno Leonardi, Oscar Camenzind, René Küttel.

◀ Mit dem Velo seiner Schwester Zita fährt Oscar sein erstes Rennen.

Der Wechsel in die höhere Schulstufe war für Oskar nicht nur eine markante Steigerung der Ansprüche, sondern auch eine Erweiterung seines Horizontes. Plötzlich durfte er in die Ferne schweifen. Beispielsweise lernte er in einer unvergesslichen Schulwoche auf dem Ofenpass den Nationalpark kennen und wenn die anderen Schüler vom Tal auf den Pass mit dem Postauto unterwegs waren, erlaubte ihm der Lehrer, die Strecke mit dem Rennvelo zu meistern. Ein Jahr später fand die Schulwoche in Orselina ob Locarno statt. Hauptthema: Das Onsernonetal mit dem Dorf Gresso, wo sage und schreibe 27 Einwohner leben. Die Schulklasse mit Bahn und Postauto unterwegs – Oskar mit dem Rennvelo.

Die Aufenthalte in diesen wunderschönen Gebieten des Schweizerlandes waren für den Bauernbuben unglaublich erhebend. Schliesslich waren Ferien für die Familie Camenzind schlicht nicht machbar und deshalb auch nie ein Thema. Das höchste aller Gefühle waren ab und zu Tagesausflüge. Am Sonntag, nach getanem Stall- und Kirchendienst, war praktisch immer die Rigi das Ziel.

Einspruch. Oscar Camenzind interveniert und will eine wichtige Aussage machen. Er hat das Wort: «Ein Verwandter besass auf dem Pragelpass eine sehr bescheiden eingerichtete Alphütte. Strom gab es nicht und das Wasser musste dem Trog vor dem Haus entnommen werden. In der Nähe hauste einzig ein Älpler mit seinen Tieren. Sonst gab es nur eines: Natur und Ruhe pur. Als Jüngster stand mir während zweier Jahre das Privileg zu, eine gute Woche dorthin in die Ferien zu verreisen. Ganz alleine mit meiner Mutter. Neben dem, dass wir den Älpler beim Viehzählen unterstützten, waren wir häufig auf Wanderschaft und sammelten kiloweise Frauenmänteli, um Tee zu produzieren. Zu meinem Leidwesen kam es vor, dass uns der Wettergott beweisen wollte, dass es in der Abgeschiedenheit auch laut zu und her gehen kann. Er liess ein heftiges Gewitter mit Blitz und Donner über das Gebiet ziehen und verbreitete damit ein unglaublich unheimliches Gefühl in mir. In diesem Moment fehlte mir der Vater an der Seite und ich dachte, dass mich die Mutter zu wenig gut beschützen könne. Bekanntlich scheint nach jedem Regen irgendwann wieder die Sonne. Das war auch auf dem Pragelpass nicht anders. Und wenn dann am Wochenende jeweils der Rest der Familie anrückte, war das Wiedersehen von einer innigen Herzlichkeit begleitet.»

Oskar Camenzind entwickelte sich nach und nach zu einem vielseitigen Nachwuchsfahrer. In der Schülerkategorie war er, trotz ganz starker Konkurrenz, immer im Spitzenfeld präsent.

«Wenig Freude hatte ich, wenn es Naturalpreise zu gewinnen gab.»

Neidlos musste er in dieser Zeit allerdings anerkennen, dass der Platz zuoberst auf dem Podest immer für einen anderen reserviert war – für Beat Zberg. Deshalb war es jeweils sein klares Ziel, Zweiter zu werden. Ganze neun Mal klassierte er sich direkt hinter dem Übermächtigen. Das bedeutete auch, dass sein Einkommen um das X-fache höher war, als beispielsweise beim Heurechen.

«Wenig Freude hatte ich, wenn es Naturalpreise zu gewinnen gab. Dabei handelte es sich praktisch immer um Artikel, welche irgendein Velohändler nicht mehr verkaufen konnte. Super war es hingegen, wenn wir um Preisgeld kämpfen durften. So rechnete ich vom Start weg mit dem zweiten Rang und 100 Franken. Meinem Sackgeld-Konto ging es blendend.»

Zum absoluten Hauptakteur avancierte Oskar, als die Schule Brunnen einen viel beachteten Unterhaltungsabend durchführte. In der ausverkauften Aula fuhr er in Rennfahrermontur gekleidet mit dem Rennrad elegant auf die Bühne. Einmal im Rampenlicht, schlüpfte er in die Rolle von «Beat Breu». Es folgte ein TV-Interview mit ihm, welches das Publikum noch und noch zum Jubeln brachte. Oskars Verwandlungsgeschick war grossartig.

Später bewies er bei der Eröffnung eines neuen Schulhauses in Gersau sein schauspielerisches Talent erneut. Dieses Mal nicht mit dem Velo, sondern am Reck. Dabei stand nicht etwa eine turnerische Glanzleistung im Zentrum, sondern Klamauk pur.

«Meine humoristische Darbietung kam offenbar so gut an, dass ich tatsächlich heute noch auf diesen Auftritt angesprochen werde. Lichtjahre später, das will wahrlich etwas heissen.»

Waren Sie in der Sekundarschule wirklich ein Musterknabe?
«Weit gefehlt. Der Lehrer beförderte mich recht häufig vor die Türe. Der Hauptgrund war jeweils das Stören des Unterrichts und der Nebengrund, weil ich es nicht lassen konnte und gerne die Mädchen plagte. Übrigens, auch in der Kirche unterbrach der Pfarrer ab und zu seine Predigt, um mich irgendwo in eine einsame Ecke zu verbannen.»

Für die Bestimmung seiner beruflichen Zukunft musste Oskar weder einen Schriftgelehrten noch einen Berufsberater zurate ziehen. Nach einem Schnuppertag mit dem Brunnener Dorforiginal und Pöstler «Nöldeli» war für ihn bereits alles klar.

Sein Traumberuf: Pöstler. Tief beeindruckt erlebte Oskar, dass der Postbote «Nöldeli» während der ganzen Tour nach Strich und Faden verwöhnt wurde. Einen Kaffee-Schnaps hier und das Gleiche ein paar Häuser weiter. Dazu kam, dass die Posttour einer richtigen Beizentour gleichkam. Ob Oskar damals ebenfalls mit «geistiger Flüssigkeit» bedient wurde, bleibt ein wohlbehütetes Geheimnis.

Dritte Etappe von Altdorf nach Zug. Während der anderthalbjährigen Lehre in Altdorf führte Oskar ein richtiges Doppelleben. Ab 5.20 Uhr in der Früh musste er Postsendungen aus den ankommenden Zügen entladen und in die richtigen Kanäle einweisen. Eine anspruchsvolle und harte Arbeit. Glücklicherweise durfte er von Montag bis Samstag bei einer Schlummermutter in Flüelen logieren und dort sogar das Nachtessen geniessen. Jobmässig stieg seine Verantwortung immer mehr an und so kam es, dass er zuerst in Altdorf und später in Schattdorf eigenständig eine Tour als Briefträger übernehmen durfte.

Zwei Ereignisse aus dieser Zeit werden Oskar lebenslänglich in Erinnerung bleiben. Seine Erzählungen: «Mit dem Rennvelo hatte ich die Kurventechnik bestens im Griff. Risikovoll raste ich jeweils durch die Strassen und die engen Gassen. Ich dachte, dass diese Fahrweise auch mit dem Posttöffli mit Anhänger problemlos über die Bühne gehen würde. Doch meine Rechnung ging einmal überhaupt nicht auf. Das Zugfahrzeug mit mir im Sattel blieb zwar aufrecht, der Anhänger jedoch machte sich leider selbstständig, kippte um und die ganze Post lag verstreut im Gelände. Nun musste ich, nach einer intensiven Sammelaktion, zurück auf das Postamt, um alles neu zu sortieren und einzuordnen. Der Zeitverlust war massiv. Aus Schaden wird man klug, jedenfalls zog ich aus diesem Vorfall die richtige Lehre.

Mein Erstaunen war extrem gross, als mir, dem noch grünen Lehrlehrling, 40 000 Franken in die Hände gedrückt wurden, um in Schattdorf den Leuten die AHV-

▲ Radfahrer – auch in der Schweizer Armee.

Rente in bar zu überbringen. Ich zog mit einem gemischten Gefühl los und erreichte auf dieser Tour einen Beliebtheitsgrad in unermesslicher Höhe. Ich wurde mit Trinkgeldern beglückt und bei den Bauern gab es Flüssiges und Währschaftes. Und als gut erzogener Bursche konnte ich … natürlich nirgends Nein sagen…»

An den Wochenenden wechselte Oskar seine Postkleidung mit dem Renndress aus. Die vielen Starts führten dazu, dass er finanziell richtiggehend auf Rosen gebettet war. Da er zu den Erfolgreichen zählte, gehörten Preisgelder in der Höhe von 240 Franken und mehr zur Tagesordnung.

Irgendwann war es so weit, dass sich die Lehrabschlussprüfungen langsam, aber sicher ankündigten. Alle Tests fanden in Luzern statt und waren nur theoretischer Natur. Gerade noch rechtzeitig konnte Oskar den Schalter vom Minimalisten auf Kurzzeitstreber umlegen und dieser Parforce-Einsatz wurde belohnt. Das Resultat: Gesamtnote 5,6. Chapeau.

Feierten Sie diesen wichtigen Erfolg so richtig feucht-fröhlich?

«Keineswegs. Schliesslich war ich auf dem Weg zu einem erfolgreichen Spitzensportler und war mir meiner Verantwortung voll bewusst. Rückschläge konnte und wollte ich mir nicht leisten. Übrigens, dass das auch gesagt ist: Den ersten Rausch hatte ich schon hinter mir und das war alles andere als lustig.»

▼ Oscar mit Vater Adalbert auf dem Bauernhof

Erzählen Sie uns ein wenig mehr darüber.

«Als 14-Jähriger durfte ich zusammen mit verschiedenen Leuten die Schafe von der Alp abtreiben. Dazu mussten wir bereits am Vorabend zur Alphütte aufsteigen, dort übernachten, um in aller Früh mit der anstrengenden Arbeit zu beginnen. Leider wurde das letzte Stück des Aufstieges für mich zum Trauma. Beim Zwischenhalt wussten die erwachsenen Kollegen nichts Gescheiteres, als mich so richtig abzufüllen. So torkelte ich in die Hütte, sah dort offenbar einen Wickeltisch mit einem Waschbecken stehen, ergriff dieses und schüttete es mir samt Inhalt über den Kopf. Dann weiss ich nur noch, dass mich kräftige Hände packten, mich unsanft ins Heu beförderten und dann war um mich herum – dunkle Nacht. Der Morgen danach war eine unvergessliche Qual. Niemand nahm jedoch auf mich Rücksicht, und so musste ich mit tonnenschwerem Kopf die Schafe im ganzen Alpgebiet zusammensuchen. Diese Erfahrung war sehr heilsam. Bis zur Rekrutenschule liess ich mich zu keinem Konsum von alkoholischen Getränken mehr bewegen.»

Der gute Lehrabschluss war für Oskar die Türöffnung zur ersten Stelle bei der Paketsammelstelle in Zug. Vierte Etappe von Zug nach Andermatt. Neben den Einnahmen aus dem Rennbusiness konnte Oskar auch mit einem guten Zahltag von der Post rechnen. Geschenkt wurde ihm allerdings rein gar nichts. Im Sport nicht und auch im Job nicht. Bei der Paketsammelstelle in Zug gab es zwei Schichten: Eine von 4.00 bis 12.30 Uhr und die andere von 12.00 bis 20.30 Uhr. Diese ungewohnten Arbeitszeiten machten das Leben als Radrennfahrer auch nicht leichter. Der so wichtige Trainingsbetrieb musste immer wieder angepasst werden. Während den ersten zwei Jahren wohnte Oskar im Jünglingsheim der Bahn und Post. Geführt wurde diese Pension durch Klosterfrauen. Irgendwann wollte er mehr Ellbogenfreiheit und zog in eine Wohnung um.

Irgendwann wollte er mehr Ellbogenfreiheit und zog in eine Wohnung um.

In der Zwischenzeit stieg der strebsame und erfolgshungrige Schwyzer in die Junioren-Nationalmannschaft auf und kam dadurch zu besonderen Privilegien. Der grosszügige Arbeitgeber PTT honorierte diese sportliche Leistung mit zusätzlichen 30 Tagen bezahltem Urlaub für die Rennen. Dadurch war es Oskar möglich, bereits kleinere Rundfahrten zu bestreiten und wertvolle Erfahrungen zu sammeln. Er startete in Kanada, in Russland und in vielen Ländern Europas. Der bodenständige Urschweizer war längst vom Bauernbuben zum Weltenbummler geworden. Doch ... seine Profikarriere war noch in weiter Ferne.

Pünktlich zum 18. Geburtstag konnte sich Oskar Camenzind unter die Autofahrer mischen. Da er für den Postdienst öfters auf ein Fahrzeug angewiesen war, durfte er die Lizenz zum Autofahren und die Anhängerprüfung auf Kosten der PTT machen. Privat wurde er Besitzer eines gebrauchten Nissan Sunny. Seine Fahrweise spiegelte ab und zu den Einfluss seines Rennfiebers, dann blitzte es vom Strassenrand und einige Tage später musste Oskar am Postschalter eine Einzahlung tätigen.

Den autofahrerischen Vogel schoss Oskar allerdings auf dem Weg in den militärischen Wiederholungskurs ab. Unter zeitlichem Druck, er musste vor Mitternacht in Andermatt einrücken, trat er rennmässig aufs Gaspedal. Das hatte zur Folge, dass er in einer Kurve mit allen vier Rädern über die Sicherheitslinie geriet und das grundsätzlich ohne Konsequenzen. Aber Halt, eine Polizeipatrouille hatte die wilde Fahrt aus der Distanz verfolgt und zog den Sünder unverzüglich zur Rechenschaft. Nun wurde es für Soldat Camenzind erst recht so richtig happig. Alle vier Pneus waren nämlich komplett ohne Profil. Oskar schwante Böses, doch das Glück lachte ihm heftig zu. Die Ordnungshüter konnten nämlich das unerlaubte Überfahren der Sicherheitslinie nicht bildlich beweisen und deshalb entging er der Höchststrafe: Entzug des Fahrausweises. Es wurde vereinbart, dass Oskar zwei Tage später sein Fahrzeug mit neuen Pneus bei der Obrigkeit vorzuführen hatte, aber ... der Marsch an den Postschalter blieb ihm nicht erspart. Dieses Mal musste er eine Einzahlung von über 1000 Franken tätigen.

Ein kurzer Blick in die militärische Karriere. Mit einer grossen Entschlossenheit reiste Oskar in den Hauptort Schwyz zur Aushebung. Entschlossen, weil er ganz genau wusste, dass er zu den Funkern eingeteilt werden wollte. Die sportlichen Tests begannen mit dem 12-Minuten-Lauf und schon setzte Oskar eine absolute Duftmarke, ja er stellte sogar einen Rekord auf: 3750 Meter. Stopp, so durfte er keinesfalls weitermachen. Sonst würde er auf Grund seiner guten Athletik bestimmt nicht zu den Funkern kommen, viel eher zur Elitetruppe der Grenadiere. Bei den nachfolgenden Disziplinen hielt er sich vornehm zurück und legte sogar Wert darauf, dass er das Sportabzeichen nicht erreichen konnte. Doch letztendlich war alles für die Katz. Oskar wurde zwar nicht Grenadier, sondern ... Radfahrer. Wen wunderts?

Ohne jegliche Ambitionen strampelte er die Rekrutenschule in Romont ab. Knallhart wurde die Überlebenswoche, in dem sein Zug per Velo durch die ganze Schweiz gehetzt wurde. Bergauf und bergab. Geschlafen wurde irgendwo in einer leeren und kalten Scheune. Eine richtige Tour-de-Suisse mit dem Militärvelo und dem Tornister auf dem Rücken.

Oskar wurde zwar nicht Grenadier, sondern ... Radfahrer. Wen wunderts?

Oscar Camenzind erinnert sich: «In der Rekrutenschule lernte ich jedoch ein ganz anderes, mir fremdes Leben kennen. Bisher zählten für mich nur der Beruf und der Sport, denen ich bisher alles untergeordnet hatte. Während der Rekrutenschule realisierte ich plötzlich, dass ich meine Jugend bisher völlig verpennt hatte und es endlich Zeit war, um im Ausgang alles tüchtig nachzuholen. Das kam nicht gut. Ohne geregeltes Training legte ich kurzum mehr als zehn Kilogramm zu. Garantiert kein Vorteil für einen Radrennfahrer. Meine kurzzeitige Rebellenphase ging von alleine wieder vorbei und ich sagte zu mir: Entweder du führst wieder ein spitzensporttaugliches Leben oder du kannst das Velo an den berühmten Nagel hängen. Ich entschied mich für die seriöse Variante und fuhr bekanntlich gut damit.»

Oskar Camenzind erfüllte seine Wehrpflicht bis auf den letzten Tag. Allerdings musste er anlässlich eines Wiederholungskurses nochmals arg rebellieren. Der Grund: Seine Kompanie wurde eine ganze Woche lang derart brutal geschlaucht, dass dagegen die Rekrutenschule eine reine Kinderparty gewesen war. Mithilfe seines Managers Robert Ochsner konnte er erreichen, dass seine Diensttage mit den Zielsetzungen als Radprofi kombiniert werden konnten. Im Klartext: Jeweils am Ende der Rennsaison rückte er in Altdorf ein, besorgte am Morgen den Telefondienst und durfte den Nachmittag für die Trainings verwenden. Da die Armee zu dieser Zeit noch keine Spitzensportler-Vergünstigung kannte, war das eine äusserst salomonische Lösung.

◀ Hochzeit mit
Angela in Gersau.

Fünfte Etappe von Andermatt nach Gersau. Im Jahre 1990 erreichte Oskar Camenzind den Status eines Elite-Amateurs. Da er immer zu den Besten zählte, wurde ihm ein gewisses Naturtalent attestiert. Eine Profi-Karriere stand jedoch noch nicht zur Diskussion. Am rohen Diamanten musste noch ordentlich geschliffen werden. Oskars Haupteinnahmequelle war weiterhin der Job bei der PTT. Es war im Jahre 1994, als er sich als Schweizermeister bei den Amateuren feiern lassen durfte und zudem weitere elf Rennen für sich entscheiden konnte. Wenn nicht jetzt – wann dann? Ein Übertritt in die Profiwelt drängte sich endlich auf. Aber ... wer offerierte ihm einen überlebensfähigen Vertrag? Schliesslich war er als 25-jähriger Sportler kein junger Hase mehr und weltweit wartete niemand auf den Schweizer Oskar Camenzind. Trotzdem klappte es. Oskar wurde in die kleine, jedoch sehr gut geführte Equipe PANARIA aufgenommen und erhielt von diesem italienischen Team sogar einen Millionenvertrag. Mindestlohn: 30 000 000 Lira pro Monat.

Eine Profi-Karriere stand jedoch noch nicht zur Diskussion.

◀ Über 30 Viertausender sind bereits bezwungen.

▲ Stimmungsbild mit Sven Montgomery.

Umgerechnet entsprach es rund 1600 harten Schweizerfranken. Wenn es gut lief, konnte er sein monatliches Einkommen, dank Prämien, auf 4000 Franken erhöhen. Und ... man muss es so hart formulieren: Sportlich wurde der Bursche in ein echtes Stahlbad geworfen. Er musste bei allen Klassikern ins Rennen steigen und erlebte mit der Tour-de-France, dem Giro d'Italia, der Vuelta und der Tour-de-Suisse eine harte, prägende und wertvolle Lebensschulung. Ohne diese Ochsentour wäre er wohl kaum zum weltbekannten Champ gereift.

Von nun an machte das Leben mit dem verbissenen Neo-Profi richtige Purzelbäume. Gut 250 Tage im Jahr war Oscar irgendwo auf der Welt unterwegs. Vom Nordpol bis zum Südpol und buntgemischt auf allen Kontinenten. Und zu Hause in Weggis wartete seine Freundin geduldig auf seine Heimkehr. Wie bitte, eine Freundin hatte er auch? Haben wir etwas verpasst? Nun gut, alles schön der Reihe nach.

Im Jahre 1991 fand im Aargau ein Rennen für Elite-Amateure statt. Ein Mannschaftskollege hatte praktisch ein Heimspiel, weil seine Frau aus dem aargauischen Wil stammte. Nach dem Rennen gab es bei den Schwiegereltern seines Kollegen einen Grillabend. Oskar durfte daran ebenfalls teilnehmen. Das Schicksal wollte es wohl so, dass die andere Tochter des Hauses mit Namen Angela auch anwesend war. Während der Party entwickelte sich zwischen Oskar und Angela ein Feuerwerk und die Funken sprühten. Kurz und knapp – es blieb nicht bei dieser einen Begegnung. Gut drei Jahre später zogen die beiden in eine gemeinsame Wohnung in Weggis.

Am 27. Oktober 2001 war es so weit, dass Hochzeit gefeiert wurde. In der Katholischen Kirche von Gersau gaben sie sich das Ja-Wort. Im wunderbar gelegenen Heim oberhalb von Gersau, mit Blick in die Alpen und auf den Vierwaldstättersee, war das Glück perfekt.

Schlussetappe: Rund um Gersau. Rückblickend kann man getrost festhalten, dass die Tragödie um den Strassenrad-Weltmeister Oscar Camenzind längst verarbeitet und in den Hintergrund gerückt ist. Zusammen mit seiner Frau Angela hat Oscar die heftigen Stürme um seine Person überlebt. Die Reise durch das Tal der Tränen war extrem schmerzhaft, bot jedoch letztendlich die Chance, in ein neues Leben einzutauchen. Beruflich wie sportlich. Ganz wichtig und wertvoll ist die Aussage: Das Ehepaar hat Erfolg und Misserfolg immer gemeinsam auf den Schultern getragen.

> **Zusammen mit seiner Frau Angela hat Oscar die heftigen Stürme um seine Person überlebt.**

Beruflich ist seit Langem alles im grünen Bereich. Oscar schätzt seinen Beruf als Briefträger sehr. Es ist nicht von der Hand zu weisen, dass er in der Bevölkerung ein hohes Ansehen geniesst.

Sportlich hat er die Ansprüche weiterhin hoch angesetzt. Mit dem Velo lässt er es jedoch eher gemächlich angehen. Bei seinen Engagements als Veloferien-Gruppenleiter in Mexiko, Mallorca oder wo auch immer, bleibt der Ehrgeiz weitgehend im Kasten. Ganz anders sieht es aus, wenn er sich zu Skihochtouren oder zu gefährlichen Kletterabenteuern auf den Weg macht. Bei den Skihochtouren spielt er meistens die zweite Geige, denn dabei gibt seine Ehefrau den Ton an.

Oscar Camenzind, wenn Sie in Felswänden hängen und den Weg zum Gipfel anpeilen, ist da die Angst im Rucksack mit dabei?
«In heiklen Situationen ist ein Angstgefühl zweifellos vorhanden. Das ist auch gut so. Eine Portion Angst oder eher Respekt schützt mich nämlich vor Übermut. Verstärkt wird mein mulmiges Gefühl, wenn meine Frau mit dabei ist. Es gab schon Traversen, beispielsweise in einer Eisflanke, bei welchen mir erst später bewusst wurde, dass es gar nicht schlau war, ein solches Risiko einzugehen.

Wenn ich aber zurück an meine Rennfahrerzeit denke, kommt noch heute ab und zu ein schweisstreibender Schauer über mich. Tausende von Kilometern raste ich volle Kanne durch die steilen, gefährlichen Kurven. Einfach Vollgas mit jedem Risiko und immer – ohne Helm. Oftmals lauerte hinter der nächsten Kurve eine tödliche Gefahr. Doch es hiess immer: Vogel, friss oder stirb. Verglichen mit diesen Momenten sind meine heutigen Klettereskapaden mit weit weniger Risiko beladen, weil ich viel mehr selbst bestimmen kann.»

Huldigten Sie vor besonderen Herausforderungen einem Ritual?
«Obwohl ich in jungen Jahren vom katholischen Glauben überfordert und überrannt wurde und mich deshalb von der Kirche entfernt habe, gab es tatsächlich für mich ein Ritual. Vor dem Start habe ich mich immer bekreuzigt. Einerseits, weil meine italienischen Teamkollegen fest an die positive Wirkung dieses Zeichens glaubten und andererseits dachte ich für mich, vielleicht hilft der liebe Gott auch mir – wenn es ihn überhaupt gibt.»

FÜNF FRAGEN ZUM SCHLUSS

Haben Sie Erinnerungen an Ihre Grosseltern?

«Gekannt habe ich einzig die Grossmutter mütterlicherseits. Sie wohnte bei uns auf dem Hof, hatte für sich eine Einlegerwohnung und war in unserer Familie eine feste Grösse. Als Bub hielt ich mich sehr gerne bei ihr auf. Mit grossen Augen und fasziniert sah ich ihr zu, wie sie mit der Nähmaschine geschickt hantierte. Dazu erzählte sie mir Geschichten aus früheren Zeiten. Spannend und lehrreich.»

Waren Sie in Ihrer rebellischen Jungendphase auch mit einem Töffli unterwegs?

«Als ich in der Sekundarschule war, wollte mich das Töffli-Fieber schon anstecken. Doch in dieser Zeit war ich froh und zufrieden, dass ich vom Velo Club ein Rennrad benützen durfte. Der Drang, mit einem Töffli Imagepflege zu betreiben, wurde immer grösser und grösser. So gross, dass ich mir das 50er-Post-Töffli vom Vater unerlaubterweise auslehnte. Damit war ich im Reigen der stolzen Mofa-Besitzer der King of the Road. Vaters Motorfahrrad lief nämlich, wegen des stärkeren Motors, um einiges schneller als alle anderen. Doch einmal erlitt ich einen massiven Schock. Das von mir entwendete Töffli wurde mir nämlich gestohlen. Meine Verzweiflung war enorm. Gott sei Dank wurde das vermisste Fahrzeug wieder gefunden, bevor mein Vater Wind von der Angelegenheit erhalten hatte. Ein dankbares Glücksgefühl durchströmte mich. Übrigens, ich bin mir sehr sicher, dass der Vater von meinen ‹Diebstählen› wusste und diese einfach stillschweigend tolerierte.»

Gibt es eine Kuriosität aus Ihrem Rennfahrerleben?

«Spontan kommt mir eine wirklich komische Geschichte in den Sinn. Ein deutscher Unternehmer organisierte in Bühl bei Karlsruhe jeweils ein viel beachtetes Paar-Zeitfahren und investierte dafür sehr viel Geld. Plötzlich verkrachte sich dieser mit den übrigen Organisatoren und engagierte sich von nun an mit seinem Mammon an einem Rennen in Karlsruhe. Dort war ich ebenfalls, wie in Bühl, mehrmals am Start. Nun kommt der Clou der Geschichte: Die Organisatoren in Bühl führten ein 1-Tagesrennen durch. Am darauffolgenden Tag ging auch ein Rennen in Karlsruhe über die Bühne. Logisch, dass ich als Weltmeister sehr umworben war und eigentlich geplant hatte, an beiden Rennen anzutreten. Das wollte der deutsche Unternehmer partout nicht. So unter dem Motto: ‹Rache ist süss› bot er mir eine hohe Gage von 15 000 Franken an, damit ich in Bühl nicht fahren würde. Unglaublich, mir wurde eine Supergage geboten, um nicht zu starten. Wirklich ein Unikum.»

> **«Logisch, dass ich als Weltmeister sehr umworben war und eigentlich geplant hatte, an beiden Rennen anzutreten.»**

Wie steht es bei Ihnen mit Mutproben?

«Heute lebe ich meine Mutproben, natürlich mit dem notwendigen Sicherheitsdenken, in der Bergwelt aus. Ich erinnere mich jedoch an ein Erlebnis am Giro d'Italia, bei welchem ‹Mutprobe› nur das Vorwort gewesen ist. Wir waren im Aufstieg zu einem Pass, welcher von Italien in Richtung Frankreich führt. Dummerweise wurde ich etwas abgehängt und musste alle meine Energie aufwenden, um den Anschluss wieder zu schaffen. Plötzlich geriet ich an den Rand der schmalen Strasse und sah

▲ Oscar Camenzind und Autorin Christina: Auch die kniffligsten Fragen konnten ihn nicht aus der Ruhe bringen...

ganz automatisch in die Tiefe. Ein Horror. Abschrankungen gab es nicht. Meine Gedanken: Wenn ich in diesem steilen Gelände einen Platten einfange, dann fliege ich wirklich nur einmal ins tiefe Tobel. So begann für mich wieder einmal eine Art Mutprobe. Ich trat kräftig in die Pedale und kann trotzdem nicht verheimlichen, dass ein dosiertes Risiko mitfuhr. Viel später stand ich einmal auf der Plattform der Bungee-Jumping-Anlage im Verzascatal. Ich schaute die 220 Meter in die Tiefe und bin mir noch heute nicht sicher, ob ich diesen Adrenalinkick auf mich genommen hätte. Glücklicherweise war ich nur als Vorbeigehender unterwegs und musste keinen Entscheid treffen.»

Was löst der Begriff «Höhere Macht» in Ihnen aus?

«Wer ist schon sicher, dass es eine höhere Macht gibt? Die Wahrscheinlichkeit, dass es sie tatsächlich gibt, ist jedoch zweifellos vorhanden. Über den Tod mache ich mir wenig Gedanken, weil ich genau weiss, dass das Ablaufdatum bei jedem Menschen hinten auf der Schulter eingraviert ist. Auch mein Lebensweg ist zweifellos vorgegeben. Ein grosses Glück ist für mich, dass ich hier geboren bin und in diesem wunderschönen Land leben darf. Wenn man weiss, wie es auf der Welt zu und her geht, ist das ein unschätzbares und goldig glänzendes Privileg. Dafür gibt es nur eines: Unendliche Dankbarkeit.»

«Ein grosses Glück ist für mich, dass ich hier geboren bin und in diesem wunderschönen Land leben darf.»

LUCA CEREDA

AUFGEBEN GIBT ES NICHT

Es war ein heisser Sommertag, als sich der HC Ambri-Piotta auf den Weg nach Biasca machte, um dort ein Vorbereitungsspiel gegen den EHC Olten auszutragen. Im frostigen Innenleben der Raiffeisen BiascArena kam es zum ersten Treffen zwischen dem äusserst populären Trainer der Tessiner und uns Autoren. Luca Cereda, 188 Zentimeter gross und rund 90 Kilogramm schwer, entpuppte sich rasch als angenehmer Gesprächspartner. Nichts schien ihn aus der Ruhe zu bringen. Ruhig, interessiert und aufmerksam hörte er zu, als wir ihn anfragten, ob er im Buch «Im Tal der Tränen und das Leben geht weiter» intensiv vorgestellt werden dürfe. Innert Sekunden hatte er einen klaren Entscheid gefasst: «Da bin ich sehr gerne dabei und ein inniges Grazie.» Wunderbar, dann stürzen wir uns ins gemeinsame Abenteuer.

Dem waschechten Tessinerburschen wurde schon früh nachgesagt, dass er «feine Hände» habe und über aussergewöhnliche Spielmacherqualitäten verfüge. Den Beweis dafür erbrachte er bei den Junioren der GDT Bellinzona und später bei den Elitejunioren des HC Ambri-Piotta. Als Center traf er in der Saison 1996/1997 34 Mal ins gegnerische Tor und steuerte erst noch 38 Assists bei. Eine Traumquote. Logisch, dass Luca Cereda als 17-Jähriger bereits in der höchsten Schweizerliga eingesetzt wurde. Und wie. Beinahe schien es, dass ihm keine Grenzen gesetzt wären. Er schlug sofort voll ein, führte die erste Sturmlinie von Ambri, stürmte mit seiner Equipe zum Qualifikationssieg und spielte dazu regelmässig in der U-20-Nationalmannschaft. Als er zum Rookie des Jahres 1998/1999 erkoren und geehrt wurde, war klar, dass der sympathische Club Ambri-Piotta sein Juwel auf die Dauer nicht halten konnte. NHL-Scouts reisten nämlich extra wegen des Ausnahmetalentes in Europa herum, um Luca Cereda bei der U-20-Nationalmannschaft in voller Aktion zu

sehen. Sie buhlten auf höchstem Niveau um den jungen Mann aus der Sonnenstube der Schweiz. Tatsächlich kam es zu einem Traum-Engagement. Die Toronto Maple Leafs zogen ihn an Land. Luca Cereda unterschrieb einen Dreijahresvertrag und erhielt, wohlverstanden als 19-Jähriger, ein exzellentes Handgeld für seine Unterschrift. Dem Himmelsstürmer lag die Welt zu Füssen. Bevor er die weite Reise über den grossen Teich in die Realität umsetzte, hatte er noch ein anderes wichtiges Ziel vor Augen. Er wollte unbedingt das Gymnasium in Bellinzona zu einem guten Ende bringen. Schliesslich hatten ihm seine Eltern über Jahre hinweg folgenden Grundsatz eingeimpft: «Egal was du machst, mache es immer mit vollstem Einsatz und führe Begonnenes immer zu einem guten Ende.»

Hätte Luca nun den bequemsten Weg gewählt, und wäre in die weite Welt verreist, wäre die ganze bisherige Studienarbeit sinn- und wertlos gewesen. Er verschob den traumhaften Sprung in die wunderbare Eishockeysphäre Nordamerikas. Sein Kommentar: «Die Prüfungen waren mit nicht zu unterschätzenden Schwierigkeiten verbunden. Letztendlich erreichte ich die notwendigen Vorgaben doch und das erreichte Zertifikat machte mich ein wenig stolz und gab mir Sicherheit.»

ICH BIN LUCA CEREDA

▸ Geboren am 7. September 1981 in Bellinzona TI
▸ Verheiratet mit Miriam
▸ Vater von Emma (2009), Julia (2011), Samuele (2013), Mattia (2020)
▸ Meine Hobbys sind Lesen und die Natur geniessen.

DER ABSTURZ INS TAL DER TRÄNEN

Luca Cereda packte im Jahre 2000 seine Koffer und reiste aus dem beschaulichen Dorf Sementina in die grosse weite Welt hinaus. Die Ankunft in Toronto, der grössten Stadt Kanadas mit 2,6 Millionen Einwohnern, war für den Jüngling von vielen fremden Eindrücken geprägt. Zum ersten Mal in seinem Leben musste er ohne seine Familie auskommen. Da sorgten auch der Ontariosee und die nahe gelegenen Niagarafälle nicht für aufhellende Stimmung. Doch er war ja nicht wegen der landschaftlichen Schönheiten im Mutterland des Eishockeysports.

So richtig los ging es für das Jungtalent, als er mit Torontos «Millionenteam» ins Trainingscamp zog und dadurch seine abenteuerliche wie herausfordernde Berufskarriere startete. Plötzlich sass er in der gleichen Garderobe wie der schwedische Weltmeister und Olympiasieger Mats Sundin, welcher in 1346 NHL-Spielen 1349 Scorerpunkte erzielt hatte und auch Olympiasieger und Weltklassetorwart Curtis Joseph. Und ... Luca gehörte dazu. Unglaublich.

Dass der Youngster sportlich auf einer rosaroten Wolke schwebte, war das Normalste der Welt. Schliesslich sah er einer wunderbaren Zukunft entgegen. Nebst seinem Engagement in der besten Liga der Welt war klar, dass er auch in der Schweizer Nationalmannschaft bald zu den Heroes und Leistungsträgern zählen werde.

Genau im Trainingscamp der Toronto Maple Leafs stürzte der rundum glückliche und zuversichtliche Luca Cereda innert weniger Minuten wortwörtlich ins Tal der Tränen ab. Was war um Himmels willen geschehen?

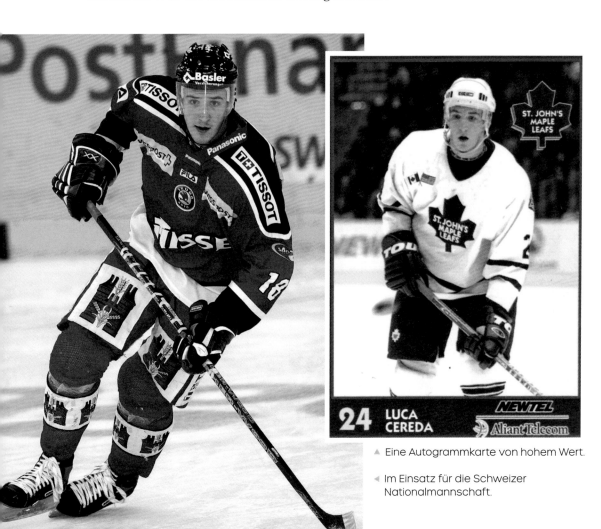

▲ Eine Autogrammkarte von hohem Wert.

◀ Im Einsatz für die Schweizer Nationalmannschaft.

Ohne negative Gedankengänge trat er zur medizinischen Routine-untersuchung an. Eine Formsache, mehr bestimmt nicht, dachte Luca. Doch da täuschte sich der Spitzenathlet gewaltig. Die Ärzte entdeckten einen Herzfehler und dieser musste so rasch als mög-lich behoben werden. Die Verantwortlichen des mehrfachen Stanley Cup-Siegers wollten unbedingt, dass die notwendige Operation in Toronto durchgeführt werden würde. Ein Problem stellte sich gegen dieses Vorhaben: Luca musste eine Wartefrist von mindestens vier Monaten auf sich nehmen. Zudem waren auch die sprachlichen Probleme seiner Eltern nicht zu unterschätzen. Bald war der Entscheid klar: Luca reiste in die Schweiz zurück. Die achtstündige Operation mit dem Einsetzen einer Herzklappe eines Spenders wurde in Lausanne durchgeführt. Nach einem sechstägi-gen Spitalaufenthalt folgte eine mehrwöchige Reha in einer Privatklinik. Glück im Unglück war für ihn, dass sich diese Klinik in Sementina befand und er jeden Abend zu Hause in seinem eigenen Bett schlafen durfte.

Die Ärzte entdeckten einen Herzfehler.

Kaum war das neue Jahr 2001 eingeläutet, konnte Luca Cereda seinen körperlichen Wiederaufbau mittels Physiotherapie starten. Die ersten Eistrainings absolvierte er mit den 14-jährigen Junioren des HC Ambri-Piotta. Die Intensität wurde weiter ge-steigert, indem er später zu den Elite-Junioren aufstieg. Ein unglaublicher Werde-gang eines hoch dotierten Eishockeyprofis. Eigentlich logisch, dass Luca Cereda nach dem erfolgreichen Eingriff eine einjährige Wettkampfpause auf sich nehmen musste.

Ende August 2001 ging es in Toronto in jeder Beziehung so richtig los. Luca Cere-da im Rückblick: «Wenn man solange auf den Wettkampfsport verzichten muss, fällt ein Wiedereinstieg doppelt schwer. Ich erlebte unglaublich harte Wochen im weit entfernten Kanada. Das auf Kraft ausgerichtete Spiel in Nordamerika bescherte mir erhebliche Schwierigkeiten.»

Zudem kam dazu, dass er das erste Mal für lange Zeit von zu Hause weg war. Alles war für ihn Neuland. Sogar das Einkaufen in einem Center brachte ihn ins Schwit-zen. Dann das Führen eines eigenen Haushalts mit Waschen, Putzen und was alles dazu gehört, war für ihn ein Buch mit sieben Siegeln.

Sportlich hatte er ebenfalls hartes Brot zu essen. Im Trainingslager der Toronto Maple Leafs kämpften über 70 Spieler darum, zu den besten 22 zu gehören, welche das Kader der NHL-Equipe bilden werden. Luca schaffte den Sprung aus bestens nachvollziehbaren Gründen nicht. Was nun, Luca Cereda?

«Da stehst du nun ganz alleine im Land der unbegrenzten Möglichkeiten und ohne mit der Wimper zu zucken, drückt dir ein Assistent einen Zettel in die Hand. Der Inhalt kurz zusammengefasst: Du spielst ab sofort in der AHL bei den St. John's Maple Leafs auf der Insel Neufundland. Für die ersten zwei Tage stellen wir dir ein Hotelzimmer zur Verfügung, anschliessend musst du selbst für Unterkunft und Ver-pflegung besorgt sein. Punkt und auf geht's.

In Neufundland mietete ich zusammen mit einem Teamkollegen ein wunderbares Haus. Der Besitzer war von September bis Ende April nach Florida ‹geflüchtet›, um dort die Wärme zu geniessen. Da ich öfters mit Besuch beglückt wurde, mietete ich im zweiten Jahr ein Haus für mich alleine, um die Gäste gebührend unterzubringen. Schliesslich entschied ich mich im dritten Jahr, eine Wohnung zu mieten. Der Grund: Ich hatte das häufige Schneeschaufeln rund um das Haus herum richtig satt.

Beinahe hätte ich etwas Wichtiges vergessen. Da wir von der Insel Neufundland zu den Auswärtsspielen stets weite Flugreisen auf uns nehmen mussten, war es so geregelt, dass wir jeweils für zwei Wochen auf dem Festland blieben und in wunderschönen Hotels wohnten. Kurz: Abwechslung in Hülle und Fülle.

Zusammengefasst muss ich laut und deutlich sagen, dass ich zwischen dem 19. und 21. Altersjahr so weit von zu Hause weg eine unglaublich wertvolle Lebenserfahrung machen durfte. Zugegeben, nicht selten war das Heimweh ein unangenehmer Begleiter. Speziell die Abende waren oft belastend. Ich war ganz alleine, im Fernsehen gab es nur Sendungen in englischer Sprache und Bücher auf Italienisch gehörten zu den Raritäten. Als Ausgleich zum harten Eishockeyalltag ging ich deshalb gerne ins Kino oder machte weite Spaziergänge durch die unwahrscheinlich riesigen Einkaufszentren.»

Und wie ging es Ihnen punkto Finanzen?
«Wegen des Geldes musste ich mir nie Sorgen machen. Es ist kein Geheimnis, dass ich ungefähr 70 000 Dollar verdiente, davon musste ich die Hälfte als Steuern abliefern und 1 000 Dollar musste ich für die monatliche Miete rechnen. Der Rest liess es zu, dass ich ein gutes Leben führen konnte. Einzig für mein Sparkonto blieb in der Regel wenig bis nichts übrig.»

Der Tessiner Vollblutsportler kannte das Wort «aufgeben» nicht. Drei Saisons lang kämpfte er sich mit einer unerhörten Willenskraft durch die zweitklassige AHL, beim Farmteam St. John's Maple Leafs, in den Spitzensport zurück. Am Ende dieser Leidenszeit war Luca Cereda wieder auf einem so guten Level angekommen, dass ihn der Spitzenklub SC Bern in die Schweiz zurück lockte. Nach seinem Reifeprozess in Nordamerika erfüllte er sich als 24-Jähriger mit den Bundesstädtern einen grossen Traum: Er wurde in der Saison 2004/2005 Schweizermeister. In der Folgesaison klebte das Pech erneut an seinen Schlittschuhen. Eine Adduktorenverletzung wollte nicht richtig ausheilen und dazu kamen dauernd höllische Rückenschmerzen. Innert kürzester Zeit wurde er vom überall umjubelten Meisterspieler zum «Bettler». Wiederum steckte der junge Bursche in einer verzweifelten Lage.

Nun folgte die Heimkehr «des verlorenen Sohnes» in die Leventina zu seinem Klub des Herzens – zu Ambri-Piotta. Dort wollte er mit allen Mitteln seiner ins Stocken geratenen Karriere neuen Schwung geben. Luca Cereda: «Nach fünf Jahren weg von meinem Zuhause kehrte ich mit viel Freude zurück in die ‹Valascia›. Ich wollte diese einmalige Möglichkeit nutzen, zusammen mit den Stars Trudel und Domenichelli in einer Angriffslinie zu stürmen. Ich hatte mir viel vorgenommen und hohe Ziele gesetzt.»

Nun folgte die Heimkehr «des verlorenen Sohnes» in die Leventina zu seinem Klub des Herzens – zu Ambri-Piotta.

Dass Luca Cereda das Spiel auf dem rutschigen Eisfeld nicht verlernt hatte, bewies er in den Vorbereitungsspielen nachhaltig. Da liess er seine Qualitäten als Vorbereiter und Vollstrecker noch und noch hell aufleuchten. Ein neuer Weg mit dem erneuten Griff zu den Sternen?
Luca Cereda dazu: «Als 26-Jähriger hat man logischerweise viele Träume, Ziele und Ambitionen. Das war auch bei mir exakt so. Doch bei einer ärztlichen Untersuchung im Sommer vergingen zwischen zwei Herzschlägen acht Sekunden, in denen nichts

▲ Trainer bei den Ticino Rockets – als Sprungbrett.

geschah. Sportlerherzen schlagen langsamer, aber nicht derart langsam. Das Vertrauen in meinen Körper war weg und kehrte nie mehr ganz zurück. Mein Herz beendete meine Spielerkarriere endgültig.»

Dieses Ende aller sportlichen Träume war gleichbedeutend mit einer erneuten Bruchlandung im Tal der Tränen. Wohl hatte Luca Cereda das Gymnasium erfolgreich abgeschlossen, doch das alleine bot keine Garantie, um den Lebensunterhalt zu verdienen. Und für ein weiteres, notwendiges Studium hätte er mindestens drei Jahre einsetzen müssen. Dieser Weg war allerdings keine Option, da er zwischenzeitlich verheiratet und seine Frau schwanger war. Am guten Willen fehlte es ihm keinesfalls. Ein Stage bei einer Versicherung brachte ihm die Gewissheit, dass er für diesen Geschäftszweig nicht geboren war. Später trat er in Bern zur Prüfung zum Physiotherapeuten an. Der erhoffte Erfolg blieb aus.

Immerhin hatte er in seinem Tun und Lassen keinen finanziellen Druck. Aufgrund seiner Vertragsverhältnisse sicherten Versicherungsleistungen seine familiäre Existenz ab. Doch das war nur eine Seite der Medaille.

Luca Cereda heute: «Die ersten zwei Wochen waren wunderschön – wie Ferien. Doch dann begannen meine Schwierigkeiten. Immer wieder quälte mich die Frage: Was mache ich bis am Abend? In dieser Phase realisierte ich, wie klein der Schritt vom Beschäftigungslosen zum Alkoholiker ist. Zuerst sitzt man am Stammtisch und konsumiert einen Kaffee. Dann greift man zu immer hochprozentigeren alkoholischen Getränken und kann den Weg zu dieser sich schleichend entwickelnden Krankheit nicht mehr stoppen.»

▲ Erfolgreich beim HC Ambri-Piotta.

So weit kam es bei Luca, Gott sei Dank, nicht, denn es wurde ihm vom HC Ambri-Piotta ein wichtiger Rettungsanker zugeworfen. Er erhielt nämlich das Angebot, als Juniorentrainer auf Stufe Mini einzusteigen. Seine spontane Antwort: «Ich kann es gerne versuchen, weiss aber nicht, ob ich das kann.»

Wie gut er in diesem Metier einschlug, beweist die Tatsache, dass ihm der Verein ein paar Monate später einen Vierjahresvertrag als Juniorentrainer offerierte.

Luca Cereda: «Ich kam ganz zufällig zum Trainerberuf. Am Anfang war es gut, um im Winter die Langeweile zu vertreiben. Mit der Zeit fand ich immer mehr Gefallen an dieser Arbeit. Der Trainerberuf wurde zu meinem Studium. Ich ging als Stagiaire zu Arno del Curto nach Davos und sammelte Erfahrungen als Assistent in den Junioren-Nationalteams. Plötzlich schlug mein fragiles Herz voll für das Eishockey und zwar als Trainer in der obersten Liga der Schweiz.»

Bald schon schwärmte die ganze Eishockey-Schweiz in den höchsten Tönen von ihm: Jung sei er zwar noch, aber trotzdem erfolgreich und zielorientiert – eben ein zweiter Arno del Curto.

Warum entschieden Sie sich eigentlich als Junior für das eher karge Ambri-Piotta und nicht für ein Hockey unter Palmen in Lugano?

«Meine Eltern, glühende Ambri-Fans, überliessen mir die Entscheidung ganz alleine. Doch in einem leisen Nachsatz sagte die Mutter damals: «Wenn du nach Lugano gehst, wasche ich deine Sachen nicht mehr.» Damit war für mich alles klar. Ich wollte Eishockey spielen und nicht Waschfrau sein und entschied mich für Ambri.»

Präsident Filippo Lombardi sagte zum Vergleich von Luca Cereda mit Trainerlegende Arno del Curto in einem Interview folgendes: «Diesen Vergleich lasse ich absolut gelten. Luca ist ein sehr engagierter, gut organisierter und präziser Trainer, der nichts dem Zufall überlässt. Und ... beide tragen ungern eine Krawatte. Für Galaveranstaltungen müssen wir Luca richtiggehend dazu zwingen, eine solche anzuziehen.»

DER FAULE TRICK MIT DER ARMBANDUHR

Das Ehepaar Felice und Cristina Cereda zögerte nicht, als sich die Möglichkeit bot, in Semetina ein schmuckes Eigenheim mit viel Umschwung zu realisieren. Dass der grosse Garten, die Reben an der Hanglage und die drei Hühner ordentlich Betreuung forderten, war Lucas Eltern vollkommen bewusst. vollkommen bewusst. Sohn Luca und die fünf Jahre jüngere Schwester Elisa wurden bereits früh in den häuslichen Arbeitsprozess eingebunden. Luca glänzte mit dem Mähen des Rasens und war dem Vater praktisch bei allen Arbeitsgängen eine umsichtige Hilfe. Vor allem das Holzspalten war nicht zu verachten, weil es dem vielseitig sportlich talentierten Buben zu Kraft und Power verhalf. Eine Arbeit allerdings erzeugt in Luca in Gedanken auch heute noch eine grenzenlose Abneigung: Das Vertikutieren des Rasens. Der einfache Grund: Die Stunden wollten einfach nicht vorbeigehen, weil das minutiöse Herumstochern todlangweilig war.

Weit weniger langatmig kamen dem umtriebigen Burschen jeweils die Stunden in der Kirche vor. Er durfte das Amt eines Messdieners ausüben und seine Aufgabe war es, die Predigt des Priesters mit gekonntem und zeitgerechtem Glockenspiel zu verschönern. Bis ihn der Eishockeysport immer mehr in seinen Bann zog, war Luca ein freudiger Kirchengänger, denn für seine Dienstleistung erhielt er jeweils einen sehr willkommenen Lohn: Ein Caramel Muh. Mit Genuss liess er diese Köstlichkeit im Mund zergehen. Überhaupt, was das Essen betrifft, genoss Luca zu Hause eine strenge Schule. Die Eltern legten ganz grossen Wert darauf, dass die Anstandsregeln auch in dieser Beziehung jederzeit respektiert und gelebt wurden. Aufrecht sitzen und alles was dazu gehört.

Grundsätzlich war Luca ein pflegeleichtes Kind. Strafen gab es höchstens, wenn er den Eltern in irgendeiner Weise widersprach. Das brachte das Fass in der Regel zum Überlaufen. Als Strafen musste er nach dem Essen sofort ins Bett oder er durfte nicht Radio hören. Luca wusste natürlich längst, dass die Mutter in einer Beziehung besonders streng war. Sie hatte ihm klar und deutlich zu verstehen gegeben:

«Wenn du nach Hause kommst und jammerst, dass dich der Herr Lehrer geschlagen hat, dann bekommst du von mir ebenfalls zuerst eine Ohrfeige und erst nachher frage ich dich, was gewesen war.»

Luca erinnert sich heute noch an einen Griff in seine Trickkiste. «Fussball spielen war eine meiner grossen Leidenschaften. Mit viel Freude kämpfte ich, wann immer es ging, mit anderen Buben um das runde Leder. Dass mich dabei mein Zeitgefühl im Stich liess, war verständlich. Doch für zu spätes Nachhausekommen hatte meine Mutter kein Verständnis. Da griff ich zu einem illegalen Mittel. Ich stellte meine Uhr einfach eine Stunde zurück. Stolz und mit Überzeugung zeigte ich der schimpfenden Mutter meine Uhr, erwähnte, dass ich

«Fussball spielen war eine meiner grossen Leidenschaften.»

sehr pünktlich sei und rechnete mir grosse Chancen aus, ohne Strafe davonzukommen. Daraus wurde leider nichts. Sie sagte: «Luca, ich bin einiges vor dir geboren und kenne längst alle faulen Tricks. Zur Strafe darfst du einen Tag lang nicht auf den Fussballplatz.»

Weiter erinnert er sich an seine erste und vermutlich einzige Rebellenphase. «Familienferien waren bei uns regelmässige Programmpunkte. Im Sommer verreisten wir einmal sogar an die Küste der Emilia-Romagna und dabei sah ich zum ersten Mal das Meer. Im Winter war Skifahren in Samnaun, Bormio oder in Arosa Trumpf.

Das Drama begann, als ich mit der Mutter im weitläufigen Skigebiet von Arosa und inmitten Tausender Skifahrer unterwegs war. In einem Restaurant kam es zwischen uns zu einem Wortgefecht und so entschied ich, selber die Pisten unsicher zu machen. Die Mutter verabschiedete mich mit einem knappen: Ciao. Plötzlich war ich unten an einem Skilift, um mich herum ein Heer von fremden Leuten, und ich litt unter einem bedrückenden Angstgefühl. Gleichzeitig erging es der Mutter nicht besser. Sie wurde sogar von Panikattacken durchgeschüttelt und stellte sich die schlimmsten Szenarien vor. Längst hatte ich mein rebellenhaftes Verhalten zutiefst bereut. Irgendwie fanden wir uns rund fünfzehn Minuten später wieder, ein glückliches Aufatmen folgte, die Welt war wieder wunderbar in Ordnung und ich von meinem rebellischen Tun geheilt.»

Die Schule ruft, der erste Schultag. ▲

Tennis oder Hockey? Das war ▶
die Frage. (Luca rechts im Bild)

Waren Sie ein guter Skifahrer?

«Unbescheiden behaupte ich, dass ich ein sehr talentierter Skisportler gewesen bin. Wie auch im Tennis, dort gehörte ich zur regionalen Elite, wäre eine sportliche Karriere gut möglich gewesen. Tennis gab ich zugunsten des Eishockeys auf. Später, als 17-Jähriger, musste ich wegen der Verletzungsgefahr auch aufs Skifahren verzichten.»

Hatten Sie für Ihre verschiedenen
attraktiven Tätigkeiten genügend Taschengeld?

«Ab der Mittelschule bekamen wir von den Eltern tatsächlich ein wöchentliches Taschengeld von fünf Franken. Davon mussten wir das Pausenbrötli am Morgen und den Pausenapfel am Nachmittag finanzieren. Mit dem Rest konnten wir unsere Freizeitansprüche berappen. Der Umgang mit dem wenigen Geld war eine gute Schule für den weiteren Lebensweg.»

WUNSCHBERUF: FORSTINGENIEUR

Die schulischen Ansprüche an Luca Cereda waren in der Tat sehr hoch angesetzt. Der beste Beweis dafür war die Beurteilung seines Zeugnisses. Da er wegen seines Tessinerdialektes im Italienisch nur eine 5 statt einer 6 zustande brachte, musste er mit einer leicht säuerlichen Ansprache der Eltern rechnen. Sonst war er jedoch in allen Fächern im absoluten Spitzenfeld.

Luca Cereda, gingen Sie gerne in die Schule?

«Sogar sehr gerne. Noch heute habe ich viele gute Erinnerungen an diese Zeit. In der Klasse herrschte ausnahmslos ein guter Geist und der abwechslungsreiche Betrieb mit Lernen, Spielen und Reisen behagte mir sehr. Einziger Negativpunkt war während einer gewissen Zeitspanne der Schulweg. Diesen musste ich praktisch immer mit einem grossen Angstgefühl zurücklegen, weil sich ein bedeutend älterer Schüler zum Hobby nachte, kleinere zu verprügeln oder mit harten Schneebällen zu malträtieren.»

Sie waren bestimmt ein rundum braver Schüler?

«Eigentlich schon. Es war einmal in einer Musikstunde in der Mittelschule, als ich einen übermütigen Anfall hatte und prompt vor die Türe spediert wurde. Dabei blieb es jedoch nicht. Nach der Stunde musste ich sogar beim Schuldirektor antreten und erhielt von diesem eine geharnischte Kopfwäsche. Und das wegen einer allereinzigen leichten Verfehlung.»

Thema Musikstunde. Spielten Sie ein Instrument?

«Die Musik und Luca waren und sind keine guten Kollegen. Das kann man ruhig so formulieren. Ich versuchte es mit Gitarrenunterricht – es klappte nicht. Zu Hause auf dem Klavier – es klappte nicht. Kurz, mir fehlte schlicht der Rhythmus, um musikalisch ein Bein vor das andere zu bringen. Diese Einschätzung gilt auch für mein Können als Tänzer. Andererseits bin ich ein begeisterter Musikkonsument. Von Tessiner-Folklore über Hardrock bis hin zur Klassik höre ich alles sehr gerne.»

Sie sprachen von Reisen. Was meinten Sie genau damit?

«Schon als Knabe war ich wegen des Hockeys viel auf Reisen. Ganz speziell für mich war allerdings ein Schullager in der Landwirtschaftlichen Schule in Mezzana. Als 10-Jähriger war ich zum ersten Mal eine ganz Woche mit der Schule weg von zu Hause und hatte praktisch eine freie Wildbahn. Diese nützte ich genüsslich aus. Stundenlang spielten wir Fussball und einmal im Zimmer, suchten wir einen Deckel von einer PET-Flasche, nützten diesen als Puck und spielten bis weit in die Nacht hinein Hockey. Diese Woche gehört zu meinen schönsten Schulerinnerungen.»

Als die Zeit der Entscheidung für die berufliche Zukunft immer näherkam, setzt sich Luca mit diesem Thema ernsthaft und intensiv auseinander. Sein grosser Wunsch war es nicht etwa Profisportler zu werden, sondern Forstingenieur. Beim Berufsberater in Bellinzona, welcher viele mögliche Berufsarten in Bild und Ton vorstellte, war schnell klar, dass für eine gehobene Stellung ein Studium von Vorteil sein würde. So entschied Luca den Weg zum Forstingenieur mit der Matura zu starten. Das Gymnasium in Bellinzona bot dafür genau die richtige Plattform.

Student Cereda hatte bekanntlich noch einen anderen Job zu erfüllen. Die Doppelbelastung wog phasenweise schwer auf den Schultern des Jünglings. Das Pendeln zwischen Schule und Training war beileibe kein Zuckerschlecken. Konkret: 8 bis 10 Uhr Unterricht in Bellinzona; Transfer nach Ambri ins Training; anschliessend zurück nach Bellinzona ins Gymnasium und damit hatte er sein Tagwerk noch nicht vollbracht. Es stand noch ein weiteres Training oder ein Eishockeyspiel auf dem Programm. Das gnadenlose Vorwärtsdenken wurde immerhin dadurch belohnt, dass er als 17-Jähriger bereits in der ersten Mannschaft von Ambri-Piotta in der Nationalliga A zum Einsatz kam. Dadurch, dass er in 38 Spielen 6 Tore und 10 Assists beisteuerte, geriet er automatisch ins Rampenlicht. Zeitgleich zeigte er auch in der U-18 sowie in der U-20 Schweizer Nationalmannschaft, was in ihm steckte. Logisch, dass der Rohdiamant sogar in Übersee in den Agenden der Agenten einen wichtigen Raum einnahm.

Der kometenhafte Aufstieg brachte offenbar das Seelenkonstrukt von Luca ordentlich durcheinander. Sein Kommentar zu diesem Thema: «Stellen Sie sich bitte einmal meine Situation bildlich vor. Plötzlich werde ich als 17-jähriger Nobody von einem Tag auf den andern im Hexenkessel Valascia als Spieler der ersten Mannschaft umjubelt, gefeiert und von den fanatischen Fans vorwärts gepeitscht. Ein unglaubliches Hochgefühl. Nur wenige Stunden später musste ich für wichtige Spiele mit den Junioren in den Eisring steigen. Ein Wettkampf mit Gleichaltrigen und praktisch vor leeren Rängen. Mit diesem «Kulturschock» konnte ich tatsächlich nicht richtig umgehen. Ich setzte mich selbst unter einen enormen Leistungsdruck, wollte unangefochten der Beste sein und das ganze Umfeld erwartete das auch von mir. Zugegeben, ich hatte grosse Mühe, meine Emotionen unter Kontrolle zu halten, wurde zu einem unangenehmen Rebellen und suchte völlig unnötige Konfrontationen mit den Schiedsrichtern, mit den Gegenspielern und nicht zuletzt mit den Mitspielern. Zu meinem Glück konnte ich nach einigen Monaten und vielen Strafen die «Star-Allüren» zur Seite legen und in die Normalität, eigentlich in meine Welt, zurückfinden. Es war jedoch eine sehr gute Lehre, wie man mit Druck umgehen muss.»

Das Pendeln zwischen Schule und Training war beileibe kein Zuckerschlecken.

◄ Das erste Portrait
als Ambri-Spieler
mit 16 Jahren.

**Hatte diese Rebellenphase auch Einfluss auf Ihren
Alkohol- und Nikotinkonsum?**

«Überhaupt nicht. Unter dem Motto ‹Learning by doing› hatte ich die Folgen von
Alkohol- oder Nikotinkonsum längst am eigenen Leibe erlebt. Beim Alkohol hatte ich
einmal mindestens ein Glas zu viel erwischt, dadurch wurde mir elendiglich schlecht
und das Thema war ein für alle Mal erledigt. Beim Rauchen brauchte es ebenfalls nur
einen Versuch, um zu spüren, dass daraus nichts Positives zu erkennen war. Im Gegenteil, es schmeckte für mich scheusslich.»

Luca Cereda liess nie Zweifel aufkommen, ob er sein Studium zugunsten des Hockeys besser abbrechen solle. Erleichtert wurde ihm die Doppelbelastung dadurch,
dass er beim Erreichen der Alterslimite sofort den Führerschein erwarb und ihm der
HC Ambri-Piotta einen Renault Megane zur Verfügung stellte. Es sollte jedoch nicht
lange dauern, bis er einen nicht gewünschten Dialog mit der Polizei führen musste.
Luca erzählt: «Es war an einem Donnerstag, als ich die Fahrprüfung locker bestand.
Zwei Tage später machte ich mich nach einem Spiel mit Kollegen auf, um in Isone
den Start der Fasnacht mitzufeiern. Dummerweise waren wir uns bei der Routen-
wahl zu spät einig und ich musste umkehren. Ich schaute wie ein Sperber nach links
und rechts und als die Luft rein war, wendete ich meinen Wagen über eine doppelte
Sicherheitslinie. Schliesslich war niemand zu sehen und keine Gefahr im Anzug.
Doch offenbar hatte ich das Gelände zu wenig aufmerksam abgesucht. Innert Sekunden wurden wir von einer Polizei-Patrouille verfolgt und angehalten. Mir schwante
Böses. Das Glück des Tüchtigen lachte mir im Nachhinein heftig zu. Ich durfte den
Fahrausweis behalten, musste aber die Tessiner-Staatskasse mit über 500 Franken
reicher machen. Seither musste ich nie mehr eine richtig saftige Busse bezahlen,
höchstens wenige Franken wegen falschem Parkieren.»

▲ Der verlorene Sohn ist wieder da.

DIE KARRIERE IM MILITÄR DAUERTE EXAKT 120 MINUTEN

Im Sportzentrum in Tenero herrschte Hochstimmung. Viele junge Männer versammelten sich an diesem wunderschönen Ort, um die militärische Aushebung, je nach Motivation und Leistungsvermögen, mehr oder weniger glanzvoll über die Runden zu bringen. Ruhig und gelassen folgte auch ein gewisser Luca Cereda dem Marschbefehl. Seine Sportutensilien hatte er nicht dabei, dafür einen Brief mit wichtigem Inhalt: Ein Arztzeugnis. Infolge seiner Herzprobleme wurde er unverzüglich dienstfrei und dem Zivildienst zugeteilt. Das ganze Prozedere, inklusive An- und Heimreise, dauerte keine zwei Stunden.

Zur Beruhigung aller Militärfans: Luca diente ganze zwölf Jahre im Zivildienst und zahlte gleichzeitig noch die geforderte Militärersatzsteuer. Zuverlässig wie eine Schweizeruhr. Und, viel später, schnupperte er doch noch echte Militärluft. Im Rahmen einer Offiziersschule in Airolo trat er als Gastreferent auf und war vom Armeebetrieb positiv überrascht.

Ein amüsantes Spiel erlaubte sich das Schicksal im Laufe des Jahres 2006. Pünktlich zum Auftakt in die neue Eishockey-Saison wurden die Spieler des HC Ambri-Piotta im kleinen Dörfchen Giornico der grossen «Ambri-Familie» vorgestellt. Die Show lief ähnlich wie eine Modeschau ab und der Reihe nach wurden die Stars auf einem Podium präsentiert. Diese Art Rampenlicht behagte Luca Cereda überhaupt nicht. Jedoch: Pflicht war Pflicht. Um dem Rummel zu entgehen, hatte Luca mit Kollegen, welche nichts mit Eishockey zu tun hatten, vereinbart, den Ausgang in Bellinzona zu geniessen. Still und leise wollte er sich davonmachen. Das war sein klarer Plan.

Das Schicksal nahm einen anderen Lauf: Eine Kindergärtnerin namens Miriam war an diesem Vorstellungsspektakel mehr oder weniger freiwillig auch dabei. Schlicht, weil ihre Kolleginnen das so bestimmt hatten. Rein zufällig kam es zum Blickkontakt zwischen Miriam und Luca und wie auf Kommando fingen beide Feuer. Luca vergass den kollegialen Ausgang in Bellinzona, konsumierte zusammen mit Miriam eine feine Pizza und weil er kein Auto bei sich hatte, liess er sich anschliessend von ihr nach Hause chauffieren. So begann ganz langsam und in kleinen Schritten eine ernsthafte Beziehung zu wachsen. Beispielsweise schauten sie zusammen am Fernsehen, wie sich die Schweizer Fussballequipe an der Weltmeisterschaft in Deutschland famos schlug. Gelati à discrétion versüsste das Geschehen auf dem grünen Rasen. Kommissar Zufall und der Autor des Lebensdrehbuches hatten einen Volltreffer gelandet.

Wegen der bekannten gesundheitlichen Probleme war es die letzte Saison von Luca Cereda als Profispieler. Zeit, um andere «ganz wichtige Projekte» anzugehen. Beispielsweise das Eingehen des Ehebundes. Im Mai 2008 wurde in der Kirche von Sementina Hochzeit gefeiert. Wie es dem Naturell des Bräutigams entspricht, in einer klassischen Form, ohne Glamour und Pomp. Dass das anschliessende Mittags-Festessen bis weit nach Mitternacht dauerte, war eigentlich nicht geplant. Offenbar war jedoch der Inhalt des Sparstrumpfes dadurch nicht ganz aufgebraucht, denn im Juli konnten sich die beiden Neuvermählten eine unvergessliche Hochzeitsreise leisten – nach Florida und New York.

> **Rein zufällig kam es zum Blickkontakt zwischen Miriam und Luca und wie auf Kommando fingen beide Feuer.**

WENN DAS HERZ ZU EXPLODIEREN DROHT

Luca Cereda ist noch keine vierzig Jahre alt und hat bereits Hochs und Tiefs für mehrere Leben durchwandert. Seinem kometenhaften Aufstieg in die beste Hockeyliga der Welt folgte nur wenig später der Absturz ins Tal der Tränen. Nicht etwa, weil seine Leistungen auf der glatten Unterlage plötzlich zu wünschen übrig liessen, sondern weil ihm medizinische Gründe brüsk Einhalt geboten. Himmelhoch jauchzend und arg betrübt, musste der Mann mit «den feinen Händen», wohlverstanden erst 26 Jahre alt, eine Neuorientierung ausloten. Eher dem Zufall entspringend, fand er den Weg ins Trainermetier und schlug, speziell in der Saison 2018/2019, als Head Coach beim HC Ambri-Piotta wie eine Bombe ein. Sein Team schaffte die Playoffs, qualifizierte sich für die Hockey Champions League und setzte damit ein weit herum strahlendes Ausrufezeichen.

Obwohl Luca nach seinem Karriereende als Spieler knallhart erfahren musste, dass ein abgeschlossenes Studium am Gymnasium alleine keine vielversprechenden beruflichen Perspektiven verspricht, ist er heute als Profi-Trainer voll auf Kurs. Das Fundament für eine sorglose wirtschaftliche Zukunft ist zementiert.

Ein Blick in sein allernächstes Umfeld zeigt, dass auch im familiären Bereich Glück und Segen herrschen. Als Aussenstehende könnte man guten Gewissens folgendes Fazit ziehen: Harmonie, Freude, Wohlbefinden und Erfolg haben sich bei Luca Cereda niedergelassen.

Und doch ist nicht alles Gold, was glänzt. Luca hat das Tal der Tränen, trotz allen positiven Aspekten, noch nicht endgültig verlassen können. Der Hauptgrund ist darin zu finden, dass ihm anlässlich seiner Operation im Jahre 2000 mitgeteilt wurde, dass er von einer künftigen Lebenserwartung von ungefähr zwanzig Jahren ausgehen könne. Die Rechnung ist schnell gemacht und dieser Stachel sitzt beim verantwortungsvollen Familienvater tief. Obwohl ihm bei der jährlichen Kontrolluntersuchung im Oktober 2019 nur positive Signale übermittelt wurden, hat er das Vertrauen in seinen Körper noch nicht vorbehaltlos wiedergefunden.

Spenglercup 2019: ▲
Die Familie ist live dabei.

Vater Felice, Schwester Elisa, ▶
Grossvater Stefano und Mutter Cristina:
Alle sind stolz auf Luca.

Luca Cereda erzählt ein Beispiel: «Es ist ungefähr 5 Jahre her, als ich meine Tochter Emma in den Kindergarten brachte. Kaum hatte ich mich von Emma verabschiedet, überfielen mich fast dämonenhafte Zweifel und ich war sicher, dass mein Herz jeden Augenblick explodieren würde. Meine Angst, man kann ohne Weiteres von Todesangst sprechen, beherrschte mich derart stark, dass ich mich unverzüglich in ärztliche Behandlung begab. Die Diagnose des Mediziners: Kein Grund zur Aufregung, alles in bester Ordnung. Trotzdem war der Stachel in mir nicht verschwunden, und ich lebte weiterhin in einem Leben voller Ängste.»

Luca entschied sich für den Weg der Selbsthilfe. Die vom Arzt angebotenen Beruhigungs-Pillen lehnte er entschieden ab. Und wie bitte konnte er diesen bösen inneren Stachel beseitigen?
«Mit positivem Denken. Wenn ich jedes Signal meines Körpers analysiere, verbrenne ich unnötig so viel gute Energie, dass meine Batterie automatisch in ein Tief geraten muss. Ich spürte damals, dass mein Körper dringend Bewegung braucht. So begann ich mit kontrollierten Bike-Fahrten und angemessenem Jogging. Dabei suchte ich sehr viel Kontakt mit der wunderbaren Natur und meine Gedanken kamen in einen positiven Flow.»

Entschuldigen Sie bitte die direkte Frage: Können Sie in diesem Falle keine Mutproben angehen?
«Bei uns in Sementina gibt es die Tibetische Hängebrücke «Carasc», welche nach Monte Carasso führt. Die Brücke ist 230 Meter lang und schwebt 130 Meter über dem Boden. Entschlossen und mit viel Zuversicht versuchte ich bereits verschiedene Male, die Brücke zu überqueren. Ob es alleine, mit der Mannschaft oder mit den Kindern war, nach wenigen Schritten musste ich das Vorhaben abbrechen, weil ich tatsächlich eine starke Höhenangst verspüre. So gesehen sind auch andere Mutproben für mich nicht realistisch.»

Glauben Sie an eine höhere Macht?
«Ich glaube an Gott und ich glaube, dass ich ein Schicksal habe. Vor etwas mehr als drei Jahren ist meine Mutter viel zu jung gestorben, und ich bin absolut sicher, dass sie nun ein anderes, gutes Leben hat. Mein grösstes Bestreben ist, möglichst alles richtig zu machen. Wenn Gott dann sagt: ‹Deine Zeit zum Abschied aus diesem Leben ist da›, dann ist es eben so.»

VIER FRAGEN ZUM SCHLUSS

Haben Sie Erinnerungen an Ihre Grosseltern?
«Mit viel Freude denke ich an die Zeit mit den lieben Grosseltern väterlicherseits. Die beiden waren bereits pensioniert, wohnten nur 400 Meter von uns entfernt und waren immer zu Hause. Nach dem Kindergarten führte mein Weg zu ihnen und dann erfreute ich mich an einem feinen Zvieri oder an einem Stück Schokolade. Die Grosseltern mütterlicherseits wohnten ebenfalls nur wenige Meter entfernt. Sie besassen im Valle Leventina oberhalb der Piottino-Schlucht und auf rund 1000 Meter über Meer ein selbst renoviertes altes Bauernhaus mit 12 Bettplätzen. Zwischen Juli und Ende August durfte ich oftmals zu ihnen in die Ferien. Das war wunderschön und

voller Abwechslung. Wir machten Wanderungen in die Bergwelt, hielten uns häufig im Wald auf und sammelten fleissig Pilze und Heidelbeeren. Einfach unvergesslich.»

Ihr Vater war ein sehr guter Amateur-Fussballer.
Spürten Sie einen Druck, um in seine Fussstapfen zu treten?
«Mein Vater war tatsächlich Innenverteidiger bei der AC Sementina in der zweiten Liga. Obwohl er sehr viel für diese Sportart empfand, machte er mir niemals Vorschriften. Als Bube war ich bei jeder Gelegenheit auf dem Fussballplatz anzutreffen. Obwohl alle meine Schulkameraden der AC Sementina angehörten, war ich nie Mitglied im Fussballclub. Im Winter war für mich schon im Kindesalter Hockey Trumpf und im Sommer spielte ich Tennis. Einmal pro Woche wurden die besten Tennistalente des Kanton Tessin in Camorino zusammengezogen. Die Mutter oder der Vater brachten mich jeweils dorthin. Ungefähr mit 14 Jahren musste ich mich für eine Sportart entscheiden. Spontan und mit grosser Überzeugung wählte ich den Eishockeysport.»

Als 17-Jähriger wurden Sie in Nordamerika gedraftet.
Erzählen Sie uns kurz, wie das vor sich ging.
«Verschiedene Scouts aus Nordamerika hatten mich in ihrem Blickwinkel, wurden immer aufmerksamer und tauchten eines Tages in Ambri auf. Um für einen allfälligen Test in der harten NHL-Welt gerüstet zu sein, liessen wir uns von einem Agenten beraten. Tatsächlich wurde ich zum Draft, einer Veranstaltung zur Berufung von Spielern in eine Mannschaft, nach Boston eingeladen. Begleitet wurde ich von Vater, Mutter, Schwester, einem Onkel und einem Bekannten der Familie. Der Plan sah vor, dass wir meinen Auftritt mit 10-tägigen Familienferien kombinieren würden. Es kam anders. Nach den vier Tagen in Boston wurde ich nach Toronto zu den Maple Leafs verschoben und musste mich dort während fünf Tagen präsentieren. In der Zwischenzeit genossen die anderen Mitgereisten herrliche Ferien. Nach 10 Tagen trafen wir uns in New York, um zusammen in die Schweiz zu fliegen. Meine Mission war erfolgreich und wunderbar vielversprechend ausgegangen.»

Schlussfrage. Verraten Sie uns Ihre Wünsche und Träume?
«Der Wunsch ist klar und schnell definiert: Beste Gesundheit für meine Familie, für mich und für alle Menschen. Der Traum geht in Richtung berufliche Entwicklung. Ich stelle mir vor, dass ich Spieler für meine Mannschaft finden werde, welche sich mit viel Leidenschaft für noch höhere Aufgaben empfehlen wollen. Der HC Ambri-Piotta als Sprungbrett für junge, aufstrebende Spieler, welche diese Chance mit aller Konsequenz nützen wollen und dafür alles geben. Eine Win-win-Situation für alle Beteiligten.»

Dem HC Ambri-Piotta ist ein wertvoller Fang gelungen. ▶

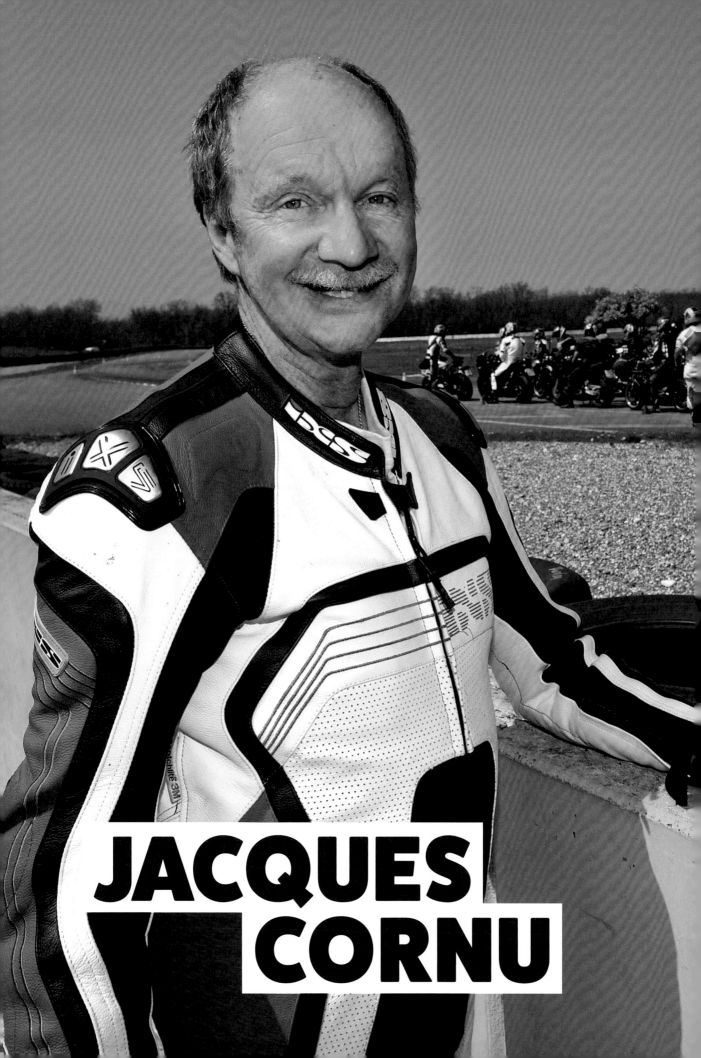

JACQUES
CORNU

DEM TOD MEHRMALS VOM KARREN GESPRUNGEN

18 Jahre alt war Jacques Cornu, unternehmungslustig und gewillt, sein Geld in ein Auto zu investieren. Doch die Höhe seines Vermögens reichte nicht aus, um ein Modell auf vier Rädern zu kaufen. So entschloss er sich, ein Motorrad zu erwerben. Es sollte eine Entscheidung mit schicksalhaften Folgen werden. Bereits zwei Jahre später bog er, dank seiner Leidenschaft für die schnellen Motorräder, auf eine sportliche Laufbahn ein. Als 25-Jähriger brachte er das Kunststück fertig, sich in drei verschiedenen Kategorien zum Schweizer Meister ausrufen zu lassen. Damit war er noch lange nicht am Ende der Fahnenstange angelangt. 1982 folgten der Langstrecken-Weltmeister-Titel und der grossartige Sieg beim 8-Stunden-Rennen auf dem Nürburgring. Jacques Cornu war längst in der Weltspitze des Motorradsportes angelangt und weltweit zu einem Qualitätsbegriff geworden. Auf dem Weg zu den grossen Erfolgen wurde dem Schweizer nichts geschenkt. Um dahin zu kommen, ging er alle noch so beschwerlichen Deals ein. Er fuhr Strassenrennen und intensiv Trial-, Enduro- und Moto-Cross-Sport. Dazu scheute er keine Kosten und besuchte verschiedene Trainingslager in den USA. Als gelernter Mechaniker konnte er das Verhalten seiner «Monster» bestens verstehen und wichtige Feinabstimmungen selbst an die Hand nehmen. Jacques Cornu – ein Champion – volksverbunden, weltmännisch und jederzeit hoch sympathisch.

ICH BIN JACQUES CORNU

▸ Geboren am 15. Mai 1953 in Aigle VD
▸ Geschieden
▸ Vater von Elodie (1984), Justine (1988), Camille (1992)
▸ Meine Hobbys sind Gleitschirmfliegen, Motorrad-Reisen, Oldtimer revidieren.

DER ABSTURZ INS TAL DER TRÄNEN

Jacques Cornu begann schon sehr früh damit, sich ins Tal der Tränen zu stürzen. Eigentlich war er sogar öfters ganz nahe dran, sich in die ewigen Jagdgründe zu verabschieden. Die nun folgenden Müsterchen sind bei Weitem nicht vollständig.

Jacques war 6 Jahre alt, als er auf dem Weg nach Hause von einem dringlichen menschlichen Bedürfnis geplagt wurde. Dem kleinen Draufgänger wäre es nicht in den Sinn gekommen, dies ganz einfach und unspektakulär zu vollziehen. Oh, nein. Er bestieg eine Passerelle, welche über die Bahnschienen führte, kletterte unter dem Gitter durch und entledigte sein «Geschäft» direkt auf eine 15 000-Volt-Leitung, eine Todesfalle erster Güte. Doch der Herr im Himmel meinte es gut mit ihm. Der Strahl verursachte zwar wilde Geräusche und einen heftigen Rückschlag, Jacques blieb jedoch wie durch ein Wunder unverletzt, weil der Drahtzaun die unglaublichen und tödlichen Kräfte aufgefangen hatte. Die Katastrophe blieb, Gott sein Dank, aus.

Jacques war 31 Jahre alt, als er sich mit dem Auto auf den Weg machte, um in Italien ein spezielles Motorfahrrad zu inspizieren. Logisch, dass er aus der italienischen Autobahn eine Rennstrecke machte. Mit einer Geschwindigkeit von gut und gerne 200 Kilometern bretterte er ins Landesinnere. Ein Selbstunfall bremste die mehr als rasante Fahrt. Jacques streifte eine Mauer und wurde nachfolgend, während rund hundert Metern, von einer Leitplanke in die nächste katapultiert. Dann blieb der Wagen stehen – ordentlich abgeändert und nicht mehr brauchbar. Jacques blieb unverletzt und stellte pflichtbewusst, im vorgeschriebenen Abstand, das Pannen-Dreieck auf. Kurz darauf folgte der nächste Crash. Ein Autofahrer hatte das Warnsignal übersehen, leitete das Bremsmanöver zu spät ein und fuhr in die Beine von Jacques. Der Aufprall war so hart, dass Jacques mit seinem Kopf die Frontscheibe des Unachtsamen zertrümmerte. Dann war für ihn

> **«Wo das Risiko lebt, gibt es auch den Tod – wo aber das Risiko tot ist, gibt es kein Leben.»**

nur noch dunkle Nacht. Erst zwei Tage später erwachte er in einem Spital und musste erfahren, dass er schlimm verletzt war. So schlimm, dass ihm die Ärzte den Kopf aufmachen mussten, um eine innere Blutung in den Griff zu bekommen. Tatsächlich war der Tod sehr, sehr nahe bei ihm. Mehr nicht – glücklicherweise.

Jacques war 59 Jahre alt, als er wieder einmal innerlich mit dem irdischen Leben abgeschlossen hatte. Der Grund: Ein Tumor wurde viel zu spät entdeckt. Die vom Arzt verkündete Diagnose: Schilddrüsenkrebs – ein Todesurteil. Als der behandelnde Doktor ihm den Befund eröffnete, brach der Arzt in Tränen aus. Da war für den Patienten alles klar. In einer mehrstündigen Operation wurden ihm die aggressiven Gewebeteile entfernt.

Jacques Cornu dazu: «Zuerst muss ich feststellen, dass ein weinender medizinischer Urteilsverkünder wirklich nicht positiv wirkt. Für mich war in diesem Moment klar, dass der Zug für mich abgefahren war. Es dauerte eine unheimlich lange Zeit, bis ich realisiert hatte, dass diese Erkrankung nicht zwingend das Ende sein müsse. Ich mache kein Geheimnis daraus, dass ich in vielen Nächten wach lag und nur noch weinen konnte. Dass es gut herausgekommen ist, grenzt an ein Wunder und ist eigentlich nicht nachvollziehbar.»

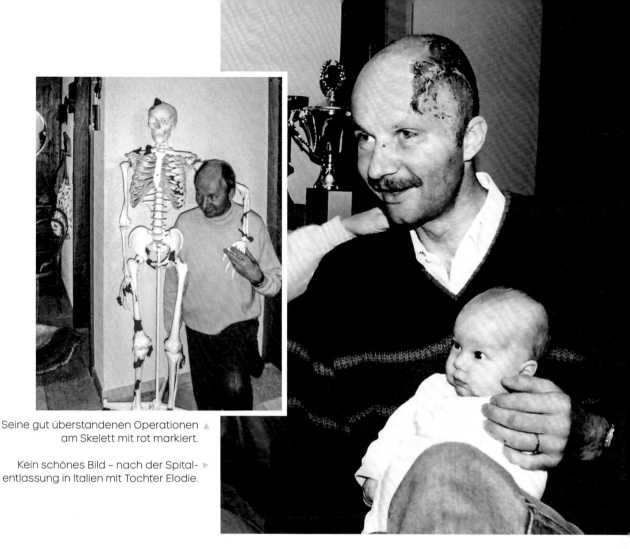

Seine gut überstandenen Operationen ▲
am Skelett mit rot markiert.

Kein schönes Bild – nach der Spital- ▶
entlassung in Italien mit Tochter Elodie.

Jacques war 64 Jahre alt, als er plötzlich unter Atemproblemen litt. Dazu kam, dass er in der Herzgegend Schmerzen verspürte. Die Untersuchungen brachten nichts Schwerwiegendes an den Tag und so brach er zum Event «Erlebnisreise mit Jacques Cornu» nach Namibia auf. Bereits während des Fluges meldeten sich die heftigen Schmerzen zurück. Beim Verlassen des Flugzeuges erlitt er einen Schwächeanfall, stürzte und brach sich dabei verschiedene Rippen. Es kam noch viel schlimmer, ein gebrochener Rippenspitz verletzte seine Milz. In der Nacht musste Jacques feststellen, dass viel Blut in seinem Urin vorhanden war. Ein Arztbesuch war jedoch zu dieser Uhrzeit in Afrika ein Ding der Unmöglichkeit. Am Morgen schien sich die Situation entspannt zu haben und die Töfflegende ging bis zu seiner Rückreise pflichtbewusst seiner Arbeit nach. Doch die Sache war noch längst nicht ausgestanden. Auf dem Heimflug verlor er erneut das Bewusstsein und verbrachte die nächste Zeit in der Intensivstation eines Spitals in Neuenburg. Endlich wurde diagnostiziert, dass Jacques bereits vor seiner Reise nach Namibia eine Lungenembolie hatte. Dass Jacques auch diesen «Anschlag» auf sein Leben überstanden hatte, war erneut unglaublich.

Jacques Cornu: «Tatsächlich war ich mächtig im Tal der Tränen angelangt und konnte nur freudig feststellen: Offenbar komme ich von einem anderen Stern, anders sind meine wiederholten Überlebenskünste wohl kaum zu erklären. Folgende Aussage trifft natürlich voll auf mich zu: Wo das Risiko lebt, gibt es auch den Tod – wo aber das Risiko tot ist, gibt es kein Leben.»

EIN ALBTRAUM, DER JACQUES BIS HEUTE VERFOLGT

Robert Cornu war eine markante Erscheinung. Gross, bärenstark, über hundert Kilo schwer, gelernter Elektriker und französisch sprechend. Zudem war er ein Mann mit knallharten Linien und in der Erziehung der Kinder ohne die geringste Toleranzgrenze. Seine Ehefrau Selma, eine Deutschschweizerin, kämpfte schon früh mit gesundheitlichen Problemen, war dadurch sehr dünnhäutig und kannte gegenüber den Kindern ebenfalls kein Pardon.

Bereits bei den Geburten der Kinder Maria (1949) und Robert (1951) gab es so schwerwiegende Komplikationen, dass die Ärzte klar und deutlich ein zukünftiges «Kinderverbot» aussprachen. Das kümmerte die Eheleute wenig und bereits im Jahre 1952 erblickte Tochter Anita das Licht der Welt. Die Ärzte konnten mit Müh und Not ein Schreckensszenario abwenden. Das Kindlein war gesund und die Mutter konnte sich glücklicherweise doch noch irgendwie erholen. Ein Wunder. Am 15. Mai 1953 waren im Spital Aigle nicht nur die Ärzte, die Hebamme und die Krankenschwestern am Werk, sondern – in geheimer Mission – ein ganzes Heer von Schutzengeln. Trotz einem durch die Ärzte prophezeiten Todesurteil für Mutter und Kind trat das vierte Cornu-Kind ins irdische Leben ein. Sein Name: Jacques. Und das Leben nahm seinen Lauf.

Jacques sollte sich lieber in den Schulstunden konzentrieren, statt mit Fliegen zu spielen.

Vater Robert arbeitete für die SBB in verschiedenen elektrischen Zentralen der Schweiz. So wurde die Familie Cornu zu eigentlichen Wandervögeln. Bis der kleine Jacques ins schulpflichtige Alter kam, war auch bei ihm das Zügeln in Fleisch und Blut übergegangen. Praktisch jedes Jahr musste er sich an eine neue Umgebung gewöhnen. Doch mit der Schulpflicht begann sein äusserst steiniger Weg durch die Schulzeit. Los ging es in der Gesamtschule von Châtelard. Im kleinen Dörfchen zwischen dem Col du Forclaz und dem Col du Montets, am Fusse des Montblanc-Massivs und auf über 1100 Metern über Meer gelegen, waren die Schüler von der ersten bis zur neunten Klasse in einem Raum und nur von einer Lehrkraft betreut. Keine Frage, dass der Unterricht in französischer Sprache über die Bühne ging. Jacques sprach zu Hause mit der Mutter und mit den Geschwistern allerdings Schweizerdeutsch. Bereits nach zwei Jahren musste die Familie die Zelte in der herrlichen Bergwelt abbrechen und ins deutschsprachige Kerzers zügeln. Der Vater hatte wieder einmal eine andere berufliche Aufgabe erhalten. Für den Schüler Jacques kam dieser Transfer zu einem ungünstigen Zeitpunkt: Wenige Wochen vor dem Jahresexamen. Überhaupt war er:

- Der Neue.
- Der mit Abstand Grösste.
- Einer, der die deutsche Sprache verstand, jedoch kein Wort schreiben konnte.

Logisch, dass er schulmässig weit hinten anstehen musste. Einzig im Zeichnen und im Turnen zählte er zur Spitzenklasse. Kaum hatte er etwas Fuss gefasst, erste Freundschaften geschmiedet und in der Schule den Anschluss ans Mittelfeld geschafft, war es wieder so weit: Zügeln. Jacques war elf Jahre alt, als er die Schule im französischen Sprachgebiet fortsetzen musste und das wiederum zwei Monate vor dem Examen. Und nahtlos fiel er wieder auf, weil er:

▲ Geschwister Cornu von links: Jacques, Anita, Maria und Robert.

- Der Neue war.
- Der mit Abstand Grösste.
- Mit der Lehrerin auf Augenhöhe sprechen konnte.

Logisch, dass sein Zeugnis nicht gut sein konnte. Und als der Vater folgende Bemerkung zu lesen bekam: «Jacques ist sehr begabt, er lernt leicht, aber ihm fehlt der Wille. Er sollte sich lieber in den Schulstunden konzentrieren, statt mit Fliegen zu spielen», da wusste der gross aufgeschossene Knabe, was er zu erwarten hatte. Angstvoll und gebückt musste er dem Vater in den Keller folgen, damit die Nachbarn nichts von der bevorstehenden Strafaktion mitbekamen. Dann nahm der Vater einen Ledergürtel in seine starken Hände und verdrosch den Buben in grober Manier. So böse, dass Jacques in den darauffolgenden Tagen nur mit langen Hosen in die Schule durfte, damit niemand die tiefen Striemen bemerkte.

Die Schule wurde für Jacques Cornu zu einem bösen Albtraum. Schlimm waren für ihn die dauernden Wechsel zwischen den Sprachen und den unterschiedlichen Schulsystemen und auch das Leben als dauernde Randfigur setzte ihm hart zu. Obwohl er eigentlich immer sein Bestes gab, aus Respekt vor den Lehrern und den heimischen Strafen, zudem brav und pflegeleicht war, durfte er nie ein Lob oder ein gutes Wort in Empfang nehmen. Der Not gehorchend, musste er am Schluss der regulären Schulzeit auch noch ein Jahr die Berufswahlschule besuchen. Er hatte längst begriffen, dass sein Traumberuf Tierarzt immer ein Traum bleiben würde. Zur grossen Überraschung von allen erhielt Jacques, nach diesem furchtbaren Schul-Dasein, doch noch eine wunderbare Lehrstelle …

Mutter Selma mit ihren vier Kindern und dem treuen Vierbeiner. Jacques in der Mitte und mit einem Arm im Gips ...

DIE BLUTIGE FERIENREISE

Obwohl der Vater immer einer geregelten Arbeit nachging und als guter und zuverlässiger Fachmann gerühmt wurde, war sein Lohn bei der SBB sehr bescheiden. Die sehr knappen Finanzen reichten kaum aus, um die Familie über die Runden zu bringen. Zum Glück brachte der Briefträger immer wieder ein Paket aus dem Seeland. Die Grossmutter mütterlicherseits wusste genau, an was es der Familie fehlte und spielte die gute Fee. Sie arbeitete bei einem Bauern in Gals, wo sie auch wohnen konnte.

Jacques war sieben Jahre alt, als er erfuhr, dass er seine Ferien bei der lieben Grossmutter verbringen durfte. Die Freude war riesengross. Der Weg von Châtelard bis ins Seeland glich einer Weltreise und es wurde in Tat und Wahrheit eine abenteuerliche Fahrt. Mit einem Motorfahrrad Jawa 250 ging es los. Der Vater am Lenker, die Mutter auf dem Sozius und in der Mitte eingepfercht der kleine Jacques. Natürlich sah der Bube praktisch nichts von der Umgebung und als es dann noch dunkel wurde, übermannte ihn die Langeweile. Da entdeckte er eine spassige Abwechslung. Er setzte seinen Schuhabsatz ganz leicht in die Speichen des Hinterrades und genoss dadurch eine äusserst angenehme Vibration, verbunden mit einem summenden Geräusch. Immer mutiger werdend, wollte er das Vergnügen steigern und ... plötzlich geriet der Schuh zu stark in die Speichen und flog in hohem Bogen irgendwo ins Kraut. Die Fahrt ging weiter und als das Trio bei der Grossmutter eintraf, war sofortige Bettruhe angesagt. Es folgte eine schlimme Nacht. Jacques, welcher im Zimmer der Eltern nächtigen musste, stöhnte praktisch unaufhörlich und wurde dafür von den Eltern arg gemassregelt.

Der neue Tag begann und dann kam das grosse Erwachen: Die Ferse am Fuss von Jacques war nicht mehr vorhanden. Ein schreckliches Bild. Der sofort alarmierte Arzt war über die späte Benachrichtigung entsetzt. Zuerst musste der Knabe, unter grossen Schmerzen, stundenlang warten, bis die Schwellung zurückgegangen war und die Wunde genäht werden konnte. Dann kam es für den quirligen Buben noch schlimmer. Er musste den verarzteten Fuss von der Sonne bestrahlen lassen und dazu absolut still sitzen, während die anderen Kinder auf dem Bauernhof herumtobten. Eine Höchststrafe.

Dieser Aufenthalt bei der Grossmutter war eine grosse Ausnahme. Sonst musste Jacques seine Ferien immer zu Hause verbringen. Und wenn dann die Schule wieder begann, musste er von seinen Mitschülern anhören, wie wunderschön das Meer, die grossen Städte, das Zelten in den Bergen oder die Flugreisen gewesen waren. Kam da bei ihm vielleicht Neid auf? Garantiert nicht.

Fernweh oder Wünsche nach Abstechern in die grosse weite Welt kannte Jacques glücklicherweise nicht. Für solche Gedankengänge hatte er keine Zeit. Da er, wie praktisch alle gleichaltrigen Kinder, auch gerne Taschengeld haben wollte, musste er seine Batzen eigenhändig verdienen. Er äufnete sein Kapitel mit der Hilfe bei der Erdbeer- und Traubenernte und mit dem Einsammeln von Schnecken.

Da er niemals Spielsachen erhalten hatte, musste er sich auch um diesen Luxus selber kümmern. Das tat er zusammen mit seinem Bruder Robert. Zu Weihnachten oder zum Geburtstag wurde er, wenn es ganz gut ging, mit einem Etui, einem Schulsack oder günstigen Klamotten beschenkt. Grossartig war für ihn und Robert, dass der Vater im Keller eine kleine Bastelbude eingerichtet hatte. Dieser karge Raum war ihr Königreich. Immer wieder durchstöberten die beiden die Kehrichtdeponie und fanden echte Reichtümer. Weggeworfene Radios, Wecker, Autos oder elektrische Haushaltsgeräte. Aus diesen Schätzen bastelten sie beispielsweise einen Kran, fahrtüchtige Spielautos und sogar Seifenkisten. Ganz speziell rentabel war die Suche in der Deponie kurz nach dem Weihnachtsfest. Da wurden die weggeworfenen Spielsachen anderer Kinder für Jacques und Robert auch wie Weihnachten. Jacques war wahrlich ein grosses Basteltalent. Er verstand die Zusammenhänge der Mechanik ohne grosse Anleitung. So sagte ein Nachbar eines Tages zu ihm: «Jacques, du wärst der beste Mechaniker Afrikas, weil du aus Nichts etwas Gutes machen kannst.»

«Wenn ihr mit zerrissenen Hosen nach Hause kommt, bringe ich euch um.»

Einmal, Jacques war 14 Jahre alt, fand er im Abfallberg der Müllhalde ein altes Velo ohne Reifen. Zusammen mit seinem Bruder setzte er sich spontan auf das lädierte Zweirad und bereits nach wenigen Metern war der Spass vorbei. Dafür war nun etwas ganz Wertvolles lädiert: Ihre Hosen. Oh, Schreck. Die Burschen wussten nämlich ganz genau, was ihnen die Mutter angedroht hatte: «Wenn ihr mit zerrissenen Hosen nach Hause kommt, bringe ich euch um.»

Was nun? Nach Hause konnten sie keinesfalls. Da nahmen sie, auf dem Weg in Richtung «killende Mutter», allen Mut zusammen und läuteten bei einer wildfremden Frau, die freundlich aus dem Fenster geschaut hatte. Verdattert und zerknirscht baten sie diese, ihnen doch bitte die Hosen zu flicken.

Die Frau: «Habt Ihr denn keine Mutter?»

Die Burschen: «Doch, doch. Aber wenn wir mit zerrissenen Hosen heimkommen, bringt sie uns um.»

Die gute Frau hatte ein Einsehen und brachte die Hosen tadellos in Ordnung. Dafür sind ihr Jacques und Robert noch heute sehr dankbar. Schliesslich hat sie ihnen dadurch das Leben gerettet.

◀ Früh schon sind
schnelle Motoren
sein Leben.
Jacques rechts.

▼ In Dijon begann es
mit dem Rennfieber.

EIN TOHUWABOHU ALS LEHRLING

Auf dem Weg in die Berufslehre geisterten verschiedene Wünsche im Innenleben des gross gewachsenen Jacques Cornu herum. Liebend gerne hätte er sich der Musik gewidmet und ein Instrument gelernt. Doch der Vater legte, auch wegen des fehlenden Mammons, sein Veto ein. «Zuerst machst du eine Lehre, danach kannst du machen, was du willst.» So glänzte Jacques weiterhin als talentierter Hochspringer und noch eindrücklicher als Schütze. Im Rahmen des Jungschützenkurses gewann er beinahe alle Wettbewerbe.

Weil damals alle jungen Burschen ein Töffli besassen, war es für Jacques ein grosses Bestreben, ebenfalls zu den stolzen Besitzern zu zählen. Kein leichtes Unterfangen, weil eine finanzielle Beteiligung des Vaters rein unmöglich war. Jacques erinnerte sich an den Ausspruch «Selbst ist der Mann» und heuerte beim Bauern Jaumin an. Jeweils am Mittwochnachmittag, am Samstag und praktisch in allen Ferien legte er sich bei sämtlichen Arbeiten, welche der Landwirtschaftsbetrieb forderte, mächtig ins Zeug. Das kinderlose Besitzerehepaar schloss den fleissigen und zuverlässigen Burschen richtiggehend ins Herz. Er durfte die Traktorenprüfung ablegen und wurde generell wie ein Sohn behandelt. Kurzzeitig flammte sogar die Idee auf, dass Jacques eine bäuerliche Laufbahn einschlagen sollte. Es wäre für ihn und seine Zukunft alles angerichtet gewesen. Sein Entscheid fiel anders aus.

> **«Hart wie ein Fels widerstand ich jedoch allen Angeboten. Ich klopfe mir noch heute auf die Schulter und bin froh darüber.»**

Das Geld für ein Occasions-Mofa hatte er nun zusammen und noch bevor er in die Lehre eintrat, genoss er die Samstagabende mit abwechslungsreichen Tanzveranstaltungen und oft einem Gläschen zu viel. Mit Stolz sagt er heute: «Punkto Drogen wurde ich mehrmals in Versuchung geführt. Hart wie ein Fels widerstand ich jedoch allen Angeboten. Ich klopfe mir noch heute auf die Schulter und bin froh darüber.»

Ebenfalls noch vor Lehrbeginn musste Jacques einen harten Schicksalsschlag in Kauf nehmen und verarbeiten. Sein Vater hatte die militärischen Sporen als Gebirgsfüsilier abverdient. Die Liebe zur Bergwelt verlor er nie mehr. Es kam vor, dass er mit seiner ganzen Familie anspruchsvolle Touren unternahm. So auch an diesem unsäglichen Wochenende. Die Bergwanderung führte zwischen Felswänden, Gletschern und Schneefeldern vorbei. Phasenweise war es eine extrem steile Angelegenheit. Nach dem Übernachten in der Triest-Hütte wurde der Abstieg in Angriff genommen. Teilweise musste der Rückweg sogar angeseilt und in vollster Konzentration erfolgen. Eine recht heikle Mission. Doch alles ging gut.

Da entdeckte der Vater eine englische Touristengruppe, welche ohne Seile, ohne korrekte Ausrüstung und nur in Turnschuhen unterwegs war. Sein Verantwortungsempfinden konnte eine solche Fahrlässigkeit nicht tolerieren. Er befal der Gruppe, zu warten. Zuerst brachte er seine Familie in die ungefährliche Zone hinunter und stieg anschliessend mit Sohn Robert wieder hinauf, um die Engländer heil und ganz ins Tal zu begleiten. Gleichzeitig führte Jacques die restlichen Familienmitglieder, auf dem eigentlich ungefährlichen Weg, in Richtung Ausgangspunkt. Plötzlich machte die Mutter direkt hinter ihm einen Fehltritt, stürzte neben ihm vorbei gut 200 Meter über ein Schneefeld in die Tiefe. Ein Drama. Jacques rannte im Höchsttempo ins nächstgelegene Restaurant und alarmierte die Flugrettung, welche sehr schnell vor Ort war. Die am Kopf schwer verletzte Mutter wurde mit dem Helikopter ins Spital abtransportiert. Bald war klar, dass sie inskünftig gelähmt sein würde und nach einem Monat verlor sie den Überlebenskampf und verstarb im Spital. Natürlich war es für die 40-jährige Mutter viel zu früh, die Welt zu verlassen.

Jacques Cornu war in der Schule notenmässig nicht gerade ein Leuchtturm. Dessen ungeachtet gelang es ihm, eine ausgezeichnete Lehrstelle zu erhalten. In einem Ingenieurbüro startete er seine Ausbildung zum Tiefbauzeichner. Natürlich war er im Zeichnen ein Ausnahmekönner, doch zum Zeichnen kam er gar nie. Da das Baugewerbe im Jahre 1968 in einer tiefen Krise steckte, bestand der Tagesablauf des motivierten Lehrlings aus endlosem Warten. Je weniger Aufträge ins Haus flatterten, desto grösser wurden seine Angst und die Ungewissheit vor der Zukunft. Auch in der Gewerbeschule lief nicht alles rund. Jacques, der aus der Primarschule kam, realisierte schnell, dass er in Fächern wie Algebra total verloren war. Alle diese unguten Zeichen führten dazu, dass der Bursche nach sechs Monaten seine blütenweisse Bluse auszog und den Dienst im Ingenieurbüro quittierte. Der Vater kochte vor Zorn und wusste nicht, was er nun plötzlich mit seinem unschlüssigen, halbwüchsigen Sohn anfangen sollte...

In diesem Punkt hatte er die Rechnung ohne seinen Sohnemann gemacht. Dieser blieb nämlich nicht zu Hause kleben, sondern schaute sich nach einer anderen Lehrstelle um und wurde schnell fündig. Mit einer Verspätung von einem halben Jahr begann er in einer VW-Garage in Vevey eine Lehre als Automechaniker. Ohne zu zögern, tauschte er sein cooles Bürooutfit gegen ein blaues Überkleid aus. Dank einer unglaublichen Fleissleistung holte er den Lehrstoff der verlorenen sechs Monate auf und zeigte allen Zweiflern, was er auf dem Kasten hatte.

Ohne zu zögern, tauschte er sein cooles Bürooutfit gegen ein blaues Überkleid aus.

Übrigens, den recht weiten Arbeitsweg legte er bei Wind und Wetter mit seinem Mofa zurück. Dank seinem immensen technischen Können brachte er es tatsächlich fertig, dass das Töffli statt 30 km/h satte 80 km/h auf den Asphalt brachte. Äusserst ungeschickt nur, dass Jacques in diesem hohen Tempo eine zivile Polizeipatrouille überholte. Das Vehikel wurde von den Gesetzeshütern beschlagnahmt und der gute Jacques war von nun an gezwungen, die 50 Kilometer Arbeitsweg pro Tag mit dem Velo des Bruders abzustrampeln. Geld für ein anderes Mofa hatte er nicht, weil er von seinem Lehrlingslohn von 120 Franken die Hälfte zu Hause als Pension abgeben musste.

Jacques Cornu sagt von sich, dass er unter einem guten Sternlein geboren ist. Diese Erkenntnis ist auch in der nächsten Episode nicht von der Hand zu weisen. Er war gerade 17 Jahre alt, als an seinem Lehrplatz ein alter VW Käfer für den Abbruch ausgemustert wurde. Da handelte Jacques schnell und übernahm das Auto zum Nulltarif. Auch für die notwendige Occasions-Kupplung musste er nichts bezahlen. Nun durfte er den Käfer auf dem Bahnhofareal seines Wohnortes abstellen und nützte jede freie Minute, um an ihm zu basteln. Man kann gut nachvollziehen, dass er sein Eigentum nicht nur hegen und pflegen wollte, sondern auch eine Testfahrt ins Auge fasste. Diese fand an einem Samstagabend statt. Mit einem Kollegen fuhr er auf Nebenstrassen zu einem Tanzabend. Logisch, dass der VW kein Kontrollschild hatte

▲ Beweglich wie ein Akrobat.

und nicht eingelöst war. Ebenso logisch, dass Jacques keinen Fahrausweis besass. Alles halb so schlimm. Der Beifahrer war nämlich der Sohn des Polizeipräsidenten. Nach einem leicht feuchtfröhlichen Tanzvergnügen und in einer Bombenstimmung wurde der Käfer auf dem Heimweg zum Rennauto. Die beiden Burschen rasten im Karacho über die schmalen Strässchen. Prompt verfehlte der Pilot eine Kurve und die Landung im Strassengraben war massiv. Beim Käfer waren alle Scheiben zerbrochen und das Dach sah auch nicht mehr aus wie vorher. Wie ein Wunder blieben die Beiden absolut unverletzt. Das gute Sternlein hatte Jacques einmalmehr beschützt.

Nun wartete aber noch eine besonders schwierige Mission auf die beiden Abenteurer: Die Vertuschung dieses Unfalls. Irgendwie schafften sie es, die malträtierte Kiste wieder auf den Bahnhofplatz zu bringen. In einer Carosserie-Werkstatt «leihten» sie sich eine grosse Zange aus und bogen die verbeulten Teile in den annähernd ursprünglichen Zustand. Ersatz für die zerbrochenen Scheiben fanden sie auf dem nahe gelegenen Autoabbruch. Richtig montieren konnten sie diese allerdings nicht, aber sie waren optisch vorhanden, damit der vorbeigehende Papa keinen Verdacht schöpfen konnte. Doch die Geschichte ging nicht so glimpflich zu Ende. Eines schönen Tages richtete sich der Blick des Vaters ein wenig länger auf das abgestellte VW-Modell und da sah er, dass eine Türe nicht richtig geschlossen war. So schritt er zur Tat und wollte diesen Mangel beheben. Aber oh Schreck, im Augenblick, als er die

Türe zuschlug, fielen alle Fensterscheiben heraus. Papa Cornu sah nun auch die anderen Schäden und konnte sich den Rest gut zusammenreimen.

Polizeilich hatte der Unfall keine Folgen, da ja der Sohn des höchsten Polizeibeamten involviert gewesen war. Doch für Jacques kam es knüppeldick: Der Abstieg mit dem Vater in den Keller und dann die Abstrafung mit dem Ledergurt.

Später war für Jacques klar, dass er sich ein reguläres Auto anschaffen wollte. Aber dazu fehlte ihm wiederum das nötige Geld. Wo nehmen, ohne zu stehlen? Er fand eine gute, wenn auch extrem anspruchsvolle, Lösung. Nach der Arbeit im Lehrbetrieb begab er sich um 18.30 Uhr auf den Campingplatz in Colombier und stellte seine ganze Kraft als Küchenhilfe zur Verfügung. Die illegale Schwarzarbeit dauerte in der Regel bis Mitternacht. Durch diese Parforceleistung erwirtschaftete er den stolzen Betrag von 900 Franken. Das sollte eigentlich locker ausreichen, um ein Auto zu kaufen. Doch weit gefehlt. Nach dem Durchforsten aller Angebote in der Region musste er konsterniert feststellen, dass sein Vermögen bei Weitem nicht ausreichte. So entschied er sich für die Ersatzlösung und kaufte für rund 600 Franken einen vorsintflutlichen Occasions-Töff der Marke Honda. Und genau mit diesem Kauf begann seine grossartige Karriere.

DIE FRISTLOSE ENTLASSUNG

Jacques Cornus Gedankenwelt wurde bald schon nur noch von einem Thema beherrscht: Dem Motorradsport. Als er in Le Castellet dem GP von Frankreich beiwohnen durfte, war für ihn klar, dass er diesen grossen Asphalt-Stars nacheifern wollte. Koste es, was es wolle. Anschliessend pilgerte er Wochenende für Wochenende mit Gleichgesinnten an die Bergrennen der Schweizer Meisterschaft. Die Renn-Ambiance fesselte ihn immer mehr. Noch im Laufe des Jahres 1973 fällte er einen zukunftsweisenden Entscheid: Er meldete sich für den Kurs zur Erlangung der

«Todesturz» überlebt. ▶

Rennfahrerlizenz an. Nun begann für ihn wieder einmal eine stressbeladene Zeitphase. Tagsüber ging er seiner Arbeit als Automechaniker nach und nach dem Feierabend trainierte er mit dem Motorrad. Anschliessend musste er dieses bis weit in die Nacht hinein wieder instand stellen. Die ganze Prüfungsvorbereitung erforderte von ihm auch noch andere Opfer. Zwölfmal stürzte er, zerriss meistens sein Lederkombi und versetzte seinen Vater in Angst und Schrecken. Doch der inzwischen sehr stolze Vater zählte zu seinen wichtigen Stützen und brachte die defekten Utensilien wie ein Heinzelmännchen wieder in Ordnung.

Kurz vor der entscheidenden Prüfung verfehlte Jacques beim Schalten einen Gang und flog hochkant über den Lenker. Trotz einem fast unmenschlichen Einsatz gelang es nicht, den Töff wieder fahrbereit zu machen. Ein guter Kollege lieh Jacques seine Maschine und die Teilnahme an den obligatorischen Tests war sichergestellt. Dann kam dieser, mit Hochspannung und Nervenflattern, erwartete Prüfungs-Samstag. Jacques war übermotiviert und brachte es deshalb tatsächlich fertig, zwei Mal zu stürzen. Aus der Traum? Enttäuscht und gesenkten Hauptes schlich er von dannen. Eine Woche später bekam er folgenden Prüfungsentscheid: Cornu Jacques – licence accordée. Die Freude war so gewaltig, dass er, zum ersten Mal wegen des Rennsportes, richtig weinen musste. Tränen der Freude – positive Emotionen.

> **Die Freude war so gewaltig, dass er, zum ersten Mal wegen des Rennsportes, richtig weinen musste.**

Genau in dieser Zeit befand sich Jacques in der Rekrutenschule in Thun. Als Motor-Mechaniker diente er pflichtgetreu dem Vaterland. Er nahm das ganze «Armeespiel» locker, war immer für einen Schalk zu haben und zählte mehrmals zu den Anwärtern für den Arrest. Im Laufe der Rekrutenschule zeigte er sich immer deutlicher auf der Höhe seiner Aufgabe und so wechselte sein Status vom Arrestkandidat zum Offizierskandidat. Das war wiederum gar nicht in seinem Sinne. Er hatte schliesslich als Spitzensportler ganz andere Ziele. Zuerst versuchte er auf Zeit zu spielen und das Aufgebot für die Unteroffiziersschule um ein Jahr zu verschieben. Das Gesuch hatte keine Erfolgschance. So setzte er alle seine Chips auf folgende Variante: Er brachte den Vorgesetzten bei, dass er überhaupt kein Fan des Militärs sei und demnach als Offizier ein schlechtes Vorbild abgeben würde. Das tönte einleuchtend, er blieb im Rang eines Soldaten und hatte sein Ziel erreicht.

Jacques arbeitete nach dem Abstecher ins Militär in der Garage de Lacroix in Vevey. Mit seinem monatlichen Gehalt von 1400 Franken, wovon er zu Hause 300 Franken abgeben musste, konnte er nicht allzu grosse Sprünge machen. Immerhin reichte es aus, dass er am 5. Mai 1974 zu seinem ersten Rennen antreten konnte. Am Bergrennen Oulens-Villars-le-Comte erreichte er allerdings das Ziel wegen eines Motorenschadens nicht. Doch von nun an ging es stetig bergauf.

Mit einer grossen Vorfreude sah er einige Wochen später seinem ersten Auslandeinsatz entgegen. Alles war bestens vorbereitet, um an diesem Freitag, unmittelbar nach Feierabend, nach Dijon abzureisen. Der Arbeitstag verlief hektisch und es gab Diskussionen wegen eines Kundenfahrzeuges. Jacques konnte diesbezüglich seine Hände in Unschuld waschen. Trotzdem musste er kurz nach Feierabend im Chefbüro antreten. Es kam zu folgendem Dialog:

Chef: «Zum Teufel, der Kunde kommt in einigen Minuten und die Karre läuft nicht richtig. Wechseln Sie noch die Wasserpumpe aus.»

Jacques: «Der Fehler liegt ja nicht bei mir und ich muss jetzt nach Dijon abfahren. Entschuldigung.»

Chef: «Wollen Sie die Wasserpumpe wirklich nicht auswechseln?»

Jacques: «Das ist heute leider nicht möglich. In Dijon wartet eine grosse Chance auf mich und diese möchte ich gerne gut nützen – ich muss mich auf den Weg machen.»

Da zögerte der Chef keine Sekunde, überreichte dem perplexen Jacques einen Umschlag mit zwei Monatslöhnen und entliess ihn fristlos. Jacques stand nun ohne Arbeit da, erreichte in Dijon einen Spitzenrang und holte sich dadurch die nationale Lizenz. Die Karriere als Rennfahrer war definitiv lanciert. Übrigens, dank seiner hohen fachlichen Kompetenz und seiner umgänglichen Art blieb er nicht lange ohne Job. In der Garage «Premier Mars» in Neuenburg avancierte er sehr schnell zu einem wertvollen BMW-Spezialisten.

EIN VERTRAG AUF LEBZEITEN – DER NICHT VIEL TAUGT

«Ich kann auch am Renntag lachen. Aber wenn ich auf die Maschine sitze, existiert um mich herum nichts mehr anderes auf der Welt.» 265 Rennen bestritt der «lange Blonde» in seiner 17-jährigen Laufbahn. Er wurde Weltmeister, startete an 140 Grand Prix und lag unzählige Male in einer Notfallklinik oder in einem Spital.

«In unserem Beruf ist es so, dass wir, wenn alles gut läuft, ganz zuoberst auf der Leiter stehen und die besten Früchte pflücken können. Jeder Unfall und jede Verletzung ist aber gleichbedeutend mit einem Sturz von dieser Leiter. Unten am Fusse der Leiter angelangt, wissen wir natürlich, dass die besten Früchte eben oben sind. Dann versuchen wir wieder, so schnell wie möglich und mit viel Risiko, Sprosse um Sprosse hinaufzusteigen, auch wenn es manchmal etwas länger dauert.»

Jacques Cornu weiss, von was er spricht. Er blieb auch nach den schlimmsten Tiefschlägen niemals liegen und erbrachte immer wieder den Beweis, dass man mit viel Willen schwierigste Zeiten durchzustehen vermag und der Absturz ins Tal der Tränen nicht das Ende der Welt bedeutet. Unzählige Male durfte der Stehaufmann anlässlich von Autogrammstunden die folgenden lobenden Worte hören: «Danke, Monsieur Cornu, für die Lektion in Sachen Mut, guter Moral und Willen.»

Ein Beispiel aus einem Training in Le Castellet soll zeigen, was der Motorsport-Star so alles erleben musste. In einer S-Kurve stürzte Jacques infolge eines Materialfehlers, lag flach auf dem Boden und der stechende Schmerz in der Schulter liess nichts Gutes erahnen. Eigentlich realisierte er sofort, dass sein Schlüsselbein gebrochen war. Schnell war die Ambulanz an der Unfallstelle und blitzartig wurde ihm eine Injektion verpasst. Dadurch war Jacques bei der Ankunft im Militärspital von Toulon ziemlich belämmert. Auf einer Bahre brachte man ihn in einen dunklen Gang und erst noch in die hinterste Ecke. Während der ganzen Zeit hörte er das unaufhörliche Geräusch einer Schreibmaschine, welches eine Sekretärin verursachte. Endlich kam einer der Ärzte in seine Nähe und fragte die typende Mamselle mit barscher Stimme: «Was hat denn dieser da hinten?» Kurz nach einem unverständlichen Gemurmel wurde geröntgt. Dann trat wieder der unfreundliche Doktor auf den Plan und verkündete mit stolzer Brust: «Morgen werde ich Sie operieren.» Eine Operation wegen eines Schlüsselbeinbruches? Rätselhaft. Weitere Stunden vergingen, Jacques verharrte auf der Bahre in der dunklen Ecke und das Schreibmaschinengeräusch

Als Champion in Glitzer ▲
und Glamour in der
SRF-Sendung Benissimo.

Jacques Cornu als ▶
Vorbild von Tom Lüthi

nahm kein Ende. Zu fortgeschrittener Abendstunde nahm das Spitalpersonal eher zufällig von ihm Notiz, man hatte ihn einfach vergessen, und so wurde er endlich in ein Zimmer gebracht.

Jacques Cornu dazu: «Es war ein irrer Albtraum, die blanke Hölle. Im Zimmer lagen mindestens acht Patienten und neben mir war ein Typ mit scharlachrotem Gesicht, der vor Schmerzen so grauenvoll stöhnte, wie ich es in meinem Leben noch nie gehört hatte. Dann begann der offenbar schwer Verletzte zu schreien und sein Gesicht wurde zur Horror-Maske. Ich war zu tiefst beunruhigt.»

Die Sache mit der Operation kam Jacques immer seltsamer vor. Da traf er einen Entscheid, ergriff Lederkombi und Stiefel und schlich aus dem Zimmer. Um nicht aufzufallen, wollte er auf dem Flur das Licht löschen, erwischte den falschen Knopf und löste den Alarm aus. Geistesgegenwärtig versteckte er sich im nächstmöglichen stillen Raum. Es war die Leichenhalle. Als die Luft rein war, ging seine Flucht weiter. Endlich erreichte er glücklich den Aussenhof. Da sah er die Wächter patrouillieren, weil die Nachtschwester sein Verschwinden wegen des ausgelösten Alarmes bemerkt und die «Fahndung» ausgerufen hatte. Ein rund vier Meter hoher Baum entpuppte sich als seine Rettung. Trotz gebrochenem Schlüsselbein und schlimmen Schmerzen kletterte auf den Baum, kam auf der Mauer zu stehen und liess sich an einem Strassenlaternenpfahl hinuntergleiten. «Ich hatte wahrhaftig das Gefühl, einem Gefängnis entronnen zu sein.»

Mit den letzten Münzen versuchte er den Transport in die Schweiz zu organisieren. Mitten in der Nacht erreichte er endlich per Telefon die Schweizerische Rettungsflugwache. Doch diese Organisation stellte auf stur, wollte ein Attest eines Arztes, aber diesen gab es ja nicht, weil Jacques das Weite gesucht hatte. Mit einem Taxi liess er sich auf die Rennbahn bringen und konnte dort das nötige Reisegeld auftreiben. So flog er am nächsten Morgen mit einer Linienmaschine von Marseille nach Genf und mit der bereit stehenden Ambulanz direkt ins Spital nach Neuenburg. Die Ärzte nahmen in der Folge das Wort «Operation» nie in den Mund. Mit einer Bandage, welche Jacques' Schulter kräftig nach hinten zog, konnte er sich zwei Stunden später sogar wieder selbst ans Steuer setzen. Und, unglaublich aber wahr, zwei Wochen später gab er in Argentinien auf seiner Rennmaschine bereits wieder Vollgas.

«Ich hatte wahrhaftig das Gefühl, einem Gefängnis entronnen zu sein.»

Der Sport im Allgemeinen und der Motorradrennsport im Speziellen leben selbstverständlich vom Sponsoring. Spitzensport und Geld rudern im gleichen Boot. Dass in diesem knallharten Business Verträge eine wichtige Rolle spielen, ist offensichtlich. Auch Jacques Cornu musste mehrmals erfahren, dass vertragliche Versprechen nur Schall und Rauch waren. Nicht selten gab es dadurch harte Landungen und böses Erwachen.

Der nachstehend beschriebene Vertrag hätte eigentlich auf Lebzeiten Gültigkeit haben sollen. Das war der Plan. Jacques war 26 Jahre alt, als er im Areal der Rennstrecke von Lignières eine Anstellung erhalten hatte. Seine Aufgaben: Mechanikerarbeiten, Kurse aller Art geben und die Werkstatt in einem tadellosen Zustand halten. Dazwischen blieb ihm genügend Zeit für sein persönliches Training.

Eines schönen Tages erschien ein Ehepaar mit ihren speziellen Motorrädern zu einem Trial-Treffen. Unter der kundigen Leitung von Jacques wurde im Gelände fleissig geübt. Bald schon hatte das erwähnte Paar unterschiedliche Bedürfnisse. Er hatte genug vom anstrengenden Geländesport und setzte sich ins Restaurant ab. Sie blieb im Trainingsgelände zurück und liess sich von Jacques einige Tricks zeigen. Der hoch aufgeschossene junge Mann, der in seinen Manchesterhosen, seiner Windjacke und seiner Zipfelmütze sympathisch und humorvoll daherkam, machte offenbar einen starken Eindruck auf sie. Und Chantal gefiel Jacques nicht zuletzt, weil sie sich in einer starken Männerdomäne behaupten konnte. So war plötzlich Amor im Spiel und liess es zwischen den beiden heftig funken.

Chantal und Jacques wurden tatsächlich ein Paar. Nach einem Jahr bezogen sie in der Nähe von Neuenburg ein bescheidenes Dreizimmerlogis. Einige Jahre später wurde geheiratet und das Fest sollte zu einem absoluten Höhepunkt werden.

Die Ziviltrauung ging problemlos über die Bühne und für den aparten Teil hatte Jacques das Château de Boudry gemietet. Im edlen Rittersaal sollten 80 geladene Gäste verwöhnt und unterhalten werden. Alles war perfekt organisiert. Doch am Tag davor wurde die im fünften Monat schwangere Braut von so heftigem Bauchweh geplagt, dass sie sich in Spitalpflege und in die Hände von Spezialisten begeben musste. Ihr Zustand erforderte, dass sie die nächsten Wochen im Spital liegend verbringen musste.

Was nun, Jacques Cornu?

«Die Feier ging gründlich in die Hosen. Sehr unangenehm war für mich, den eingeladenen Gästen abzusagen. 80 Mal musste ich die gleiche Geschichte erzählen und immer wieder hörte ich von der Gegenseite das Gleiche: «Jetzt bin ich schon beim Coiffeur gewesen und habe extra neue Kleider gekauft.»

Auch wenn sich Jacques und Chantal damals versprachen, in guten und in schlechten Zeiten einen gemeinsamen Lebensweg zu gehen, war dieser Vertrag irgendwann wertlos geworden.

Jacques Cornu dazu: «Rückblickend ist für mich klar, dass Ehefrau eines Rennfahrers zu sein, nicht nur ein Geschenk sein konnte. Ich hatte den Kopf voll auf dieses abenteuerliche und risikovolle Leben fokussiert und wurde mit den Jahren und den steigenden Erfolgen immer mehr zum Egoisten. Mein Dasein gehörte mit Haut und Haaren dem Spitzensport. Zudem musste es für Chantal immer wieder erniedrigend gewesen sein, an meiner Seite zu leben. Ein Beispiel: Wenn wir an der 1. August-Feier erschienen, ich wieder einmal im Rollstuhl, sie an meiner Seite, so wurde nur ich beachtet. Chantal wurde nicht einmal begrüsst. Natürlich war auch ich in solchen Momenten zu wenig rücksichtvoll. Zu allen diesen Unannehmlichkeiten kam noch dazu, dass die angespannte finanzielle Situation immer wieder grosse Anstrengungen erforderte. Ganz ehrlich, ich kann gut verstehen, dass sie sich nach einem anderen Partner umgesehen hat und mich dann verliess.»

> «Ganz ehrlich, ich kann gut verstehen, dass sie sich nach einem anderen Partner umgesehen hat und mich dann verliess.»

MIT 66 JAHREN, DA FÄNGT DAS LEBEN AN

Beim Buchgespräch in der heimeligen, hellen und schön eingerichteten Wohnstube von Jacques Cornu ist der Weitblick auf den Neuenburgersee ein Blickfang. Direkt vor der Wohnungstüre im ersten Stock präsentiert sich eine supertolle Rennmaschine. Auf unsere Frage, ob das wunderbare Geschoss noch fährt, reagiert der Champion leicht beleidigt und gibt zur Antwort: «Vor wenigen Tagen bin ich höchstpersönlich damit gefahren. Zugegeben, ich nehme nicht mehr jedes Risiko auf mich und gebe mich heute mit einer Durchschnittsgeschwindigkeit von 240 km/h zufrieden.»

VIER FRAGEN ZUM SCHLUSS

Sie sind in Ihrer Karriere sehr häufig gestürzt und trugen Verletzungen davon. Konnten Sie eigentlich Ihre Militärdienstpflicht regulär erfüllen?
«Nicht ganz. Immer, wenn wieder ein Marschbefehl in meinem Briefkasten lag, begann für mich ein mühevoller Kampf. Ich musste meine Wiederholungskurse praktisch immer verschieben, weil ich in der Rennsaison einrücken sollte. Eine Rücksichtnahme auf meine sportlichen Aktivitäten gab es nicht. Als ich dann körperlich sogar Mühe bekundete, den Töff anzuschieben, war der militärischen Obrigkeit klar, dass ich für die Armee untauglich war.»

Kennen Sie das Wort «Todesangst» überhaupt?

«Ich wiederhole gerne, dass ich unter einem guten Sternlein geboren bin und deshalb nie Angst vor dem Tod haben werde. Für mich ist aber klar, dass die Guten nicht länger leben dürfen als die Bösen. Viele meiner lieben und guten Kollegen hatten kein Glück im Leben und mussten früh in eine andere Sphäre abreisen.»

Gibt es für Sie eine höhere Macht?

«Grundsätzlich wurde ich als Atheist erzogen. In meinem Umfeld war der liebe Gott nie ein Thema. Ich habe aber gelernt, dass man alle Religionen respektieren soll. Überall auf der Welt, ob in Ruanda, in Kirgistan oder in der Schweiz gibt es viele Leute, die beten. Jeder soll selbst bestimmen, wen er für sich als Gott auswählt.»

Wie sieht Ihre Vision aus?

«In meinem Leben gab es viele Höhe- und Tiefpunkte. Auch finanzieller Art. Heute geht es mir rundum gut und wenn ich mit meinem Geld vernünftig umgehe, kann ich mir praktisch alle Wünsche erfüllen. Ich besitze Oldtimer, antike Töffs, kann viele Reisen machen und habe kürzlich eine stattliche Immobilie kaufen können – als Vorsorge für meine Kinder. Da die Zukunft vorne liegt und nicht hinten, wünsche ich mir, einmal gesund abtreten zu dürfen und das so spät wie möglich.»

▼ Einst und heute: Es zählt nur Vollgas.

SANDRA GASSER

DIE UNENDLICHE GESCHICHTE MIT DER CHEMIE

Edelmetall an internationalen Grossanlässen zu gewinnen, ist für die Leichtathletik-Schweiz überhaupt keine Selbstverständlichkeit. Ausnahmeerscheinungen, wie der Kugelstoss-Hüne Werner Günthör, sind eine Rarität. Doch auch die 1,71 Meter grosse und 52 Kilogramm schwere Sandra Gasser setzte, neben anderen grossen internationalen Erfolgen, an der Leichtathletik-Weltmeisterschaft 1987 in Rom ein kräftiges Ausrufezeichen. Mit ihrer Bronzemedaille über 1500 Meter eroberte sie die Herzen der Schweizerinnen und Schweizer – kurzzeitig. Details darüber folgen im nächsten Abschnitt.

Wir kürzen in diesem Teil der Geschichte das Ganze ab und nehmen betroffen zur Kenntnis, dass sie anlässlich der Weltmeisterschaften in Rom eine zweijährige Sperre aufgebrummt bekam. Für die beliebte Athletin brach eine Welt zusammen und viele Sportinteressierte gingen davon aus, dass Sandra Gasser deswegen ihre Rennschuhe an den berüchtigten Nagel hängen würde.

Aber die kämpferische Halleneuropa-Meisterin zeigte ein anderes Gesicht. Nach Ablauf der Sperre kehrte sie auf die grosse Bühne zurück.

Und wie. Sie knüpfte in ihrer «zweiten Karriere» an die erfolgreiche Zeit praktisch nahtlos an und rannte sich wortwörtlich die Seele aus dem Leib. Speziell an der Hallenweltmeisterschaft 1993 in Toronto legte sie ein grossartiges Zeugnis ihres Könnens ab, holte die Bronzemedaille und das, obwohl sie vor der Ziellinie noch einen Sturz in Kauf nehmen musste. Dass sie auch an nationalen Wettkämpfen die Chefin auf der Bahn war, ist eher eine Nebennotiz. Die verschiedenen Schweizermeister-Titel dienten in erster Linie dazu, sich für höhere Aufgaben bestens vorzubereiten.

ICH BIN SANDRA GASSER

▸ Geboren am 27. Juli 1962 in Bern
▸ Verheiratet mit Beat
▸ Mutter von Oksana (1998)
▸ Meine Hobbys sind Theater, Film, Shoppen, Wohnung einrichten und Gespräche mit Freunden.
▸ Meine Passion: Trainerin in der Leichtathletik.

DER ABSTURZ INS TAL DER TRÄNEN

Ausnahmslos das ganze Schweizer Sportvolk freute sich im Jahre 1987 an der Bronzemedaille der sympathischen Mittelstreckenläuferin Sandra Gasser. Das kleine Leichtathletik-Land Schweiz befand sich in Feierlaune. Dann schlug die Bombe voll ein. Der Grund: Dopingvergehen. Der Urin von Sandra Gasser enthielt Methyltestoron – eine verbotene Substanz.

Die absolut saubere Sportlerin verstand die Welt nicht mehr. Der Absturz ins Tal der Tränen war nicht mehr aufzuhalten. Die Spitzenläuferin war schliesslich in beinahe regelmässigen Abständen mit Dopingkontrollen konfrontiert worden. Alle Ergebnisse waren immer tadellos. Die 25-Jährige galt bislang als Verkörperung des sauberen und in allen Teilen korrekten Leistungssports. Und jetzt ein solcher Hammerschlag.

Sandra Gasser, aber auch ihre Trainer, Betreuer und der Verbandsarzt Bernhard Segesser, ein angesehener Sportmediziner, waren perplex und von der Unschuld der Athletin voll überzeugt. Sandra Gasser: «Ich habe noch nie im Leben Dopingmittel eingenommen und habe meine Abneigung gegen das künstliche Aufputschen immer wieder öffentlich kundgetan.» Doktor Bernhard Segesser: «Vor einem Rennen Testosteron zu nehmen, ist völlig sinnlos. Die Präparate wirken erst nach wochenlanger Kur.» Die neue Zürcher Zeitung wählte folgende Schlagzeile: Das grösste Rätsel im Schweizer Sport. Die B-Probe bestätigte zwar das Resultat der A-Probe, doch stimmten die Profile der körpereigenen Steroidhormone zwischen den beiden Proben nicht überein. Damit begannen die grossen Spekulationen. Absolute Fachpersonen wie beispielsweise Professor Dr. Wilhelm Schänzer vom Bundesinstitut für Sportwissenschaft, Köln, stützten die These, dass es sich um einen Laborfehler gehandelt haben muss. Andere gingen sogar so weit, dass sie eine kriminelle Handlung einer Konkurrentin, aus Eifersucht, nicht ausschliessen wollten.

> **«Vor einem Rennen Testosteron zu nehmen, ist völlig sinnlos. Die Präparate wirken erst nach wochenlanger Kur.»**

Was sagte Sandra Gasser zur damaligen schlimmen Situation? «In der B-Probe war der Wert der verbotenen Substanz deutlich höher als in der A-Probe, was absolut unmöglich ist. Bei meiner Urinabgabe war eine Frau dabei, welche den Becher an den Dopingkontrolleur weitergab. Dieser musste nun, mit sterilen Handschuhen, den Becherinhalt in zwei Fläschchen abfüllen. In die A- und in die B-Probe. Natürlich war zu sehen, dass ein Teil daneben ging. Da ich ja ein absolut sauberes Gewissen hatte, schätzte ich diese elementare Wirkung nicht richtig ein. Die unsorgfältige Handhabung durch den Kontrolleur war ein Fehler. Im Nachhinein ist es müssig, über eine Absicht zu debattieren. Für mich war die Beschuldigung ein persönliches Drama.»

Angesichts der vielen Widersprüche und Ungereimtheiten des Falles wüteten in der ratlosen Schweizer Leichtathletikwelt weiterhin die wildesten Gerüchte. Verschiedene Stimmen waren zu hören, welche zu bedenken gaben, dass es leicht gewesen wäre, der immer durstigen Sandra etwas ins Mineralwasser zu mixen. Die Flasche war während der Wettkämpfe tatsächlich lange unbeaufsichtigt gewesen. Doch alle ihre Schwüre und verzweifelten Beteuerungen waren vergeblich. Der erfolglose Kampf um ihre Ehre schien Sandra Gasser zu zermürben. Ihre englischen Anwälte, auf welche sie grosse Hoffnungen gesetzt hatte, entpuppen sich als Fehlgriff. Übrig blieben

▲ Sandra Gasser gewinnt Bronzemedaille;
Cornelia Bürki wird Fünfte.

◀ Hallen-Europameisterschaft 1987:
Gold für Sandra Gasser und Silber für Werner Günthör.

Dream-Team I: Trainer Beat Aeschbacher, ▶
Sandra Gasser, Trainer Hans Sommer.

ihr Rechnungen in der Höhe von 100 000 Franken, welche sie aus der eigenen Tasche berappen musste. Eine Genugtuung, ja aus der Sicht vieler Involvierter sogar ein Eingeständnis eines Fehlurteils, durfte sie doch noch entgegennehmen. Einerseits musste sie die Gerichtskosten der Klägerschaft von gut 50 000 Pfund nicht bezahlen und andererseits wurde sie nie offiziell aufgefordert, ihre Medaille zurückgeben zu müssen. Sie durfte das Edelmetall, an dem so viel Trauer, Enttäuschung, Unverständnis, Ungerechtigkeit und psychische Verletzung haften, behalten.

Sie durfte das Edelmetall, an dem so viel Trauer, Enttäuschung, Unverständnis, Ungerechtigkeit und psychische Verletzung haften, behalten.

Hat sich durch diese Tragödie in Ihrem Innern etwas verändert?

«An der Weltmeisterschaft war ich 25 Jahre alt, aber noch ziemlich naiv und unreif. Nach dem Vorfall, als ich für viele als Sünderin dastand, sagte ich mir, dass ich nicht mehr ‹das nette Mädchen von nebenan› oder ‹die, die alle gerne haben›, sein wollte. In diesem für mich schwierigen und ungerechten Moment war mir nicht mehr wichtig, sympathisch zu wirken. Mir war egal, was die Leute von mir hielten. Bereits damals scheute ich mich nicht mehr davor, anzuecken. Und seit Jahren färbe ich meine Haare bunt, mal gelb, mal pink, mal lila. Ich weiss, dass dies viele Leute daneben finden. Aber ich will mich nicht mehr anpassen.»

Sehen Sie im Rückblick vielleicht doch wenigstens einen positiven Ansatz?

«Zuerst: Dass ich als schuldlos verurteilte Betrügerin in der Öffentlichkeit leben musste, brachte mich in eine tiefe Lebenskrise. Daran war rein gar nichts positiv.

Doch ich kann aufrecht belegen, dass ich die erste Athletin war, welche ein Zivilgericht in Anspruch genommen hatte. Aufgrund meines Falles wurde auch das Dopingsystem rigoros angepasst. Zwei Beispiele zeigen, dass ich aufgrund der neuen Bestimmungen mit jeder Sicherheit freigesprochen worden wäre:

- Es müssen zwingend 75 Milliliter Urin (heute 90 Milliliter Urin) in beiden Fläschchen sein. Das war bei mir, wegen des unsorgfältigen Abfüllens der Fläschchen, nicht korrekt gewesen.
- Die Steroid-Profile müssen in den beiden Proben identisch sein. Das stimmte bei mir nicht überein.

Nicht lange nach meinem Drama wurde eine weltbekannte Sportlerin, bei welcher die Steroid-Profile Profile ebenfalls nicht identisch waren, freigesprochen.»

Gibt es im Zusammenhang mit diesem mysteriösen Fall für Sie noch einen unerfüllten Traum?

«Jahrelang hatte ich die Hoffnung, dass jemand aus dem Römer-Labor hinsteht und bekennt: ‹Ich habe einen Fehler gemacht oder ich habe manipuliert.› Doch irgendwann habe ich diese Hoffnung begraben.»

Sandra Gasser – eine lebenslange Kämpferin für ihre Unschuld. Wer ist diese Frau überhaupt?

EIN BLICK IN IHRE AHNENGALERIE

Als Autoren mit dem klaren Bekenntnis, leichtathletische Laien zu sein, gehen unsere Gedankengänge zum Laufsport in verschiedene Richtungen. Wir erinnern uns an die unseligen 12-Minuten-Läufe in der Schule und denken ungern an die jeweiligen Qualen zurück. Durchbeissen und immer nur lächeln, war der Ratschlag unseres leicht zynischen Lehrers. Was haben wir aus den unvergesslichen Strapazen mit Atemnot und brennenden Beinen für das weitere Leben mitgenommen? Damals vermutlich nicht sehr viel. Doch heute denken wir, dass eine Weltklasseläuferin wie Sandra Gasser nebst guter Technik, cleverer Taktik und viel Training zwei weitere wichtige Komponenten besitzen muss: Wille und Talent. Wir fragen uns, ob sie diese wertvollen Gaben vielleicht schon in die Wiege gelegt bekam? Nicht verzagen, Autorin Christina fragen. Sie ist bereits auf den geheimnisumwobenen Spuren unterwegs.

Die Grossmutter väterlicherseits wohnte in Bern und zählte zu den grossen Vorbildern von Sandra Gasser. Das nicht nur, weil sie sich als Lebenskünstlerin völlig schräg durch das Weltgeschehen bewegt hatte und auch nicht nur, weil sie humorvoll war und immer einen spontanen Spruch auf den Lippen hatte. Sondern die Bewunderung von Sandra begründete sich in der Vergangenheit des verehrten Grosis. Aufgewachsen war die Grossmutter in einer hoch angesehenen Unternehmerfamilie in Karlsruhe. Allen war völlig klar, dass sie sich in die Reihe der Hochdotierten unterordnen und entwickeln musste. Die Erwartungshaltung an sie liess eigentlich keinen Spielraum offen. Es kam jedoch ganz anders: Als einzige der edlen Dynastie liess sie sich in kein Schema pressen und schlug richtig quer. Nicht zuletzt, um ihren Clan brutal vor den Kopf zu stossen. Sie heiratete einen Magaziner, welcher beim Warenhaus Loeb einen untergeordneten Job ausübte und der erst noch ein Verdingbub gewesen war. Die Bewunderung von Sandra basiert aber ebenfalls auf der nachfolgenden wahren Geschichte.

Sandra Gasser – eine lebenslange Kämpferin für ihre Unschuld. Wer ist diese Frau überhaupt?

Im gleichen Wohnkomplex wie die Grosseltern wohnte eine Familie mit einem Knaben. Da der Mann als Familienoberhaupt stark alkoholabhängig und gewalttätig war, musste der Bube darunter sehr leiden. Die ständige Not und die Angst vor schlimmen väterlichen Gewaltausbrüchen waren ihm anzumerken und zeigten an, dass dringend etwas geschehen musste. Die Grossmutter zögerte nicht, schaute diesem tristen Schauspiel nicht mehr länger zu und adoptierte den Knaben quasi über Nacht. Dies, obwohl sie selbst zwei eigene Kinder grosszuziehen hatte und das Geld an allen Ecken fehlte. Eine Entscheidung, welche tief aus dem Herzen kam und klar aufzeigte, dass die Liebe zu den Mitmenschen viel höher gewertet wurde als die Vernunft.

Auch die eigene Mutter musste als junge Frau einen schicksalhaften Weg mit hohen Hürden zurücklegen. Besondere Umstände zwangen sie, aus dem streng katholischen Dorf Engelberg zu flüchten. Ohne jegliche Ausbildung und mit leeren Taschen musste sie sich durch den Dschungel der harten und gefahrenvollen Welt kämpfen, auf praktisch alle Annehmlichkeiten verzichten und die wenigen zur Verfügung stehenden Franken vor dem Ausgeben mehrmals umdrehen. Doch – sie schaffte es.

Die Zwischenbilanz: Die Komponente «unbändiger Wille» liegt nachhaltig im Trend der Vorfahren. Da konnte Sandra reichlich aus dem Vollen schöpfen.

Einen weiteren unglaublichen Beweis von Willensstärke und grossem Optimismus lieferte Vater Alexander ab. Er war 19 Jahre alt, als er in Neuenburg auf ein Tram aufspringen wollte. Das Vorhaben missriet gründlich, er geriet unter das Tram und ein tragischer Unfall war die Folge. Der Verlust eines Beines wäre für die meisten Zeitgenossen zu einem unüberwindbaren Drama erwachsen. Nicht für den Vater von Sandra. Seine primäre Erkenntnis: «Ich habe überlebt.» Ohne je zu klagen, vertuschte er sein Handycap und liess jedermann spüren, was positives Denken heisst. Seinen Töchtern Sandra und Gabrielle machte er immer wieder klar, dass es in den eigenen Händen liegt, ob man glücklich ist.

Das Fazit: Positives Denken und Willenskraft wurden Sandra tatsächlich in die Wiege gelegt. Punkto läuferisches Talent wurde Geschichte-Detektivin Christina noch nicht fündig.

EIN BLICK ZURÜCK IN IHRE KINDER- UND JUGENDZEIT

Die Eheleute Alexander und Hedy Gasser wohnten zusammen mit ihren Töchtern Sandra und Gabrielle in einer Überbauung im Gebiet Maienegg in Bümpliz. Der Vater verdiente sein Geld als Filmoperateur in Schul- und Volkskinos. Bei den vorgeführten Streifen handelte es sich weitgehend um wissenschaftliche Abhandlungen. Eine besondere Leidenschaft des Vaters gehörte dem Mundharmonikaspielen. Sein diesbezügliches versiertes Können, gepaart mit witzigen Einlagen, führte zum Komikerduo Biff + Baff. Diese Auftritte gehörten bei ihm zum «Salz des Lebens». Mutter Hedy leistete mit Heimarbeit, und dem Kontrollieren von Filmen im Filminstitut Zustupf in die Haushaltskasse. Doch in erster Linie diente sie mit Haut und Haaren der Familie. Bei der Erziehung der beiden Töchter wurde grosser Wert auf Ehrlichkeit und Respekt gelegt. Respekt und das Wissen, dass alle Menschen gleich behandelt werden müssen, ob Arzt oder Strassenwischer. Auch in Sachen Widerstand gegen Gewalt war die elterliche Direktive klar: «Wenn di eine hout, gisch doppelt zrügg.»

«Wenn di eine hout, gisch doppelt zrügg.»

Das war aber noch nicht der Weisheit letzter Schluss. Wenn Sandra in der freien Wildbahn mit den anderen Kindern herumtobte, geschah es manchmal, dass ein Nachbarnabe bei seiner Mutter Beistand anforderte. So kam es, dass Sandra von dieser Mutter einen «Klapf» erhielt. Nun war es an ihr, sich bei der eigenen Mutter zu beklagen und Hilfe anzufordern. Doch da stiess sie auf taube Ohren. Die Mutter gab ihr klipp und klar zu verstehen: «Wenn du dussä nid klar chunnsch, blieb dinne.»

Mit viel Freude und froher Erwartung ihre Schulgspänli zu treffen, machte sich Sandra jeweils auf den kurzen Schulweg. Weil dieser eben nur kurz war, musste sie sich häufig sputen, um rechtzeitig im Schulzimmer zu sein. Der Schulstoff interessierte sie allerdings nur bedingt. Voll dabei war sie, wenn es um kreatives Gestalten ging. Auch im Deutsch liess sie sich begeistern. Der Rest ist Schweigen. Und genau das Stichwort «Schweigen» hatte seine Tücken. Sandra konnte sich verbal nur schwer kontrollieren und so stand in jedem Schulbericht derselbe Text: «Sie ist eine Schwatzbase und lenkt sich und die anderen dadurch ab.» Diese Feststellung der Lehrerschaft war natürlich nicht aus der Luft gegriffen. Sandra wurde von ihrem inneren Bewegungsantrieb dauernd in Aktion gesetzt, Sitzen und Zuhören fand sie masslos langweilig. Man glaubt es kaum, aber das quirlige Mädchen brachte es sogar fertig, Strafen im Turnunterricht einzufangen. Da sie in allen Wettbewerben mit einer grossen Leidenschaft ans Werk ging, zudem eine ganz schlechte Verliererin war, konnte sie Fehlentscheide des Turnlehrers nicht einfach so akzeptieren. Sie belehrte ihn emotional und in einer Heftigkeit, dass dieser kein Pardon kannte und sie zum Strafexerzieren verdonnerte. Doch die Turnstunden gehörten zu ihren schulischen Höhepunkten. In der 1. und 2. Klasse gab es das sogenannte «Buggeliturnen». Diese turnerischen Zusatzlektionen waren für Kinder gedacht, welche ein «Buggeli» hatten. Damit auch Sandra von diesem Angebot profitieren konnte, stellte sie sich keck in die Reihe und machte ein «Buggeli». Der Schwindel flog schon bald auf. Schliesslich konnte jedermann aus grosser Distanz erkennen, dass ihre Haltung keinerlei Mängel aufwies.

Waren Sie auch sonst eher durchtrieben und in der ersten Reihe,
wenn es darum ging, Streiche auszuhecken?
«Keineswegs. Ich war nie ein Streiche-Kind und wenn ich bei den Kindern solche Absichten erkannte, wurde ich sogar zur Verräterin. In der 9. Klasse waren wir eine sehr schwierige Bande. Immer wenn die Burschen dem Lehrer das Leben schwer machten, motivierten wir diese durch übertriebenes Lachen. In solchen Situationen liess ich mich leider voll mitreissen.»

Konnte man Sie im Schultheater bewundern?
«Nicht wirklich. Obwohl ich vom Typ her sehr dominant auftrat, war ich für eine Rolle im Theater letztendlich gleichwohl zu feige. Als es darum ging, die Hauptrolle für das Stück ‹Vreneli ab em Guggisberg› zu verteilen, hielt ich mich bedeckt, denn ich erinnerte mich an die Worte meines Papis: ‹Entweder Du machst etwas top oder sonst lasse es sein. Bitte keine Mittelmässigkeiten.›»

Spielten Sie ein Instrument?
«Die Eltern wünschten sich sehr, dass ich ein Instrument lernen würde. Der Vater wies immer wieder auf seine musikalische Leidenschaft hin und so kam es, dass er mir das Gitarrenspielen beibringen wollte. Nach der vierten Lektion sah er das wenig erfolgreiche Unterfangen ein und sagte zu mir: ‹Das bringt nüt.›»

Wir geben nicht auf und hoffen, dass Sie im Skilager die Queen waren?
«Sehr weit gefehlt. Die Skilager fanden ausnahmslos ohne mich statt. Dafür gab es zwei Gründe. Der Rationale: Es fehlte uns schlicht am nötigen Geld. Der Unterstellende: Die Eltern wollten nicht, dass ich während dem Lagerleben mit Burschen karisierte.»

EIN BLICK ZURÜCK — MIT GEMISCHTEN GEFÜHLEN

In der Überbauung Maienegg gab es zwischen den Wohnblöcken schöne Rasenflächen, auf welchen die Kinder spielerisch trainieren durften. Auch Sandra war in jeder freien Minute präsent und mit viel Freude dabei. Leider verzögerte sich ihr

Mittun nach dem Nachtessen jeweils bis ins fast Unerträgliche. Der Grund: Der Vater hatte bei den Tischmanieren eine klare Linie und so durfte sich Sandra erst erheben, wenn alle den letzten Bissen gegessen hatten. Ausgerechnet der Vater zelebrierte seine Mahlzeiten bis ... ins Endlose. Sandras junge Nerven wurden dadurch häufig strapaziert und sie dachte immer wieder an einen von Vaters Grundsätzen: «Nid immer nur rede, sondern handle.» Endlich im Freien, war sie kaum mehr zu bremsen.

Es war dann einige Zeit später, als ein Nachbar auf sie aufmerksam wurde. Des Nachbars Töchter trainierten bereits im bekannten Stadt Turnverein Bern, kurz im STB. Sandra fiel auch dadurch besonders auf, dass sie an den selbstorganisierten Quartierrennen von allen Teilnehmenden die Schnellste war. Kurz, sie durfte mit ins Training. Der Zufall wollte es so, dass bald darauf in der Sportanlage Schönau, welche wunderbar an der Aare gelegen ist, Sportfachprüfungen in verschiedenen Disziplinen stattfanden. Sandra strahlte an diesem Schnuppertag in ihrem schwarzen Turnkleidchen und in Geräteschuhen nicht gerade den Inbegriff einer Leichtathletin aus. Doch die Leiterin forderte sie freundlich auf: «Mach doch grad mit.» Das musste man ihr nicht zwei Mal sagen. Keck und frech startete sie über die Distanz von 600 Meter und lief auf Anhieb einen Vereinsrekord in ihrer Altersklasse.

> «Ich gewann an Selbstvertrauen und spürte, dass ich von den Trainern und den Mitsportlerinnen rundum akzeptiert und beachtet wurde.»

Sandra Gasser zu diesem karriereprägenden Moment: «Es war wunderschön. Die Leiterin umwarb mich und vermittelte mir mit ihrem Interesse eine wunderbare Wertschätzung. Da es mir in der Schule nicht gerade gut ging, die Aufnahmeprüfung für die Sekundarschule gelang mir überhaupt nicht wunschgemäss, tat mir dieses Bekenntnis bis tief in die Seele gut. Ich gewann an Selbstvertrauen und spürte, dass ich von den Trainern und den Mitsportlerinnen rundum akzeptiert und beachtet wurde.»

Die sportliche Laufbahn, welche Sandra Gasser in so hohe Sphären führen sollte, war lanciert. Als sie sich beispielsweise mitten in den Familienferien im Tessin auf die bevorstehende Schweizermeisterschaft vorbereiten musste, war sie nicht verlegen: «Fantasie verlass mich nie.» Und schon wurden Gartenstühle zu Hürden umfunktioniert und die 12-Jährige konnte ihr Training durchziehen. Ihre Eigeninitiative kam ihr auf dem Weg nach ganz oben immer wieder zugute.

Im Jahre 1975 stand Sandra zum ersten Mal ganz oben auf einem nationalen Podest. An der Schweizermeisterschaft über 600 Meter gewann sie die Goldmedaille und erhielt dazu noch ein Wäppli. Dieses wurde natürlich fachmännisch auf den Ärmel ihres Trainingsanzuges aufgenäht und überall stolz präsentiert. Wie fühlte sich dieser erste Triumph an? «Ich stand auf dem Podestli und weinte vor Freude. Genauso fühlte es sich Jahre später auf dem Podest der Hallen-Europameisterschaft in Göteborg an: Freude und Tränen. In beiden Momenten erlebte ich die genau gleichen Emotionen und war einfach nur überglücklich.»

Gemischte Gefühle beschlichen Sandra, als sie mit vielen anderen Kindern ihres Quartiers eine Mutprobe in Tarzan-Manier plante und realisierte. Die Aufgabe bestand darin, dass man sich mit einem Seil aus dem 1. Stock über eine Brüstung warf

▲ Sensation an der Hallen-EM in Göteborg. 5 Schweizer und 5 Medaillen. Markus Ryffel, Werner Günthör, Sandra Gasser, Peter Wirz und Roland Dalhäuser.

◄ Die 6-jährige Sandra als umsorgende Puppenmutter.

und schwungvoll wieder am Ausgangspunkt landete. Da Sandra zu Vorsicht erzogen worden war, in solchen Dingen auch keine Risiken liebte, traute sie dieser Aktion gar nicht. Für sie war klar, dass sie nicht mitmachen wollte. Doch bald blieb nur noch sie übrig, welche keinen Wagemut an den Tag legte. Ein Ding der Unmöglichkeit. Der Gruppendruck wurde so stark, dass sie allen Mut zusammennahm und das Wagnis ebenfalls einging. Es kam nicht gut. Das Seil war zwischenzeitlich durchgewetzt, hielt nicht mehr stand und Sandra fiel in die Tiefe. Die Landung war derart hart, dass sie sich den Arm brach.

Die Quintessenz: «Mache nie etwas unter Gruppendruck. Es ist viel mutiger, etwas nicht zu tun. Diese Erkenntnis hat für mich bis heute volle Gültigkeit.»

Wahrlich keine gemischten Gefühle hat die Mutter auch heute noch, wenn es um ihre Tochter Sandra und deren jugendliche Eskapaden geht. Ihre Aussage ist glasklar und sehr schön: «Sandra war zweifellos das pflegeleichteste Kind. Sie wollte gar nie in den Ausgang, weil sie durch ihr Training ausgefüllt und vollkommen glücklich war. Zudem hatten wir überhaupt nie ernsthafte Auseinandersetzungen, weil sich Sandra konsequent an die elterlichen Vorgaben hielt.»

WENN DER BERUF ZUM HINDERNIS WIRD

Sandra Gasser war sportlich sehr gut unterwegs. Ihr unbändiger Trainingsfleiss und der Wille, ganz nach oben zu kommen, schürten rundherum berechtigte Hoffnungen. Eigentlich gab es nur wenige Momente, in welchen sie den harten Übungseinheiten

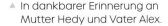
In dankbarer Erinnerung an
Mutter Hedy und Vater Alex.

△ Sandra, 10 Jahre alt und …
«absolut pflegeleicht» (Zitat Mutter).

lieber ferngeblieben wäre. Nämlich genau dann, wenn sie in der Badi das herrliche Wetter und die willkommenen Abkühlungen geniessen durfte. Da der Trainingsbeginn auf 17 Uhr angesetzt war, musste sie rechtzeitig das Badetüchlein zusammenrollen, um pünktlich für die fordernden Runden und was sonst alles auf sie wartete, bereit zu sein. Sandra haderte in solchen Augenblicken nicht lange, denn die Worte ihres Vaters waren stets präsent und wie eingeimpft: «Entweder machst du es hundertprozentig oder du hörst auf. Du hast die freie Wahl.»

Logisch, dass irgendwann auch die Berufswahl zum ernsthaften Thema wurde. Sandra hatte diesbezüglich klare Vorstellungen. Sie wollte den Beruf einer Dekorateurin erlernen. Schliesslich hatte sie ihre Talente für das kreative Gestalten längst entdeckt. Ihr damaliger Trainer war von dieser Idee alles andere als begeistert. Seine Begründung: «Das ist für die Erreichung deiner sportlichen Ziele nicht gut, da du den ganzen Tag stehen musst. Wähle einen Beruf, bei welchem du sitzen kannst.» Nach diesem Gespräch waren für Sandra zwei Dinge klar: Der Wunschberuf schied aus und von einer kaufmännischen Ausbildung wollte sie nichts wissen. Da trat wieder einmal der Vater auf den Plan. Sein Vorschlag: «Lerne Filmcutterin.» Gesagt, getan. Die Lehre machte Sandra in einem Betrieb in Ostermundigen und sie sagt heute dazu: «Es war okay. Schliesslich gehörte meine ganze Freude dem Sport.»

Berufliche Begeisterung tönt leicht anders .... Beruf und Sport – diese Konstellation löste bei der Spitzenläuferin unterschiedliche Erkenntnisse aus. Als sie, inzwischen 22-jährig, an der Hallen-Europameisterschaft in Göteborg mit der Bronzemedaille ausgezeichnet wurde, war sie davon überzeugt, dass ihre Kombination Beruf und Sport zielführend sein würde. Der ehrenvolle Erfolg bestärkte sie in ihrem Denken, obwohl sie genau wusste, dass ihre härtesten Konkurrentinnen voll auf die Karte Spitzensport setzten und Profis waren. Das grosse Erwachen trat bereits ein Jahr später ein, als Sandra an den Europameisterschaften in Stuttgart den Einzug ins Finale verpasste. Wut, Frust, Enttäuschung und eine tiefe Ohnmacht nahmen von ihr Besitz. Sie machte aus ihrem Herzen keine Mördergrube, die Stachelschuhe wurden zum Wurfgeschoss und landeten irgendwo im Nirgendwo. Daraufhin sagte sie zu ihrem Partner und Trainer Beat Aeschbacher, und das im höchsten Ton der Überzeugung: «So geits nid witer. Entweder höreni uf oder maches richtig.» Der Beruf wurde zum Hindernis. Also: «Nid immer nume rede, sondern handle.»

PARTNER UND TRAINER IN PERSONALUNION — MACHBAR?

Nicht ohne ernsthaften Hintergrund bezeichnet Sandra Gasser ihren Vater Alexander als «Alexander der Grosse». Schliesslich hat er sie in Bezug auf eine Lebensstrategie mit viel Willensstärke und Durchhaltevermögen massiv geprägt. Doch auch ihre Zuneigung zu Mutter Hedy ist unerschütterlich. Sandra bezeichnet sich als «Mamihöck» und ihr Bestreben war es immer, in der Nähe der Eltern Wohnsitz zu nehmen. Dadurch konnte sie sich täglich an den gedeckten Mittagstisch setzen. Eine tolle Nebenwirkung.

Als sie 16 Jahre alt war, tauchte ein weiterer Leuchtturm in ihrem Leben auf. Im Rahmen ihrer sportlichen Aktivitäten lernte sie den fünf Jahre älteren Athleten Beat Aeschbacher kennen. Dieser liess seine hellen und kräftigen Strahlen so stark auf Sandra einwirken, dass sie ein halbes Jahr später zum Paar wurden. Und die Duplizität der Ereignisse wollte es so, dass zwei Freundinnen von Sandra ebenfalls Partner aus derselben Trainingsgruppe von Beat fanden. Mit einem gewissen Leuchten in den Augen blendet Sandra folgende wichtige Botschaft ein: «Wir sehen uns heute noch regelmässig und wir sind alle immer noch mit dem gleichen Partner verheiratet.»

> «Wir sehen uns heute noch regelmässig und wir sind alle immer noch mit dem gleichen Partner verheiratet.»

Eher dem Zufall entspringend, wurde Partner Beat zum Coach und Trainer von Sandra. Der bisherige Trainer von ihr, Hans Sommer, musste aus beruflichen Gründen kürzertreten und das wertvolle Mandat abgeben. So übernahm Beat Aeschbacher automatisch und mit viel Herzblut die Betreuung der Vorzeigeathletin. Bald schon wurde aus der anfänglichen Skepsis Freude und Erfüllung. Es folgte eine äusserst intensive Zeit mit vielen Erfolgen, wunderbaren Höhepunkten und leider auch mit dem Fall ins Tal der Tränen. Die beiden waren jederzeit und in allen Belangen extrem belastet und so sah das Lebensbuch vor, dass Sandra im Jahre 1994 schon zu Beginn der Saison durch eine Verletzung ausser Gefecht gesetzt worden war. Bitter zwar, aber diese Auszeit eröffnete auch eine gute Seite. Endlich fanden sie Zeit und Lust, einen ganz wichtigen Schritt in ihrem Leben detailliert zu planen und in die Tat umzusetzen: Die Hochzeit.

Für dieses einmalige Ritual hatte sich das Paar etwas ganz Exklusives ausgedacht: Die kirchliche Trauung sollte in einem kleinen Kreis und … in New York stattfinden. Deshalb wurden die beiden Elternpaare und Sandras Schwester Gabrielle mit einer Einladung und dem entsprechenden Flugticket nach New York beglückt. Von einer Hochzeit war absichtlich nie die Rede, weil diese den Höhepunkt der Überraschung darstellen sollte. Doch dieser wunderbar gemeinte Schuss ging hinten hinaus. Wer konnte wohl nicht dichthalten und musste dieses Geheimnis vorzeitig Preis geben? Das Rätsel war schnell gelöst. Da die zivile Trauung in der Schweiz über die Bühne ging, wurde die Verehelichung von Sandra Gasser und Beat Aeschbacher im öffentlichen Aushang des Gemeindehauses publiziert. Gesetz ist schliesslich Gesetz. Dadurch kam es dazu, dass das wohlbehütete Geheimnis in Asche gelegt worden war.

Es wurde zweifellos auch ohne die ganz grosse Überraschung ein würdevolles und unvergessliches Hochzeitsfest. Im Jahre 1996, als die Aktivkarriere von Sandra ein Ende gefunden hatte, fassten die Eheleute einen weiteren wichtigen Entschluss: Die Familie sollte Zuwachs erhalten. Auch dieser Wunsch ging mit der Geburt von Tochter Oksana in wunderbarer Weise in Erfüllung. Sandra Gasser in grosser Dankbarkeit: «Es war die beste Entscheidung unseres Lebens.»

DER ABSTURZ – DIE THERAPIE UND DIE AUFERSTEHUNG

Es liegt uns Autoren fern, den unglaublichen Fall der Sandra Gasser nochmals im Detail aufzurollen. Über dieses üble Ereignis wurden bereits ganze Bücher geschrieben. Wir sind aber sehr daran interessiert, dass uns die Leidtragende ihre damalige innere Stimmung, mit der nötigen Distanz und aus der heutigen Fernsicht, nochmals kurz beschreibt. «Mein Glücksgefühl war logischerweise haushoch, als ich nach meinem Auftritt am Grand-Prix-Final in Brüssel zurück ins Hotel kam. Schliesslich hatte ich ein prestigeträchtiges Rennen und die wertvolle Gesamtwertung gewonnen und zudem auch noch einen neuen Schweizer Rekord über die Meile aufgestellt. Freudig sah ich eine Telefonnachricht und glaubte, dass mir jemand zu meinem Erfolg gratulieren wolle. Doch innert Sekunden verwandelte sich meine Hochstimmung in ein ungeahntes und nie erwartetes Tief. Die Nachricht: Positiver Dopingbefund an der Weltmeisterschaft in Rom. Meine erste Reaktion: Das muss eine Verwechslung sein, das kann keinesfalls mich betreffen. Es stellte sich heraus,

Im Hyde-Park in London: Laufen mit ▶ Beat zwischen den Prozess-Tagen.

dass es offenbar keine Verwechslung war und ich angeklagt wurde. Unglaublich – unerhört – unmöglich. Während der nächsten Tage fiel ich in ein tiefes Tal der Tränen. Ich weinte nur noch, hatte jeden Elan verloren und sah eine düstere Zukunft ohne Perspektiven vor mir.

Nach gut drei Tagen im bitteren Elend erwachte in mir das Leben wieder. Zuerst kam eine grosse Wut auf und dann immer wieder die gleiche Frage: «Wer tut mir so etwas an?» Ich spürte in dieser Phase, dass mich mein Selbstmitleid ‹auffressen› wollte und ich mich immer im gleichen Kreis bewegte. Eine Veränderung in Richtung positive Gedankenwelt war zwingend und dringend nötig. So durfte es nicht weitergehen.»

Natürlich konnte Sandra Gasser in dieser delikaten Zeit wertvolle Unterstützung durch Beat Aeschbacher, die Eltern, den Schwiegervater und viele weitere Persönlichkeiten erfahren. «Irgendwann wusste ich, was zu tun war, um meine Unschuld zu beweisen. Von diesem Moment an ging es mir wieder besser. Ich sah nun ein Ziel vor mir und stürzte mich in eine heilende Therapie: Das Laufen. Das Laufen wurde mehr denn je zu meinem Lebenselixier.»

«Das Laufen wurde mehr denn je zu meinem Lebenselixier.»

Irgendwann musste Sandra Gasser schweren Herzens zur Kenntnis nehmen, dass alle Götter gegen sie waren, wenn es darum ging, die Unschuld zu beweisen. Die zweijährige Sperre war nicht wegzuwischen und in dieser Zeit reiften in der Spitzensportlerin folgende Gedanken: «Man darf mir mein Allerliebstes, das Laufen, nicht einfach wegnehmen. Wie kann ich allen meinen Kritikern beweisen, dass ich nie gedopt war? Einfach dadurch, dass ich zurückkomme und noch besser laufe.»

Am 6. September 1989, am Tag des Ablaufs der Zweijahressperre, organisierte der ST Bern für seine derart geplagte Athletin, hinter die er sich stets gestellt hatte, ein Fest. 800 Läuferinnen und Läufer traten vor 4000 Zuschauern zum Weltrekordversuch, mit dem Eintrag im Guinness-Buch der Rekorde, 800 x 800 Meter, an. Als Höhepunkt dieses Meetings mit einem unglaublichen Solidaritätscharakter lief Sandra eine absolute Spitzenzeit und erreichte bei ihrem Comeback Platz 13 der Jahresweltbestenliste. Schön und gut, doch der von Ehrgeiz strotzenden Läuferin war das

▼ Medaillengewinner an Schweizermeisterschaften: Dominik Herren, Luca Noti, Trainerin Sandra Gasser, Derek Buccassi, Fabien Kaiser, Maxim Wyss.

zu wenig. Eine Woche später verpasste sie in Jerez den Weltrekord über 1000 Meter nur ganz knapp. Sie gewann noch drei Mal Edelmetall an Welt- und Europameisterschaften und zeigte damit der ganzen Welt nachhaltig, dass die Tragödie von Rom wirklich ein Witz gewesen war – ein ganz, ganz schlechter Witz mit einer unglaublich harten, gemeinen und menschenzerstörenden Pointe.

Einmal stellte ein Reporter Sandra Gasser folgende unglaubliche Frage: «Haben Sie Beat Aeschbacher einmal gefragt, ob er Sie gedopt hat? Sandra konnte darüber nur staunen und gab ohne zu zögern folgende Antwort: Nein, denn diese These ist vollkommen absurd. Auf einen solchen Gedanken kann wirklich nur einer kommen, welcher Beat nicht kennt. Beat stammt nämlich aus einer Polizistenfamilie. Beim Autofahren nervt er mich ab und zu mit seiner Überkorrektheit. Entsprechend hoch sind seine ethischen Ansprüche und das in jeder Beziehung.»

UND DAS LEBEN GEHT TROTZDEM IMMER WEITER UND WEITER

Unmittelbar nach dem Karriereende tauchte Sandra Gasser ins Land der vielen Fragen ab. Wer bin ich überhaupt? Was bin ich überhaupt? Welche Rolle habe ich in Zukunft? Was sind meine Ziele?

Mit Bestimmtheit wusste sie, dass ihre anvisierten Unternehmungen ohne Spitzensport inskünftig nicht mehr in Minuten und Sekunden zu überprüfen sein werden und dass nicht nach jedem Zieleinlauf ein absolutes Feedback vorhanden sein wird. Und ebenfalls mit Bestimmtheit wusste sie, dass sie auch weiterhin aus jeder Situation das Beste herausholen wollte und das in einer zufriedenen und bescheidenen Art und Weise.

Ein altgriechisches Sprichwort heisst: «Der schwerste Sieg, aber auch der wichtigste, ist der Sieg über sich selber.»

«Der schwerste Sieg, aber auch der wichtigste, ist der Sieg über sich selber.»

Innert kürzester Zeit hatte sie dieses hohe Ziel erreicht, weil sie genau wusste, dass sie sich selbst nichts mehr beweisen musste. Sie stellte sich als hoch motivierte und begeisterte Trainerin in den Dienst des Stadtturnvereins Bern und von Swiss Athletics. Und wie es sich für eine wie Sandra Gasser gehört, nicht ohne die nötige Ausbildung im Rucksack. Trainer Leistungssport mit Eidgenössischem Ausweis, Trainer Leistungssport Swiss Olympic und Trainer A Swiss Athletics steht auf ihrer Visitenkarte. Obwohl sie auch als Trainerin und Betreuerin sofort in die Erfolgsspur einbog, testete sie noch ein anderes Standbein aus. Sie absolvierte eine Wohnberaterschule, musste jedoch bereits bei ihrem ersten Auftrag einsehen, dass sie in diesem Metier keine Medaille gewinnen konnte. Der ganz einfache Grund: «Als Aktive ging ich keine Kompromisse ein. Beim Einrichten hätte ich mich jedoch den Kunden anpassen müssen. Ein Ding der Unmöglichkeit, weil ein solches Vorgehen meinem Temperament und Naturell ganz und gar nicht entspricht.»

Sie blieb der Trainergilde treu und will auch inskünftig zusammen mit ambitionierten Athletinnen und Athleten höhere Ziele verwirklichen. Genauso, wie sie es beispielsweise zusammen mit ihrem Ehemann Beat Aeschbacher mit der Berner Marathonläuferin Maja Neuenschwander vorzüglich unter Beweis stellte. Sandra Gasser machte aus der Mittelstreckenläuferin mit fehlender Grundschnelligkeit eine Marathonläuferin, die dank Willen und Beharrlichkeit in einen Bereich vorstossen konnte, den ihr niemand zugetraut hätte. Sandra Gasser kennt eben das Erfolgsrezept, weil sie genau weiss, wovon sie spricht: «Leidenschaft hat auch mit Leiden zu tun.»

Heute kann sie ein Sprichwort von Charles Dickens, dem berühmten englischen Schriftsteller, als Poster in ihre schöne Küche hängen: «Die Welt gehört denen, die zu ihrer Eroberung ausziehen, bewaffnet mit Sicherheit und guter Laune.»

SECHS FRAGEN ZUM SCHLUSS

Verraten Sie uns Ihren schönsten Erfolg?
«Einen solchen gibt es nicht. Jeder Erfolg hat seine Geschichte, ist dadurch einzigartig, etwas Besonderes und einfach wunderschön.»

Sie sind der Leichtathletik immer treu geblieben.
Was tun Sie eigentlich heute?
«Da muss ich kurz ausholen. Nach meiner aktiven Karriere war für mich klar, dass ich nicht ins Trainermetier einsteigen wollte. Der Trainer arbeitet schliesslich im Hintergrund und der Ruhm gehört verständlicherweise dem Athleten. Eine Logik, welche nicht unbedingt meinem Naturell entspricht. Dann kam der Moment, als ich als Lückenbüsserin einspringen musste, weil keine andere Fachperson verfügbar war. Ich bedingte mir eine dreimonatige Probefrist aus und in dieser Zeit spürte ich, dass mir diese Tätigkeit extrem gefällt und sehr viel gibt. Seither bin ich als Trainerin im Bereich Laufsport und auf ‹meinen› Spezialdistanzen zwischen 800 Meter und 5000 Meter beim ST Bern mit Leib und Seele dabei. Unter meinen Fittichen sind Burschen von 16 bis 25 Jahre. Mein Bonus ist natürlich, dass ich praktisch immer für die Sportler da sein und ich mich nach deren Trainingsmöglichkeiten anpassen kann.»

Hat sich Ihre konsequente Zielorientierung
auch auf Ihre Arbeit als Trainerin übertragen?
«Mit Sicherheit. Ich fühlte mich sehr schnell sehr wohl und fand es toll, mit den mir anvertrauten Athleten gemeinsame Ziele definieren zu dürfen. Im Durchschnitt sind es jeweils 15 Athleten, welche ich betreue und spannend ist auch, dass jeder ein unterschiedliches Leistungsniveau in sich trägt. So sind die Zielsetzungen völlig differenziert zu betrachten und meine Arbeit muss darauf sensibel Rücksicht nehmen. Ich muss spüren, bei welchen Athleten die Trauben sehr hoch hängen können oder bei welchen Höchstleistungen im Bereich der nationalen Wettbewerbe das Maximum sein werden. Sicher ist, dass ich mit allen meinen Sportlern innerlich mitlebe und Freude, Erfolg, Enttäuschung oder Trauer mit ihnen umfänglich teile.

Noch kurz zur Ausgangsfrage. Ich versuche immer über die Freude zu motivieren. Den zu Verbissenen gebe ich oft den Rat, dass es nicht um Tod und Leben geht und es auch noch ein Leben nach der sportlichen Karriere gibt.»

«Rennt» Ihre Tochter Oksana ebenfalls auf Ihren Spuren?
«Das kann man effektiv so sagen. Sie hat allerdings eine andere Laufsparte gewählt und wird in den nächsten Tagen an den U-23 Europameisterschaften in Schweden

zum ersten Mal international an den Start gehen. Grundsätzlich ist aber ihre Ausgangslage eine völlig andere, als damals bei mir. Sie studiert Psychologie und Volkswirtschaft und bewegt sich auf dem Weg zu einem starken beruflichen Standbein. Der Sport ist für sie eine ernsthafte Beimischung, ohne den ganzen übrigen Lebensfokus aus den Augen zu verlieren. Ihr natürliches Selbstvertrauen ist bestens entwickelt und ich bin überzeugt, dass sie einen sportlich wie wirtschaftlich guten Weg gehen wird.»

Was für Visionen haben Sie persönlich mit den von Ihnen betreuten Athleten?

«Der wichtigste Punkt für mich als Trainerin ist, dass ich alles dafür tun werde, damit der Athlet immer im Mittelpunkt steht. Es geht um ihn und seine Zielsetzungen. Er soll seinen Sport mit Freude und Leidenschaft betreiben. Dann wird er mit Zufriedenheit und Erfüllung einen wichtigen Lebensabschnitt, auch mit Hilfe meiner Ratschläge, gehen können. Für mich ist es ein grosses Privileg, die jungen Leute in einer wichtigen Etappe ihres Lebens betreuen zu dürfen. Die Abwägung zwischen harter Macherin und Mutterinstinkt ist auch für mich immer wieder eine Herausforderung. Und ... der Laufsport war, ist und bleibt mein Lebenselixier.»

Was wünschen Sie sich für die Zukunft?

«Ich bin mir bewusst, dass ich ein sehr privilegiertes Leben habe. Wenn man in einer solch glücklichen Lage wie ich sein darf, kann man keine Träume und Visionen mehr haben, weil man diese im Hier und Jetzt ausgiebig lebt.»

Familienidylle: Tochter Oksana, ▲
Beat, Sandra.

Dream-Team II: Sandra und Beat. ▶

GEORGE

ICH GERIET IN EINEN TEUFELSKREIS

Märchen haben etwas Geheimnisvolles, manchmal etwas Magisches und nicht selten etwas Böses an sich. Bereits schon Kinderherzen werden damit belastet, weil eine Hexe oder ein Wolf ihr Unwesen treiben. Die Gebrüder Jacob und Wilhelm Grimm haben in den Jahren 1812 bis 1858 Grimms Märchen an die Öffentlichkeit gebracht. In einer Zeit, wo man noch von einer vermeintlich guten Welt sprach.

Vor nicht sehr langer Zeit ist ein Bauernsohn namens George Schwab ausgezogen, um die Welt zu erobern. Dieses moderne Märchen zeigt einmal mehr und mit aller Deutlichkeit auf, dass der Hauptakteur auf Abwege geraten kann, kurzfristig statt zum König zum Bettler wird, und dass ein Aufstieg vom Tal der Tränen in die Traumwelt jedoch nicht ausgeschlossen ist. Doch alles schön der Reihe nach.

Am Eingang von Kallnach, einem Seeländerdorf mit rund 1500 Einwohnern, ist George auf einem Bauernhof aufgewachsen. Seine Umgebung wurde durch Kühe, Kälber und Kaninchen belebt und mehr dem Befehl gehorchend, als aus reiner Freude, musste George bei der Hege und Pflege der Vierbeiner kräftig Hand anlegen. Die Zeit verging im Fluge, aus dem Burschen wurde ein Mann und als er 25 Lenze auf seinem breiten Buckel hatte, stieg er in die Musikszene ein. Einer seiner Kollegen überzeugte ihn davon, in einer Coverband mitzumachen. Nach fünf Jahren Musizierens mit den «Stolen Tunes» wollte er mehr und so gründete er im Jahre 1999 seine eigene Band mit dem Namen «George & Hardcore Troubadours». Bald schon erschien das Debütalbum «Eifachs Spiel». Dieser Teil des Märchens erzählt eine ganz schöne Seite, auch weil die Musiker fortan nur noch unter dem Namen «George» auftraten. The Show must go on.

Adrenalin ist ein Hormon, welches eine Herzfrequenzsteigerung, einen Blutdruckanstieg und eine schnelle Energiebereitstellung bewirken. In unserem Kontext feierte George mit seinem Album «Adrenalin» im Jahre 2006 den ersten grossen Erfolg und war damit sogar während vier Wochen in den Schweizer Albumcharts vertreten. Der ganz grosse Durchbruch schien nur noch eine Frage der Zeit. Tatsächlich ging es märchenhaft weiter. Am 13. Juni 2010 gelang er mit dem Album «Buuregiel» in die Top 10 der Hitparade. Es folgte eine erfolgreiche Buuregiel-Tour, doch im November 2011 trennte sich George trotzdem nach zehn Jahren mit 350 Konzerten von der bisherigen Band. Bereits im Frühling 2012 segelte er mit seiner neuen Formation und dem Album «Früschi Luft» wieder auf der Erfolgswelle. Der Druck der Plattenfirma und die eigenen hohen Ansprüche stiegen und stiegen und stiegen.

George zu diesem glücklichen Teil des Märchens: «Ich wollte noch einen weiteren Schritt vorwärts gehen, damit ich endlich den nationalen Durchbruch schaffen würde. Verglichen mit anderen Musikern war ich noch zu wenig hoch oben. Schliesslich musste ich aus finanziellen Gründen, nebst der Musik, weiterhin einem 80-Prozent-Job als Landschaftsgärtner nachgehen. Das war äusserst anstrengend. Aber als einfacher Seeländer ‹Buuregiel› und Handwerker hätte ich nie gedacht, dass es es so weit bringen würde. Trotzdem wollte ich mir weitere Sterne vom Himmel holen.»

ICH BIN GEORGE

▸ Geboren am 31. März 1967 als Andreas Schwab in Aarberg BE
▸ Ledig
▸ Kind: Lukas (2010)
▸ Meine Hobbys sind Lesen von Biografien, Konzertbesuche, Musik als ganz grosse Leidenschaft.

DER ABSTURZ INS TAL DER TRÄNEN

George war vom Erfolg überrumpelt worden. Die Doppelbelastung durch die Musik und den anforderungsreichen Beruf erreichte eine Grenze, welche ein Normalsterblicher nicht zu verkraften vermag. Die Plattenfirma organisierte ungeachtet dessen eine ausgedehnte Tournee, bei welcher Konzert an Konzert gereiht wurde. Im Jahre 2013 war es dann so weit, dass der Krug zerbrach, als er zum Brunnen ging. Ein Auftritt am Eidgenössischen Turnfest geriet zum Trauma. George konnte kaum mehr singen und das Konzert musste frühzeitig abgebrochen werden. George geriet in eine Lawine der Kritik und konnte sich nur noch dadurch retten, indem er untertauchte.

Sein Originalton: «Ich spürte eindrücklich, dass ich völlig am Anschlag war und ärztliche Hilfe in Anspruch nehmen musste. Dadurch begann für mich der teuflische Kreis. Der mir verabreichte Medikamenten-Cocktail wirkte nicht wirklich und aus barer Verzweiflung habe ich diesen mit Alkohol kombiniert. Das war eine sehr schlechte Mischung. Zu meinem grossen Glück zog ich im allerletzten Moment die Notbremse. Ich nahm eine Auszeit von meinem Job und begab mich für zwei Monate in eine Klinik.»

◁ Der Buuregiel mit seiner Band.

▽ Sein erster grosser Auftritt am
   Heitere-Openair im Jahre 2005.

Erlitten Sie ein Burnout?

«Auch wenn es mir sehr widerstrebt, muss ich zugeben, dass es tatsächlich ein Burnout war. Mit all den Medikamenten und dem Alkohol geriet ich schlussendlich in diesen Teufelskreis.»

Hatte Ihre grosse Fangemeinde für das Abtauchen Verständnis?

«In der Tat hagelte es am Anfang von allen Seiten Kritik. Ich habe damals zu spüren bekommen, was es heisst, im Rampenlicht zu stehen. In einzelnen Medienberichten ging man mit mir sehr hart ins Gericht.

Als ich zurückgekommen bin, habe ich umso mehr positive Reaktionen erhalten. Zudem erhielt ich die ‹Goldene Schallplatte› für ‹Buuregiel› und das war genau die Motivation, die ich brauchte, um aufzustehen und mich wieder reinzuhängen.»

George, der amtlich anerkannte Mundart-Rocker aus dem Berner Seeland, war schon immer ein Mann der grossen Gefühle. Mit «Hie bini deheim» ist das Märchen im Jahre 2015 wieder in die «Chnusper-Zone» gekommen. Der Mann mit der unverkennbaren Stimme und den träfen Worten überzeugte seine grosse Anhängerschaft von Neuem. Alle sind sich einig: Auf George darf man sich mit Freude einlassen, denn er gehört in Hochform zur musikalischen Elite der Schweiz. Dafür hat er jedoch einen hohen Preis bezahlen müssen. Wir behaupten, dass sein Weg durch das Tal der Tränen manchen anderen Künstler zerbrochen, vielleicht sogar auf die schiefe Bahn gebracht hätte. Gott sei Dank hat er rechtzeitig die richtige Abzweigung erwischt, nämlich diejenige, welche ihn wieder ganz nach oben geführt hat. «Zu viel Erfolg macht mich krank.» Das muss nicht sein. George weiss ja nun das Rezept bestens. Schliesslich heisst ein Song von ihm: «Nimm immer so viel, wie du gisch.» Man könnte den Song auch auf sein Märchen anpassen: «Gib nume so viel, wie du chasch.»

DIE KINDHEIT — WOHLBEHÜTET UND SCHICKSALSBELASTET

Bi uf d'Wäut cho ufem Buurehof
Im ne chline Dorf im Bärner Seeland
Ha e schöni Jugend gha
aber nie chönne verstah,
dass i im Sommer statt a See z'gah
uf de Fälder krampfet ha.

Mit diesem Text beginnt der Song «Buuregiel», mit welchem George die Hitparade stürmte. Da die Lieder des Seeländer Mundart-Rockers beinahe ausnahmslos authentische Inhalte wiedergeben, ist die Kinderzeit von George bereits bestens beschrieben. Strenges Arbeiten auf dem Feld gehörte bei ihm zum täglichen Brot und oftmals musste er frühmorgens aus den Federn, um bei der Stallarbeit seinen «Giel» zu stellen. Nicht ohne Stolz betont er, dass er, auch im Zeitalter der Melkmaschinen, die Kühe locker von Hand melken könnte. Gelernt ist gelernt.

Wenn George singt: «Ha e schöni Jugend gha», werden wir Autoren schon leicht hellhörig. Schliesslich hatten seine Eltern Ernst und Johanna, als Betreiber eines landwirtschaftlichen Betriebes, keinen leichten Stand. Sie mussten dafür besorgt sein, dass ihre Kinder Ernst (1952), Trudi (1954), Johanna (1955), Therese (1957), Hans (1961) und Andreas (1967) genug zu essen hatten und dass diese auch sonst mit den notwendigen Grundbedürfnissen ausgestattet werden konnten. Ein harter Existenzkampf, welcher die elterlichen Ressourcen voll und ganz in Anspruch nahm. Und Andreas, der Nachzügler, hatte das grosse Glück, dass die zwölf Jahre ältere Schwester Johanna, genannt Hanni, zu seiner Ersatzmutter wurde und ihm tatsächlich viel Geborgenheit entgegenbrachte. Die tiefe Beziehung dauert bis zum heutigen Tag uneingeschränkt an.

«Ha e schöni Jugend gha.»

Geborgenheit und Seelenwärme benötigte der Bub unbedingt. Schliesslich musste er zwei tragische Schicksalsschläge mittragen und innerlich verarbeiten. Schwester Trudi musste ganz früh diese Erde verlassen, weil sie auf dem Bauernhof durch einen tragischen Unfall brüsk aus dem Leben gerissen wurde. Schwester Therese kam mit dem Down-Syndrom zur Welt, war in ihrer eigenen Welt zufrieden und starb mit zwanzig Jahren im Spital nach einer Lungenentzündung. Die ärztliche Kunst hatte für einmal versagt, weil man ihr viel zu starke Medikamente verabreicht hatte, welche das Herz zum Stillstand gebracht hatten.

Genau jetzt ist es an der Zeit, um das Geheimnis mit dem Namensdurcheinander Andreas oder George zu lüften. Hier kommt die aussergewöhnliche Story. Formell und amtlich verbrieft heisst George eben nicht George, sondern Andreas. Auf diesen Namen ist er getauft und daran gibt es nichts zu rütteln. Wir spekulieren: Dann hat sich der populäre Sänger einen Künstlernamen zugelegt. Ziel weit verfehlt.

Das ganze Umfeld machte es sich zur Gewohnheit, dem Buben Andreas nur «Res» zu sagen. Daran hatte dieser extrem wenig Freude. Er fand es sogar ein Jammer, dass sein schöner Name Andreas derart verschandelt wurde. Seine verschiedenen Bitten um korrekte Aussprache blieben allseitig unerhört.

Als der Knabe acht Jahre alt war, sorgte das Fernsehen indirekt für eine höchst willkommene Wende. Im «Stöckli», direkt neben dem elterlichen Hof, hauste eine Mieterfamilie, welche die Fernsehserie «Alles wegen George» richtiggehend verschlang. George, der gutmütige und tollpatschige Bernhardinerhund, erlebte in den Schweizer Alpen allerlei Abenteuer. Gedreht wurde beinahe ausschliesslich in Grindelwald. Diese TV-Serie lief erfolgreich rund um die Welt. Und nun kommt der Clou:

Die Nachbarn sahen in «Res» eine ähnliche Tollpatschigkeit und Gutartigkeit wie im Bernhardiner George. Deshalb gaben sie dem lieben Buben den Namen George. Natürlich stiegen die Eltern gegen diese «Umtaufung» auf die Barrikaden. Doch nun wurde ihr Protest unerhört und Res, alias Andreas, hiess von nun an hochoffiziell George.

▲ Klein George mit seinem treuen Begleiter.

◀ Geburtstagsparty mit seinen kleinen Neffen Markus und Christoph.

Wenn d Sunne hinger em Jura ungergeit,
und d Fälder schine wie nes grosses Meer,
wenn d Erinnerig a früecher mi dört häretreit,
de gspürenis töif i mir: Hie bin i deheim.

Einige von Georges früheren Erinnerungen lassen wir zur Illustration in Kurzform
aufleben.

Der Grossvater mütterlicherseits.
George sitzt in der Küche mit staunenden Augen
Er muss gebannt auf die Hände des Grossvaters schauen.
Währenddem der Holzofen für wohlige Wärme sorgt
Im Freien der Winterriese mit Eis und Schnee tobt.
Erst spät wurde der Grossvater ein Künstler mit Weidenholz
Wundersam geflochtene Körbe sind sein ganzer Stolz.
Nachmittage lang verweilt George geduldig beim lieben alten Mann
In der Hoffnung, dass er das herzliche Handwerk auch einmal kann.

Harte Arbeit als Strafe.
Früher und auch heute war und ist es klar
Dass George die Menschen findet wunderbar.
Freundlichkeit war ihm bereits gelegt in die Wiege
Er zeigte diese Gabe überall - auch in der Jugendriege.
Als braves Buebli kannte er Bestrafungen eigentlich kaum
Höchstens wenn er kletterte auf einen zu hohen Baum.
Dann musste er Kartoffeln ernten oder Zuckerrüben schaben
Noch schlimmer, ganz früh morgens zur Stallarbeit antraben.
Harte Arbeit hielt Körper und Seele gesund
Auch wenn bei George oft waren die Finger wund.

Vater Ernst – der Schweiger.
Dem aufgeweckten George sind viele Fragen wichtig
Er will vom Vater wissen, ob seine Überlegungen sind richtig?
Doch das Familienoberhaupt stellt sich immer stumm
Zu hören ist nicht einmal ein verständliches Gebrumm.
Auch von der Erziehung will er gar nichts hören
Lässt sich durch die Kinder gar nicht gerne stören.
Bald ist klar, wer bei der Jungmannschaft die Verantwortung tragen muss
Sei es punkto Ausgang, Taschengeld oder aufziehendem bösem Verdruss.
Mutter Johanna ist in jeder Beziehung die Respektsperson
Sitzt mit allen Kompetenzen auf dem wichtigen Familienthron.

George und der übermütige Deal.
Der gute George war in der lokalen Schülerbande einer von vielen
Er schätzte es sehr, mit Gleichgesinnten zu diskutieren und zu spielen.

Doch einmal herrschte in den Taschen der Buben völlige Leere
Da kümmerten sie sich ausnahmsweise nicht mehr um Anstand und Ehre.
Heimlich knackten sie bei den Nachbarn die Hühnerstalltore
Klauten massenhaft Eier und sorgten damit für Furore.
Schnell brachten sie die Eierkartons zum Landiverwalter
Sagten keck: «Her mit dem Geld, Sie Rappenspalter.»
Doch der kluge Mann witterte den auffällig krummen Deal
Benachrichtigte die Eltern – machte nicht mit im argen Spiel.
Das Strafmass war hart, heilsam und klug ausgedacht:
Wochenlang Rüben schaben – erst noch bis tief in die Nacht.

DER STRESSFAKTOR IN DER SCHULZEIT: ÜBERMÄSSIG

Der Einstieg in den obligatorischen Dienst der Volksschule war für George alles andere als angenehm. Von einer grossen Vorfreude beseelt, setzte er sich interessiert und voll motiviert in die Schulbank und sah dem Erlebnis Schule mit Spannung entgegen. Nach wenigen Tagen wich die freudige Erwartungshaltung einer massiven Enttäuschung. Die junge Lehrerin hatte überhaupt nichts im Griff, war gnadenlos überfordert und der Unterricht verkam zu einem «Kaffikränzli für Schulnobodys». Alle machten, was sie wollten und dieser Zustand dauerte ein ganzes Jahr lang.

George, der seriöse Bube war inskünftig derart verunsichert, dass die Schule für ihn zum Dauerstress wurde. Vor den jeweiligen Stunden litt er an Panikattacken und Angstzuständen. Freude kam bei ihm einzig auf, wenn er Aufsätze schreiben oder kreativ tätig sein durfte.

Ohne die geringste Ambition folgte er der Aufforderung, die Aufnahmeprüfung für die Sekundarschule zu absolvieren. Doch da lachte ihm das Glück kurzfristig zu. Seine Hauptaufgabe bestand darin, einen Aufsatz mit dem Thema: «Sportreporter berichten über einen Anlass» zu schreiben. Offenbar gelang ihm dieser Wurf derart gut, dass er tatsächlich den Sprung in die höhere Schulstufe schaffte. Zugegeben, das war beileibe nicht sein Ziel.

Den Weg in die Sekundarschule nach Aarberg legte George bei Wind und Wetter mit dem Velo zurück. Notenmässig mogelte er sich irgendwie durch, nahm jedoch in Kauf, dass er in den rechnerischen Fächern kaum einmal genügend abschloss. Genau im Fach Algebra durchlief George eine harte Lebensschule. Der Lehrer lebte seine bösartigen Züge als Fertigmacher aus und machte besonders George das Leben sehr schwer. So kam es, dass ihn der Pädagoge nach vorne an die Wandstafel zitierte und ihm eine äusserst schwierige Aufgabe stellte.

> **«Und ein Weltwunder beglückte mich unerhört: Die rein aus meiner Fantasie entstandene Zahl war die korrekte Lösung.»**

George heute zu diesem für ihn schlimmen Szenario: «Der Lehrer war bekannt für seine negativen Züge und überall unbeliebt und massiv gefürchtet. Nun stand ich vor der Wandtafel, kam mir wie ein Verbrecher vor und hatte überhaupt keinen Plan, wie ich das Zahlengebilde lösen sollte. Um dem angstvollen Dasein ein Ende zu setzen, schrieb ich einfach eine Zahl hin. Und ein Weltwunder beglückte mich unerhört: Die rein aus meiner Fantasie entstandene Zahl war die korrekte Lösung. Der Lehrer war völlig baff und für einmal sprachlos.»

Die Zeit der Zeugnisabgabe nahm George einerseits sehr gelassen, weil seine Eltern die Zahlenspielereien der Lehrerschaft nur als notwendiges Nebenprodukt beurteilten und kein Wesen darum machten. Schliesslich glichen die Zeugnisse von George wie ein Ei dem anderen: Mathematik ungenügend und in allen anderen Fächern im gehobenen Mittelfeld. Andererseits war es aber auch die Zeit der Theateraufführungen am Schulexamen. In der neunten Klasse kam ein Musical zur Aufführung, welches die Geschichte von Jugendlichen, welche erwachsen wurden, thematisierte. George durfte die Hauptrolle übernehmen und konnte dadurch mit gesprochenem Text und Gesang das Publikum begeistern. Ein absoluter Höhepunkt für ihn, auch wenn er dafür einen hohen Preis bezahlen musste: Er war nämlich unsterblich nervös.

**Dann kamen die Schulferien. Erinnern Sie
sich an tolle Ferien im Kreis der Familie?**
«Diese Erinnerungen sind schnell aus der Schublade geholt. Da wir uns als Bauern keine längeren Abwesenheiten leisten konnten, beschränkten sich unsere Ausflüge auf einzelne Tage und das ein- bis zweimal pro Jahr. Dann reisten wir mit den öffentlichen Verkehrsmitteln zum Öschinensee, auf den Niesen oder auf das Niederhorn. Immer waren es Riesen-Highlights vom Feinsten. Länger dauernde Ferien habe ich nie vermisst. Ich fühlte mich zu Hause mit dem abwechslungsreichen Bauernleben hoch zufrieden.»

**In Aarberg fand immer ein grosser Markt für Bauern statt.
Durften Sie dort finanziell aus dem Vollen schöpfen?**
«Zu meiner Jugendzeit hatte dieser Markt eine grosse Bedeutung. Alle Landwirte gingen dorthin. Das gehörte zum guten Ton. Natürlich gab es auch Stände mit allerlei Köstlichkeiten oder attraktiven Spielsachen. Doch alle diese Dinge fanden bei mir

George mit Berner Sennenhündin Tina. ▲

Der Blick zum Himmel – mit vielen Träumen. ▶

kein Interesse. Bereits Wochen zum Voraus freute ich mich auf etwas ganz Spezielles extrem: Auf die grossen, süssen, feinen Märitschnitten. Wir Kinder durften uns eine solche kaufen und sonst gaben wir keinen Rappen aus.»

Spielten Sie in der Schulzeit ein Instrument?
«Nein, dafür war ich zu bequem und mir fehlte die nötige Ausdauer. Meine überschüssige Energie und meine karge freie Zeit investierte ich in die Jugendriege und später in den Fussball.»

DAS EINSTECKEN VON BÖSEN SCHLÄGEN SETZTE SICH IM JUGENDALTER HARTNÄCKIG FORT

Die Schulzeit neigte sich mit grossen Schritten dem Ende entgegen. Ein klares Zeichen, dass auch der Konfirmandenunterricht, mit dem Höhepunkt der Konfirmation, seinen Abschluss finden würde. Ein Gedanke, welcher in George überhaupt keine freudigen Gefühle erweckte. Pfarrer Reinhard Karl Müller war der Grund dafür. Der intelligente Gottesdiener überzeugte durch ein unglaublich hohes Wissen und durch seine interessanten Erzählungen. Zudem zeigte er sich in seinem Denken und Handeln stets von der grossmütigen Seite. Beispielsweise während des Konfirmandenlagers in einem Ferienhaus im Jura, als sich George und Freunde des Nachts im Mädchenzimmer verirrten.

Es gab jedoch immer wieder Momente, in welchen George wegen dem beliebten Pfarrherrn richtiggehend leiden musste. Der gute Mann litt nämlich unter einer unwahrscheinlichen Hypernervosität. In diesen Augenblicken zitterte er wie Espenlaub und konnte seine «Handfertigkeit» nicht mehr kontrollieren. Ein inniges Bedauern nahm von George jeweils Besitz.

Pfarrer Müller kämpfte nämlich mit allen Mitteln gegen den Kirchgemeinderat. Der Grund: Die antike Kirchenorgel war in einem desolaten Zustand und verbreitete immer öfters disharmonische Töne. Der Kirchgemeinderatspräsident, ein Lehrer aus dem Dorf, wehrte sich vehement gegen eine Revision des Grossinstrumentes. Der Streit der beiden Parteien wurde immer heftiger und eskalierte in einem furchtbaren Drama. Eines Tages stürmte der Pfarrer, mit einem Hammer bewaffnet, in das Lehrerzimmer und attackierte den Präsidenten frontal. Der Angriff konnte mit Müh und Not abgewehrt werden und dem Pfarrer gelang die Flucht. Er setzte sich in seinen weinroten VW Golf und donnerte nach einigen Hundert Metern voll Power in einen entgegenkommenden Lastwagen. Dadurch machte er dem bitterbösen Streit und seinem Leben ein Ende. Zurück blieb ein ratloser George, welchen dieses dramatische Ereignis regelrecht durchschüttelte.

Im Tal der Tränen und das Leben ging weiter. Auch für George. Nicht zuletzt um diesen schrecklichen Vorfall besser verarbeiten zu können, nahm er mit seinen Kollegen eine Auszeit und setzte sich zum ersten Mal in die weite Ferne ab. Mit seinem Supertöffli, einem Biaggio mit überlautem Rennauspuff, führte die Reise über verschiedene Pässe, dem Genfersee entlang und als absolute Premiere – ins Ausland. Im Gepäck hatte er einzig einen Schlafsack, eine Zahnbürste und Zahnpasta. Im Portemonnaie klimperten einige Franken, welche er sich während der Feldarbeit mühevoll verdient hatte.

Langsam brach die Dunkelheit über Frankreich herein. Höchste Zeit, um in der Stadt Thonon les Bains einen schönen Platz zum Schlafen zu suchen. Tatsächlich fanden sie eine wunderbare Parkanlage, stiegen vollkommen übermüdet in ihre Schlafsäcke und harrten den schönen Träumen, die bestimmt kommen würden. Doch nicht aufwühlende Träumereien rissen die Kerle aus ihrem Schönheitsschlaf, sondern die harte und barsche Stimme eines Parkwächters. Sie hatten sich nämlich in der Dunkelheit auf einem Privatgrundstück eines reichen Villenbesitzers niedergelassen und wurden nun mit Schimpf und Schande verjagt. Die erste Nacht im Ausland war wirklich sehr kurz, alles andere als erholsam, dafür ein unvergessliches Abenteuer.

Der Besuch beim Berufsberater. Für den «Buuregiel» war die Ausgangslage völlig klar. Den elterlichen Hof konnte er nicht übernehmen, weil dieses Privileg seinem älteren Bruder Hans zustand. Einen Bürojob lehnte George vehement ab, und handwerklich fühlte er sich nicht zu Höherem berufen. Dem Berufsberater erklärte er klipp und klar, was er weiter auch nicht wollte. «Nicht mehr, wie bis jetzt, in aller Früh wegen der Stallarbeit aus den Federn kriechen. Nicht mehr zur mühevollen Feldarbeit ausrücken, wenn alle seine Kollegen in die Badi durften und am Sonntagabend könne er auch auf den Gang in die Käserei verzichten. Kurz, er wolle einen Job mit freien Wochenenden und mit Feierabend spätestens um 18 Uhr.» Er hatte jedoch den grossen Wunsch, im Freien zu wirken und erst noch kreativ.

Die Lösung: Landschaftsgärtner. Da die Lehrstellen zur Ausbildung als Landschaftsgärtner in der näheren Umgebung längst vergeben waren, musste George einen weiteren Arbeitsweg in Kauf nehmen. So kam es, dass er im gut 15 Kilometer entfernten Safnern eine vollkommen neue Lebenserfahrung kennenlernen musste oder durfte. Als 16-Jähriger bezog er nämlich in einem umgebauten Bauernhaus ein Dach-Studio und wurde dadurch sein eigener Herr und Meister. Finanziell hatte er sich mit den Eltern geeinigt, dass diese den monatlichen Mietzins von 400 Franken übernehmen würden. Für den restlichen Lebensunterhalt mit allem Drum und Dran musste er jedoch selber aufkommen.

> **«In meinem Lohnsäcklein befanden sich 350 Franken plus 100 Franken für Arbeitsspesen.»**

George heute zum damaligen Deal: «In meinem Lohnsäcklein befanden sich 350 Franken plus 100 Franken für Arbeitsspesen. Mit diesem Geld musste ich haushalten und alle meine Wünsche erfüllen. Das war wirklich nicht einfach. Beispielsweise bezahlte ich beim Kochen wortwörtlich an Lehrgeld. Der von der Mutter mitgegebene Spinat hatte seine eigenen Geheimnisse und nach dem Kochversuch musste ich das ungeniessbare Essen entsorgen und sogar eine neue Pfanne kaufen. Mit berechtigtem Stolz darf ich jedoch anmerken, dass ich diese wichtige Lebensepoche gut meistern konnte und mich sogar zu einem ordentlichen Koch entwickelt habe – im absoluten Selbststudium.»

Der böse Vorfall in der Lehre. Die Maibach Gartenbau GmbH in Safnern erwies sich als stabiler Lehrbetrieb. Sehr fordernd zwar, jedoch mit dem Schlussfazit, dass George den Lehrabschluss mit gutem Erfolg unter Dach und Fach bringen konnte. Das ist die positive Seite der Medaille. Leider musste der strebsame, angehende Berufsmann auch eine ganz andere Seite erdulden, erleiden und ertragen.

George war einer Equipe zugeteilt, welche den Auftrag hatte, in Evilard ob Biel Bäume zu schneiden. Diese Aufgabe wurde dadurch erschwert, dass der Winter Ein-

▲ In der Ruhe liegt die Kraft – George in seinem schönen Zuhause.

zug gehalten hatte und ein frostiges Klima herrschte. Eine mächtige Birke stand zur Pflege bereit. Der Vorarbeiter zögerte nicht und kommandierte George in die luftige Höhe. Wohlverstanden, ohne jegliche Sicherheitsvorkehrungen und sogar ohne Schnittschutz. Auch die Frage, ob der Lehrling mit der Höhenangst klarkommen werde, blieb aus. George seinerseits hatte vor dem Vorgesetzten einen so grossen Respekt, dass er sich ohne Worte auf der steilen Leiter nach oben hangelte. Das letzte Stück musste er sogar noch kletternd meistern. Ungesichert und ziemlich hilflos zirkelte er mit der kleinen Motorsäge im Astwerk umher. Plötzlich verlor er die Kontrolle über das gefährliche Gerät und die Säge zertrümmerte einen Finger an seiner linken Hand. Im Regionalspital Biel wurde der Leidende während über vier Stunden operiert, um den Finger wieder in eine ansehnliche Form zu bringen. Damit war seine Leidenszeit noch nicht vorbei. Die Wunde entzündete sich immer wieder, es bildeten sich schmerzhafte Eiterherde und George wurde während vieler Wochen ausser Gefecht gesetzt.

«Mir war extrem wichtig, dass ich weder positiv noch negativ auffiel und mich in keiner Weise unbeliebt machte.»

Heute, Jahre später, sagt George im Brustton vollster Überzeugung: «Ich gehe meiner Arbeit als Landschaftsgärtner, mit einem Pensum von 60 Prozent, mit viel Herzblut nach, und ich kann mir nicht vorstellen, dass mir das abwechslungsreiche Wirken in der freien Natur je einmal verleiden könnte.»

Noch schlimmer kam es in der Rekrutenschule. Es wäre masslos gelogen, wenn man behaupten würde, dass George dem Aufgebot zur militärischen Aushebung freudvoll gefolgt wäre. Das pure Gegenteil war nämlich der Fall. Er spulte am Aushebungstag in Lyss seine sportlichen Tests ohne grosse Emotionen ab, hatte bei der Frage nach seiner Wunschtruppengattung keinen Plan und nahm ohne Kommentar zur Kenntnis, dass er den Füsilieren zugeteilt wurde. Für die Rekrutenschule auf dem Waffenplatz Schönbühl bei Bern hatte sich George eine klare Strategie zurechtgelegt: «Mir

▲ Ein Schwingersong wird eingeübt. Schwingerkönig Christian Stucki als Tenor.

war extrem wichtig, dass ich weder positiv noch negativ auffiel und mich in keiner Weise unbeliebt machte.» Dieser Linie blieb er eisern treu und surfte relativ locker durch das militärische Pflichtprogramm. Mindestens solange, bis er einem kriegsmässigen Befehl folgen musste, welcher sein Leben dauerhaft verändern sollte.

George im Originalton: «Ich musste mich auf der freien Wildbahn, irgendwo auf dem Feld, in einen Betonschacht absetzen. Plötzlich donnerte ein Panzer über mich hinweg. Das war genau der Moment, in dem ich mich blitzartig aus dem Loch schwingen und mit einem Panzerabwehr-Sturmgewehr auf den Panzer schiessen musste. Natürlich war keine echte Munition in meinem Gewehr. Dafür war der Knall verheerend laut. Das erste Mal ging es leidlich gut. Bei der Wiederholung dieses ‹Kriegsspieles› hatte sich der Gehörschutzpfropfen in meinem linken Ohr offenbar verschoben und war nicht mehr richtig montiert. Pflichtgemäss stürmte ich aus meinem Verliess, schoss auf den Panzer und erlitt dabei ein Knalltrauma, begleitet von einem Hörsturz. Sofort liess ich alle meine Utensilien liegen und rapportierte meinen Unfall halblebendig dem zuständigen Leutnant. Dessen Reaktion: ‹So schlimm kann es nicht sein, gehen Sie sofort wieder in Ihren Schacht zurück.› Meine Sympathie zur Armee wurde in diesem Moment noch restlos zerstört. Abends erhielt ich von der Sanität eine Salzwasserinfusion, um den Gehörgang wieder zu aktivieren. Das brachte nicht ein Hauch einer Besserung. Endlich, nach Stunden, wurde mein Wehklagen ernst genommen. Die Folge daraus war ein längerer Aufenthalt im Inselspital.»

Wir kombinieren, dass Sie danach dienstfrei wurden.
«Weit gefehlt. Obwohl der Schaden in meinem linken Gehörgang irreparabel war, musste ich auch inskünftig alle meine Diensttage lückenlos erfüllen. Allerdings – waffenlos. Das Knalltrauma blieb mir bis zum heutigen Tag erhalten.»

Im Militär fassten Sie offenbar nicht nur «Suppe und Spatz», sondern noch ein bleibendes Laster?

«Leider. Immer wieder wurde von einem Vorgesetzten lauthals verkündet: ‹Wir machen eine Rauchpause.› Und was machte ich als Nichtraucher wohl in dieser Zeit? Genau, ich begann dummerweise ebenfalls mit dem Rauchen und brachte dieses unselige Laster nie mehr weg. Seither bewegt sich mein täglicher Konsum bei etwas mehr als einem Päckli.»

DR WIND TRIBT EIM MÄNGISCH WIT EWÄGG

So beginnt der erfolgreiche Song «Hie bini deheim» von George. Wie praktisch in allen seinen Liedern, sind biografische Züge unverkennbar. Tatsächlich verliess er nach der Lehre seine Heimat, um in Lern- und Wanderjahren Erfahrungen zu sammeln. Und wir betonen es mit Nachdruck: Eine musikalische Laufbahn war nicht einmal in seinen Träumen ein Thema.

Eine musikalische Laufbahn war nicht einmal in seinen Träumen ein Thema.

Wohl hingen an seinen Zimmerwänden Poster der britischen Rockband Queen, des irischen Sängers und Komponisten Chris de Burgh und der kanadischen Rocklegende Bryan Adams. Der «Buuregiel» war ein grosser Fan dieses Musikstils. Er sang solche Lieder unter der Dusche oder beim Autofahren. Mehr war da nicht. Seine freien Zeitressourcen stellte er nämlich während elf Jahren dem Fussballclub Walperswil zur Verfügung. Er war sogar mit dabei, als dieser Verein ins Leben gerufen wurde. Seine sportliche Bilanz während dieser langen Zeit: 2 gelbe Karten, keine rote Karte, 10 Tore und nie ernsthaft verletzt.

Über das Buschtelefon haben wir allerdings erfahren, dass sich George als Mittelfeldmotor nie mit der letzten Konsequenz in Zweikämpfe stürzte. Ungefähr nach dem Motto: «Wit vom Gschütz git alti Chrieger.»

George begann seine Wanderjahre in der Stadt Lausanne. Zusammen mit einem Metzger und einem Dachdecker teilte er sich eine mittelgrosse Wohnung. Sein Mietzinsanteil von 500 Franken pro Monat entsprach dennoch nur knapp seinem Budget. Der Lebensunterhalt in der welschen Metropole war sehr teuer. Da George nach getaner Arbeit oft auf der Piste unterwegs war und die vielfältigen kulturellen und kulinarischen Angebote reichlich auskostete, lief er punkto Finanzen immer am absoluten Limit. Zudem musste er an den Wochenenden jeweils zwingend zurück ins Seeland, um seine Kickschuhe zu schnüren.

Eine Episode wird George zeitlebens an seinen Welschlandaufenthalt erinnern. Wir hören gespannt zu. «Zusammen mit einem Arbeitskollegen musste ich einen neuen Auftrag in Angriff nehmen. Eine harte Phase mit viel Handarbeit stand uns bevor. Im Laufe des Morgens offerierte mir mein Kumpel, dass ich das Mittagessen bei ihm einnehmen könne, da er ganz in der Nähe wohne. Die vorgesetzte Pasta schmeckte prima. Quasi als Nachtisch servierte mir der Bursche noch einen speziellen Tee. Als er dem Getränk getrocknete Pilze beimischte, reagierte ich völlig unbedarft – nämlich gar nicht. Um 13 Uhr waren wir pünktlich wieder auf der Baustelle und da erlebte ich ein wahres Wunder. Das Pickeln ging plötzlich wie von selbst. Wir arbeiteten wie zwei Wildgewordene und zwischendurch wurden wir immer wieder von Lachanfällen durchgeschüttelt. Es war wortwörtlich ein Irrsinn. In meiner

▲ Total engagiert, mit viel
Herz und viel Gefühl.

◄ Glücklicherweise hat George sein
strahlendes Lachen wiedergefunden.

▼ Der Ausstieg aus dem Tal der Tränen gelingt.

Umnebelung dachte ich immer wieder: Hoffentlich kommt der Chef nicht vorbei. Dieser hätte uns bestimmt frist- und kommentarlos auf die Strasse gestellt. Im Nachhinein erfuhr ich, dass ich durch ‹Magic Mushrooms› in diesen Vollrausch gesetzt worden war und … dass andere wegen dieser giftigen Pilze sogar gestorben sind. Glück gehabt.»

Stichwort: Autofahren. George hatte in dieser «wilden» Zeit kaum freie Stunden, um sich das Autofahren beibringen zu lassen. Sein Interesse am Motorenlärm war zudem vernachlässigbar. Irgendwann realisierte er, dass er diesem notwendigen Übel nicht mehr ausweichen konnte. George war bereits über zwanzig Jahre alt, als er seinen Führerschein erwarb. Im ersten Anlauf – Ehrensache.

Beim Kauf seines ersten Autos profitierte er sehr davon, dass der Vater seiner ersten ganz grossen Liebe, diese Beziehung dauerte mehr als sechs Jahre, Besitzer einer Garage war. Der rassige Honda Accord, erst noch in seiner Lieblingsfarbe blau, machte ihm das Leben als Autolenker auch nicht wesentlich leichter. Ein einschneidendes Erlebnis nahm ihm die restliche Freude und Motivation am Strassenverkehr noch vollends. Wir verfolgen Georges diesbezügliche Erzählung ganz aufmerksam: «Meine Arbeitsstelle in Lausanne hatte ich nach gut zwei Jahren verlassen und eine neue Herausforderung in der Sonnenstube der Schweiz angenommen. Zum besseren Verständnis muss ich erwähnen, dass ich während der Arbeit ab und zu umkippte und ohnmächtig wurde. Der Arzt sah diese Vorfälle nicht

> **«Deshalb bevorzuge ich, wann immer es möglich ist, die Landstrasse oder noch besser: Der Kluge fährt im Zuge.»**

so eng, diagnostizierte ein Blutdruckproblem und verabreichte mir Medikamente. Eines Tages musste ich erfahren, dass in einem der kleineren Tunnels auf der Gotthardstrecke ein Fahrzeug in die Wand geknallt war, Feuer fing und der Fahrer verbrannte. Das war ein Riesenschock für mich. Sofort stellte ich mir vor, dass mich das gleiche tragische Schicksal ereilen könnte, wenn ich während der Fahrt ‹abtauchen› würde. Der Arzt verschrieb mir wieder ein Medikament, welches ich vor der Abfahrt in Richtung Norden einnehmen musste. Mein Unbehagen blieb und entwickelte sich zu einer Tunnelphobie, welche noch heute tief in mir sitzt. Ich meide Fahrten durch Tunnels und nehme gerne erhebliche Umwege in Kauf. Autofahren ist für mich, speziell auf Autobahnen, ein wirklicher Stressfaktor. Um mich herum erscheint mir alles viel zu hektisch und sehr schnell werden meine Hände schweissnass. Deshalb bevorzuge ich, wann immer es möglich ist, die Landstrasse oder noch besser: Der Kluge fährt im Zuge.»

JETZ BIN I ZRUGG A DÄM ORT, WO MINI WURZLE BLIBE SI

«Hie bini deheim.» George war wieder im Seeland heimisch geworden. Bei der Firma Schwab Gartenbau, Ipsach, nahm er die Arbeit als Landschaftsgärtner freudig auf.

Als er 25 Jahre alt geworden war, schlug das Schicksal wie eine Bombe ein. Alles begann eigentlich wegen einer Notsituation. Die Band «Stolen Tunes» stand nämlich plötzlich ohne Sänger da. Ein Mitglied erinnerte sich an den Spruch: «Nicht verzagen, einfach George fragen.» Die Band bereitete drei Melodien vor und der völlig ohne Ambitionen antrabende George hatte sich, quasi als Nicht-Nein-Sager, mit

Songs ausgestattet. Obwohl George von sich laut und deutlich behauptete, dass er sich niemals als Talent fühlte, wurde er nach dem ersten Song auf der Stelle verpflichtet. Seine spezielle und aparte Stimme hatte die Bandmitglieder praktisch aus den Socken gehauen. Damit war die glorreiche Karriere von George angeschoben und entwickelte sich mit der Zeit zu einem richtigen Flächenbrand. Dieser weitete sich mit dem steigenden Erfolg und den stark zunehmenden Verpflichtungen zu einem Grossbrand aus. Und mitten im Feuer kämpfte George mit dem Verarbeiten der hochschnellenden Popularität, der physischen und psychischen Belastung und mit seinem inneren Gleichgewicht.

Alles schien ursprünglich einen wunderbaren Verlauf zu nehmen. Die Arbeit als Landschaftsgärtner war top, beim zweiten Standbein – der Musik – schienen nach oben keine Grenzen gesetzt und George fühlte sich in seiner neuen Beziehung äusserst wohl. Sein Naturell als «Buuregiel» war jedoch anders gestrickt. «Zu viel Erfolg macht mich krank.» Und diese Vorausahnung wurde tatsächlich zur Realität. Um den scheinbar unüberwindbaren Berg bewältigen zu können, holte George Hilfe bei einem Arzt. Dieser verschrieb ihm einen, fern jeder ärztlichen Verantwortung zusammengestellten, Medikamentencocktail. Die Wirkung blieb weitgehend aus. Der nicht zur Ruhe kommende George ergänzte das «Gift» mit Alkohol. Diese Tortur konnten sein Körper und Geist nicht mittragen – ein sichtbarer Abbau und die Zerrüttung seiner inzwischen tiefen Beziehung mit Carmela waren nicht mehr aufzuhalten. George sah das Unheil noch drohender auf sich zukommen und zog, fünf Minuten vor zwölf, die Notbremse. Er verliess Knall auf Fall Carmela, seine Arbeitsstelle und die Bühne, welche leider nicht nur die heile Welt bedeutete. Sein Eintritt in die Klinik Südhang in Kirchlindach erforderte zwar eine grosse Portion Zivilcourage, sollte sich aber als Glücksfall erweisen. Ein Teil seiner Fangemeinde konnte diesen Schritt nicht verstehen und kehrte ihm die kalte Schulter zu. Hart und herzlos.

> «Zu viel Erfolg macht mich krank.»

George, wie muss man sich Ihren Aufenthalt in der Klinik vorstellen?

«Eingangs kann ich klar feststellen, dass es eine durchaus positive Erfahrung war. Schnell bekam ich zu spüren, dass um mich herum Menschen jeglicher Herkunft waren. Ob Frauen oder Männer, ob Bankdirektor oder Büezer, alle hatten das gleiche Problem: Die Bekämpfung ihrer Sucht. Es waren überhaupt keine Unterschiede festzustellen. Erschreckend und für mich als Warnfinger war die Tatsache, dass gut und gerne 60 Prozent zu den sogenannten Wiederholungstätern zählten und dass bei vielen Mitleidenden die Familien kaputt und inexistent waren. Da hatte ich wirklich grosses Glück, dass mir meine Familie und mein Umfeld die unbedingt notwendige Sicherheit gaben. Die zwei Monate waren relativ schnell verstrichen. Danach befand ich mich wieder auf einem gangbaren Weg. In der ‹freien Welt› fühlte ich mich jedoch noch nicht gefestigt.»

Gab es bei Ihnen Rückfälle?

«Bei meinem Austritt aus der Klinik wurde mir eingeimpft, dass jeder Schluck Alkohol ein Gefahrenpotenzial mit einer hohen Rückfälligkeit aufweise. Ich sagte mir einerseits, dass ich alles dafür tun werde, um nicht mehr in die Klink gehen zu müssen. Andererseits wollte ich nicht partout den Alkohol und die Medikamente zu meinen Feinden erklären. Seither arrangiere ich mich mit meinem Suchtpotenzial, trage hie und da einen Kampf mit der Versuchung aus und bin und bleibe der Herr in meinem Hause.»

▲ George mit Autorin Christina vor dem Auftritt im Hirsernbad.

Es hiess in den Medien, dass Ihre Partnerschaft zerschmettert sei.
Ist da etwas Wahres dran?

«Längstens habe ich am eigenen Leibe erlebt, dass die Medien irgendetwas schreiben müssen. Vor meiner Krise hiess es in einem Boulevardblatt, dass es sich nur noch um Tage handeln würde, bis ich mit Carmela vor den Traualtar treten würde. Eine schöne Story mit wenig Recherchearbeit. Klar war es für Carmela extrem schwer, meinen Zusammenbruch mitansehen zu müssen. Doch sie war mir während meiner Kur eine grosse Stütze und besuchte mich oft. Seit dem Jahre 2016 sind wir wieder zusammen. Die Liebe war so stark, dass wir alle orkanartigen Stürme überstanden haben. Heute ist meine Lebenspartnerin mein bester Kumpel. Sie akzeptiert, dass ich einen Zug zum Einzelgänger in mir habe und so leben wir in getrennten Wohnungen und sind trotzdem eng verbunden.»

Letzte Frage zum Thema Suchtgefährdung.
Haben Sie sich eine klare Zielsetzung definiert?

«Diese Frage wird mir oft gestellt und ich kann sie kaum mehr hören. Deshalb kurz und klar: Mein Ziel ist es, nicht 95 Jahre alt zu werden, sondern einmal sagen zu können: Ich habe gelebt. Garantiert schreibt das Leben auch weiterhin vielfältige Geschichten für mich.»

SECHS FRAGEN ZUM SCHLUSS

Erinnern Sie sich gerne an Ihre Schulreisen zurück?

«Tatsächlich erfreuen mich ab und zu Gedanken an diese schönen Begebenheiten. Zuerst waren es herzige Tagesausflüge, beispielsweise auf die Petersinsel. Mit grossem Stolz und einer inneren Freude wusste ich, dass mir in meinem Rucksäckli Köstlichkeiten eingepackt worden waren – ein Sandwich und ein legendäres Tutti-Frutti. Später, im fortgeschrittenen Schüleralter, führte uns die dreitägige Schulreise mit dem Velo an den Bodensee. Nicht etwa die zweifellos vorhandenen geografischen Schönheiten erweckten mein Interesse, sondern die ersten leisen Kontakte zu den Mädchen.»

Haben Sie, trotz Ihrem eher ängstlichen Wesen,
einmal eine Mutprobe abgelegt?

«Als 18-jähriger Jungspund traf ich mich regelmässig mit vier Kollegen in der Sternenbar in Kallnach. Logisch, dass wir nicht nur Ovomaltine tranken und je später der Abend, je grösser wurde unsere Klappe. Beim Thema Fallschirmspringen zeigte ich mich sehr unbeeindruckt und in Unternehmerlaune. Natürlich war das mehr Schein als Sein. Ein paar Tage später erhielt ich die überraschende Kunde, dass wir fünf Gipfelstürmer für einen Fallschirmsprung im kleinen Flugplatz Kappelen angemeldet seien. Das war ein echter Schock für mich. Der Gruppenzwang dominierte und mit verdrehtem Sack liess ich dieses Abenteuer auf mich zukommen.

Nach einer kurzen Theorie ging es in die Lüfte. Der Fallschirm wurde mir umgehängt, die Reissleine montiert und in 1000 Metern Höhe hatte ich keine Chance mehr, zurückzukrebsen. Halb in Trance wurde ich in den freien Fall katapultiert. Nach geschätzten hundert Metern öffnete sich der Fallschirm automatisch und es wurde für mich ... ein Erlebnis für die Ewigkeit.»

Mutig waren Sie ebenfalls im Testen von Drogen.

«Im Seeland gab es tatsächlich die Möglichkeit, einen Joint zu rauchen oder zu kiffen. Ich habe nie begriffen, was daran gut sein soll. Alle sassen danach still in einer Ecke und sahen müde aus der Wäsche. Mehr war da nicht. Umso intensiver erlebte ich meinen Kokain-Versuch. Das Zeug fuhr mir nämlich richtig ein. Sofort war mir klar, dass ich mich inskünftig davon fernhalten musste. Zum Glück habe ich die Gefahr einer Abhängigkeit sofort erkannt und nie mehr Kokain konsumiert.»

Sie haben einst mit dem aktuellen Schwingerkönig Christian Stucki einen Song aufgenommen. Hand aufs Herz, kann der Hero wirklich singen?

«Für das Eidgenössische Schwing- und Älplerfest in Frauenfeld durfte ich den Song ‹Böse Buben mit einem weichen Herzen› schreiben und in Thun realisieren. Die Begegnung mit den Schwingern war für mich ein tolles Erlebnis. Sympathisch, lustig, humorvoll und das viele Lachen tat der Seele richtig wohl. Christian Stucki machte als Begleitsänger einen Superjob. Wie im Sägemehlring war er hellwach und griff explosiv ein, wenn er an der Reihe war. Übrigens wollten die Schwinger keine Gage in Form von Moneten, sondern eines währschaften Essens: Ein 600-grämmiges Cordon-Bleu, mit reichlich Beilagen und einem üppigen Dessert. Zugegeben, bei diesen ‹Gängen› konnte ich nicht ganz mithalten, musste mich geschlagen geben und mir das Sägemehl vom Rücken wischen lassen.»

Was denken Sie, wenn Sie «Höhere Macht» oder «Schutzengel» hören?

«Ganz sicher, dass wir alle gerne auf Schutzengeli zählen möchten, wenn wir sie nötig haben. Immer wieder, wenn ich in Kirchen auftreten darf, wird mir bewusst, was für magische Orte das sind. Jedes Mal bin ich tief berührt. Obwohl ich keine der Religionen mit Herzblut praktiziere, gibt es für mich Dinge, welche den Charakter einer ‹Höheren Macht› haben. Bei meinen Engagements habe ich immer einen Talisman oder Glücksbringer bei mir. Ohne diesen fühle ich mich nicht wohl.

Hilfe brachte mir übrigens ein Traumfänger. Das indianische Kultobjekt hat meine zeitweisen schlechten Träume in gute umgewandelt. Für einen nun viel besseren Schlaf bin ich sehr, sehr dankbar. Auch solche Zeichen sind einer ‹Höheren Macht› zuzuordnen.»

Welcher Augenblick hat für Sie eine historische Bedeutung?

«Da muss ich nicht lange studieren. Das war der Moment, als mir in der Kulturfabrik in Lyss die ‹Goldene Schallplatte› überreicht wurde. Dadurch erfüllte sich für mich ein grosser Traum. Äusserst positiv war auch der Zeitpunkt. Diese Ehrung ereignete sich nämlich in einer Phase des Zweifelns und wurde zum Zeichen, dass ich mit viel Schwung und Energie einen positiven Lebensweg gestalten kann. Nach der Zeremonie leistete ich mir einen richtigen Luxus. Ich bestellte ein Taxi, sass im Fonds, hatte die ‹Goldene Schallplatte› auf dem Schoss und war einfach glücklich. Diese Auszeichnung war ein grosser Lohn für mein Auf und Ab und gab mir eine wichtige Gewissheit: Was nun noch kommt, ist Zugabe. Was nicht kommt, spielt keine Rolle.»

«Was nun noch kommt, ist Zugabe. Was nicht kommt, spielt keine Rolle.»

CLAUDIA HÜTTENMOSER

FERIEN MIT FATALEN FOLGEN

Claudia Hüttenmoser spielt Rollstuhl-Curling. Als Skip des Rollstuhl-Curling Club St. Gallen zählte die Ostschweizerin zu den tragenden Säulen der Schweizer Nationalmannschaft. Im Jahre 2016 erlebte sie einen sportlichen Höhenflug: An der Weltmeisterschaft in Luzern konnte sie sich mit ihrem Team auf Rang vier platzieren. Eine Sondermotivation, um an den Paralympics 2018 in Südkorea einen weiteren Schritt vorwärts zu machen. Auf diesen Anlass hin hatte sie den Trainingsumfang nochmals gesteigert und wöchentlich bis zu 20 Stunden trainiert. Das Ziel für den Wettkampf in Pyeonchang: Das Erreichen des Halbfinals und damit um die begehrten Medaillen zu spielen.

Die Schweizer zeigten in vielen Phasen, dass sie zur erweiterten Weltspitze zu zählen sind. Fehlender Kampfgeist konnte dem Quartett in keiner Art nachgesagt werden. Doch in entscheidenden Momenten unterliefen dem Team zu viele Eigenfehler. Das hohe Ziel konnte deshalb nicht erreicht werden. Der 6. Rang und damit das wertvolle Diplom war jedoch ein achtbarer Erfolg.

Claudia Hüttenmoser war durch Zufall zum Curling gekommen. Vor mehr als zehn Jahren besuchte sie in Wetzikon einen Schnuppertag und war sofort vollkommen in den Bann gezogen. Eigentlich wäre die Zeit des Übens um 15 Uhr vorbei gewesen. Doch die Begeisterung für das Curling-Spiel war so gross, dass der Eismeister die Fanatischen um 17 Uhr richtiggehend von der Eisfläche jagen musste. Beim anschliessen-den «Erholungsdrink» wagte Claudia sogar noch eine Prognose – spassig und leicht von Grössenwahn geprägt: «In Vancouver nehmen wir an den Paralympics teil.» Unglaublich, aber diese Voraussage traf tatsächlich ein.

Dass sie beim Curling hängen blieb, entpuppte sich als sehr guter Schritt. Die spitzensportliche Tätigkeit führte sie quer durch die Welt. Turniere in Übersee und im hohen Norden waren herausfordernd und in jeder Beziehung segensreich. Übrigens, der Aufwand zum Betreiben dieser Herzensangelegenheit entsprach inzwischen demjenigen der Fussgänger.

«Ohne Unterstützung durch die Familie und das Umfeld wäre so etwas schlicht nicht möglich. Trotzdem sind wir weiterhin Amateure, die sich ein möglichst professionelles Betätigungsfeld zu schaffen versuchen. Obwohl es keine Hightech-Rollstühle braucht, müssen die einzelnen Kader-Curler jährlich rund 15 000 Franken selbst aufbringen.»

Claudia Hüttenmoser ist im zivilen Leben noch einer ganz anderen Berufung gefolgt: Sie ist nebenamtliche Richterin an einem Kreisgericht.

ICH BIN CLAUDIA HÜTTENMOSER

▸ Geboren am 9. August 1967 in St. Gallen
▸ Verheiratet mit Peter
▸ Mutter von Till (1995) und Gina (1999)
▸ Meine Hobbys sind Curling, Golf, Handbike und Lesen

DER ABSTURZ INS TAL DER TRÄNEN

Die Familie Hüttenmoser hatte sich im Jahre 2003 entschlossen, zu einer ganz besonderen Ferienreise aufzubrechen. Die Vorfreude auf viel Neuland, Abenteuer und mutige Unternehmungen prägte die familiären Bande. Nur schon der Flug nach Kapstadt war für Vater Peter, Mutter Claudia, den achtjährigen Till und die vierjährige Gina ein Erlebnis.

In Kapstadt, der Hauptstadt von Südafrika, übernahm die Familie einen Jeep mit einem Dachzelt, und dann ging es ab in die grosse Freiheit. Schon waren die Weltenbummler sieben Tage in den Pampas Südafrikas unterwegs, streiften durch die unendliche Natur und fühlten sich inmitten der vielfältigen Tierwelt rundum wohl. Und überall fuhren sie durch richtige Sandpisten, welche als Strassen dienten.

Bereits brach der zweitletzte Tag der aussergewöhnlichen Ferien an. Die Familie Hüttenmoser war auf dem Weg zurück zum Ausgangspunkt Kapstadt.

Claudia Hüttenmoser: «In der Nacht vor dieser Rückreise träumte ich, dass wir in einen Unfall verwickelt werden würden. Dieses unschöne Ereignis durchlebte ich in diesem Traum sehr detailgetreu. Als ich wach und voller Tatendrang war, legte ich den Traum beiseite und gab ihm keine ernsthafte Bedeutung.»

An diesem 9. Oktober 2003, Claudia Hüttenmoser steuerte den Jeep mit dem schweren Dachaufbau, ging es auf der Naturpiste, welche von Steinmaden umrahmt war, weiter. Eine Baustelle wurde passiert und kurz nach dieser wurde der nächtliche Traum plötzlich zur bitteren Realität. Ein Perlhuhn rannte auf die Strasse, Claudia wollte mit dem recht unhandlichen Gefährt ausweichen, touchierte dadurch die Steinmaden am Strassenrand und der Jeep landete auf dem Dach. Die Personen der Bauequipe wurden Augenzeugen des Unfalls und forderten per Funk sofort die Rettung an, welche schnell vor Ort war.

Die Bergung zeigte, dass die beiden Kinder lediglich durch leichte Schnittwunden verletzt waren, Vater Peter das Schlüsselbein gebrochen hatte und Mutter Claudia ohne Bewusstsein war. Sie wurde ins örtliche Spital nach Bredasdorp eingeliefert und von dort mit dem Helikopter ins Paraplegikercenter nach Kapstadt verlegt. Dort wurde sie operiert und nach drei Wochen Aufenthalt direkt ins Schweizer Paraplegiker-Zentrum nach Nottwil überführt.

Claudia Hüttenmoser: «Klar habe ich am Anfang mit dem Schicksal gehadert. Dann habe ich meine Einstellung geändert und konnte wieder nach vorne schauen. Schliesslich wusste ich, dass ich eine Familie habe, welche mich braucht. Mein Lebenswille erwachte und die neue Situation war eine Herausforderung, die alle meine Kräfte erforderte.»

WENN GOTT MEIN VATER IST, WARUM LÄSST ER EIN SOLCHES SCHICKSAL ÜBERHAUPT ZU?

Ein Tag vor dem Drama war die ganze Welt für die Familie Hüttenmoser bestens in Ordnung. Im Zuge der Rückfahrt zeichnete sich nämlich bei einer alten Eisenbahnbrücke ein Nervenkitzel der besonderen Art ab: Bungee-Jumping. Ganz Mutige liessen sich von der alten, verrosteten Eisenbahnbrücke zu einem Fluss in die grosse Tiefe stürzen. Eine Selbstmeisterschaft für jedermann, welcher den Adrenalinkick sucht.

Der Vater und die Kinder Till und Gina staunten über die abartige Mutprobe, erst recht, als es für Mutter Claudia nicht den geringsten Zweifel gab, dass sie sich auch in die Tiefe werfen werde. Als sie an die Reihe kam, warteten die Zuschauenden gebannt auf den Moment, da bei der blonden Frau die Knie weich, der Gesichtsausdruck angstvoll und der Teint bleich werden würde. Doch die Schaulustigen wurden nicht belohnt. Praktisch ohne äusserliche Regung liess sie sich auf dieses Abenteuer ein. Von Respekt oder gar Angst war ihr nichts anzumerken.

Natürlich sprang sie nicht zum ersten Mal ins weite Nichts. Ihr Ehemann Peter gehörte in der Schweizer Armee den Fallschirmaufklärern an und so kam es, dass Claudia ab und zu aus dem Helikopter und aus luftiger Höhe ins All abheben konnte. Im Zusammenhang mit einem solchen Fallschirm-Event in Tenero wurde sie einmal in eine tiefe, angstvolle Panik versetzt. Was war geschehen? Dieser familiäre Anlass fand an einem Abend und bei Dunkelheit statt. Ihre Kinder Till und Gina waren, wie viele andere spielfreudige Kids, auch dabei. An ihren Mützen waren Leuchten montiert, damit die Kinder gut und jederzeit sichtbar waren. Plötzlich hörte Claudia Hüttenmoser ein lautes, unschönes und undefinierbares Geräusch. Sofort sah sie nach den Kindern und sah keine Leuchten mehr. Panik pur, das Herz blieb ihr fast stehen. Dann die traurige, aber auch beruhigende Mitteilung. Bei einem Fallschirmspringer hatte sich der Schirm verklemmt und er stürzte, keine drei Meter neben den spielenden Kindern, auf ein Auto. Dem Mann konnte leider nicht mehr geholfen werden.

Bis zu diesem Zeitpunkt konnte sich Claudia Hüttenmoser zweifellos auf die Hilfe des lieben Gottes verlassen.

Bis zu diesem Zeitpunkt konnte sich Claudia Hüttenmoser zweifellos auf die Hilfe des lieben Gottes verlassen. Er war immer zur Stelle, wenn sie seinen Beistand in Anspruch nehmen musste. Am Tag, als sie durch ihre spontane Ausweichaktion einem Perlhuhn das Leben geschenkt hatte, wurde ihr eigenes Leben in vollkommen andere Bahnen geleitet. Von einer Sekunde zur anderen war nichts mehr, wie es war.

Der gut fünfmonatige Aufenthalt im Schweizer Paraplegiker-Zentrum in Nottwil war für Claudia Hüttenmoser mit einem enormen Wechselbad der Gefühle verbunden. Natürlich haderte sie mit ihrem Schicksal. Natürlich hoffte sie immer wieder, dass sie am Morgen aufwachen würde und alles wie vorher wäre und natürlich stellte sie sich Fragen über Fragen und wusste oftmals keine vernünftigen Antworten darauf. Unzählige Nächte sass Pater Andreas, der Seelsorger der Paraplegiker-Stiftung, neben ihrem Bett und spendete ihr Trost, Zuversicht und viel Mut, um den neuen Lebensweg anzugehen und zu meistern. Die Argumente waren schliesslich überzeugend: Zu Hause warteten zwei kleine Kinder und ihr Mann, der als Pilot wieder seiner verantwortungsvollen Arbeit nachgehen sollte, auf sie.

Das Zuhause in Goldach, ein neues Einfamilienhaus auf sechs Halbetagen, war für ihr Leben mit einem Handycap keine Option. Ein Umbau oder zweckmässige Anpassungen konnten nicht realisiert werden. Da zeigte sich der Verkäufer des Bauplatzes, ein Bauer, von seiner grosszügigen Seite. Er bot ihnen ein Grundstück ganz in der Nähe des bisherigen Standortes an und das erst noch zum gleichen m²-Preis wie einst. Ein Lichtblick. Ohne zu zögern wurden drei Architekten eingeladen, welche Projekte ausarbeiten durften. Der Entscheid für das Modell eines österreichischen

Als Golferin in Spanien. ▲

An der Curling-Weltmeisterschaft ▶
unter Hochspannung

Architekten, welcher noch nie in der Schweiz gebaut und keine Erfahrung mit Rollstuhlgängigkeit hatte, glich einem Abenteuer. Der Mut wurde reichlich belohnt. Nach einer Bauzeit von mehr als einem Jahr, in dieser Zeit wohnte die Familie in einer knapp rollstuhlgängigen 4-½-Zimmer-Wohnung, konnte das neue Heim bezogen werden. Etwas Wunderbares war entstanden.

Dornenvoll gestaltete sich für Claudia Hüttenmoser die Rückkehr aus dem «geschützten» Paraplegiker-Zentrum in die freie Wildbahn nach Goldach. Oftmals wurde sie von Personen angesprochen, welche während des Dialoges in Tränen ausbrachen. So war es ihr vorbehalten, diese Leute zu trösten. Eigentlich eine verkehrte Welt. Erst als sie darauf aufmerksam gemacht wurde, sich um ihre eigenen Probleme und Aufgaben zu kümmern, verzichtete sie auf jegliche Art von Trost bei andern und konnte diese Situationen annehmen, einordnen und aushalten.

«Wenn Gott mein Vater ist, warum lässt er ein solches Schicksal überhaupt zu?» Längst hat Claudia Hüttenmoser selbst eine Antwort auf diese Frage gefunden. Ihre Worte: «Ich kann meine eigenen Kinder auch nicht vor allem beschützen. Mit Überzeugung kann ich sagen, dass mir der Glaube nicht abhanden gekommen ist.»

Starke Worte einer Frau, welche das plötzlich veränderte Lebensdrehbuch angenommen und viele positive Seiten darin weitergeschrieben hat. Wer ist Claudia Hüttenmoser? Wir zeichnen ihr Leben vor dem schicksalshaften Einschnitt nach. Lesen Sie weiter, es wird abwechslungsreich und hie und da sogar amüsant.

DAS ABWECHSLUNGSREICHE SAMSTAGSMENU

Viktor und Ingrid Pfister bewohnten in Berneck im Rheintal ein Einfamilienhaus mit überblickbarem Umschwung. Zur willkommenen Selbstversorgung gediehen verschiedene Gemüse, Früchte und Beeren prächtig. Da Viktor eine fordernde Stelle als Buchhalter innehatte, in der Dorfmusik mit der Klarinette brillierte, dort auch Präsident war und erst noch im Schulrat sass, konnte er für die Gartenarbeit nur eine begrenzte Zeit zur Verfügung stellen. Seine Ehefrau Ingrid, eine gelernte Kauffrau, war ebenfalls vielseitig engagiert. Neben dem sportlichen Effort im Volleyball und Skifahren, erteilte sie im Rahmen der katholischen Kirche Religionsunterricht. Die Zeit, um den Rasen und Garten im Schwung zu halten, war deshalb knapp. So kam es, wie es kommen musste, dass die Hausämtli der Kinder Daniel (1961), Gallus (1963) und Claudia (1967) Pflichtarbeiten im «Aussendienst» beinhalteten. Doch nicht nur. Auch der elterlich ausgesprochene Strafvollzug bestand, neben einem strikten Fernsehverbot, aus samstagnachmittäglicher Gartenarbeit. Claudia erinnert sich keineswegs freudvoll an das Ablesen der Bohnen und das anschliessende Vorbereiten, sprich Rüsten, für die weitere Verarbeitung. Viel lieber wäre sie mit ihren Kolleginnen in die Badi oder den «Matz Alter Rhein», dem Paradies zum Schwimmen, gegangen. Aber eben: Wer nicht gehorchen will, muss büssen.

Im Sekundarschulalter erfuhr der Hausämtli-Katalog noch eine Erweiterung. Einmal pro Woche mussten die Kinder abwechslungsweise eine Mahlzeit kochen. Absolut kein Problem für die beiden Buben. Sie beherrschten diese Materie mit Schwung, Fantasie und dem nötigen Können. Diese Lobrede war keinesfalls auf Claudia übertragbar. Da sie jeweils am Samstag für die Essensgestaltung zuständig

▲ Nie zu klein, um umsichtig zu sein.

war, konnte man früh schon erahnen, was auf den Tisch kam. Sie wählte immer nur zwischen zwei Menus: Spaghetti oder Aufwärmen der vorhandenen Resten. Mehr lag nicht drin. Schliesslich hatte sie in der Schule das Fach Kochen längst gegen das Fach Geometrie eingetauscht. Zu ihrer Ehrenrettung sei schnell erwähnt, dass sie andererseits die ganze Familie «eingelismet» hatte. Schliesslich war ihr späterer Wunschberuf: Handarbeitslehrerin.

Beide Elternteile entstammten Grossfamilien, waren in der Stadt St. Gallen aufgewachsen und hatten nachhaltig gelernt, wie man sich gegenüber anderen Mitmenschen zu benehmen hat: Respektvoll, freundlich, aufrichtig, hilfsbereit und zuvorkommend. Diese guten Tugenden übertrugen sie auch ihren drei Kindern. Sie setzten klare Leitplanken und führten in dieser Spannweite ein strenges Regime. Verfehlungen, wie zu spätes Heimkommen nach dem Ausgang, wurde nicht toleriert. Als Claudia ins Alter der leichten bis mittleren Aufmüpfigkeit kam, hatte sie Glück und konnte davon profitieren, dass ihr die beiden älteren Brüder den Weg schon ordentlich geebnet hatten. So gab es beispielsweise kein Lamento,

«Das geht vorbei, wie es gekommen ist.»

wenn sie öfters die Haarfarbe wechselte oder sich Klamotten in einem Second-Hand-Shop kaufte. Die Mutter war keineswegs begeistert, meinte höchstens und leicht resignierend: «Das geht vorbei, wie es gekommen ist.» Wie recht sie doch hatte.

Grossen Wert wurde in der Familie Pfister auch auf gemeinsame Ferien gelegt. Im Frühling, Sommer und Herbst war der Zielort immer der Gleiche: Agno. Ein Onkel besass nämlich in diesem Tessinerdorf ein Häuschen direkt am Wasser und umrahmt von einem riesigen Park. Das bedeutete für die Kinder: Freiheit pur. Da es in der Nachbarschaft einige spielfreudige Gspänli gab, war Jubel, Trubel und Heiterkeit ein Dauerzustand. Nicht selten reiste der Vater frühzeitig nach Hause und zurück an seinen Arbeitsplatz. Die restliche Familie durfte zusätzliche Tage in der wunderbaren Sonnenstube der Schweiz geniessen.

▲ Fröhlich und aufgestellt
im Kindergarten.

◄ Mit der Mutter und den Brüdern
Daniel und Gallus auf Wanderschaft.

Einmal sorgten Claudia und Bruder Gallus zuerst für eine allgemeine Aufregung und anschliessend für ein kräftiges Donnerwetter. Die Geschwister ruderten nämlich in einem kleinen Schalenboot ins offene Wasser. Eigentlich ein harmloses Unternehmen. Plötzlich kam aber ein mittelprächtiger Wind auf und schüttelte das Boot in den Wellen herum. Die beiden Abenteuerlustigen erfreuten sich an dieser neuen Erfahrung. Ganz anders beurteilte die Seepolizei den «Fall». Diese wähnten die beiden Kinder in arger Seenot und spielten sich als Retter auf. Die uniformierten Herren nahmen die «Schiffbrüchigen», welche sich nicht als solche wähnten, auf und begleiteten sie bis in den Garten des Feriendomizils. Das kam nun bei den Eltern definitiv nicht gut an. Vermutlich entsprang das heftige Donnerwetter in erster Linie einer entwichenen Angst ...

Eine Geschichte wird Claudia Hüttenmoser lebenslänglich nie aus ihrem Gedächtnis streichen können. Die Story tönt zwar harmlos und eher amüsant, aber für Claudia als emotionales Mädchen hatte sie einen mehr als bitteren Geschmack.

Immer wenn die Familie im Tessin in den Sommerferien weilte, wurde logischerweise der Geburtstag unseres Landes gefeiert: Der 1. August. Ein guter Grund, dass die ganze Familie mit einem Boot in See stach und sich an ihren wunderbaren Lampions erfreute. Doch es war wie eine bösartige Verschwörung: Das Lampion von Claudia fiel regelmässig ins Wasser. Tränen flossen und die heimatliche Feier blieb für ein weiteres Jahr in schlechter Erinnerung.

Dafür blieben für das Mädchen die Begegnungen mit den Grosseltern mütterlicherseits unvergesslich. Jeden Sonntagabend gab es bei diesen in St. Gallen ein Familientreffen. Regelmässig tauchten Verwandte aus verschiedenen Generationen auf und so kam es dabei immer zu einem richtigen Volksfest. Eine kalte Platte wurde vorgesetzt und der riesige Clan griff tüchtig zu. Spannend und unterhaltsam waren die vielen Geschichten aus naher und ferner Zeit.

Übrigens, nach der Sekundarschule durfte Claudia bei der Oma in St. Gallen wohnen, sich ihrer Ausbildung widmen und weiterhin vom Charme und der Hilfsbereitschaft der lieben Grossmutter profitieren.

CLAUDIA ALS DAVID — SCHLÄGT GOLIATH KURZERHAND K.O.

Die Schlagzeile tönt ein wenig nach einem Schultheater. Doch weit gefehlt, dahinter steckt eine wahre Geschichte. Claudia hatte immer einen ausgeprägten Sinn zur Gerechtigkeit. Verbunden mit ihrem aufbrausenden Temperament konnte das gut und gerne zu Friktionen führen. So auch in unserem «Fall für Zwei». Ein strammer Sechstklässler konnte es nicht lassen und beleidigte die Freundin von Claudia in einer bösen Art. Da Claudia zusammen mit zwei älteren Brüdern gross geworden war und sich gegen diese immer wehren musste, war sie richtig zweikampferprobt. So schritt sie, wohlverstanden als Viertklässlerin und viel kleiner, auf den stolzen Brocken los und schlug heftig zu. Ihr Schlag landete exakt auf dem Solarplexus, der Bursche kippt um und war ohnmächtig. Die Aufregung auf dem Pausenplatz stieg ins Unermessliche. Hilfe aus dem Lehrerzimmer wurde angefordert und als die Lehrer anrückten, war der so arg Gepeinigte bereits wieder im Hier und Jetzt. Und was geschah wohl mit dem Monster Claudia? Gar nichts. Es war gut sichtbar, dass die Lehrerschaft am Mut und der Wehrhaftigkeit der kleinen Schülerin Gefallen gefunden hatte.

Ein Unikum bildete auch der Schulweg. Die Familie Pfister wohnte ganz in der Nähe eines Schulhauses. Dumm nur, dass dieses nur durch Schüler der evangelischen Fraktion benützt werden durfte. So mussten die Pfister-Kinder fast zwei Kilometer weit marschieren, um ins Schulhaus für die katholischen Kinder zu gelangen. Dabei liess es sich nicht vermeiden, dass das Trio Claudia, Andrea und Luzia die Wege der evangelischen Zwillinge Susanne und Karin Eggmann täglich kreuzten. Nun war es kein Geheimnis, dass sich die beiden Grüppchen gar nicht hold waren. Zu wüsten Schlägereien kam es zwar nicht, doch im Winter flogen die Schneebälle und sonst Giftpfeile mit verbalem Inhalt.

Über die rein schulische Laufbahn von Claudia Pfister fehlt uns der Stoff, um ein ausgiebiges Kapitel zu schreiben. Einige Brosamen haben wir auf unserem Pfad des Recherchierens doch gefunden.

Der Start ins Schülerleben klappte sehr gut. Eine junge Lehrerin störte sich nicht im Geringsten daran, dass Claudia die Aufgaben mit links löste. Das änderte sich leider in der dritten Klasse. Der alteingesessene Lehrer beharrte eisern darauf, dass sie zum Schreiben die rechte Hand einsetzen musste. Dadurch sah das Schriftbild alles andere als vorteilhaft aus. Die Sturheit des Lehrers wirkte demotivierend und die Schule verkam zu einer mühsamen Pflicht.

Später hellte sich der diesbezügliche Himmel wieder etwas auf. Claudia entdeckte, dass sie mit sehr wenig Lernen und Sich-anstrengen im Mittelmass Unterschlupf fand. Damit war sie vollauf zufrieden. So richtig auf Kriegsfuss stand sie einzig mit der französischen Sprache. In der Oberstufe sackte diese Note derart ab, dass sie während einigen Monaten Zusatzschichten, in Form von Nachhilfeunterricht, schieben musste. Die Liebe zu dieser Sprache und sogar zum Land Frankreich ist bis heute nie erwacht.

Wieder einmal entpuppte sich die mit einem gesunden Gerechtigkeitssinn ausgestattete kleine Revoluzzerin als äusserst unzufrieden. Dabei ging es um die Honorierung der Zeugnisnoten. Die Eltern legten für jeden Sechser einen blanken Fünfliber auf den Tisch. Trotz aufbrausenden Attacken und Schwatzhaftigkeit erreichte Claudia die Höchstnote im Betragen. Ihr Frust: «Diese Note zählte für die Bonus-Auszahlung schlicht nicht. Die Eltern monierten, dass bei einer so guten Kinderstube die höchste Betragensnote eine Selbstverständlichkeit sei.»

Obwohl Claudia aus einem sehr musikalischen Umfeld abstammte, konnte sie in dieser Sparte nie glänzen. Dem Druck gehorchend, griff sie zwar zu verschiedenen Flöten, wusste aber bereits zu Beginn, dass sie in die Kategorie Anti-Talente gehörte. Ihre schauspielerischen Fähigkeiten machten es möglich, dass die jeweiligen Musiklehrer eine Zeit lang benötigten, um zu merken, dass sie überhaupt keine Noten lesen konnte. Sie spielte immer nach Gehör und für ihre Ohren gar nicht so übel. Die folgende Episode verdeutlicht, dass ihre musikalische Nicht-Begabung auch eine gute Seite hatte. Als Claudia Hüttenmoser ihre beiden Kinder eines schönen Tages fragte, warum sie abends jeweils so schnell einschlafen würden, tönte es spontan so: «Damit du aufhörst zu singen.»

Fazit: Diese Pausen wurden dadurch optimal zur körperlichen Ertüchtigung ausgenützt.

Dass Claudia sportlich immer zu den Besten gezählt hatte, könnte man von einem weiteren Unikum ableiten: «Weil die Schulen in Heerbrugg und Berneck eine enge Verbindung gepflegt hatten, gehörte es zur Tagesordnung, dass die Schüler der höheren Klassen zwischen zwei Fächern das Schulhaus wechseln mussten. Für Claudia bedeutete das konkret: Kurz aufs Velo steigen, drei Kilometer richtig in die Pedale treten und schon nahm im anderen Schulhaus die nächste Lektion ihren Lauf. Das Fazit: Diese Pausen wurden dadurch optimal zur körperlichen Ertüchtigung ausgenützt.»

▼ Erfolgreich in der Volleyballgruppe
(Mutter hinten rechts, Claudia vorne in der Mitte).

▼ Claudia (Mitte) in den Ferien bei Schwester Theresia. Plante sie wohl eine klösterliche Laufbahn?

DER GEPLATZTE WUNSCHTRAUM

Sportlich war Claudia Pfister vielseitig und erfolgreich unterwegs. An den regionalen Wettkämpfen stand sie in den Sparten Schnelllauf, Hoch- und Weitsprung praktisch immer auf dem Podest. Daneben brachte sie die Mutter regelmässig nach Rorschach, um im klassischen Ballett immer besser zu werden. Nicht genug, auch im Eiskunstlauf zeigte sie erfreuliche Ansätze. Mit dem Älterwerden musste sie ihre Ambitionen sowohl im Ballett wie auch im Eiskunstlauf begraben. Der einfache Grund: Sie war zu gross. Wenn man sie heute nach ihrem Karrierehöhepunkt befragt, kommt die Antwort wie aus der Pistole geschossen: «An einem grossen Anlass in der Eishalle Widnau kam mir die grosse Ehre zu, die Welt- und Europameisterin Denise Biellmann in die Halle zu führen – auf Schlittschuhen und unter grossem Applaus.»

Die zielorientierte Claudia machte das Beste aus ihrem schnellen Wachstum. Noch während der Schulpflicht trat sie dem Volleyball-Club Berneck bei. Nicht zuletzt, weil Mutter Ingrid Gründerin und Trainerin dieses Vereins war. Der Erfolg liess nicht lange auf sich warten. Die Equipe zählte im Kanton St. Gallen konstant zur Elite. Ein besonderes Erlebnis war der Auftritt am Eidgenössischen Turnfest in Winterthur. Gravierte Weingläser stellen heute noch Zeitzeichen aus dieser Epoche dar. Und ... die damalige Mannschaft bestand aus drei Müttern mit ihren drei Töchtern. Ein kleiner Eintrag ins Guinness-Buch der Rekorde wäre vermutlich angebracht gewesen.

Praktisch jeden Samstagnachmittag, wenn nicht gerade «Bohnen-Arrest» angesagt war, stellte sich Claudia im Blauring den abwechslungsreichen Anforderungen.

Unvergessen bleibt ein Sommer-Lager im Weisstannental. Der Wettergott produzierte nämlich unglaubliche Kapriolen. Zuerst vergass er während Tagen die Schleusen zu schliessen und liess es regnen. So stark, dass die Gräben um die Zelte herum immer tiefer ausgehoben werden mussten. Gegen Ende der Woche liess der Regen über Nacht nach und dafür lag am Morgen beim Aufstehen eine Menge Schnee. Dazu sorgte eine Kältewelle für Ungemütlichkeit. Was meinte wohl der Lagerleiter, Pfarrer Martin Schlegel, zu dieser sommerlichen Überraschung? «Es gibt kein schlechtes Wetter, nur falsche Kleider.»

So viel sei schon an dieser Stelle verraten: Die wenig tröstenden Worte stiessen nicht bei allen Teilnehmerinnen auf Verständnis. Noch im Laufe der zweiten Lagerwoche wurde die Aussage des Pfarrers bitter gerächt. Zuerst das Positive. Glücklicherweise wurde in der Lagermitte ein Besuchstag für die Eltern durchgeführt. Gelegenheit, die morastigen Kleider gegen trockene und wärmere auszutauschen.

«Es gibt kein schlechtes Wetter, nur falsche Kleider.»

Die Rache am Pfarrer. Claudia, die klare Rädelsführerin, entwickelte einen guten Plan. Dieser sah vor, dass am Stöpsel der pfarrherrlichen Luftmatratze eine Schnur befestigt wurde. Und siehe da, mitten in der Nacht hatte plötzlich des Pfarrers Schlafgelegenheit keine Luft mehr. Nicht überliefert ist, wie der Gottesdiener verbal mit dieser unangenehmen Situation umgegangen ist. Sicher ist aber, dass derselbe Pfarrherr einige Jahre später die Ehe von Claudia und Peter würdig besiegelt und deren beide Kinder getauft hatte.

Wegen der Berufswahl machte sich Claudia eigentlich keine grossen Gedanken. Längst war für sie klar, dass sie Handarbeitslehrerin werden wollte. Plötzlich wurden aber Stimmen hörbar, welche diesen Berufsweg wegen ihrer Linkshändigkeit ausschlossen. Ein Dämpfer. Infolge Ratlosigkeit hängte sie zusammen mit ihren Freundinnen Janett, Tamara und Pascale ein 10. Schuljahr an. Danach war Claudia in ihrer Entscheidungsfindung keinen Schritt weiter und so meldete sie sich, trotz allen Unkenrufen, für die Aufnahmeprüfung am Handarbeitslehrerinnen-Seminar in Gossau an. Doch es kam wirklich nicht gut. Während der praktischen Aufgaben wurde sie mit Argusaugen beobachtet und immer wieder dazu verknurrt, den Stoff mit der rechten Hand zu bearbeiten. Ein Ding der Unmöglichkeit. Der Traum, Handarbeitslehrerin zu werden, platzte wie eine Seifenblase. Doch das Leben ging weiter.

Sie schnupperte in einem Hotel in Davos als Rezeptionistin und in Heerbrugg in einem Reisebüro. Daraufhin war der Entscheid gefallen: Sie trat in die Touristenfachschule in St. Gallen ein und schloss diese Ausbildung drei Jahre später erfolgreich ab. Ganz ohne Nebengeräusche verlief die intensive Prüfungsphase allerdings nicht. Zur mündlichen Englischprüfung reiste sie direkt von einem Fastnachtsanlass an, ohne eine Mütze Schlaf. Es ging tipptopp. Trotz einer schlechten Vornote im Fach Mathe überzeugte sie nun im Ernstfall total. Ihren eigenen Aussagen zufolge war ihr exakt in diesem wichtigen Moment endlich klar, um was es überhaupt ging. Das gute Ergebnis, eine blanke Note 6, sorgte im Prüfungsgremium für Kopfschütteln und Unverständnis. Die Folge:

Claudia wurde tatsächlich zu einem Verhör vor den Fachausschuss aufgeboten. Die massgebenden Herren unterstellten ihr sogar, dass sie gespickt haben müsse und sie den Tathergang zugeben solle. Ein Affront sondergleichen. Da sie ein reines Gewissen hatte, konnte sie letztendlich locker über diesem unangenehmen Vorfall stehen. Sie war bereit für ihre erste Stelle.

SOGAR MARIHUANA WAR IM SPIEL

Ein kurzer Blick zurück in die Rebellenphase von Claudia zeigt, dass sie die vielfältigen Versuchungen, welche das Leben für junge Menschen bereit hält, ebenfalls austesten musste. Da sie im Geschäft des Vaters öfters Aushilfsarbeiten erledigen durfte, war sie nie mittellos. Von diesem gesparten Geld kaufte sie sich eine kleine Piaggio. Das Motorfahrrad lief prächtig und meistens über dem erlaubten Limit. Hatte sie vielleicht selbst Hand angelegt und den Motor frisiert? «Das war überhaupt nicht notwendig. Ich kaufte das Occasionsmodell einem Mädchen ab, welches auf einer Anhöhe wohnte. Da diese etwas schwergewichtig war, musste das Töffli die richtige Power haben, um die Steigung bewältigen zu können. Mein Glück.»

Rauchopfer brachte Claudia bereits in der Sekundarschule. Wenn es die Situation erlaubte, rauchte sie im Versteckten hinter einem Mäuerchen. Nicht selten wurde sie dabei von den Lehrern erwischt und mit Nachsitzen bestraft. «Ich habe immer mal wieder aufgehört und immer mal wieder angefangen.»

Ganz schlechte Erfahrungen machte sie im Zusammenhang mit Drogen. Auf dem Klosterplatz kam es dazu, dass ihr gratis und franko eine Blechdose angeboten wurde, um daraus eine kleine Menge des Inhaltes zu entnehmen. Dann musste sie das Kraut mit einem Feuerzeug erwärmen und konsumieren. Obwohl sie in ihrem Handeln sehr ungeschickt vorging, fuhr das Zeug mächtig ein. Die Wirkung war so

▲ Erlebnisreiche Ferien in Marokko im Jahre 1987 ...

▲ ... und als Rallyefahrerin
im Camp Roggenburg.

brutal, dass sie zum Sterben bereit war. In der Folge musste sie der Schule fern-
bleiben, war echt krank und von Gratis-Marihuana für immer geheilt. Doch damit
war ihre Drogentestphase noch nicht endgültig abgeschlossen. Später kam sie einmal mit Gras, sprich Cannabis, in Kontakt. Die Erfahrung damit: Elend geworden
war ihr nicht. Da sie aber auch sonst nicht die geringste Reaktion spürte, fand sie
Drogen nicht mehr cool und verzichtete endgültig darauf.

EIN SCHLUCK RAKI ALS HEILSAME MEDIZIN

Mit dem guten Lehrabschluss im Gepäck war es für Claudia Pfister ein Leichtes, eine
gute Stelle zu finden. So trat sie für ein monatliches Gehalt von 2100 Franken bei
Hotelplan ein und verkaufte Reisen in alle Welt.

Auch einen Wechsel gab es bei ihrer Wohnsituation. Vom Zimmer bei der Oma zog
sie in eine kleine 2-Zimmer-Dachwohnung hinter dem Kloster in St. Gallen ein. Eine
gute Erfahrung für die 19-Jährige.

Ein Jahr später konnte sie sich ein eigenes Auto leisten. Der schnittige, weisse
Renault 5-Turbo, Kostenpunkt 3500 Franken, hatte einiges zu bieten – wenn er lief.
Bereits in der ersten Woche musste sie erleben, dass ihr Wagen an einem ganz un-
günstigen Ort die Weiterfahrt verweigerte. Ausgerechnet im stark frequentierten
Schwanenkreisel in Wil. Nervös und den Tränen nahe rief sie den Garagisten um

Hilfe, welcher ihr das Fahrzeug verkauft hatte. Dieser liess sie auch nicht lange warten und preschte mit Volldampf heran. Der Defekt war, unter Gelächter und Gegröle des Fachmanns, schnell gefunden: Kein Benzin im Tank. Claudia wäre vor lauter Peinlichkeit am liebsten im Boden versunken. Das Argument, dass ihr in der Fahrschule nie gesagt worden sei, dass man immer wieder tanken müsse, ist wohl korrekt – aber wenig hilfreich.

Das Reiseunternehmen Hotelplan war für sie eine gute Wahl. Schnell musste sie viele Orte dieser Welt kennenlernen. Schliesslich war es wichtig, dass sie die Destinationen persönlich kannte, welche sie der Kundschaft anpries. Zu ihren bevorzugten Orten gehörten beispielsweise Marokko, Ägypten und die aufstrebenden Regionen in der Südtürkei. Genau dort waren noch sehr wenige Gebiete erschlossen und einige Hotels im Aufbau. Claudia wurde mit einem Erkundigungsauftrag in diese Gegend entsandt. Tatsächlich stellte sie fest, dass die Duschen nicht funktionierten und auch alles andere noch sehr rudimentär eingerichtet war. Kein Ruhmesblatt. Das Hauptproblem bestand jedoch bei der Verpflegung. So wurden Claudia und die mitgereisten Kolleginnen anderer Reiseveranstalter angewiesen, vor jedem Essen, auch vor dem Morgenessen, einen kräftigen Schluck Raki zu trinken. Der türkische Schnaps diente dazu, Bakterien im Keime zu ersticken, denn man sah tatsächlich beim genauen Hinschauen, dass sich der Reis eigenartig bewegte. Nichts für schwache Nerven. Eine Dame aus der Gruppe verweigerte die «Schnaps-Medizin» konsequent. Leider musste sie nach wenigen Tagen schwerkrank mit der Rega in die Schweiz zurückgebracht werden. Die Mission «Südtürkei» war alles andere als Vergnügen und Spass gewesen.

> **Claudia wäre vor lauter Peinlichkeit am liebsten im Boden versunken.**

Solche Hochseilakte hatte Claudia bei ihren nächsten beruflichen Etappen nicht mehr auszuhalten. Zuerst arbeitete sie als Marketing-Assistentin bei Schwarzkopf, einem Haarkosmetikunternehmen, und anschliessend in der gleichen Funktion bei Strauss. Als Sohn Till zur Welt kam, reduzierte sie ihr Arbeitspensum drastisch und sah sich in allererster Linie als Mutter.

DIE OLMA UND EIN PROBLEM

Die Ostschweizerische Land- und Milchwirtschaftliche Ausstellung, kurz die OLMA, ist längst nicht mehr ein regionaler Grossanlass. Besucher aus der ganzen Schweiz und sogar aus dem Ausland strömen in Scharen nach St. Gallen. Natürlich sind die Beweggründe unterschiedlich. Doch ein Ort ist für alle anziehend: Die Halle 7 – die Degustationshalle.

Es war im Jahre 1991, als Claudia Pfister zusammen mit einer Freundin genau dort landete. An einem Cüplistand kamen die beiden mit Peter Hüttenmoser, einem Tiefbau-Ingenieur, ins Gespräch. Nun muss man wissen, dass die Begegnung nicht einem Zufall entsprang. Die Freundin von Claudia hatte schon länger ein Auge auf den jungen Mann geworfen. Zu ihrem Leidwesen – ohne Echo. Dass das Leben manchmal sonderbare Wege geht, ist auch in dieser Geschichte spürbar. Wie ein Blitz aus heiterem Himmel liess Amor zwischen Claudia und Peter die Funken sprühen. Es

▲ Wenn der Bräutigam die Braut auf Händen trägt.

war tatsächlich Liebe auf den ersten Blick. Schön und gut, doch nun stand Claudia plötzlich vor einem echten Problem und einer Portion Skrupel wegen ihrer Freundin.

Claudia Hüttenmoser heute zu dieser heiklen Ausgangslage: «Tatsächlich hatte es ernsthafte Differenzen zwischen meiner Freundin und mir gegeben. In einer kurzen, dafür umso heftigeren Debatte haben wir uns ausgesprochen und die offenen Fragen bereinigt.»

Drei Jahre später fand ein wunderbares Hochzeitsfest statt. Bräutigam Peter wartete in der Marienkapelle Ruggisberg auf seine Braut. Diese schwebte, begleitet von ihrem Vater, mit einem Helikopter zur romantischen Trauungszeremonie. Das Fest ging in der Jagdhütte Erlenholz in Wittenbach über die Bühne.

Da Peter Hüttenmoser inzwischen vom Tiefbau-Ingenieur zum Piloten geworden war, durfte die Hochzeitsreise in die weite Welt gehen. Für drei Wochen über den grossen Teich nach Kanada. Mit einem Camper durchstreifte das frisch vermählte Paar British Columbia und Alberta. Im Zuge der Rocky Mountains wurden sie sogar von Elchen und Bären begrüsst.

Später, als die Kinder Till und Gina reisefähig geworden waren, hob die Familie unzählige Male ab und erkundete den Erdball. Immer wieder gab es Gelegenheiten, den Vater bei seiner Arbeit zu begleiten. Ein grosses Privileg. Traumorte wie die Malediven, Kuba, Barbados, Sansibar, Phuket und Alaska gehörten, leicht übertrieben formuliert, zum Alltag. Die Viel-Reiserei verlief, ausser Lebensmittel-Unverträglichkeiten, immer störungsfrei. Highlights am laufenden Band.

Das Jahr 2003 begann mit Zeltferien mitten in einem Park in Kenia. Zur Sicherheit war immer ein bewaffneter Masay in der Nähe. Kaum wieder zu Hause, begann bereits die Planung der nächsten Ferien. Nach intensivem Studium von allerlei Unterlagen war der Entscheid klar: Abenteuerferien in Südafrika – einem absoluten Neuland für sie. Dann ... das Leben nach dem schicksalshaften Unfall war für die ganze Familie ebenfalls Neuland: Mit hohen Hürden, Herausforderungen und viel Zuversicht. Claudia Hüttenmoser: «Mit Sicherheit wäre unser Leben ohne Unfall ganz anders verlaufen. Doch eine höhere Macht stellte uns diese anspruchsvolle Aufgabe, welche wir angenommen haben, und auch mit Sicherheit zu einem guten Gelingen führen werden.»

NEUN FRAGEN ZUM SCHLUSS

Sie hatten das Vergnügen, mit zwei älteren Brüdern aufzuwachsen.
In welcher Art profitierten Sie von ihnen?

«Daniel, der ältere, wurde Musiker und damit ein Künstler. Sein ganzes Wesen drückte sich schon damals praktisch in allem so aus. Sei es bei seinem Auftreten, bei seiner leicht anspruchslosen Kleiderwahl und im Umgang mit mir. Völlig anders kam Gallus daher. Ein Banker, immer geschniegelt und herausgeputzt. Beide Arten wirkten auf mich inspirierend und so wurde aus mir etwas dazwischen.»

In den Jugendjahren waren Sie auch im Skifahren bestens in Form.
Wer war Ihr Lehrmeister?

«Primär lernte ich das Skifahren in den Skilagern in Obersaxen, Davos, auf dem Stoos und in Wildhaus. Am Anfang war meine Mutter als Skilehrerin mit dabei. So ist klar, wem ich meine Skikünste zu verdanken hatte: Meiner Mutter. Die Skilager hatten für mich noch aus einem anderen Grund eine grosse Wichtigkeit. Dort lernte ich zwei Freundinnen kennen, mit welchen ich auch nach vierzig Jahren immer noch einen engen Kontakt pflege.»

Aus Ihren wilden Jahren haben wir einiges erfahren. Doch das
Wort Alkohol war nie ein Thema. Gibt es da vielleicht einen Grund?

«Früh schon durfte ich am Sonntagabend zum Nachtessen ein Glas Wein trinken. Doch der edle Saft schmeckte mir überhaupt nicht. Später machte ich mit Bier die gleiche Erfahrung. Dadurch war Alkohol nie ein Thema und mir hat gar nichts gefehlt.»

Eher dem Zufall entspringend kamen Sie zum Curling.
Hatten Sie noch andere sportliche Alternativen?

«Für mich war klar, dass ich in einem Teamsport aktiv werden wollte. Was mir jedoch gar nicht behagte, waren Sportarten, bei welchen man dauernd ‹Rollstuhlkontakt›

Safari in Südafrika gemeinsam mit Ehemann Peter, Tochter Gina und Sohn Till.

hat. Deshalb war Curling ideal. Ein Miteinander in einer ruhigen, voll konzentrierten, spannenden und manchmal trotzdem recht hektischen Art und Weise. Übrigens, mein erster Ernstkampf im Curling hatte ich in Gstaad und das bereits nach nur zwei Wochen Training. Ich wurde richtiggehend ins kalte Wasser geworfen, strampelte und war ein wenig stolz darauf, dass ich nicht als Anfänger aufgefallen war.»

Wie sieht Ihr weiterer Karriereverlauf aus?
«Vor noch nicht so langer Zeit habe ich meinen Rücktritt aus der Nationalmannschaft bekannt gegeben. Diesen Teil habe ich abgeschlossen. Doch mit meinem Rollstuhl Curlingclub St. Gallen werde ich weiterhin mit viel Engagement und Freude um Medaillen kämpfen. Der Schweizermeister-Titel ist immer ein Ziel. Zudem freue ich mich weiterhin auf internationale Begegnungen auf Klubebene.»

Verraten Sie uns Ihre Visionen?
«Mit grosser Begeisterung spiele ich im vorarlbergischen Rankweil Golf. Nun habe ich mich davon überzeugen lassen, an den österreichischen Meisterschaften an den Start zu gehen. Im Hinterkopf denke ich schon an die Vision meines Mannes Peter, welcher mich als Golferin an den Paralympischen Sommerspielen 2024 in Paris als Teilnehmerin sehen möchte.»

Ihre Wünsche?
«Eine lange, gute Gesundheit und dass ich zusammen mit meinem Mann unsere Kinder in die Freiheit entlassen darf. Diesbezüglich bin ich voller guter Hoffnung. Sohn Till wird schon bald für zwei Jahre nach Rom zur Schweizergarde gehen. Er hat das äusserst umfangreiche Auswahlverfahren erfolgreich gemeistert. Und Tochter Gina ist auf einem guten Weg, um Lehrerin zu werden.»

Sie stecken momentan in einer strengen Ausbildung.
Um was geht es dabei?
«Das Engagement als Richterin ist infolge veränderter Strukturen recht stark zurückgegangen. Ein Grund, mit der frei gewordenen Zeit etwas Neues anzugehen. Bei der zweijährigen Ausbildung strebe ich das Diplom als ‹energetische Familienaufstellerin› an. Ich kann mir sehr gut vorstellen, dass ich dann frisch verletzte Menschen in Nottwil auf ihrem schwierigen Weg begleiten, unterstützen und positiv beeinflussen kann. Diese Zielsetzung macht es mir leichter, die phasenweise knallharte Ausbildung durchzustehen und erfolgreich abzuschliessen.»

Ganz aktuell sind Sie sogar im Fernsehen zu sehen.
Wie war Ihr Eintauchen in die Schauspielerzunft?
Grundsätzlich ist es für mich klar, dass ich immer da bin, wenn ich der Paraplegiker-Stiftung in irgendeiner Form dienen kann. Viele Menschen können schliesslich viel von dieser Organisation profitieren. Diese gute Erfahrung habe ich selbst auch erleben dürfen. Als die Anfrage an mich kam, bei einem Werbespot mitzumachen, gab es für mich kein Zögern. Die Filmaufnahmen forderten auf der einen Seite recht viel, waren aber auf der anderen Seite auch eine willkommene Erfahrung. Ich sitze unschuldig. Dieser ausgewählte Slogan ist für mich authentisch und deshalb konnte ich mich gut in diese Rolle eingeben. Auch der folgende Slogan hätte gut zu mir gepasst: Jetzt ist es so. Machen wir das Beste daraus.

Claudia Hüttenmoser und Autorin Christina mit dem Direktor des Paraplegiker-Zentrums Nottwil in fröhlicher Runde

DAS HERZ STEHT STILL
DOCH DAS LEBEN GEHT WEITER

Wussten Sie, dass
- Bo Katzman in seiner ersten Lebensphase als Reto Borer fröhlich und etwas wild durch die Gegend zog?
- er als 9-Jähriger eine Minigitarre geschenkt bekam, von diesem Instrument total begeistert war und sich selbst das Spielen beibrachte? Bereits nach kurzer Zeit trat er an verschiedenen Familienanlässen zur grossen Freude aller auf.
- er als 11-Jähriger in der Pfadigruppe einen kleinen Gospelchor gründete? Seine augenscheinlichen Talente liessen schon damals erahnen, dass seine spätere berufliche Laufbahn in diese Richtung zielen könnte.
- er 1968 die Matura im Typus Musik erlangte und anschliessend an der Hochschule für Musik in Basel ein Studium aufnahm?
- er 1974 sein Studium mit dem Diplom als Gesangslehrer und Chordirigent erfolgreich abschloss?
- er seit 1974 als Profimusiker in verschiedenen Tanz- und Unterhaltungsorchestern als Bassist und Leadsänger seinen Lebensunterhalt verdiente?
- 1979 die erste Veröffentlichung unter dem Pseudonym «Beau Katzman» erschienen ist?

Die grossartige Karriere war lanciert. Mit seiner neuen Band, der Bo Katzman Gang, räumte er seit dem Jahre 1985 schlicht alle Preise ab, welche es zu gewinnen gab.
Ganz wichtig. Am 8.8.1988 ein unvergesslicher Höhepunkt im Leben des grossen Musikers: Er heiratete seine langjährige Freundin Marianne. Das wunderschöne Fest fand im Schloss Bottmingen statt und Bos damaliger 150-köpfiger Kinderchor «Katz Kids» stand zum Glückwunsch Spalier.
Zwischenhalt. Gaben Sie sich das Ja-Wort so richtig feierlich in einer Kirche?
«Ja, und genau während dieser besinnlichen Zeremonie ereignete sich etwas ganz Eigentümliches und Unvergessliches. Im Kirchenschiff kam plötzlich Hektik auf und eine ganze Anzahl der Gäste verliess fluchtartig das Gotteshaus.

Was war geschehen? Ich hatte ungefähr zwanzig Cabrios für die Hochzeitsgesellschaft gemietet. Exakt im Moment des wichtigen Eheversprechens öffnete Petrus die Schleusen und liess ein heftiges Gewitter vorüberziehen. Logisch, dass die Verdecke der Autos blitzartig geschlossen werden mussten. Wir werteten dieses überraschende Naturereignis als absolut positiv und sagten: ‹Jetzt hat uns auch noch der Petrus seinen Segen gegeben.›»

Seit den Achtzigerjahren zählt Bo Katzman zu den Top Acts der Schweiz. Entgegen allen Unkenrufen hat er die grossen Schweizer Bühnen erobert und nicht nur das: Mit seinen 13 Gold-CDs gehört er zu den Ausnahmeerscheinungen der Schweizer Musikgeschichte und zu den erfolgreichsten Musikern überhaupt.
Auch im Ausland hat man die Einmaligkeit seiner Präsenz entdeckt. Von Florian Silbereisen bis zur Superhitparade wird Bo Katzman regelmässig zu den Top-TV-Shows in Deutschland eingeladen. Und ... er war der erste Schweizer Sänger, welcher in der Sendung «Wetten, dass ...?» mit Thomas Gottschalk aufgetreten ist.
Zwischenhalt. Wie innig war Ihr Kontakt zu Thomas Gottschalk?
«Da gab es nicht den Hauch eines Kontaktes, denn der grosse Quizmaster zog es vor, mit niemandem zu sprechen. Jedoch ungefähr acht Jahre vorher, es war an einer Funkmesse in Berlin, hat das Moderatorenduo Thomas Gottschalk und Günther Jauch meinen Auftritt angesagt und seither sind beide von meiner Musik begeistert.»

ICH BIN BO KATZMAN

▸ Geboren am 18. April 1952 in Basel
▸ Verheiratet mit Marianne
▸ Vater von Ronja
▸ Meine Hobbys sind mein Beruf: Singen, Komponieren, Arrangieren. Dazu Lesen, Schreiben und Wandern.

DER ABSTURZ INS TAL DER TRÄNEN

Bo Katzman war zweifellos im schnellen Lift nach ganz oben unterwegs. Vermutlich im Rausche dieses Höhenfluges hob er einmal so gewaltig ab, dass er an der goldenen Himmelspforte anklopfte.

«Immer wieder samstags kommt die Erinnerung …» – dieser leicht abgeänderte Liedtext könnte auch auf den Samstag, den 17. Juni 1972 zutreffen. Diesen Tag wird Bo Katzman garantiert nie aus seinem Gedächtnis streichen können.

Ein strahlend blauer Morgenhimmel und goldene Sonnenstrahlen begrüssten ihn beim Aufwachen. Lebensfreude und Abenteuerlust durchwallten seine Seele genau so lange, bis er realisierte, dass er im Rahmen des Lehrerseminars ein Pflichtprogramm vor sich hatte. Die vergnügliche Seite musste um ein paar Stunden vertagt werden.

Bo setzte sich auf seine 250er-Yamaha-Strassenmaschine mit dem Nummernschild BL 358 und steuerte das gold-weisse schnelle Zweirad vorerst in Richtung Studienplatz. Bereits an der ersten Kreuzung vergass er jegliche Grundsätze von Vernunft und erlag dem Ruf der Abenteuerlust. Er wechselte seine Absicht und entschloss sich, die Freiheit der Jurahügel mit einer rasanten Töfffahrt zu geniessen. In Gedanken redete er sich Folgendes: «Stürze dich hinein in die Ekstase des Lebens, man weiss ja nie, ob dieser Tag dein letzter ist.»

> **«Stürze dich hinein in die Ekstase des Lebens, man weiss ja nie, ob dieser Tag dein letzter ist.»**

Bereits zwei Kilometer später geschah das Unfassbare. Nach einer unübersichtlichen Kurve prallte Bo Katzman mit voller Wucht in die Rückseite eines Amerikanerwagens und Sekunden später lag er eingeklemmt unter dem massiven Gefährt. Seine ersten Empfindungen: «Ich spürte, dass mein Körper zertrümmert war. Durch den Schlag des Aufpralls auf meine Magengegend waren meine Innereien zu Mus zerquetscht, mein Brustkorb eingedrückt, was mir das Atmen unmöglich machte. Die Qual des langsamen Erstickens und die Schmerzen trieben mich zum Wahnsinn. Panik erfasste mich, als ich begriff, dass dies wohl das Ende meines irdischen Daseins sei. Ein immenser Zorn kam in mir auf und die vorwurfsvollen Fragen: Warum ich? Warum schon jetzt? Das muss ein fataler Irrtum sein. Ich bin doch noch viel zu jung, um zu sterben.

Mir war völlig klar, dass ich aus meinem bisherigen Leben nicht gerade ein Kunstwerk gestaltet hatte. Mit anderen Worten: Ich hatte meine Lebenszeit eher vergeudet statt genutzt oder sogar gewinnbringend angelegt.

Wie von ferne vernahm ich eine grosse Aufregung um mich herum. Entsetzte Menschen standen am Unfallort und liefen hilflos und händeringend hin und her. Autoschlangen blockierten den Verkehr in einem grossen Umkreis. Ich bemerkte, wie jemand einen Wagenheber anschleppte und den Versuch unternahm, den schweren Wagen anzuheben, um mich aus meiner misslichen Lage zu befreien. Schliesslich badete ich auch noch in einer Lache von ausgelaufenem Benzin. Meine Kleider waren völlig durchtränkt. Ein Horrorgedanke durchzuckte mich: Jetzt soll nur ja niemand einen Zigarettenstummel wergwerfen. Die Vorstellung, eingeklemmt zu verbrennen, liess meine Panik ins Unermessliche ansteigen.

Da erblicke ich das verschwommene Gesicht eines weisshaarigen Mannes über mir. Offenbar gehörte es einem Arzt, welcher mich zusammen mit anderen Erlösern

Die Bo Katzman Gang räumt ▲
1985 praktisch alle Preise ab

Der Mann mit der Katze. ▶

behutsam unter dem Fahrzeug hervorzuziehen versuchte. Wie durch einen meilen-
weiten Tunnel drang das Martinshorn eines Krankenwagens an mein Ohr. Blaulicht
flackerte, Stimmen schrien durcheinander, alles schien so unwirklich, als würde ein
absurder Film gedreht.

Mit schwindendem Bewusstsein und von unvorstellbaren Schmerzen begleitet,
fühlte ich endlich, wie mich mehrere Hände auf eine Bahre hoben. Dann fiel ich in
eine erlösende Bewusstlosigkeit.»

Bo Katzman erlitt während der darauffolgenden Operation einen Herzstillstand. Wir
lassen ihn über seine Wahrnehmungen selbst zu Worte kommen: «Mitten in der Operation war ich mit einem Schlag bei hellstem Bewusstsein. Ich bemerkte, dass ich
mich nicht mehr in meinem Körper befand, weil ich ihn von oben auf dem Operati-
onstisch liegen sah. Da wurde mir klar, dass mein Herz aufgehört hatte zu schlagen.
Ich war tot. Noch etwas war besonders an dieser Situation: Ich konnte wahrnehmen,
was der Chirurg, der Anästhesist, die Assistenzärzte und die Krankenschwestern in
diesem Moment dachten. Ihre Gedanken waren für mich jedoch wie ein lautes Gespräch und trotz des Durcheinanders konnte ich jedes dieser stummen Selbstgespräche klar und deutlich vernehmen. Ich wunderte mich, dass so viel Aufhebens gemacht wurde, bloss weil ich gestorben war. Für mich war das völlig in Ordnung.

Als es dem Ärzteteam gelang, mein Herz wieder zum Pumpen zu bringen, fiel ich blitzartig in die tiefe Bewusstlosigkeit zurück. Im Operationssaal beschäftigte man sich fieberhaft damit, meine gebrochenen Knochen zu flicken und die zerrissenen Innereien wieder funktionstüchtig zu machen. Davon bekam ich jedoch nichts mehr mit, da mich der Anästhesist ins Land der Träume verabschiedet hatte.»

Mehr als zwei Monate lang wurde das Spitalbett zu seinem konstanten und unerwünschten Aufenthaltsort. In dieser Zeit wechselte seine Gemütslage nicht nur einmal zwischen himmelhoch jauchzend und zu Tode betrübt.

Himmelhoch jauchzend, wenn seine Freundin Marianne bei ihm war und ihm die qualvollen Stunden und Tage verschönerte. Das Zusammensein mit ihr gab ihm Kraft, Zuversicht und die Gewissheit, dass er nur schon wegen ihr vollständig gesund werden wollte. In ihm reifte der Entschluss, die voller Optimismus und Lebensfreude strahlende Frau für immer an sich zu binden.

Andererseits kämpfte er immer wieder mit aller Kraft gegen den Absturz ins Tal der Tränen. Vor dem schicksalsschweren Unfall wies nämlich viel darauf hin, dass die wunderbare Stimme von ihm zu seinem wertvollsten Kapital und zu seinem wichtigsten Goldstück werden könnte.

Dazu der Originalkommentar von Bo Katzman: «Es fing damit an, dass ich entdeckte, dass meine Stimme weg war. Der Schlauch in meinem Hals hatte die Stimmbänder so stark gedehnt, dass sie nur noch flatterten. Aus meiner Kehle kam nichts als warme Luft. Der Arzt erklärte mir mit einer Brise Anteilnahme, dass dies eines der Opfer sei, welches ich habe bringen müssen, als man mir den lebensrettenden Schlauch in die Lunge gestossen habe. Stimme oder Leben – alles könne man nicht haben. Mit etwas Glück und viel Training würden sich die Stimmbänder mit der Zeit wieder ein wenig straffen, sodass ich mich wenigstens sprachlich verständlich machen könne. Die wenig optimistische Zukunftsmusik fuhr mir tüchtig ein, denn im Klartext bedeutete das nicht mehr und nicht weniger, als dass meine gloriose Karriere als Sänger soeben beerdigt worden war. Wozu hatte ich denn überhaupt dieses Talent in die Wiege gelegt bekommen, wenn es mir so mir nichts, dir nichts wieder weggenommen wurde?

«Stimme oder Leben – alles könne man nicht haben.»

Mit viel innerer Gefasstheit versuchte ich mir einzureden, dass ich immer noch ein sehr guter, schweigsamer Handwerker werden könnte. Diese Vorstellung machte mir arg zu schaffen und in manchen Nächten übermannten mich negative Gefühle so stark, dass viele Tränen auf mein Kissen flossen.»

Mittlerweile wog Bo Katzman bei einer Grösse von 193 Zentimetern noch knapp vierzig Kilo. Eine richtige Ernährung fand ja nicht statt, weil es aus medizinischen Gründen nicht ging. Bo überlebte durch die tropfenweise Eingabe von Nährlösungen in seine Venen und der Einnahme von dünnem Tee aus der Schnabeltasse. Und plötzlich stand er nochmals nur Millimeter vor der Himmelspforte. Was war geschehen?

«Nach einer guten Woche im Krankenzimmer spürte ich einen höllischen Stich beim Atmen. Ich dachte, dass ein Messer zwischen meinen Rippen stecken würde. Schnell schrieb ich die Symptome auf die Schreibtafel, welche mir als Kommunikationsmittel diente. Unverzüglich kam ordentlich Hektik auf. Die Diagnose: Lungenembolie. Schliesslich ist die Lungenembolie nach Herzinfarkt und Schlaganfall die dritthäufigste Todesursache. Nur ganz knapp kam ich bei dieser neusten Attacke mit dem Leben davon. Die Schinderei war immer noch nicht zu Ende. Dauernd kamen neue Komplikationen und Torturen dazu.

In meiner Verzweiflung dachte ich oft, dass ich gerne mit Jesus am Kreuz getauscht hätte. Der konnte wenigstens nach ein paar Stunden seinen Geist aufgeben. Bei mir schien die Qual kein Ende zu nehmen. Es kam mir vor, als wolle mich das Schicksal total zerbrechen, mir jeglichen Stolz und jegliche Lebensfreude entreissen.

Doch so leicht gab ich nun doch nicht auf. Als Rettungsanker in der Not hatte ich mir eine wirkungsvolle Technik entwickelt. Ich begab mich im Geiste in eine Fantasiewelt, wanderte durch schöne Landschaften, sass an sprudelnden Bächen und genoss den stahlblauen Himmel. Dann versetzte ich mich in meine Kindheit zurück und durchlebte in aller Intensität Szenen meiner früheren Lebensjahre.»

WENN DER TOD DIE SENSE WETZT

Zu Beginn ein wichtiger Hinweis. Bis zum Zeitpunkt, da sich Reto Borer den Künstlername Bo Katzman zugelegt hatte, verwenden wir konsequent nur den Namen Reto Borer. Reto hatte einen guten Tag. Er erledigte zuverlässig den Abwasch, brachte die Hausaufgaben gelassen unter Dach und Fach und durfte nun den schönen Frühlingsabend mit den anderen Kindern im Hinterhof des Mehrfamilienhauses geniessen. Doch schon oben im Treppenhaus sah er durch das Fenster, dass bereits die Mannschaften zusammengestellt wurden – ohne ihn. Das durfte nicht sein. Er raste wie von der Tarantel gestochen die Treppe hinunter und vergass jegliche Vorsicht. Bei der Ausgangstüre wurde sein wilder Schnelllauf brüsk gestoppt. Mit voller Wucht knallte er in die gläserne Schwenktüre. Diese ging in die Brüche, und einer der zackigen Glassplitter drang tief in seinen Oberschenkel ein und hinterliess furchtbare Spuren. Retos Glück war, dass der rettende Engel, in Form des aufgeschreckten Blumenladenbesitzers, blitzschnell handelte und die Ambulanz alarmierte. Diese war im Eiltempo da, sodass der Knabe vor dem Verbluten gerettet werden konnte. Es war in Wirklichkeit fünf vor zwölf und der Gevatter Tod hatte seine Sense bereits tüchtig gewetzt.

Bo Katzman selbstkritisch: «Während des schönen und langen Sommers fanden die verschiedenen Wettspiele im Hinterhof leider ohne mich statt. Damit der zusammengenähte Oberschenkelmuskel heilen konnte, musste ich dauernd das Bett hüten. Ein wenig mehr Geduld beim fatalen Treppensprint, und die bitteren Erfahrungen wären mir erspart geblieben.»

Richtig kriminell hört sich die zweite Episode an, bei welcher Reto vor Todesangst wie Espenlaub zittern musste. Alles begann schön und harmlos. Wie so oft, war es für Reto ein grosses Vergnügen, an seinen freien Nachmittagen ganz alleine durch die Wälder zu streifen, zu beobachten und den Konzerten der Vögel zuzuhören. Doch bei diesem Ausflug wurde in Retos Lebensbuch eine neue Seite aufgeschlagen. Sein Trip führte ihn völlig unbeabsichtigt in einen Steinbruch und damit ins Camp einer üblen Bande von Halbstarken. Bevor er ungesehen die Flucht ergreifen konnte, entdeckte ihn der Anführer höchstpersönlich und liess ihn von zwei seiner Untertanen einfangen und fesseln. Nun begann der grosse Auftritt des gut siebzehnjährigen Gang-Chefs.

◁ Reto Borer als 3-Jähriger
mit perfektem Outfit.

▲ Nicht nur «Kleider machen
Leute», dahinter steckt
viel mehr.

◁ Charmant auch im
Umgang mit seiner
Schwester.

Er bastelte aus einem Seil eine Schlinge, legte diese dem verstörten und verängstigten Reto um den Hals und liess ihn auf eine Kiste steigen. Das andere Ende des Seils wurde an einem dicken Ast befestigt. Nun folgte die Henkersrede: «Sprich dein letztes Gebet, du Hosenscheisser. Ich zähle bis zehn und kicke die Kiste unter deinen Füssen weg. Eins, zwei ...»

Reto bettelte unter Tränen um sein Leben. Das Monster liess sich jedoch nicht beirren, zählte aufreizend langsam weiter und ... erfreute sich an der Panik des Buben. Bei Zehn stiess er tatsächlich mit dem Fuss schwach an die Kiste und liess diese ordentlich schwanken.

Bo Katzman erinnert sich auch heute noch an diese psychische Folter: «Natürlich brach ein entsetzter Schrei aus meiner Kehle. Es tönte zwar eher wie das Quietschen eines Meerschweinchens. Die versammelte Bande brach in gemeines und hämisches Lachen aus. Offensichtlich hatte der Chef der Bösen genug von diesem Spiel und seine abartige Freude ausgekostet. Er übernahm die Regie und sprach: ‹Das soll dir eine Lehre sein. Hau ab und lasse dich hier nie wieder blicken.›»

Reto wurde von der Schlinge und den Fesseln befreit und mit gemeinen Hieben aus dem Refugium der «Zukunftsgangster» verjagt. «Ich zitterte am ganzen Leib vor Schreck und rannte nach Hause, als ob der Teufel hinter mir her wäre. Das war tatsächlich bereits das zweite Mal, dass ich dem Gevatter Tod ins Auge blicken musste – es war eine hässliche Fratze.»

DAS WANDELNDE ELTERNHAUS

Bei der militärischen Aushebung gab es einen Vorfall, welcher den nicht wirklich armeebegeisterten Reto Borer in eine unvorteilhafte Lage gebracht hatte. Statt die Sache ernst zu nehmen, trieb er Schabernack und damit trieb er den Kompaniekommandanten auf die Palme. Als dieser ihm schlussendlich zornentbrannt die Fragen «sind Sie in einem Saustall aufgewachsen» und «hat Ihnen niemand Anstand beigebracht» stellte, fabulierte der Angeklagte in gespielt traurigem Tonfall: «Ich komme aus einer armen Familie. Meine Eltern haben zehn Kinder zu versorgen und mein Vater arbeitet am Fliessband in einer Fabrik.»

«Der Lümmel kommt mir nicht in die Armee.»

Die fantasievolle Darstellung seiner Familienverhältnisse entpuppte sich schnell als Lüge und führte zu folgendem abschliessenden militärischen Urteil durch den hohen Offizier: «Der Lümmel kommt mir nicht in die Armee.» Damit war alles klar: Die Schweizerische Eigenossenschaft verzichtete freiwillig auf die Dienste eines gewissen Reto Borer.

Zum Glück war dieser nicht in ärmlichen Verhältnissen aufgewachsen und zum Glück arbeitete sein Vater nicht in der Fabrik. Dieser war nämlich, dem Geschlechtsnamen Borer entsprechend: Zahnarzt. Vater Hugo war ein stiller, feinfühlender und eigensinniger Mann, welcher im Geheimen Gedichte schrieb, die niemals jemand lesen durfte. Seine introvertierte Art grenzte oftmals sogar an Verschlossenheit.

Aus ganz anderem Holz war Mutter Anna geschnitzt. Als eine von «Tells Töchtern», sie war in Küssnacht am Rigi aufgewachsen, erfreute sie ihr Umfeld mit Lebenslust und einer unerhörten Energie. Nach den Buben Iwan, Ingo und Reto kamen noch die Mädchen Pia, Ines und Nadja zur Welt.

In der Wohnung der Zahnarztfamilie Borer am Bahnhofplatz in Pratteln herrschte nicht nur eitel Sonnenschein. Die Mutter litt nämlich konstant unter Heimweh nach der Innerschweiz. So oft es ging, reiste die ganze Familie nach Küssnacht.

Irgendwann steigerte sich der Heimweh-Druck der Mutter derart, dass ihm der Vater nicht mehr standhalten konnte, und er in Luzern eine Praxis eröffnete. Der Wohnblock an der Maihofstrasse entsprach zwar nicht der vielgerühmten Idylle der Urschweiz, war aber punkto Wohnqualität ein Lichtblick. Die Familie belegte zuoberst eine 6-Zimmer-Wohnung und der Vater hatte in der zweiten Etage seine Praxis eingerichtet. Genau diese Investition rechnete sich für den kleinen Landzahnarzt überhaupt nicht und trieb die Familie an den Rand des Ruins. Erschwerend kam hinzu, dass sich für die Praxis in Pratteln kein Käufer finden liess. Der Kreis des Unguten schloss sich damit, dass der Aufbau einer Klientel in der fremden Stadt kaum möglich war. Die wenigen, welche die Dienstleistungen beanspruchten, zeigten sich als katastrophale Zahler. Und … das sechste Kind war unterwegs.

Vater Hugo musste sich etwas einfallen lassen. Das tat er, indem er während über vier Jahren die Zahnarztpraxen in Luzern und Pratteln gleichzeitig führte.

«Wir Kinder bekamen ihn in dieser Zeit selten zu sehen. Wenn er spät in der Nacht von Pratteln nach Hause kam, war er so abgekämpft, dass er als Familienvater oder Ehemann kaum noch zu

> **«Am meisten genoss ich in dieser Zeit die sonntäglichen Familienspaziergänge.»**

gebrauchen war. Am meisten genoss ich in dieser Zeit die sonntäglichen Familienspaziergänge. Wenn Geld vorhanden war, reichte es sogar für einen Ausflug mit der Bahn auf die Rigi, den Urmiberg oder die Klewenalp. Dann war ich im siebenten Himmel.»

Die missliche finanzielle Lage und der unhaltbare Zustand, dass der Vater zwei Praxen betrieb, führten dazu, dass die Notbremse gezogen werden musste. Die Expedition «Luzern» wurde abgebrochen. Eine Fügung des Himmels hatte es so gewollt, dass die Praxis in Pratteln nie verkauft werden konnte und nun zur rettenden Insel für die Familie Borer wurde.

DIE GEBURTSSTUNDE DES MUSIKALISCHEN TOP-ENTERTAINERS

Einleitend zu diesem Abschnitt lassen wir Bo Katzman erzählen. «Ich war ungefähr vier Jahre alt, als es an Weihnachten bei uns ganz speziell zu und her ging. Der Vater hatte die glorreiche Idee, alle Weihnachtsgedichte und Weihnachtslieder seiner Kinder mit einem neuen portablen Tonbandgerät akustisch für die Nachwelt festzuhalten. Auch ich bin auf diesem Dokument bestens zu hören. Vor allem, als ich lautstark ins Mikrofon krähte: ‹Ich bin der Reto, hört alle gut zu.› Bevor ich bis zehn zählen konnte, machte ich nachdrücklich auf mich aufmerksam. Ich hatte schon damals das Gefühl, dass mein Vortrag etwas Besonderes sein musste und sich mein Auftritt von denjenigen meiner Geschwister definitiv abhob.» Der Entertainer in ihm war erwacht. Später wurde er auch durch die Musik infiziert. Das hatte einen festen Grund: Der Vetter Alban aus Küssnacht. Dieser konnte auf jedem Instrument, welches man ihm anvertraute, spielen. Zudem erzählte er wunderbare Geschichten aus seinem Leben als Musiker. Alban stieg zum ersten Idol von Reto auf. Die Saat war ausgelegt.

Als Reto auf den Titelseiten der Bravo-Zeitschriften auch noch Elvis Presley mit seiner Gitarre bestaunen konnte, gab es für ihn kein Halten mehr. Er wünschte sich sehnlichst das gleiche Instrument, wie es der grossartige Schwarm der Jungen um seinen Hals trug. Endlich wurde Retos Flehen erhört. Neben dem Weihnachtsbaum stand seine Mutter im Hochzeitskleid, wie immer quasi als Christkind, und nun ging sein Herzenswunsch in Erfüllung: Er erhielt eine billige Kindergitarre aus dem Warenhaus. Um der grossen Investition von fast 40 Franken Nachhaltigkeit zu verschaffen, durfte Reto Unterrichtsstunden nehmen. Nicht für lange, als es ihm nämlich zu klassisch wurde, setzte er seine ganzen Chips auf die Karte Selbststudium. Mit einem unglaublichen Fleiss und einer grossen Portion Beharrlichkeit gelang es ihm, schnell grosse Schritte zu machen. Lieder wie «Das alte Haus von Rocky Docky» oder «Hüaho alter Schimmel» hörte er im Radio so oft, bis er Melodie und Worte perfekt imitieren konnte. Die Mutter freute sich über die Fortschritte ihres jüngsten Sohnes riesig. Als sie eines Tages zufällig mitbekam, wie ihr 10-jähriger Sprössling laut und fröhlich «Rote Lippen soll man küssen» sang, war Feuer im Dach. Dieses und ähnliche Lieder setzte sie konsequent auf eine Verbotsliste.

Tatsächlich bekam die aufstrebende Karriere von Reto auf einmal einen harschen Knick. Was war geschehen? Immer wenn Besuch im Hause Borer aufkreuzte, musste er mit seiner Gitarre konzertieren. Zu Beginn erfreute er sich noch am Applaus, welcher ihm in der Seele gut tat. Mit der Zeit wurde ihm dieses Theater zu viel und er schaltete auf Verweigerung. Dafür fehlte wiederum der Mutter jegliches Verständnis. Die weiteren Auftritte erlebte der Knabe als Demütigung. Es musste etwas geschehen. Reto fand einen, zugegeben nicht ganz lupenreinen, Ausweg. Die Mutter hatte die Angewohnheit, sich nach dem Abendessen mit ihrem Strickzeug in einen bequemen Lehnstuhl in die gute Stube zu setzen. Da versteckte Reto die kleine Gitarre heimlich unter dem Kissen von Mutters Lieblingsstuhl. Als die Mutter sich nach getanem Tagwerk in das Polster fallen liess, krachte es verdächtig und ... Reto hatte seine Qualen elegant entsorgt.

◄ Alles begann
als Jazzbassist.

▲ Eine Leidenschaft, welche auch ordentlich Leiden schaffte.

*Zwischenhalt. Mit was haben Sie
Ihre Eltern am meisten geärgert?*

«Ich war tatsächlich ein nerviges Kind - ungeduldig, jähzornig und eigensinnig. Die elterliche Erziehung war sehr darauf bedacht, dass wir Kinder uns nach aussen hin konform und in allen Teilen korrekt präsentierten. Zu Hause im Familienkreis galten andere Gesetze. Da war der Eigensinn in der Regel stärker als die erzieherischen Grundsätze.»

*Dann waren Strafaktionen
quasi unvermeidlich?*

«Bereits im Kindergarten wurde ich mehrmals ins dunkle Besenkämmerli gesteckt. Gar nicht fremd waren mir zu Hause die Befehle «ohni Znacht ids Bett» oder Schläge mit dem Teppichklopfer. Zur Ehrenrettung meiner bestrafenden Mutter muss ich allerdings anführen, dass sie sechs Kinder im Zaume halten musste und deshalb in den Strafmethoden nicht wählerisch sein konnte.»

Das Comeback. Der Glastürenunfall brachte es mit sich, dass Reto zu völliger Untätigkeit gezwungen worden war. Eines schönen Tages richtete er folgende Worte an seine Mutter: «Es wäre so schön, wenn ich jetzt ein wenig üben könnte, aber leider hast du mir ja meine Gitarre kaputt gemacht.» Das sass. Von leichten Gewissensbissen angetrieben, suchte die Mutter nach einer Möglichkeit, um Sohn Reto wieder zu «instrumentalisieren». Vetter Alban wurde schlussendlich zum Retter in der Not. Zu einem Spottpreis vermittelte er, man höre und staune, eine ordentlich in die Jahre gekommene Jazzgitarre. Damit ging es nun richtig los. Reto erkannte, obwohl noch ein wenig grün hinter den Ohren, dass Musik mehr sein konnte als nur Unterhaltung. Er war überzeugt, dass Musik mehr sein musste, denn sie besass die Kraft, nicht nur auf das Ohr zu wirken, sondern auch auf das Gemüt, das Herz und die ganze Seele. Musik sei eine wichtige Macht, mit der man auf Menschen einwirken, sie beeindrucken und sie beeinflussen könne. Für ihn war klar, dass er auch ein Interpret werden wollte, der mit seiner Musik nicht nur die Füsse in Bewegung bringen werde, sondern auch die Herzen erreichen könne.

Reto entdeckte seine Zuneigung zu Spirituals und liess sich durch die damalige Haushaltshilfe der Eltern in die Geschichte dieses Musikstils einführen. Überhaupt liess ihn die Musik nicht mehr los. Er sang und übte in seinem Zimmer häufig stundenlang und wenn er einmal vergass, die Türe zu schliessen, bekam er es von seinen Geschwistern verbal heftig zu spüren. Der nachfolgende Spruch von Wilhelm Busch hatte eben schon seine Berechtigung: «Musik wird oft als Lärm empfunden, weil sie stets mit Geräusch verbunden.»

Die nächsten Sporen verdiente er sich im Progymnasium, welchem er als 12-Jähriger beitrat, ab. Immer am Dienstagnachmittag nach der Schule bot Mathematik- und Geschichtslehrer Roland Schweingruber in der Aula einen «wilden» Musikkurs an.

Bo Katzman heute: «Mein Einsatz mit der Jazzgitarre löste weit mehr Begeisterung aus, als mein Können mit diesem Instrument rechtfertigte. Bedeutend vielversprechender war für mich daher der erste Kontakt mit der dicken Berta, wie die Bassgeige genannt wurde, die da in der Aula einsam in der Ecke stand. Obwohl: Ihre gedrehten Darmseiten rauten meine zarten Bubenfinger so erbarmungslos auf, dass ich schon nach zehn Minuten die ersten Blattern hatte. Trotzdem vollzog ich einen Wechsel vom Jazzgitarristen zum Jazzbassisten. Die Post ging nun so richtig ab.

Ich war 14 Jahre alt, als wohl unbeabsichtigt ein wichtiger Grundstein in meiner Karriere gelegt wurde. Die Eltern finanzierten mir Lektionen beim afroamerikanischen Allroundmusiker Chester Gill in Basel. Dieser führte mich in die hohe Kunst des Kontrabassspielens ein. Bald schon gründete ich zusammen mit ein paar Kollegen die Jazzband The Waitingbury Kings. Das schnelle Resultat: Wir durften beim Dorffest in Muttenz auf einem Heuwagen öffentlich auftreten.»

Während der gesamten Gymnasialzeit spielte Reto in diversen Formationen als Kontrabassist und seit dem Jahre 1973 in der erfolgreichen Amateurband «Bourbon Street Jazzband». «Das war eine Dixieland-Kapelle, bestehend aus gesetzteren Herren, welche alle im Berufsleben standen und Familie hatten. Ich war mit meinen einundzwanzig Jahren das Küken der Band und durfte manchmal sogar einen Blues singen.»

Die Zeit blieb nicht stehen. Der musizierende und singende Student wurde noch in einer anderen Funktion engagiert. Als die Gruppe «McChurch Soundroo» einen dreitägigen Termin in einem Tonstudio in Hamburg zugesprochen erhielt, wurde Reto als musikalischer Berater verpflichtet. Die Vorfreude bei ihm war so gross, dass er mehrfach in Notlügen Zuflucht nehmen musste. Im Gymnasium meldete er sich krank und zu Hause tat er kund, dass er in ein Schullager gehen werde. Nur so viel: Hamburg war wirklich eine Reise wert. Aber …

HOCHSTIMMUNG LÄSST IHN INS TAL DER TRÄNEN STÜRZEN

Mit stolzer Brust kehrte Reto Borer vom Hamburg-Trip in die heiligen Hallen des Gymnasiums zurück. Leider konnte er seine innere Freude nicht im Zaume halten und erzählte dem Konrektor brühwarm von der erfolgreichen Plattenproduktion.

«Musik wird oft als Lärm empfunden, weil sie stets mit Geräusch verbunden.»

Dieser liess der Euphorie des Studenten freien Lauf und quittierte die Story mit einem gefälligen Kopfnicken. Bereits am nächsten Tag musste Reto vor dem Rektorat der Schule antreten. Ein gewisser Doktor Hans Hafen drohte ihm ernsthaft mit dem Ausschluss vom Gymnasium wegen Schule schwänzen. Dank der Fürsprache anderer Lehrkräfte fiel das Urteil einigermassen human aus: Statt Wegweisung musste der Sünder während drei Ferienwochen das Schulhaus reinigen. Noch wog die Hochstimmung bei Reto weit höher, als die durch die Reinigungsarbeiten eingeschränkte Ferienzeit.

Nicht so reibungslos verlief die zweite schulische «Gerichtsverhandlun». Nach dem schweren Motorradunfall und der langen Absenz im Lehrerseminar war der Zeitpunkt endlich gekommen, dass Reto den Schulbetrieb wieder aufnehmen konnte. Er war guten Mutes, dass er das Verpasste werde aufholen können. Bevor es überhaupt so weit war, musste er vor der kantonalen Rektorenkonferenz antreten, um die Zukunft zu besprechen. Pünktlich fand sich Reto am Ort des Geschehens ein und dann begann für ihn eine lange, nervenaufreibende Warterei. Nach knapp zwei Stunden erlaubte er sich, an der Türe zum Verhandlungsraum leise anzuklopfen. Vielleicht hatte man ihn schlicht vergessen. Da niemand reagierte, öffnete er die Türe vorsichtig einen Spalt weit. Doch diese Aktion wurde vom vielköpfigen Gremium gar nicht geschätzt. Folgende Worte prasselten wie Peitschenhiebe auf ihn ein: «Wer hat Ihnen erlaubt, hier hereinzuplatzen? Gehen Sie raus und warten Sie gefälligst, bis man Sie holt.»

Irgendwann wurde Reto doch noch gnädigst empfangen und schon beim Eintreten musste er den nächsten Hieb verdauen: Der Vorsitzende war kein anderer als der ihm gar nicht gut gesinnte Doktor Hans Hafen, welcher ihn schon früher von der Schule weisen wollte.

Das hohe Triumvirat liess den auf Krücken gestützten Burschen vor dem Verhandlungstisch stehen. Doktor Hafen beschimpfte ihn wegen mangelnder Kinderstube und wegen seiner masslosen Schulschwänzerei aufs Übelste. Schliesslich hätte Reto im Zeitpunkt des Motorradunfalls laut Stundenplan im Unterricht sein müssen. Damit sei die Beweislage klar: Wiederholtes Schulschwänzen. Das Verdikt: Ausschluss aus dem Lehrerseminar.

Reto Borer wollte dieses schlimme Urteil nicht einfach hinnehmen und machte den klugen Vorschlag, dass er einfach ein ganzes Studienjahr wiederholen werde. Auch dieses Votum kam bei der versammelten Herrschaft nicht gut an. «Wir wollen Typen wie Sie nicht an unserem Institut haben. Und jetzt gehen Sie.»

> **«Wir wollen Typen wie Sie nicht an unserem Institut haben. Und jetzt gehen Sie.»**

Bo Katzman zu diesem für ihn tragischen Entscheid: «Mir blieb nichts anderes übrig, als schleunigst das Weite zu suchen. Beim Hinaushumpeln sprangen Leute auf und reckten drohend ihre Fäuste. Ich blickte in wutverzerrte Gesichter und musste unwürdige Schmähungen hinnehmen, welche mir tief im Herzen wehtaten.

Zu Hause verkroch ich mich in meinem Zimmer, schloss die Türe ab, legte mich auf mein Bett und starrte an die Decke. Ein ganzes halbes Jahr blieb genau dieser Zustand bestehen. Der Genesungswille, der mich richtig angetrieben hatte, war brüsk erloschen. Der Ofen war aus.»

Reto war definitiv und erneut im Tal der Tränen angekommen. Sein Kommentar: «Zuerst der grauenhafte Unfall, die lebensbedrohliche Situation, die quälende Zeit im Spital, das mühsame Aufrappeln und jetzt das. Niemand wollte mich, niemand brauchte mich, ich war schlicht ein Ausgestossener. Ich sah keine Zukunft, kein erfüllendes Leben, einfach nichts. Eine bodenlose Leere machte sich in mir breit. Eine abgrundtiefe Schwärze, die alles Positive in mir auffrass. In meinem Zimmer blieben die Storen heruntergelassen, die Vorhänge zugezogen und in meinem Innern sah es genauso aus. Ich redete nicht, ich las nicht und ich ass kaum etwas. Bewusst tötete ich alles ab, was mich daran erinnerte, dass ich am Leben war. Eine handfeste Depression hatte mich ergriffen und hielt mich mit kalten Fingern umklammert.»

DIE AUFERSTEHUNG

Der Auf- oder Ausstieg aus dem Tal der Tränen hatte es mächtig in sich. Reto sah ein, dass er das dunkle Nirwana irgendwie durchbrechen und verlassen musste. Es durfte nicht sein, dass er Tag für Tag und Nacht für Nacht nur da war und Löcher ins Nichts starrte.

Zugegeben, den Rat der Mutter, zum Hausarzt zu gehen, befolgte er äusserst ungern – aber er ging. Dieser erkannte den erbarmungswürdigen Zustand des jungen Mannes auf den ersten Blick und wies ihn an einen Psychiater weiter. So vergingen zweieinhalb Jahre, während denen Reto Borer drei- bis fünfmal pro Woche auf der Couch der Spezialistin lag und über seine Gedanken, Träume und Erlebnisse berichtete.

Bo Katzman heute: «Allmählich fand ich mithilfe dieser Arbeit an meiner aus der Bahn geworfenen Seele wieder ins Leben zurück. Ich konnte in meiner irdischen Existenz wieder Fuss fassen und fand den Tritt im Alltag langsam wieder. Doch die Sinnesfrage war für mich weiterhin nicht geklärt und schwebte wie ein Damoklesschwert über mir: Wozu leben wir? Ich begann mit einer jahrelangen Suche nach dem Lebenssinn und befasste mich mit der Literatur der berühmten Seelenforscher wie beispielsweise Sigmund Freund und den Schriften der Philosophen und Denker. Da ich auch darin auf meine tiefsinnigen Fragen keine glaubhaften Antworten erhielt, wandte ich mich den Weltreligionen und sogar verpönten Angeboten aus Astrologie und Esoterik zu. Um jedoch nicht an der Oberfläche kleben zu bleiben, meldete ich mich für einen Astrologiekurs an. Dieses Studium, dem ich mich über ein Jahr lang widmete, eröffnete mir eine neue Welt, welche für mich höchst interessant war. Mir wurden die Geheimnisse einer religionsähnlichen Geisteswissenschaft offenbart, welche den Namen ‹Esoterik› trägt und die für viele meiner Frage Antworten angeboten hatte, die mir recht einleuchtend erschienen. Aber … die Frage ‹warum sind wir hier› blieb weiterhin nicht konkret beantwortet.»

Und das Gute liegt so nah. Unter dieses Motto könnte man den glücklichen Umstand stellen, welcher dazu führte, dass Reto Borer plötzlich wieder richtig unter die Lebendigen zurückkehrte. Was, um Himmels willen, war geschehen?

Der älteste Bruder Iwan meldete Reto kurz entschlossen für die Aufnahmeprüfung bei der Musik Hochschule Basel an. Reto nahm den Ball überraschend motiviert auf und bereitete sich ein halbes Jahr lang intensiv auf die hohe Hürde des Aufnahmeverfahrens vor. Vorbei waren Unlust, düstere Stimmung und Depression.

▲ Eine total erfolgreiche
Karriere als Entertainer.

◀ Tief aus dem Herzen:
Seine Songs als Rocksänger.

Mit einer Portion Stolz sagt Bo Katzman heute zu dieser «Wiedergeburt»: «Mit zweiundzwanzig Jahren wurde ich Musikstudent. Tatsächlich war ich einer der achtundzwanzig Studenten, welche an der schwierigen Prüfung von Erfolg gekrönt wurden. Und ... meinem Bruder Iwan bin ich für immer und ewig tief dankbar.»

DIE VERWANDLUNG VON RETO BORER ZU BO KATZMAN

Die Zeichen für eine hoffnungsvolle Zukunft standen gut. Reto Borer wurde auf dem Weg zurück immer stabiler, lebensfreudiger und zielorientierter. Dass er mit seiner Freundin Marianne in eine kleine Dachwohnung am Mühleweg in Pratteln einzog, zählte ebenfalls als weiterer Schritt in die richtige Richtung.

Es ging nicht lange, da zog sogar noch eine Untermieterin in die Dachwohnung ein: Ein kleines Kätzchen von einem Bauernhof, welches sonst kein Plätzchen gefunden hätte.

Bo Katzman erinnert sich noch heute gerne an diese exklusive Zeit zurück: «Die Katze bekam den Namen ‹Büsi›. Nicht gerade kreativ, aber sie war zufrieden damit. Als Pädagoge wurde ich von der Lust ergriffen, das Tierchen zu dressieren. Bereits zum Frühstück zog ich meine Lederjacke an und setzte mir die Katze auf die Schultern. Büsi krallte sich am Leder fest und blieb brav sitzen. Zur Belohnung erhielt sie ein paar Fingerspitzen von meinem Frühstücksei. Innert kürzester Zeit war Büsi so sehr an ihren erhöhten Sitzplatz auf meiner Schulter gewöhnt, dass ich mit ihr kleine Spaziergänge machen konnte. Diese Fortschritte machten mich mutiger. Als Nächstes versuchte ich eine gemeinsame Spritzfahrt mit meinem BMW-Motorrad. Das gewitzte Tier schlug seine Krällchen in die Jacke, legte die Ohren nach hinten und genoss die Fahrt, die allerdings nur im ersten Gang stattfand.

Büsi und ich wurden unzertrennlich und gelangten zu Berühmtheit bei den Pratteler Hausfrauen. Wenn ich nämlich mit dem Töff zum Einkaufen ins Dorf tuckerte, sass meine Begleiterin stolz auf meinen Schultern. Auch in den Läden blieb sie wie angewachsen sitzen.»

In dieser Zeit trat Reto Borer immer wieder in Jugendclubs und Pfarreisälen als Folksänger auf. Einer seiner kleinen Tricks, von Beginn an das Interesse der Zuhörerschaft zu wecken, war der Mit-Auftritt seiner Katze. Diese sass neugierig auf seiner Schulter, schaute gebannt, wie dessen rechte Hand gekonnt über die Saiten glitt und dann erwachte ihr Jagdinstinkt. Spielerisch versuchte sie, von der Schulter aus mit ihren Pfötchen die Hand des Musikers zu erhaschen. Es sah lustig aus, das Publikum erfreute sich an dieser exklusiven Schau und Reto musste höllisch aufpassen, dass er die richtigen Töne erwischte. So kam es, dass man in den Medien respektvoll vom «Mann mit der Katze» berichtete.

«Ich hiess ja immer noch Reto Borer und mit einem solch biederen Namen war nach meiner Ansicht weder Staat noch Karriere zu machen. Dieser Name hatte einfach kein Glamour und die Suche nach einem Künstlernamen war längst ein Thema. So standen verschiedene Varianten zur Auswahl: ‹Rex Box›, ‹Red Barron› oder ‹Rock Boston›. Meine Freunde nannten mich schon lange Bo, was eine Verkürzung meines Nachnamens Borer ist. Und nun liess mich dieser Zeitungsartikel nicht mehr los: Der Mann mit der Katze. Daraus formulierten sich neue Gedankenspiele: ‹Catman›, ‹Bo the Cat› oder ‹Kami Katze›. Schlussendlich fand ich die schlichte deutsche Fassung am witzigsten: Katzmann. Der Name wurde noch ein wenig amerikanisiert und der Künstlername war geboren: Bo Katzman.»

«Catman, Bo the Cat oder Kami Katze.»

UND DAS LEBEN DANACH

Mit voller Überzeugung kann man laut und deutlich behaupten, dass Bo Katzman nach den Monaten und Jahren der Entbehrungen, Schmerzen, Todesängste und des nervlichen Stresses ein unglaublich facettenreiches Leben führen durfte. Erfolg reihte sich an Erfolg und die allseitige Anerkennung war ihm weit über die Landesgrenze hinaus sicher. Es folgen wichtige Blitzlichter.

Die Voraussage. Das Konservatorium Basel bot für zukünftige Bühnenkünstler, zur Stärkung der Selbstsicherheit im Auftreten, einen Kurs in Schauspielunterricht an. Bo Katzman zögerte keinen Moment und schrieb sich dafür ein. Regisseur und Schauspieler Helmut Förnbacher kannte kein Pardon und forderte von den Teilnehmern enorm viel. Bei der Schlussbesprechung bekam Bo vom grossen Meister folgende Worte zu hören: «Sie haben ausgeprägte Bühnenqualitäten. Ich würde mich nicht wundern, wenn ich in Zukunft noch von Ihnen hören würde.»

Wie recht der gute Mann haben sollte. Doch bis es so weit war, musste Bo viele Höhen und Tiefen über sich ergehen lassen. Ihm wurde in keiner Phase etwas geschenkt – gar nichts. Zuerst verdiente Bo Katzman seine Brötchen als Musiklehrer im Progymnasium in Reinach. Dort setzte er sich mit Feuereifer dafür ein, bei den Elf- bis Sechzehnjährigen die Freude am Singen zu erwecken und ihnen Verständnis für die Musik im Allgemeinen zu vermitteln. Nicht zuletzt, weil er das althergebrachte, verstaubte Liedgut aus dem «Sortiment» kippte und durch zeitgemässe Country- und Folksongs wie beispielsweise «Blowing in the Wind» ersetzte, gelang es ihm, die Herzen der Schüler innert kürzester Zeit zu erobern.

Bo Katzman: «Jede Schulstunde war eine kleine Show, die ich abzog. Nicht nur die Schüler profitierten davon, sondern auch ich. Eine im Grundsatz uninteressierte Schülerschar so zu motivieren, dass sie vergass, dass sie einer Schulstunde beiwohnte, war auch für mich eine Ausbildung, welche mir später auf der Bühne immens viel nützte. Wer eine pubertäre Schulklasse motivieren und begeistern kann, bringt das auch mit jeglicher Art von Publikum zustande. Natürlich kam bei meinem selbstbewussten Auftreten auch meine extrovertierte Seite nicht zu kurz. Das wiederum löste nicht überall helle Freude aus. Eines schönen Tages lag ein anonymer Brief auf meinem Pult. In wunderschöner Schülerschrift stand geschrieben: ‹Lieber Herr Katzman. Ich bin eine Schülerin von Ihnen und liebe Sie, obwohl Sie so ein Blöffsack sind.›»

> **«Jede Schulstunde war eine kleine Show die ich abzog.»**

Das riesige Pensum von 28 Stunden pro Woche brachte Bo Katzman manchmal an den Rand der Erschöpfung. Er war zwar jung und hatte eine Menge Energie, aber das Unterrichten einer stündlich wechselnden Horde von wilden Vierzehnjährigen liess ihn nervös und dünnhäutig werden. Mit der Zeit konnte er die strengen Schultage nur mithilfe von Medikamenten bewältigen. Aus der Zahnarztpraxis seines Vaters besorgte er sich Nobrium oder Librium, ein Medikament, welches der Beruhigung von aufgeregten Patienten diente. Zum Glück hatte der Rektor ein Einsehen, dass der durch Bo ausgelöste Musikboom nicht alleine von einer Lehrkraft gestemmt werden konnte. Ein zweiter Lehrer wurde engagiert und brachte für Bo die dringend notwendige Entlastung.

Der Durchbruch. Als das Kantonale Gesangsfest, ein wichtiger Grossanlass, in Reinach zur Durchführung gelangte, hatte Rektor Ernst Vögtli die Idee, dass Bo mit zwei Klassen ausser Konkurrenz auftreten und ein paar Lieder singen könnte. Nach einigem Zögern sagte Bo zu. Über Nacht reifte in ihm der Entscheid, alle seine Schulklassen einzubeziehen und einen riesigen Kinderchor zu bilden. Seinem Wesen entsprechend, gab er sich in der Folge nicht mit Halbheiten ab und übte mit den einzelnen Klassen zielorientiert und in einer grossen Intensität. Als alle Stufen die Melodien beherrschten, versammelten sich die über 350 Kinder in der Aula zum gemeinsamen Proben.

Bo Katzman: «Jetzt hörte ich zum ersten Mal die Lieder, wie sie klangen, wenn sie dreistimmig von Hunderten von Kids gleichzeitig vorgetragen wurden. Es war schlicht phänomenal. Die Kinder waren total aufgekratzt und einsatzbereit. Da alle spürten, dass sie an einem einmaligen Event teilhaben durften, war es gar nicht so schwierig, sie im Zaume zu halten. Sie waren konzentriert und aufmerksam bei der Sache. Allerdings kam ich mit meiner Gitarre als einziges Begleitinstrument gegen diese ‹Wall of Sound› nicht mehr an. Da musste dringend Verstärkung her. Ich fragte die Musiker der Band, mit welcher ich kürzlich mein zweites Soloalbum eingespielt hatte, ob sie sich als Begleitband meines riesigen Kinderchors zur Verfügung stellen würden. Alle machten mit.»

Dann kam der grosse Tag. Die Kulisse: Ein zum Bersten gefülltes Riesenfestzelt mit rund dreitausend Leuten. Viele davon waren Sängerinnen und Sänger, dazu enorm viele Zuschauer und natürlich die Eltern und Angehörigen der Schüler. Schon der Aufmarsch der Kinder dauerte fast fünf Minuten und wurde von einem gewaltigen Applaus begleitet. Die meisten Anwesenden hatten ja keine Ahnung, was da auf der Bühne abging, da der Auftritt, weil ausser Konkurrenz, in keinem Programmheft zu finden war.

Bo Katzman: «Nachdem schlussendlich auch ich die zwölf Meter breite Bühne betreten hatte, ebbte der Applaus schlagartig ab und machte einer Totenstille Platz. Alle waren gespannt, was nun kommen würde. Und dann ging es los. Die Band rockte ab, die Kids sangen sich die Seelen aus den kleinen Leibern, das Publikum klatschte sofort begeistert mit und wurde schlicht von der überwältigenden Darbietung überfahren. Als beim letzten Lied, ‹Rote Lippen soll man küssen›, dreihundertfünfzig Plakate mit gemalten Herzen und roten Lippen geschwenkt wurden, war das Publikum nicht mehr zu halten und geriet völlig aus dem Häuschen. Keinen hielt es mehr auf den Sitzbänken. Die Frauen weinten vor Begeisterung, die Männer brüllten Bravorufe, der Applaus war ohrenbetäubend und endlos. Wir hatten keine Chance, von der Bühne zu gehen und spielten fast das ganze Programm gleich nochmals durch. So etwas hatte es noch nie gegeben und es war ein besonderer Moment, der mein ganzes Leben verändern sollte. Es war die Geburtsstunde des Chorkonzepts, dem ich in ferner Zukunft meine grössten Erfolge verdanken konnte.»

Zwischenhalt. Wurden Sie im Rahmen Ihrer Auftritte auch einmal bedroht?

«An einem Open-Air-Konzert wurde ich von unbekannter Seite mit Gegenständen beworfen. Zuerst flog ein Stück Kuchen daher. Dieses nahm ich entgegen und biss genussvoll hinein. Dann wurden die Band und ich von Punks mit Steinen beworfen. Das war nun doch zu viel. Ich klemmte mitten im Song ab und rief ins Publikum: ‹Wir machen hier auf dieser Bühne unsere Arbeit. Die hinterhältigen Feiglinge, die offensichtlich ein Problem haben, sollen ihre Aktionen sofort einstellen und nach dem Konzert zu mir kommen.› Von da an kam nichts mehr geflogen. Als ich nach dem Auftritt immer noch erhitzt und aufgebracht in den Garderobe-Wohnwagen stampfte, stand ein kahlköpfiger und muskelbepackter Punk da und meinte mit einem gefährlichen Blitzen in den Augen: ‹Ich bin der hinterhältige Feigling.› Nun sah ich definitiv rot und stand kurz vor einem Gewaltausbruch. Doch eine innere Stimme sagte zu mir: ‹Tu's nicht. Du bist dafür nicht geschaffen.› Wie von Zauberhand war die Wut von mir abgefallen, ich entspannte mich, begann meinerseits zu grinsen und hielt dem verdutzten Muskelprotz die Hand hin. ‹Vergessen wir's›, hörte ich mich sagen. Das hatte mein angstverströmendes Gegenüber wirklich nicht erwartet. Betreten wandte er sich ab und verliess grusslos den Wohnwagen.»

«Die Frauen weinten vor Begeisterung, die Männer brüllten Bravorufe, der Applaus war ohrenbetäubend und endlos.»

Radio und TV. Open-Air-Festival St. Gallen 1984. Vor 22 000 Zuschauern trat auch die «Bo Katzman Gang» auf. Ein unwahrscheinliches Hochgefühl nahm von den Musikern Besitz, als aus vielen Tausend Kehlen der Refrain ihres Hits «I'm In Love With My Typewriter» mitgesungen wurde. Die Show wurde vom Fernsehen aufgenommen und im Radio live übertragen. Wie erfolgreich die «Bo Katzman Gang» damals war,

▲ Das wahre Erfolgsprädikat:
Bo Katzman und Chor

Hochzeit am 8.8.88 – ein Ehrentag mit Nachhaltigkeit. ▲

lässt sich auch an der TV-Präsenz ablesen. Innerhalb eines Jahres trat die gesamte Gang oder Bo Katzman alleine in der Schweiz und in Deutschland sage und schreibe 33 Mal im Fernsehen auf.

Bo Katzman zur damaligen Situation: «Die rockige Cha-Cha-Cha-Nummer mit dem Titel ‹Cuba Rum› stieg in den deutschen Playlisten der Radiostationen in die Top 20 auf. Normalerweise gelingt es nur mit einem enormen finanziellen Aufwand, einen Song so hochzupushen und bei uns ... geschah dies einfach so nebenher. Plötzlich wurden wir in Fünf- statt wie bisher in Dreisternehotels untergebracht und die Rückreise erfolgte im komfortablen Jet statt wie bisher im holprigen Nachtzug.»

DAS GROSSE FRAGE- UND ANTWORTDUELL ZWISCHEN BO KATZMAN UND AUTORIN CHRISTINA

Ein Fernsehauftritt jagte den nächsten. Zwischenhalt.
Spielten Sie bereits im Schultheater eine tragende Rolle?
«In der Schule gab es leider keine Theateraufführungen. Diese Freude durfte ich jedoch an den Pfadfinderabenden erleben. Es war mir jeweils vorbehalten, meist komische Rollen zu interpretieren und auch bei der Aufführung von Sketchs fühlte ich mich in meinem Element. Die Bühne war tatsächlich schon damals meine Welt.»

Waren Sie bei Streichen auf dem
Schulweg jeweils im vordersten Glied anzutreffen?

«Als ein, nach aussen hin, wohlerzogenes Kind war ich in meinen Verhaltensweisen jederzeit angepasst und friedvoll. Ich hatte nie das Bedürfnis, anderen Menschen Schaden zuzufügen. In mir machte sich früh schon ein sensibles Empfinden breit, welches mir verbot, anderen Leuten weh zu tun. Das schlechte Gewissen hätte mich schlicht erdrückt.»

Waren Sie in der Jugendzeit sportlich top?

«Leistungssport hat mich nie besonders interessiert. Dafür bin ich sehr gerne alleine im Wald herumgestreunt. Das war eine richtig spannende Welt. Ich habe die Natur entdeckt, Bächli gestaut, Tiere aller Art beobachtet und Bäume umarmt. Die totale Faszination war für mich das Treiben in einem Ameisenhaufen. Kurz: Das war meine sportliche Betätigung. Diese war eindeutig mehr auf Lust als auf Leistung ausgerichtet.»

Gab es eine wilde Rebellenphase?

«Meine ganze Kindheit war rebellisch und in der Pubertät erst recht. Ich habe Töffli frisiert und den Rausch der harmlosen Geschwindigkeit genossen. Als Jugendlicher hatte ich ein 250er-Motorrad und kein Geld für den Treibstoff. Aus dieser Not heraus entwickelte ich zusammen mit einem Kollegen einen Trick, mit welchem man an den Tankstellen die Schläuche leerpumpen konnte. Nach drei Tankstellen war der Tank voll und das muntere Treiben nahm seinen Lauf. Dumm nur, dass uns einmal ein Tankwart nachts mit seinem Karabiner auflauerte, prompt erwischte und der Polizei übergab. Wilder Westen pur. Die Nacht musste ich in einer Zelle im Dorfgefängnis von Muttenz verbringen. Sie sehen, ein unbescholtenes Kirchenlicht war ich nicht.»

Wie haben Sie es mit Mutproben?

«Offen gestanden besteht mein berufliches Leben immer wieder aus Mutproben. Nehmen wir als Beispiel mein Chorprojekt. Von allen Seiten wurde mir davon abgeraten. Nicht genug, ich wurde deswegen sogar ausgelacht. Die Leier, dass es genug Chöre gebe und diese niemand hören wolle, kannte ich auswendig. Je mehr ich bedrängt wurde, desto klarer wurde für mich, dass ich das riskante Unternehmen angehen würde. Dank einem grossen persönlichen Engagement und durch unermüdliche Arbeit habe ich mich durchgesetzt und das Chorprojekt erfolgreich lanciert. So nebenbei: Natürlich bin ich auch schon auf die Nase gefallen. Meistens lachte mir jedoch das Glück zu.»

Was würden Sie denken, wenn Sie auf einem
10-Meter-Sprungturm stehen würden?

«Diese Antwort ist ganz einfach: Da würde ich lieber direkt sterben, bevor ich hinunterspringen müsste.»

Was würden Sie gerne nochmals wiederholen?

«Nichts. Zurückspulen und Wiederholen ist nicht mein Ding. Ich bin immer nach vorne ausgerichtet.»

Ihr grösster Fehler war?

«Zu Fehlern habe ich ein spezielles Verhältnis. Ich habe aus nichts so viel gelernt wie aus meinen Fehlern. Deshalb bin ich der Meinung: Es gibt keine Fehler. Sie gehören zum Lernprozess auf dem Lebensweg.»

Schlussfrage: Gibt es einen unerfüllten Traum?

«Ich neige stark dazu, mir meine Träume zu erfüllen, sie sofort in die Tat umzusetzen. Vielen Menschen, welchen scheinbar nichts gelingt, muss man sagen: Ihr habt es euch nicht intensiv genug gewünscht, denn: Am Anfang von jedem Erfolg – steht der starke Wunsch.»

▼ Bo Katzman und Autorin Christina kurz vor einem grossen Auftritt.

URS
KLIBY

DER MANN,
DER CAROLINE BÄNDIGEN KANN

Streng genommen steht im Familienbüchlein vom Ausnahme-Künstler Urs Kliby der Name Urs Kliebenschädel. Vermutlich kennen nur ganz wenige Leute diesen Nachnamen, unter welchem er erwachsen wurde, den Beruf eines Zolldeklaranten erlernte und einige Jahre am Billettschalter der Schweizerischen Bundesbahnen in Kreuzlingen diente. In guten Treuen kann man behaupten, dass er bereits damals in einer Art Rampenlicht gestanden hat. Schliesslich ist ein zuvorkommender und netter Schalterbeamter immer die gute Visitenkarte eines Unternehmens.

Urs Kliby hat aber auch noch eine andere grossartige Fähigkeit: Das Bauchreden. Ein kleiner Exkurs zu dieser Kunst. Ein Bauchredner manipuliert seine Stimme in einer Art, dass sie von einer Puppe aus einer anderen Richtung zu kommen scheint. Worte, ohne Bewegungen des Mundes hervorzubringen, ist eine wunderbare Gabe. Früher glaubte man tatsächlich, die Stimme komme aus dem Bauch. Doch keine der Techniken hat etwas mit dem «Reden aus dem Bauch» zu tun. Entgegen der allgemeinen Meinung könnte jeder das Bauchreden lernen – eigentlich.

In den 70er- und 80er-Jahren fegten die grossen Samstagabend-Shows die Strassen leer. Urs Kliby war einer der Entertainer, welcher überall gefragt und gebucht wurde. Sei es im Schweizer Fernsehen oder bei den Sendern ARD und ZDF bei «Verstehen Sie Spass?» oder «Wetten, dass …?». Seine Popularität stieg fast bis ins Unermessliche. Er verkaufte über eine Million Tonträger, gewann 20 Goldene und 12 Platin-schallplatten und eine Diamant-Schallplatte für über 250 000 verkaufte Tonträger von einer Produktion.

Beinahe hätten wir etwas ganz Wichtiges vergessen. Seine Partnerin, welche über Jahrzehnte immer gleich jung und gleich schlagfertig ist. «Die vorwitzige Esel-Puppe Caroline.»

Kliby und Caroline – ein Renner und ein Dauerbrenner von unbezahlbarem Unterhaltungswert. Im Jahre 1989 traten die beiden mit dem von Charles Lewinsky geschriebenen Lied «Lache isch gsund» sogar beim Grand Prix der Volksmusik in der Stadt- und Sporthalle in Linz auf. In den 1990er-Jahren moderierte Urs Kliby einige Jahre die beliebte Sendung Donnschtig-Jass. Mit einem klassischen Postauto tourte diese Sendung durch die Schweiz. Ein Sommerprogramm, wie es sich das Fernsehvolk so richtig wünschte. Auch ohne die prestigeträchtigen Familiensendungen blieb das Duo Kliby mit seiner Caroline auf einem Höhenflug und das, man höre und staune, während bald 50 Jahren.

ICH BIN URS KLIBY

▸ Geboren am 24. Dezember 1950 in St.Gallen
▸ Verheiratet mit Ruth
▸ Vater von Michel
▸ Grossvater von Colin, Noah, Jamie, Meline und Juna
▸ Meine Hobbys sind Garten, Velofahren, Bootfahrten auf dem Bodensee

DER ABSTURZ INS TAL DER TRÄNEN

Es war einmal im Jahre 2004, als Urs Kliby in der Nähe von München einen Auftritt hatte. Vor diesem Event machte er sich mit seiner Frau auf, um in der bayrischen Metropole einen Bummel zu geniessen. Während des Spaziergangs durch die grosse Stadt geschah Mysteriöses. Urs Kliby konnte plötzlich nicht mehr sprechen, war verwirrt und sah nicht ein, was er im Parkhaus zu suchen hatte. Später bestellte er in einem Bistro ein Getränk und .... war nicht mehr in der Lage, das Glas in den Händen zu halten und, ganz schlimm und ungewohnt, er weinte während 45 Minuten hemmungslos.

Urs Kliby: «Für meine Frau Ruth muss dieser Zustand erschreckend und mehr als unheimlich gewesen sein. Doch wir schoben diese Aussetzer einem Kreislaufproblem zu und am Abend trat ich wie geplant auf, wenn auch nicht besonders souverän.»

Am darauffolgenden Tag besuchte Urs Kliby seinen Hausarzt und der Check-up verlief ohne Auffälligkeiten. Dem äusserst speziellen Erlebnis wurde keine Aufmerksamkeit mehr geschenkt.

An einem Morgen drei Wochen später. «Ich bin aufgewacht und habe alles klar und deutlich doppelt gesehen. Dazu kamen Sprachstörungen, wie beispielsweise, dass ich das Telefonbuch als Teflontuch bezeichnete.»

Diese Alarmzeichen deutete Ehefrau Ruth richtig und schaltete unverzüglich den Augenarzt ein. Der Blutdruck von 248 zu 162 kannte nur eine Konsequenz: Notfallmässig ins Spital. Dort war die Diagnose, dank MRI-Verfahren, innert weniger Stunden klar: Schlaganfall. «Ein Segen für mich, dass alles in einem so hohen Tempo ablief. Wäre mehr Zeit vergangen, hätte das böse enden können. Bereits mein Vater und seine beiden Brüder waren an Schlaganfällen gestorben.»

Urs hatte grosses Glück im Unglück. Es blieben keine irreparablen Schäden zurück. Doch er kehrte nicht wie wild auf die Bretter, die die Welt bedeuten, zurück. Er nahm sich ein halbes Jahr Zeit zur vollen und ganzen Erholung. Viel Ruhe, viel Schlaf, keinen Stress und ein neues Körperbewusstsein gaben ihm die Kraft, wieder ganz in die Leistungswelt zurückzukehren. Oder doch nicht?

«Der Umgang mit meinem Körper ist anders geworden. Ich höre auf ihn und merke, wenn etwas nicht in Ordnung ist oder wenn ich ihn mit zu vielen Auftritten überfordere. Dann kann ich reagieren und mein Pensum reduzieren. Doch eine gewisse Angst, dass es mich wieder treffen könnte, bleibt in mir. Manchmal belastet mich sogar der Gedanke sehr, dass es beim Autofahren geschehen könnte. Ein Schlaganfall bei einem Tempo von 120 auf der Autobahn, nicht auszudenken, was das für Folgen nach sich ziehen würde. Andererseits bin ich regelmässig beim Arzt zur Kontrolle, achte auf meinen Lebensstil und bin ruhiger und gelassener als noch vor ein paar Jahren. Gute Voraussetzungen für ein angenehmes und langes Leben.»

«Es ist zwei Minuten vor zwölf.»

Es war dann im Jahre 2016, als das «angenehme Leben» eine Auszeit nahm. Seit Längerem war Urs Kliby wegen seines allergischen Asthmas in ärztlicher Behandlung. Die Atembeschwerden nahmen konstant zu. Als dann noch ein guter Bekannter infolge eines Herzinfarktes verstarb, war das für Urs wie ein lautes Signal, um sich genauer untersuchen zu lassen. Der Kardiologe waltete seiner Berufung und stellte fest, dass bei ihm massive Durchblutungsstörungen existierten. «Es ist zwei Minuten vor zwölf», sagte ihm in der Folge der Herzspezialist.

◀ Früh schon sehr erfolgreich –
bereits in der «Schwarz-Weiss-Zeit».

▼ Kliby und Caroline –
Garantie für beste Unterhaltung.

Anfangs Juli 2016 wurde Urs Kliby in der Herzklinik Kreuzlingen während fünf Stunden am offenen Herzen operiert und dabei mussten vier Bypässe eingesetzt werden. Erneut blieb Urs Kliby nicht im Tal der Tränen liegen und bereits im September stand er, in Absprache mit dem Arzt, wieder auf der Bühne. «Die Auftritte mit Caroline sind meine beste Therapie.»

Bevor Autorin Christina von Urs Kliby nur noch Schönes, Spannendes und Abenteuerliches hören will, erlauben wir uns folgende tragische Anmerkung: Sowohl Urs wie seine Ehefrau Ruth mussten in den letzten Jahren schwerwiegende gesundheitliche Kämpfe um Leben und Tod führen, denn an beiden ging der Krebs nicht spurlos vorbei. Bei beiden zeigten sich die Schutzengel sehr wohlwollend und so sagt Urs Kliby: «Wir haben unser Schicksal angenommen. Es ist mir jedoch nicht immer leicht gefallen. Manchmal war ich verzweifelt und, das gebe ich offen zu, habe geweint. Nun hoffe ich, dass die Zeit mit negativen Diagnosen endgültig vorbei ist. Wir versuchen, möglichst nichts mehr aufzuschieben und das Leben noch intensiver zu geniessen. Ich wünsche mir ganz fest, dass ich die Leute noch ein paar Jahre mit Caroline und ihren flotten Sprüchen unterhalten kann. Caroline ist wie ein Jungbrunnen für mich.»

DER HÖHENFLUG BEGANN BEI DER SCHWEIZER ARMEE

Die militärische Karriere von Urs Kliby war nicht wirklich spektakulär. Er begann seine Bürgerpflicht mit dem Absolvieren der Rekrutenschule in Fribourg und das in der Abteilung Luftschutz. Die Verlegung verhalf ihm zu einer geografischen Weiterbildung rund um das Wasserschloss Bottmingen und im weitläufigen Gebiet des Naturparkes Gantrisch.

Seine berufliche Tätigkeit bei den Schweizerischen Bundesbahnen brachte es dann mit sich, dass ihm die «grünen Ferien» verwehrt wurden. Erst als er im Alter von 29 Jahren der SBB adieu sagte, begrüsste ihn die Schweizer Armee wieder. Er wurde für die letzten drei Wiederholungskurse herzlich aufgenommen und mit einer ganz speziellen Mission betraut: Dem Organisieren der überaus beliebten Kompanieabende. Aufgrund dieser Erfahrung verbuchte Urs das Militär unter Freude und Spass.

Das ganz Entscheidende für Urs Kliby geschah jedoch bereits bei der militärischen Rekrutierung. Anlässlich der medizinischen Konsultation hielt ihm der Militärarzt Doktor Ruch folgenden Vortrag: «Atmen Sie richtig. Das heisst, beim Sprechen ausatmen und nicht einatmen.»

Der zukünftige Rekrut Kliby realisierte dieses Phänomen und liess es nicht damit bewenden. Sein Kollege Urs Zuppiger war nämlich nicht nur Lehrer bei den Artistenkindern des Zirkus Knie, sondern auch noch Hobbyzauberer. Urs Kliby liess es sich nicht nehmen und erzählte diesem sein kurioses Rekrutierungserlebnis. Doch auch Kollege Zuppiger liess es nicht damit bewenden und «zauberte» flux ein Buch hervor, in welchem ein Anhang über die Bauchrednerkunst zu finden war. Die entsprechende Atemtechnik wurde darin haargenau beschrieben.

«Atmen Sie richtig. Das heisst, beim Sprechen ausatmen und nicht einatmen.»

Dank Militärarzt Doktor Ruch wurde Urs Kliby nicht von einem Virus geheilt, sondern durch einen Virus angesteckt: Dem Bauchreden. Spontan stellte er sich mit einem Bodenlappen ausgerüstet vor den Spiegel und übte die eigenwillige Kunst. Fleissig und zielgerichtet stand er während weit mehr als zwei Jahren täglich im Übungsmodus. Die Fortschritte waren unverkennbar und eine Künstlerkarriere flackerte in den Träumen ab und zu hell auf.

Die Realität: Am 31. Dezember 1973 trat Urs Kliby erstmals als Bauchredner an die Öffentlichkeit. Am Silvesterball des Männerchors Bazenheid unterhielt er, mit einer Ente als Partnerin, das überaus freudige Publikum. Als Gage durfte er 300 Franken auf der Einnahmeseite verbuchen. Essen und Trinken war nur für die Ente gratis. Doch viel wichtiger war in diesem Moment die Presselandschaft. Die Zeitungsberichte waren überschwänglich und des Lobes voll. Der Bekanntheitsgrad stieg fast raketenhaft an. Ein Höhenflug mit einer kaum für möglich gehaltenen Popularität war gestartet.

EIN GENIE — BEREITS IN DER WIEGE?

Die Kinder- und Jugendzeit von Urs Kliby gestaltete sich höchst abwechslungsreich, abenteuerbehaftet und in den Grundzügen von einer wohltuenden Harmonie geprägt. Vater August verdiente sein Geld als Buchbinder und Mutter Ottilia war in erster Linie für das Wohl der Familie zuständig. Immer wenn sie Zeit fand, nahm sie

▲ Bruder Otmar (links) und Urs können kein Wässerchen trüben.

Stricknadeln und Wolle zur Hand und es entstanden wunderbare Werke. Beide hatten allerdings eine gemeinsame Leidenschaft: Camping. In Wiedehorn bei Egnach, am Bodenseeufer, hatten sie ihren Wohnwagen stationiert. Natürlich war das auch ein Paradies für ihre drei Kinder Otmar, Urs und Nachzüglerin Cecile.

Die ersten Gehversuche unternahm Urs jedoch im Aussenquartier Schönenwegen in der Stadt St. Gallen. Das ältere Wohnhaus, in welchem rund dreissig Kinder für Stimmung sorgten, wechselte eines Tages den Besitzer und alle acht Familien mussten ein neues Heim suchen. Der künftige Inhaber war, gelinde gesagt, dem Mammon verfallen. Er machte aus den bisherigen Familienwohnungen 31 kleine Einheiten und kassierte ein Vielfaches.

Doch diese Zeit bleibt für Urs Kliby unvergessen und er erinnert sich: «Wir wohnten im 4. Stock. Von unserem Küchenfenster zum Küchenfenster des Nachbarn herrschte eine friedliche Atmosphäre. Immer wieder winkte mir eine im ganzen Land bekannte Persönlichkeit zu: Walter Roderer. Mit Paola habe ich im Sandkasten gespielt und später sogar die Schulbank gedrückt.»

Nun war bei der Familie Kliby Zügeln innerhalb der Stadt St. Gallen angesagt. Die neue Adresse lautete: Rosenbergstrasse. Die Wohnung über einer Bäckerei hatte eine schöne Terrasse, war zentral gelegen und in Blickweite des Bahnhofs. Zudem bot sie einen weiteren grossen Vorteil: Ofenfrische Backwaren aus unmittelbarer Nähe.

Eher nach strenger Arbeit roch eines der Hausämtli von Urs. Damit die Ölheizung und der Kachelofen gute Dienste abgeben konnten, musste er jeweils eine Kanne Öl und eine ganze Menge Holz aus dem Keller in die Wohnung schleppen. Immer am schulfreien Mittwoch, vor dem Spielen, fiel noch eine andere Aufgabe an. Mit Velo und Anhänger musste er zwei Säcke Abfallholz in einer Schreinerei abholen und im Keller ordentlich verstauen. Dafür gab es allerdings regelmässig einen Lohn und erst noch nach freier Wahl: Entweder eine Schleckmuschel oder ein 20-Rappenstück zur Fütterung seines rosaroten Sparsäulis.

▲ Der steile Aufstieg begann mit dem ersten Preis am Talentfestival in Romanshorn.

Wir wollen nicht vergessen, dass Urs in der frühen Entwicklungsphase bereits wertvolle Erbschaften antreten durfte. Seine verstorbenen Grossväter hinterliessen ihm beide eine Taschenuhr. Nicht einfach so. Beide verbanden das jeweilige Geschenk mit einer wertvollen Lebensweisheit: «Ich gebe dir etwas auf deinen weiteren Lebensweg mit: Sei immer pünktlich, zuverlässig und genau, wie diese Uhren.»

Die beiden edlen Uhren sollten als wegweisendes Symbol dienen, was sie bis zum heutigen Tag auch tun. Natürlich hinterliessen auch die Eltern nachhaltige erziehungsgrundsätzliche Spuren: Ordentlich, dankbar, ehrlich, auf dem Boden bleiben.

Aufgrund der vielen guten Ratschläge könnte man getrost davon ausgehen, dass Urs ein absolut unbescholtener Bub war. Folgsam und ohne jeglichen Anlass für Strafen. Tatsächlich?

Autorin Christina erkundigt sich direkt beim so sehr Gelobten. «Natürlich kam es vor, dass ich Grund zur Anklage gab. In solchen Fällen kannte die Mutter ein ganz besonderes Strafmass. Es waren keine Schläge, es war auch kein Kellerarrest, sondern: Sie bestrafte mich mit Nichtssagen. Eine Strafart, welche sehr schwer zu ertragen war.»

Ordentlich, dankbar, ehrlich, auf dem Boden bleiben.

Urs war 12 Jahre alt, als er im Wald einen Grillabend veranstaltete. Würste am Spiess durften über dem offenen Feuer gebraten werden. Herrliches Wetter war angesagt und die Vorfreude gross. Dummerweise war er ausgerechnet vor diesem freudigen Event zu spät heim gekommen. Die Folge: Die Mutter liess ihn links liegen und ignorierte ihn komplett. Da zeigte sich, dass Urs eine grosse Portion Genie in die Wiege gelegt bekommen hatte. Die ganze Familie sass versammelt am Tisch. Da sagte Urs zu seinem Vater: «Wenn du Mama siehst, könntest du ihr ausrichten, dass ich heute wegen dem Grillabend eine halbe Stunde später nach Hause komme?»

Sogar die Mutter fand es sehr originell, wie ihr Sohnemann die Botschaft herübergebracht hatte. Zudem brach die ganze Familie in einen Lachanfall aus. Alles war nach dieser taktischen Meisterleistung wieder okay. Nicht nur das, die Mutter griff von diesem Zeitpunkt an nur noch bei ganz groben Vergehen zum Mittel der totalen Schweigsamkeit.

Ein Geniestreich gelang Urs auch im Zusammenhang mit dem Thema Haustiere. Die Mutter hatte diesbezüglich den Tarif längst durchgegeben: «Es kommen keine Tiere ins Haus.» Das Schicksal wollte es, dass im gleichen Haus ein Kanarienvogel-Züchter sein Reich hatte. In seiner Lodge wohnten regelmässig 60 bis 80 der gelben Vögel. Nicht genug, der emsige Vogelfan organisierte in der Ostschweiz Ausstellungen für die gefiederten Freunde. Züchter von nah und fern kamen zusammen und präsentierten die farbenprächtigsten Exemplare. Bei diesen Anlässen durfte natürlich eine Tombola nicht fehlen. Auch dafür war der Nachbar zuständig. Er steckte Urs im Vorfeld relativ heimlich ein Los zu, welches den Gewinn eines Kanarienvogels im Werte von 40 Franken garantierte. Die hohe Gewinnchance kam bereits am nächsten Tag. Urs ging hin, kaufte 10 Lose, erhielt nur neun, weil er ja schon im Besitze eines Treffers war. Sein Gewinn: Welche Überraschung, ein Kanarienvogel.

Bereits hatte Urs im Warenhaus ABM, mit seinem Taschengeld, für 20 Franken einen Vogelkäfig gekauft und gut versteckt. Als er dann zu Hause bei der Mutter mit Vogel und Käfig vorsprach, war der Schock bei ihr bestens sichtbar und das Potenzial für einen Tag ohne Wortwechsel klar gegeben. Es kam anders. Weil beim Bügeln das Bügeleisen herrlich quietschte, wurde das Vögelein richtig zum Mitsingen animiert. Der herrliche Gesang erfreute das Mutterherz und der neue Mitbewohner war nicht nur akzeptiert, sondern plötzlich innig willkommen. Übrigens, Nachbar Löhrer, der Kanarienvogelfreak, stiftete in der Anfangsphase das Futter.

«Chum, i muess dier öppis zeige.»

Früh übt sich, wer es zu etwas bringen will. Unter dieses Motto stellen wir die Ferienaufenthalte von Urs bei seinen Grossmüttern. Die Aufenthaltszeit bei der Grossmutter väterlicherseits wusste der clevere Bube regelmässig so zu nützen, dass er am Schluss ein angestrebtes Ziel zu erreichen wusste. Ein Beispiel: Er wünschte sich Heilandsandalen. So bearbeitete er die liebe Grossmutter derart wunderbar und mit seinem umwerfenden Charme, dass sie ihm schlussendlich ins Fachgeschäft folgte, wo er zu ihr sagte: «Chum, i muess dier öppis zeige. Die Heilandsandalen wurden gekauft. Ziel erreicht.»

Tief in die Trickkiste musste Urs bei der anderen Grossmutter greifen. Während der Zeit bei ihr blieb es ihm vorbehalten, immer wieder Einkäufe zu besorgen. Diese willkommenen Dienstleistungen wurden mit einem Honorar von 20 Rappen pro Botengang sehr gut honoriert. Der geschäftstüchtige Bube zog mit dem «Poschtizetteli» los. Auf dem Heimweg versteckte er an einem geeigneten Ort beispielsweise eine Tube Senf und als er seine Ware zu Hause auspackte, fehlte diese logischerweise. Da musste er nochmals losziehen. Ein anderes Mal vergass ihm Frau Rüedi im Lebensmittelgeschäft anscheinend, die Rabattmarken zu geben. Wieder musste er bei Wind und Wetter zurück. Unglaublich, aber etwas fehlte immer. Die Grossmutter hatte Erbarmen mit ihrem lieben Grosskind und entschädigte die Sondergänge jeweils mit einem Zustupf von 10 Rappen. Wenn Urs aus den ertragsbringenden Ferien abreiste, war er richtig wohlhabend. Sein Vermögen war um ansehnliche 6 Franken angestiegen. Kurz: Gewusst wie – macht reich.

Schon jetzt ist klar, weshalb die vorwitzige Eselin Caroline später ein so schlagfertiges Verhalten an den Tag legen kann. Ihr «geistiger Vater» beherrschte schliesslich ausgeklügelte Tricks ohne Ende. Gerne lassen wir noch eine weitere Episode folgen.

In St. Gallen gab es die Metzgereien Rietmann, Fey und die Fleisch AG. Die Mutter war sehr darauf bedacht, dass alle Betriebe gleichmässig berücksichtigt wurden. Diese Ausgangslage war Urs völlig klar. Gegen dieses Rotationsprinzip gab es ein wichtiges und entscheidendes Argument: Nur bei der Metzgerei Fey erhielt Urs ein Wursträdli.

Nur bei der Metzgerei Fey erhielt Urs ein Wursträdli.

Auch für dieses ernsthafte Problem hatte Urs eine patente Lösung parat. Er erledigte seine Einkäufe konsequent bei der Metzgerei Fey, erfreute sich immer am Würstchen, und auf dem Heimweg packte er auf dem Spielplatz die Delikatessen in Originalpapier der jeweils anderen Metzgerei um. Zu Hause hatte er seine Metzgerei-Papiersammlung in einem dicken Buch gepresst und ... die Mutter hatte nie von seinem Schwindel erfahren. Seinem Motto «Fantasie verlass mich nie» ist er bis heute treu geblieben.

DER AUFSTIEG ZUM MODERATOR DER HEILIGEN MESSE

Ein Etikett als Streber in der Schule trug Urs Kliby nicht um seinen Hals. Trotzdem war er in Tat und Wahrheit einer. Ausser im Französisch war er praktisch überall im Spitzenfeld präsent. Geradezu herausragend zeigte er sich, wenn es im Deutschunterricht um Präsentationen aller Art ging. Verse aufsagen, Schnitzelbänke vortragen und Sketchs aufs Parkett legen, brachten ihm Höchstnoten, viel Lob und sogar Bewunderung. Höhepunkte waren Gruppenarbeiten, bei welchen Sketchs in passenden Kostümen und mit den dazu gehörenden Utensilien richtiggehend zelebriert wurden. Da kam es immer wieder vor, dass andere Schulklassen diese Schauspiele ebenfalls geniessen wollten. Auch in Skilagern und an bunten Abenden trat Urs als überzeugender Moderator in den Mittelpunkt. Wenn er so richtig in Fahrt kam, mussten die Lehrkräfte nicht nur positive Schnitzelbänke über sich ergehen lassen.

Seine theatralischen und schauspielerischen Fähigkeiten und Talente überzeugten schon damals jedes Publikum.

Dass der Bursche mit allen Wässerchen gewaschen war, zeigt auch die nächste Story. War es wohl ein drohender Hungerast oder wirklich nur das Nervenkitzeln, welches Urs zu einer «schwindelerregenden» Aktion trieb?

Auf dem Schulweg ergab es sich von selbst, dass er mit seinem Clan bei der Migros vorbei kam. Ein Abstecher ins Innere dieses Ladens konnte bestimmt nicht schaden. Genau in diesem Moment entwickelte Urs das System «Fingerabdruck». Das ging so: Er behändigte sich einen Joghurtbecher, drückte mit dem Daumen so kräftig auf den Deckel, bis er einbrach. Anschliessend begaben sich die Buben mit dem defekten Joghurtbecher zum Abteilungsleiter und meldeten treuherzig die unvollkommene Ware. Da der Oberverkäufer dieses Joghurt nicht mehr in den Handel bringen konnte, fragte er die aufmerksamen Schadenmelder, ob sie die Köstlichkeit gerne möchten. So kamen sie galant zu einem Gratisjoghurt. Übrigens, aus gut unterrichteten Quellen wissen wir, dass Urs mit seinem Anhang diesen Trick auch noch in anderen Lebensmittelgeschäften erfolgreich praktiziert hatte.

◄ Urs und Ruth haben alle Stürme
erfolgreich gemeistert.

▼ Dank gegenseitigem Verständnis
nimmt das Leben einen guten Lauf.

Themenwechsel. Urs Kliby zählte schon früh zur Elite der Kommunikatoren oder einfacher ausgedrückt – zu den Schwatzhaften. Deshalb behagte ihm die Hauptrolle im Weihnachtstheater überhaupt nicht. Da er am 24. Dezember geboren war, musste er in der Weihnachtsgeschichte immer das Christkind spielen. Der Haken dabei war, dass er sich zum einen nackt, nur mit Shorts als Windeln bekleidet, darstellen musste und viel, viel schlimmer: Dass er kein Wort sagen durfte. Vor allem dieser Teil seines Auftrittes machte ihn jeweils sehr traurig. Aber, was nicht zu ändern war ...

Moderator der Heiligen Messe.

Dafür hatte er in der Pfarrei St. Otmar in St. Gallen alles andere als einen Maulkorb. Dort amtete er nämlich mit viel Engagement und Überzeugung als Ministrant. Das machte er derart gut, dass er zum Lektor aufstieg und damit im sonnigen Mittelpunkt stand. Er brillierte nämlich als Moderator der Heiligen Messe.

Ein Segen für die ganze Kirchenfamilie. Das ging so weit, dass das Pfarramt jeweils am Samstagnachmittag Telefonate von älteren Leuten mit der Anfrage erhielt: Bei welcher Messe betet der Ursli am Stehpult vor? Er hat nämlich die genialste Aussprache und man versteht ihn am besten. Im Klartext: Urs Kliby hatte im Alter von 12 Jahren bereits einen Fanclub.

EIN REBELL, DER GAR KEINER WAR, STARTET DURCH

Bestimmt ist es eher eine Seltenheit, dass ein junger Bursche auf Anhieb seinen Traumberuf ausleben darf. Bei Urs Kliby traf das tatsächlich ein. In seinen Überlegungen für die Berufswahl spielten die nachfolgenden Aspekte eine zentrale Rolle. Da war einmal die Modelleisenbahn, welche ihm immer viel Freude bereitet hatte. Auch war er neben dem Bahnhof aufgewachsen und konnte das betriebliche Geschehen stets aus nächster Nähe verfolgen. Der wohl wichtigste Punkt für ihn: Er wollte sich mit Menschen unterhalten und auseinandersetzen. Je mehr, je besser.

Sein Traum ging in Erfüllung. Bereits in der Lehre hatte er dauernd Kontakt mit Leuten aller Facetten. Sei es beim Geldwechsel, am Billettschalter oder im Reisedienst. Glück hatte Urs mit seinem Lehrmeister Heinrich Gassner. Der gute Mann war Kandidat bei der SRF-Sendung «Wer gwünnt?» mit Mäni Weber. Sein Spezialgebiet: «Tiere unserer Gewässer». Natürlich bereitete er sich auf diesen Test vor einem grossen Publikum minutiös vor. Auch im Geschäft. So schickte er regelmässig seinen tüchtigen Lehrling Urs zu den Zugabfertigungen, damit er in dieser Zeit ungestört seine Blindschleichen, Nattern, Frösche, Echsen und was sonst noch so kreuchte und fleuchte, füttern konnte. Der Auftritt von Heinrich Gassner in der beliebten Fernsehsendung war schlussendlich in vielerlei Hinsicht ein Erfolg. Er gewann stolze 4000 Franken und lud 40 Mitarbeiter des Bahnhofes zu einer Feier ein. An diesem schönen Fest durfte Urs Kliby zum ersten Mal an einem grösseren Anlass auftreten. Noch nicht als Bauchredner, sondern mit Sketchs über Wattenwiler Bahnhofgeschichten. Keine Frage, dass er dafür tosenden Applaus entgegennehmen durfte.

Der erfolgreiche Lehrabschluss mit einer blanken 5, Urs wurde drei Tage lang in Zürich getestet und in die Mangel genommen, öffnete ihm die Türe zur ersten Stelle.

Zwischenfrage: Da gab es doch noch eine Rebellenphase? In der Nachbarschaft von Urs wohnte ein Schulkollege namens Bruno Huber. Dieser hatte als 14-Jähriger bereits ein Motorfahrrad der Marke Solex. Zugegeben, Urs gönnte dem Kollegen dieses Glück überhaupt nicht und platzte fast vor Eifersucht. Er griff zur Selbsthilfe, montierte an seinem Velo mit einer Wäscheklammer einen starken Karton und … hatte nun wenigstens dasselbe Geräusch wie eine Solex. Einer aufmerksamen Nachbarsfrau entging diese leicht tragische Geschichte nicht. Sie schritt in Aktion und eröffnete Urs, dass sie auf dem Estrich ein praktisch neues Solex-Modell zu stehen habe und ihm dieses zu einem Vorzugspreis von 200 Franken verkaufen würde. So konnte Urs Wäscheklammer und Karton entsorgen und sich mit einem eigenen Vehikel, Marke Solex, fortbewegen. Übrigens, ein Verlustgeschäft war diese Investition ganz und gar nicht. Als er 21 Jahre alt war, verkaufte er diese «Maschine» seinem Chef – zum Preise, man lese und staune, von 200 Franken.

Autorin Christina staunt und staunt, weil sich die Rebellenphase von Urs Kliby tatsächlich nur im absoluten Softbereich bewegt hat.

Einen Freudensprung bis an die Decke machte Urs, als er seine erste Stelle antreten durfte. Im Bahnhof Konstanz bezog er einen Arbeitsplatz mit Seeanstoss. Wenn er nicht gerade die wunderbare Aussicht genoss, machte er das, was er am liebsten tat: Geld wechseln, Billette verkaufen, Reise- und Auskunftsdienst. Das ganze Vergnügen liess er sich erst noch mit einem monatlichen Gehalt von 922 Franken entschädigen. Er war ein Glückspilz.

PRIVATCHAUFFEUR BEI PEPE LIENHARD

Urs Kliby war für die Schweizerischen Bundesbahnen eine wertvolle Kraft. Wenn irgendwo in der Ostschweiz ein personeller Ausfall aufgefangen werden musste, konnte man immer auf Urs zählen. Ein Mann für alle Fälle. Praktisch, dass er bereits kurz nach der Lehre mit einem eigenen Auto mobil war. Der in die Jahre gekommene Renault 8, mit Heckmotor, finanzierte er weitgehend durch eine fleissige Bühnenpräsenz als Komiker. Dieses Nebenprodukt sorgte bei ihm für ein finanziell unabhängiges Leben. In dieser Zeit profitierte er auch von einer günstigen Wohnsituation. Er lebte in einer Art WG, hatte ein eigenes Zimmer und musste dafür lediglich 60 Franken im Monat hinblättern. Die Hausbesitzerin war Wirtin und betrieb zudem ein Taxiunternehmen. Deshalb hatten alle Logis einen eigenen Telefonanschluss und damit war ein zuverlässiger Weckdienst gewährleistet.

> «I ha ä chli Gas gä und gmeint, es sei 120.»

Hellwach war Urs Kliby auch, als er am gleichen Tag zwei Auftritte hatte. Zuerst erfreute er in Liestal und anschliessend in Adliswil das zahlreiche Publikum. Plötzlich realisierte er, dass sein Zeitbudget sehr knapp kalkuliert war. Die Konsequenz: «I ha ä chli Gas gä und gmeint, es sei 120.»

Ein Irrtum. Es blitzte im dümmsten Moment und Urs Kliby hatte 40 km/h zu viel auf dem Tacho. Die Folge: 900 Franken Busse und der Führerschein war für einen Monat weg. Dank der Kulanz und der zuvorkommenden Behandlung durch die Polizei durfte er seine autofreie Zeit selbst bestimmen. So weit – so gut.

Bekannt sein hat auch seine Nebenwirkungen. Das musste Urs erfahren, als an der OLMA ein Blickreporter zufälligerweise in Erfahrung bringen konnte, dass der prominente Bauchredner den ganzen Monat Oktober ohne Fahrausweis auskommen musste. Das führte zu folgender Blickschlagzeile und erst noch auf der Titelseite: Kliby, Billet weg.

Am 2. November hatte der Blick die nächste Schlagzeile: Pepe Lienhard, Billet weg. Exakt an diesem Tag hatte Urs Kliby einen Auftritt im Kursaal in Bern. Prompt wurde er vom Berner Polizeidirektor Kurt Wasserfallen mit folgender Frage konfrontiert: «Mit was sind Sie nach Bern gefahren?»

Urs überliess die Beantwortung dieser leicht provokativen Frage seiner Partnerin Caroline. Diese verblüffte das Publikum mit folgender schlagfertiger Aussage: «Kliby darf seit dem 1. November wieder Auto fahren und im Monat Dezember ist er Privatchauffeur bei Pepe Lienhard.» Ein Riesengelächter und viel Applaus quittierte die gelungene Pointe.

Stichwort Caroline. Verraten Sie uns die
Geburtsstunde Ihrer so beliebten Partnerin?
«Praktisch alle Bauchredner traten damals mit einer Ente auf. Ich wollte nicht mehr in diesem Strom mitschwimmen und eine Eigenkreation präsentieren. Meine damalige Freundin und heutige Ehefrau Ruth schneiderte mir die Eselspuppe Caroline. Im Jahre 1974 gewann ich dann an einem Talentfestival in Romanshorn mit Caroline den ersten Preis. Die erfolgreiche Zusammenarbeit entwickelte sich zu einem wahren Märchen.»

Sohn Michel füttert sein ▲
Sparschweinchen.

23. Juli 1977: Hochzeit mit Ruth. ▶

Wie fleissig muss Caroline unter die Dusche?
«Einmal in den Sommerferien muss sie eine Generalüberholung über sich ergehen lassen. Dann führt ihr Weg in den Waschtrog und Ruth bessert anschliessend überstrapazierte Stellen aus.»

WENN CAROLINE ZUM NEBENGERÄUSCH WIRD

Z'Oberland, ja z'Oberland, z'Bärner Oberland isch schön. Dieses Lied ist auch dem waschechten Ostschweizer Urs Kliby bestens bekannt. Es war nämlich an der Oberländer Herbstausstellung im Jahre 1975, als er im Gade in Thun seine Show zum Besten gab. Das Publikum schwebte auf einer Begeisterungswolke und auch die Direktion des wichtigen Anlasses liess sich berauschen. Nicht verwunderlich, dass Kliby und Caroline weitere Engagements im Berner Oberland gerne annahmen. Urs Kliby zu dieser schicksalshaften Entwicklung: «Ende August 1975 bin ich wieder nach Thun gefahren. Kaum dort angekommen, ist mir bei der Eröffnung der Oberländer Herbstausstellung sofort eine Ehrendame ins Auge gestochen.»

Es blieb nicht beim Blickkontakt. Am 23.7.1977 fand das unvergessliche Hochzeitsfest auf der Schwägalp und anschliessend im Restaurant Seelust in Egnach statt. Genau dort also, wo in der Kinderzeit von Urs der Wohnwagen seiner Familie gestanden hatte. Bei schönstem Wetter endete das Freudenfest erst um ... das bleibt ein Geheimnis. Dazu nur so viel: Um Mitternacht kam nämlich ein Polizist, um die Polizeistunde auszurufen. Der Gesetzeshüter liess sich von der wunderbaren Stimmung anstecken und vergass schlicht seinen Auftrag. Übrigens, zu diesem strengen Beamten besteht heute noch ein freundschaftlicher Kontakt.
Da Kliby und Caroline noch verschiedene Engagements zu erfüllen hatten, beispielsweise in der populären Fernsehsendung Teleboy, wurde die Hochzeitsreise um ein halbes Jahr verschoben. Urs Kliby dazu: «Wir flogen dann nach Lanzarote und es war wunderschön.»

Heute, nach über 40 Jahren, harmoniert das Paar immer noch in vorbildlicher Art und Weise. Autorin Christina konnte sich bei ihrem Besuch im besonders schönen Heim in Kreuzlingen nachhaltig davon überzeugen. Innert kürzester Zeit wurde sie herzlich aufgenommen, genoss die humorvollen Stunden und fühlte sich glücklich und wie verzaubert.

UND ES GIBT SIE EBEN DOCH, DIE SCHUTZENGEL

Wenn sich Urs Kliby das grosse Weltgeschehen mit Streit, Hunger und Krieg vor Augen führt, kommen in ihm Zweifel über die viel gelobte höhere Macht auf. Doch wenn dann im Frühling in seinem schönen Garten alles wieder erblüht und gedeiht, so wird ihm gewiss, dass eben doch eine höhere Macht am Werk ist.

Öfters begibt er sich in eine Bergkapelle oder während den Städtereisen in aller Welt in einen Dom und zündet in grosser Dankbarkeit eine Kerze an. Es war im Jahre 2005, als er mit Ehefrau Ruth nach Rust reiste, um im Europapark auch mit dem attraktiven «Silver Star», eine der grössten und höchsten Stahlachterbahnen Europas, bis auf 73 Meter Höhe abzuheben. Die Vorfreude war gross. Schliesslich war Urs in seiner Jugend richtig achterbahnsüchtig gewesen.

Als es so weit war, um das unwahrscheinliche Abenteuer zu starten und das berauschende Gefühl zu erleben, geschah Mysteriöses. Urs erstarrte zur Säule, konnte sich nicht mehr bewegen und blieb wie angeklebt stehen. Ruth musste die Herausforderung der verrückten Achterbahn alleine angehen. Als sie von diesem Trip zurückkam, war die Blockade bei Urs wie weggefegt. Drei Wochen später hatten Kliby und Caroline einen Auftritt als Überraschung anlässlich einer Geburtstagsparty. Beim anschliessenden Anstossen sagte das Geburtstagskind zu Urs: «Wir stossen als Leidensgenossen an.» Leidensgenossen? Warum? «Ich hatte vor einem halben Jahr zwei Schlaganfälle und der Arzt riet mir mit Nachdruck, nie mehr in eine Achterbahn zu steigen, da das zum Tod führen könnte.» Da Urs Kliby ebenfalls zwei Schlaganfälle überlebt hatte, erinnerte er sich sofort an seine Blockade im Europapark. Mit Wohlwollen realisierte er, dass ihn eine schützende Hand vor dem Allerschlimmsten bewahrt hatte. Urs Kliby heute: «Bestimmt war damals ein Schutzengel in meiner Nähe.»

FÜNF FRAGEN ZUM SCHLUSS

Haben Sie Erinnerungen an Familienferien?
Familienferien in der Fremde gab es in meiner Kinder- und Jugendzeit nicht. Mit der Jungwacht durfte ich regelmässig im Sommer das Lagerleben geniessen. Diese finanzierten wir durch Altpapier- und Altmetallsammlungen mit. Im Rahmen der Familie erlebte ich praktisch an jedem Wochenende und meistens auch in den Ferien abwechslungsreiche Aufenthalte im Wohnwagen. Grillieren, Ballspiele aller Art und Ausflüge mit der Luftmatratze auf dem Bodensee waren echte Highlights. Es war eine intensive Zeit, welche ich unglaublich genossen habe.

Hatten Sie auch ein Lieblingsspielzeug?
Natürlich. Es war meine grosse Kügelibahn. Als aber im Jahre 1956 die ungarische Revolution für eine grosse Unruhe sorgte, musste jedes Schweizerkind ein Spielzeug

abgeben. Da wussten meine Eltern nichts Gescheiteres, als meine Kügelibahn zu spenden. Das machte mich sehr traurig und es war mir kein Trost, dass sie dabei nichts überlegt hatten.

Sie haben am 24. Dezember Geburtstag. War das in der Kindheit geschenkmässig ein Nachteil?

Grundsätzlich war es so, dass ich logischerweise immer mehr Geschenke erhielt als meine Geschwister. Ein wenig Neid war deshalb spürbar. Um das Ganze etwas auszugleichen, bekam ich von der Grossmutter nur ein Päckli, in welchem ein Pyjama und ein Jugendkalender zu finden war. Meine Geschwister erhielten dagegen drei Päckli von ihr. Ein Päckli mit dem Pyjamaoberteil, eines mit dem Pyjamaunterteil und eines mit dem Jugendkalender.

Durch das Buschtelefon haben wir erfahren, dass Sie Verwalter einer Raucherkasse sind. Dürfen wir Sie um Aufklärung bitten?

Bis ins Jahr 2004 habe ich stark geraucht. Als Grössenordnung kann man sich eine Stange Zigaretten pro Woche vorstellen. Ein Päckli kostete stolze Fr. 4.80. Als ich unter das Rauchen einen dicken Schlussstrich gezogen hatte, beschloss ich, pro Woche 50 Franken in einen Topf zu legen. So entstand die Raucherkasse. Mit deren Inhalt ermöglichen wir uns Sonderwünsche. Beispielsweise Sommerferien auf dem Bodensee im eigenen Motorboot, zwei Fernsehsessel oder ein spontanes Festessen. Bei exklusiven Kaufideen fragen wir uns immer: Wer soll das bezahlen? Natürlich die Raucherkasse.

Schlussfrage: Was für Wünsche oder Träume haben Sie?

Schön wäre es, wenn ich mit meinem Schatz einmal eine Kreuzfahrt erleben dürfte und das ohne zu arbeiten. Der wichtigste Wunsch ist jedoch, dass wir gesund bleiben und unsere fünf Enkelkinder in einer schönen Welt leben dürfen.

Autorin Christina begleitet das «Traumpaar» bei einem sensationellen Auftritt. ▲

KEVIN LÖTSCHER

DER GEPLATZTE TRAUM

«Wie der Vater, so der Sohn» oder «Der Apfel fällt nicht weit vom Stamm», beide etwas abgegriffene Sprichwörter, treffen bei Kevin Lötscher im sportlichen Bereich den Nagel voll auf den Kopf. Vater Martin spielte 219 Partien in der Schweizer Eishockeyliga, erzielte dabei 112 Tore und war für 105 Assists verantwortlich. Eine stolze Bilanz.

Da konnte Sohn Kevin natürlich nicht nachstehen. Bereits in den Juniorenequipen des EHC Leukerbad und anschliessend beim HC Sierre gehörte er zu den auffälligen Spielern. Eishockeyexperten spekulierten und sahen in ihm ein echtes Talent. Man beobachtete den Jüngling besonders genau.

So begann für Kevin bereits als 16-Jähriger eine intensive, abwechslungsreiche und von Erfolg gekrönte Zeit. Seine ersten Sporen in der Fremde verdiente er sich im Emmental bei den SCL Young Tigers ab. Seine hervorragenden Leistungen waren Ausweis genug, um den erst 17-jährigen Jungspund in acht Meisterschaftsspielen in das eisige Wasser der höchsten Schweizer Liga zu werfen. Er machte seine Arbeit sehr gut und schoss sogar ein Tor. Parallel zu der 1. Mannschaft der SCL Tigers trat er auch im Dress von Langnaus U-20 Team ins Rampenlicht. Seine Bilanz: 100 Spiele – 51 Tore und 30 Assists. Logisch, dass er in den Fokus der Medien kam und Aufnahme in die Notizbüchlein der Scouts von nah und fern fand. Kurz: Kevin Lötscher war einer der stark umworbenen Hockeyspieler der Schweiz.

Bei allen seinen Engagements, es begann als 18-Jähriger in Visp und wurde in Lausanne, Sierre und Biel fortgesetzt, brillierte er mit enormen Goalgetter-Qualitäten und dem guten Auge für seine Nebenspieler. Zudem reifte er immer mehr zu einem unerschrockenen Flügelstürmer.

Im Alter von 23 Jahren, Kevin stand damals in Diensten des EHC Biel, gelang ihm der Sprung in die A-Nationalmannschaft. Beim 5–3-Sieg gegen die Grossmacht USA steuerte er zwei wichtige Treffer bei. Das Tor zum Hockey-Olymp stand sperrangelweit offen. Der 190 Zentimeter grosse und 90 Kilogramm schwere Himmelsstürmer wurde, der Logik entsprechend, auf die Saison 2011/2012 vom grossen SC Bern unter Vertrag genommen. Die Perspektiven konnten kaum besser sein. Der Weg zum absoluten Idol und Topcrack schien keine Grenzen zu kennen, der eher schüchterne und bodenständige Bursche war im Traumland angekommen. Sogar von Engagements in der wichtigsten Liga der Welt, der NHL, durfte mit viel Zuversicht und Berechtigung geträumt werden.

ICH BIN KEVIN LÖTSCHER

▸ Geboren am 17. Februar 1988 in Visp VS
▸ Zivilstand: Single
▸ Vater von Jonah (2015) und Nino (2017)
▸ Meine Hobbys sind Sport im Allgemeinen, viel Bewegung, Geselligkeit, Freundschaften pflegen und ich bin ein Familienmensch.

DER ABSTURZ INS TAL DER TRÄNEN

Der Wonnemonat Mai 2011 begann für Kevin Lötscher mit einem Höhenflug der besonderen Art. An der Weltmeisterschaft in der Slowakei gehörte er zweifellos zu den erfolgreichsten und auffälligsten Akteuren. Entsprechend wurde er bei seiner Rückkehr in die Schweiz auch gefeiert. Und in wenigen Wochen sollte für ihn die neue, ganz grosse Herausforderung beim SC Bern mit dem Sommertraining beginnen. Die Vorfreude und die Motivation hatten ihn schon längst von Kopf bis Fuss erfasst.

Das Schicksal war mit diesem Weg offenbar nicht einverstanden. Nur so ist zu erklären, dass in der Presselandschaft vom 14. Mai 2011 folgende Schlagzeile alles übertrumpfte: Der 23-jährige Oberwalliser Eishockey-Nationalspieler Kevin Lötscher hat am Samstag einen schweren Unfall erlitten.

Gemäss Mitteilung der Polizei ereignete sich das Drama beim Spitalkreisel in Sierre. Wie kam es überhaupt zu diesem schicksalsschweren Vorfall?

Kevin Lötscher war mit vier Kollegen im wohlverdienten Ausgang. Im Laufe des schönen Abends beschlossen sie, das gemütliche Fest ausklingen zu lassen und sich nun in die heimischen Gefilde zu begeben. Kevin liess es jedoch nicht damit bewenden, da er ungeplant ehemaligen Schulkollegen begegnet war und mit diesen schnell vereinbart hatte, in Montana das Wiedersehen zu begiessen. Gesagt und in die Tat umgesetzt. Für den Transfer stellte sich eine 19-jährige, den Burschen bekannte, Walliserin spontan zur Verfügung. Die eigentliche Smart-Fahrerin hatte sich für diesen Abend das Auto ihres Vaters ausgeliehen: Einen gegen 400 PS starken und 2180 Kilo schweren BMW X6. Eine richtige Rakete.

Bereits nach 50 Metern Fahrt beendeten die jungen Männer die Fahrt, weil sie feststellen mussten, dass die Pilotin stark alkoholisiert war. Spätere Tests bestätigten diese Annahme: Es wurden bei ihr 1,56 Promille Alkohol im Blut nachgewiesen. Die Walliserin setzte ihre Fahrt im Spitalkreisel von Sierre alleine fort, beschleunigte auf gut 85 Kilometer, verlor die Kontrolle über das schnelle Fahrzeug und erfasste Kevin Lötscher auf dem Trottoir von hinten. Dieser wurde mit einer derart grossen Wucht erfasst, dass er rund dreissig Meter durch die Luft geschleudert wurde und auf einem Kiesplatz neben der Strasse landete. Ohne Bewusstsein und stark aus Ohren, Nase und Mund blutend: Ein untrügliches Zeichen für eine lebensbedrohliche Situation.

Kevin Lötscher lag neun Tage mit einem schweren Schädel-Hirn-Trauma im künstlichen Koma. Die Auswirkungen innerhalb der ersten drei Wochen zeigten ein unwahrscheinliches Bild. Ins Spital eingeliefert wurde der Spitzenathlet, körperlich in der besten Form seines Lebens, mit einem Gewicht von 95 Kilogramm, nach der Koma-Phase wog er noch 76 Kilogramm. Und wie erlebte er diese lebensverändernden Tage und Wochen?

«Die ganze Geschichte kenne ich eigentlich nur aus Erzählungen. In meinem Gedächtnis gibt es jedoch einige Bilder, welche zwei Wochen vor dem Unfall ausleuchten. Beispielsweise, dass ich an der Weltmeisterschaft in der Slowakei mit Simon Moser das Zimmer teilen durfte und vom Rückflug mit einer Chartermaschine in die Schweiz. Bis sechs Wochen nach dem Unfall ist in mir Dunkelheit, jegliche Erinnerungen fehlen.»

Neben den lebensgefährlichen Kopfverletzungen erlitt Kevin Lötscher weitere massive körperliche Schäden. So waren das Kreuzband, die Innenbänder und der Meniskus komplett zerstört. Die Ärzte mussten einen guten Zeitpunkt abwarten, um

▲ Als Preis für den Fleiss:
Der wertvolle Award.

◀ Die Garderobe ist für
Kevin sehr lange
der Lebensmittelpunkt.

die verschiedenen Operationen durchführen zu können. Doch in dieser Zwischenzeit geschah etwas Unglaubliches. Der Vater von Kevin erhielt einen überraschenden Anruf des Wunderheilers Denis Vipret. Dieser legte ihm nahe, seinen Sohn nicht operieren zu lassen. Die Eltern nahmen diese Botschaft ernst und vertrauten dem Mann aus dem Freiburgerland. Es verging kein Monat, bis die Ärzte erneut über die Operationen debattierten. Jedoch die Röntgenbilder brachten eine wundersame Wende zutage: Die beschädigten Bänder und der Meniskus waren auf dem besten Weg, gesund zu werden. Natürlich war das auch auf die ausgezeichnete körperliche Verfassung von Kevin zurückzuführen. Ein Wunder?

Grundsätzlich ist es kein Geheimnis, dass Kevin Lötscher anlässlich seines Unfalls wenig Kredit zum Überleben erhalten hat. Doch ein ganzes Heer von Schutzengeln betreute ihn intensiv und dadurch wurde ihm ein zweites Leben geschenkt. Und der Schwerverletzte überstand das Drama ohne eine einzige Operation. Von einer Sekunde auf die andere wurde sein Leben bis auf die Grundmauern verändert. Seine wunderbare Zukunft auf dem glatten Eis war auf einen Schlag zur Unwichtigkeit verkommen. Die absolute Priorität hatte nicht mehr der verbissene Kampf um den Hartgummipuck, sondern ganz einfach – zu überleben und zwar in ein Leben mit Perspektiven zurückzufinden. Eine Herkules-Aufgabe.

**Ohne eine
einzige
Operation.**

DER KNALLHARTE WEG — IN EINE UNGEWISSE ZUKUNFT

Sobald sich Kevin Lötscher einigermassen auf wackligen Beinen bewegen konnte, begann seine Rehabilitation. Während den nächsten drei Monaten lebte er wort-wörtlich auf einer Insel und in seiner eigenen Welt. Diese Insel befindet sich mitten in der Stadt Bern und trägt den Namen: Inselspital. Kevin Lötscher erzählt: «Meine Hauptbeschäftigung bestand während diesen rund 18 Monaten aus täglicher Physio-therapie. In der ersten Zeit war ich nach 15 Minuten derart kaputt, dass ich kurzum einschlief und der Tag gelaufen war. Die Einheiten wurden ganz sachte gesteigert. Zuletzt waren es täglich zwei Lektionen zu fast zwei Stunden. Und im-mer machte mir ein Handicap stark zu schaffen: Die Konzentration. Da lachte mir das Glück, in der Person des holländischen Therapeuten Jan Smulders, mächtig zu. Der Mann verstand es meisterhaft, die unglaub-lich anstrengende Arbeit mit viel Humor zu verbinden. Die Übungs-wahl gestaltete er derart klug, dass neurologische Herausforderungen eingebaut waren. Immer wieder musste ich meinen Blick auf ein Kärt-chen richten und bekam schriftlich einen neuen Befehl. Die Umsetzung verlangte mir alles ab: Körperliche Leistung, Reaktion, Koordination und Beanspruchung mei-nes Hirnapparates. Dadurch wurde mein Tun und Lassen immer präziser und ich fühlte mich immer sicherer. Kurz: Ich bin Jan Smulders unendlich dankbar.

> **«Ich bin Jan Smulders unendlich dankbar.»**

Ein riesengrosses Dankeschön muss ich auch meinen nächsten Vertrauten aus-sprechen. Es verging während der drei Monate kein einziger Tag, an welchem ich nicht Aufmunterung und Zuspruch erhalten habe. Entweder war meine Mutter mit ihrem Partner Geni, mein Vater mit seiner Partnerin Jacqueline oder mein Bruder Sven bei mir. Grossartig. Und sie vergassen auch nicht meine Lieblingsmusik, Songs von Bob Marley, mitzubringen. Meine Familie, mein Umfeld und natürlich meine Ex-Frau Yvonne haben mir geholfen, zu dem Menschen zu werden, der ich heute bin und ich bin unendlich dankbar.»

Natürlich unternahm Kevin Lötscher, als die Zeit einigermassen reif war, alles Mögliche, um auch im Eishockey, seinem Beruf, wieder in den Alltag einzusteigen. Der damalige Sportchef des SC Bern, Sven Leuenberger, erbrachte einen grossen Einsatz, um Kevin wieder an das gewünschte Niveau heranzuführen. Seine Geduld und sein Einfühlungsvermögen waren einzigartig. Oft war er ganz alleine mit Kevin auf der Eisfläche und trainierte mit ihm beharrlich alle Elemente, welche die schnel-le Sportart erfordert. Nach einer gewissen Zeit liess sich der exzellente Eishockey-fachmann in den Medien wie folgt verlauten:

«Kevin Lötscher ist eigentlich wieder gesund und kann ein normales Leben füh-ren. Er hat jetzt die besseren Werte als zuletzt in Biel und bei der Weltmeisterschaft 2011. Er kann also mit Vollgas trainieren und spielen, und er kann auch checken. Kevin hat uns mit seinem Heilungsprozess positiv überrascht. Das heisst aber noch lange nicht, dass er auch problemlos mitspielen kann. Er hat nach wie vor Schwierig-keiten, die Übersicht und die Ruhe in einem Spiel zu finden und er hat Mühe, wenn er gleichzeitig die Scheibe annehmen, sowie die Gegenspieler und die freien Mitspie-ler im Auge behalten muss. Ganz offensichtlich sind diese Schwierigkeiten, die im schlimmsten Falle die Karriere beenden können, die Folgen des Unfalles. Kevin Löt-scher ist noch sehr weit vom Niveau entfernt, auf welchem er 2011 gespielt hat.»

Tatsächlich schaffte Kevin die Rückkehr in den Meisterschaftsbetrieb beim gros-sen SC Bern nicht mehr. Für den HC Sierre, einem Verein der Nationalliga B, kam er jedoch während 50 Spielen zum Einsatz, erzielte 3 Tore und steuerte 8 Assists bei. Der Anschluss nach ganz oben schien plötzlich wieder auf einem guten Weg zu sein, umso mehr, als ihm der EHC Biel für die Saison 2013/2014 einen Vertrag anbot. Die märchenhafte Karriere nahm leider keine Fortsetzung. Kevin Lötscher, erst 25 Jahre alt, spürte, dass sein Körper und seine Physis den Hochleistungssport nicht mehr zuliessen. Da sein Charakter und seine gesunde Einstellung für keine Halbheiten zu haben waren, beendete er sechs Tage vor seinem 26. Geburtstag seine Laufbahn als Eishockey-Profi. Sein Statement dazu: «Dieser Entschluss ist in den letzten Monaten immer konkreter geworden. Zweieinhalb Jahre nach dem Unfall beginnt ein neuer Abschnitt in meinem Leben. Es war eine schwierige Zeit für mich. Gleichzeitig aber auch eine Lebensschule. Ich habe in meinem Sport nicht nichts erreicht, es bleiben viele schöne Erinnerungen zurück.»

Kevin Lötscher, gab es während Ihrer langen und harten Reha auch etwas anderes als nur Therapie? Vielleicht etwas Aussergewöhnliches?
«Das gab es wirklich und erst noch etwas, welches mein zukünftiges Leben stark mitprägen sollte. Via Internet baute ich einen Kontakt mit einer drei Jahre älteren Frau namens Yvonne auf. Recht schnell vereinbarten wir ein Rendezvous am Treffpunkt im Hauptbahnhof Bern. Nun sass ich entspannt auf der Treppe und sah Yvonne zum ersten Mal. Bevor ich mich zu erkennen gab, liess ich sie ein paar Minuten suchend durch die Bahnhofhalle streifen. Die Begegnung war erfolgreich und wir spürten eine gegenseitige Zuneigung. Wir fühlten uns wohl. Die Beziehung begann zu wachsen. Während meiner anspruchsvollen Reha gingen wir oft an der Aare spazieren. Alles nahm einen so guten Verlauf, dass irgendwann die Zeit der Hochzeit da war.»

DER UNVERMEIDLICHE ZUSAMMENBRUCH

Der Rücktritt vom mit jeder Faser geliebten und gelebten Spitzeneishockey ging an Kevin Lötscher nicht spurlos vorbei. Nach einer gezielten Auszeit in die weite Welt, es war allerdings eher eine Flucht vor den Medien und vor nimmersatten Journalisten, kehrte er in die Schweiz zurück. Und da stand Kevin Lötscher, bildlich gesehen, vor einem grossen Berg und hatte keinen Plan, wie er den Gipfel bezwingen könnte. Die nervliche Belastung wurde so massiv, dass ein Zusammenbruch nicht mehr zu vermeiden war. Depressionen zogen Kevin wiederum tief ins Tal der Tränen. Um den Ausweg aus dieser trostlosen Situation zu finden, begab er sich in professionelle Hände. Starke Medikamente waren die Folge, unangenehme Nebenwirkungen eine neue hohe Hürde. Zudem wurde der äusserst lernwillige Kevin durch die Fachleute gebremst, weil sie ihm neue Depressionen prophezeiten. Praktisch als Beschäftigungstherapie wurde er zuerst Landschaftsgärtner und nachher verkaufte er in einem Fachgeschäft Hockeyartikel. Der ehrgeizige Walliser hatte aber weit höhere Ziele und sah in diesen Tätigkeiten keine längerfristige berufliche Befriedigung.

Dank der wertvollen Unterstützung und dem positiven Zuspruch seiner Ehefrau Yvonne hörte Kevin nicht mehr auf die negativen Voraussagen der Gelehrten und reihte wichtige Ausbildungsmodule nahtlos aneinander. Kevin Lötscher heute: «Irgendwann kam ich zur Einsicht, dass alles, was gewesen war, vorbei ist. Ich kannte den Umgang mit Rückschlägen zur Genüge und ich wusste aus eigener Erfahrung, was es braucht, um auf einen guten Weg zurückzufinden. Im Klartext heisst das:

Akzeptieren, nächste Schritte planen, gute Methoden entwickeln und nach vorne schauen. Meine Erfahrungen zeigten mir auch nachhaltig, dass die Ernährung im Zuge der Erfolgsfindung eine ganz wichtige Rolle spielt. Dieses Wissen und zudem das Wissen, dass eine Entschleunigung in vielen Momenten des Lebens und Wirkens reines Gold ist, bestärkten mich dazu, eine eigene Firma zu gründen: Die ‹SORGHA GmbH› in Murten.»

ALLES BEGANN IN LEUK-SUSTEN

Das Buchgespräch mit Kevin Lötscher durften wir im September des Jahres 2019 in einem stillen Ecklein in der Grauholz-Raststätte bei Bern durchführen. Genau in dieser Zeit stand der Name Martin Lötscher auf der Homepage der politischen Gemeinde Leuk zuoberst im Blickfeld. Martin Lötscher steht nämlich den Ortschaften Leuk-Stadt, Susten, Erschmatt sowie mehreren Weilern als Gemeindepräsident vor. Ein verantwortungsvolles Mandat. Und genau dieser politisch engagierte Mann ist der Vater von Kevin Lötscher und des zwei Jahre älteren Sven. Der Weinliebhaber ist in seiner freien Zeit auf dem Golfplatz anzutreffen, und er fühlt sich im Kreise seiner Freunde und Bekannten sehr wohl. Martin Lötscher ist bodenständig, gesellig und als Versicherungsagent und Vorsorgeberater äusserst geschäftstüchtig. Mutter Carina, von Beruf Kauffrau, war früher in einer Guggenmusik aktiv, singt gerne und fühlt sich ebenfalls auf dem Golfplatz in ihrem Element.

«Irgendwann kam ich zur Einsicht, dass alles, was gewesen war, vorbei ist.»

Als Kevin 15 Jahre alt war, liessen sich die Eltern scheiden. Ein Ereignis, welches zur Folge hatte, dass Kevin und Bruder Sven zu einem unglaublich harmonischen und von gegenseitigem Vertrauen geprägten Duo zusammengeschweisst wurden. Die Burschen taten diesen wertvollen Zustand auch optisch kund: Sie liessen sich die genau gleichen Familienindizien auf die Waden tätowieren.

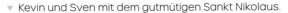
▼ Kevin und Sven mit dem gutmütigen Sankt Nikolaus.

▲ Kevin – aufgeweckt, unterneh-
mungsfroh und schalkhaft.

◀ Frohen Mutes aus
der Schule zurück.

Ein Blick zurück zeigt, dass das Verhältnis der Brüder nicht immer ohne Zwist verlief. Ein gemeinsames Zimmer hatten sie allerdings nicht. Kevin bewohnte einen
schönen blauen Raum und an den Wänden hingen Poster des kanadischen Eishockeystars Trevor Linden. In Svens Chambre herrschte die Farbe Orange vor und auch
bei ihm hingen Poster von Eishockeystars. Seine Vorbilder waren Superstar Wayne
Gretzky und der tschechische Flügelflitzer Jaromir Jagr. Wenn es dann zwischen den
Brüdern so richtig zum Streit kam, meistens war der Grund schlicht Langeweile,
wurden sie zu Vandalen. Einer der beiden schlich ins Zimmer des brüderlichen Ge-
genspielers und riss die verehrten Poster von den Wänden. Logisch, dass der Ge-
prellte die nächstbeste Gelegenheit nützte, um Rache zu üben. In der Regel dauerte
die gegenseitige Frustphase nur kurze Zeit, denn im Garten des elterlichen Einfami-
lienhauses in Leuk-Susten waren wichtige Ventile vorhanden, um überschüssige
Energie abzulassen: Beispielsweise ein Fussballgoal. Vor der Garage stand, wie
könnte es anders sein, auch noch ein Hockeytor.

Im Grunde genommen zählte Kevin zu den pflegeleichten Erdenbürgern. Er grüss-
te die Leute freundlich und sagte immer artig Merci, Danke und Bitte. So wurde es
ihm bereits als Kleinkind beigebracht. Jeden Freitag besuchte er mit seiner Schulklasse die katholische Messe und bei besonderen Anlässen, beispielsweise bei Ge-
burtstagen, wurde auch zu Hause gebetet. Man zeigte Dankbarkeit, schätzte was man
alles hatte und gelobte den Vater im Himmel, dass alle gesund sein durften. Das
Thema Beten begleitet Kevin bis in die heutige Zeit. Nämlich immer dann, wenn er
bei seiner Grossmutter mütterlicherseits zu Tische sitzen darf. Dann heisst es vor
dem Essen besinnlich: «Komm, Herr Jesus, sei unser Gast und segne was Du uns
bescheret hast, Amen.»

Kevin hat jedoch noch andere prägende Erinnerungen an seine Grosseltern. «Meine Grosseltern väterlicherseits, Aline und Adolf, wurden viel zu früh von dieser Welt abberufen. Trotzdem gibt es eine bleibende Erinnerung an die beiden lieben Menschen. Immer wenn ich mit Sinalco oder Frigor-Schokolade in Kontakt komme, sehe ich die beiden wie in einem Film vor mir.

Mit den Grosseltern mütterlicherseits verbindet mich eine tiefe Verbundenheit. Im Sommer durfte ich jeweils während Wochen mit Paul und Olga auf einer Alp direkt gegenüber von Leukerbad hausen. Eine wunderschöne Zeit ohne jegliche Elektronik. Kulinarisch genossen wir alles vom Holzgrill und natürlich die Leibspeise von uns Wallisern: Raclette. Stundenlang klopften wir einen Jass und das sogar mit Doppelkarten. Unvergesslich, ja sogar geheimnisvoll ist die Tatsache, dass Opa Paul immer das Kreuzass in seinen Händen hielt. Oft fragte ich mich, ob da wohl alles mit rechten Dingen zu und her ging.»

«Oft fragte ich mich, ob da wohl alles mit rechten Dingen zu und her ging.»

Kevin Lötscher, hatten Sie zu Hause auch Ämtli zu besorgen?
«Ein Pflichtenheft gab es nie. Allerdings liess ich es mir nicht nehmen, die Geschirrwaschmaschine einzuräumen. Ich legte grossen Wert darauf, dass dabei alles ganz strukturiert vor sich ging. Die Teller mussten immer am exakt gleichen Ort sein und das Besteck in die richtige Richtung zeigen. Überhaupt war für mich Ordnung eine wichtige Tugend. Zugegeben, ich musste auch einmal Lehrgeld bezahlen. Die Mutter kündete eine Zimmerkontrolle an. Da warf ich alles was herumlag, ganz einfach unter mein Bett. So sah es in meinem Reich wirklich super aus. Doch da hatte ich die Rechnung ohne die Mutter gemacht. Schnell erkannte sie meinen Trick, rügte mich kurz und zeigte mir, wie man es ordentlich angeht. Von diesem Zeitpunkt an gingen ihre, meistens unangemeldeten, ‹Zimmerbesuche› ausnahmslos ohne Kritik über die Bühne.»

Können wir davon ausgehen, dass Sie Ihre Eltern wirklich nie auf die Palme gebracht haben?
«Es liegt mir fern, mich besser zu machen, als ich wirklich war. Tatsächlich offenbarte ich ab und zu eine unangenehme Eigenschaft: Meine Trotzphasen. Wenn etwas nicht nach meinem Kopf lief, zog ich mich quasi in die Dunkelheit zurück. Dann schmollte ich heftig und frass die Probleme, welche mich beschäftigten, in mich hinein. Die Folge davon war oftmals Angstgefühle, welche mir sehr zusetzten. In der Gesamtheit darf ich jedoch sagen, dass ich eine wunderbare Kindheit hatte.»

Wir kombinieren und gehen davon aus, dass es in der Familie Lötscher gar keinen Strafenkatalog gab.
«Doch, doch, den gab es schon. Die leichte Variante gipfelte in einem verbalen Zurechtweisen mit einem elend strengen Blick. Die schwere Variante schmerzte allerdings weit mehr: Wir durften nicht an den Eishockeymatch gehen.»

Erinnern Sie sich an Familienferien?
«Alle paar Jahre verreisten wir zusammen mit der Familie Eggo in die weite Welt hinaus. Zielorte waren Ägypten oder Rhodos. In einem Familienhotel mit Pool, Tennisplätzen und Beach fühlten wir uns immer rundum wohl. Zusammen mit den Kindern Christian und Tatjana machten wir die Gegend unsicher. In weniger guter Er-

innerung bleiben mir die schmerzhaften Sonnenbrände. Dafür warteten wir jeden Tag mit riesiger Vorfreude auf das grosse Highlight: Den Auftritt von Kellner Assis. Der Ägypter las die gesamte Speisekarte in einem so horrenden Tempo vor, dass einem beinahe schwindlig wurde. Eine Schau, welche so richtig einfuhr.»

*Konnten Sie auch singen: «Einmal um die ganze Welt
und die Taschen voller Geld?»*
«In dieser Hinsicht hatten wir uns nicht zu beklagen. Ab der 3. Klasse hatten wir das Privileg von Taschengeld. Pro Woche gab es fünf Franken. Damit mussten wir unsere höchstpersönlichen Wünsche abdecken. Die Eltern lehnten jede weitere Nachfrage nach mehr Geld höflich ab. So lernten wir früh mit den vorhandenen finanziellen Mitteln verantwortungsvoll umzugehen. In diesem Punkt kann ich mich selber sehr loben. Ich pflegte einen sparsamen Umgang mit den Moneten und kam nie in Schwierigkeiten. Ganz das Gegenteil war Bruder Sven. Dieser musste mich in schöner Regelmässigkeit bereits am zweiten Tag anpumpen. Dadurch hatte ich immer einen Aktivposten in meinem Milchbüchlein.»

*Gab es für die einheimische Attraktion, den Schlossmarkt,
noch einen finanziellen Zustupf?*
Der Schlossmarkt war zu meiner Zeit jedes Mal ein richtiges Volksfest mit Marktständen aller Art, mit köstlichen Süssigkeiten und mit verschiedenen Glücksspielen. Um so richtig aus dem Vollen schöpfen zu können, erhielten wir jeweils zehn Sonderfranken. Diesen grossen Batzen brachte auch ich zügig unter die Leute und kaufte mir davon eine Dächlikappe und ein Dress von Ajax-Amsterdam. Über alle diese Jahre gelang es mir, Ajax-Amsterdam-Leibchen in Orange, Grün, Weiss und Rot zu ergattern. Dabei hatte ich noch nie ein Spiel dieser Fussballmannschaft gesehen. Ich war einfach nur ein grosser Fan ... des grossen Logos.

KEVIN ALLEIN IM EMMENTAL

Ein Blick zurück in die Schulzeit von Kevin Lötscher bringt verschiedene Gesichter zutage. Bereits seine erste Klassenlehrerin Frau Näfen, eine Freundin seiner Mutter, sagte einmal klar und deutlich: «Kevin ist lieb, herzlich und ein Charmeur. Daneben gibt es Momente, in welchen ich ihn am liebsten auf den Mond schiessen würde. Zusammengefasst: Er ist ein liebeswürdiges Schlitzohr.» Schulmässig war er im Turnen und im Kopfrechnen sackstark. Auch in den Sprachen gehörte er zu den Spitzenschülern, aber die wissenschaftlichen Fächer liess er links liegen, weil er für diese nicht das geringste Interesse aufbringen konnte. Hervorzuheben gilt es drei Episoden auf dem Weg bis zum Schulaustritt. Unterstufe: Kevin hatte wahrlich nur einen kurzen Schulweg. Trotzdem durfte er diesen grosszügig mit dem Velo zurücklegen. Seine Fahrten glichen ab und zu einem wilden Ritt. So auch, als er einen Dolendeckel als Sprungschanze nützte. Anstatt sich auf die recht heikle Landung zu konzentrieren, schaute er frech zu seinen Kollegen zurück und schon geschah das Malheur. Er donnerte ungebremst in einen massiven Zaun. Das schöne Fahrrad verkam zu einem Abbruchobjekt. Und Kevin? Dieser erlitt einige blaue Flecken und blutete aus verschiedenen Wunden. Das hinderte ihn jedoch keineswegs daran, pünktlich am Schulunterricht teilzunehmen. Verpflastert und rundum mit Eisbeuteln bekränzt.

Mittelstufe: Den Schulweg nach Leuk-Stadt musste Kevin mit dem Bus auf sich nehmen. Die Fahrzeit von gut fünf Minuten reichte komfortabel aus, um sich von einem Kollegen so richtig nerven zu lassen. Kevin stand nämlich bei diesem mit einer Schuldenrückzahlung von total 2 Franken in Verzug. Und dieser Kollege zelebrierte die Einforderung des Betrages äusserst aufreizend und genussvoll. Da schritt Kevin eines schönen Morgens zur Abrechnung. Und wie. Er warf der Nervensäge das Zweifrankenstück mit voller Wucht an die Stirn. Das Ergebnis: Kevin war schuldenfrei und sein Gläubiger musste eine stattliche Beule, quasi als Zins, entgegennehmen und verarzten lassen.

Oberstufe: Die 7. bis 9. Klasse besuchte Kevin in der Sportschule in Grône. Im 1. Semester erhielt er allerdings keine Noten. Der Grund: Er trat ohne grössere Französischkenntnisse in die welsche Schule ein. Das Phänomen: Innert drei Monaten hatte er die fremde Sprache bestens im Griff und wurde wie alle anderen Schüler benotet.

Kevin glänzte in der Schulzeit durch eine grandiose Vielseitigkeit. Zusammen mit Bruder Sven hinterliess er in der Jungwacht gute Spuren, frönte den abwechslungsreichen Unternehmungen in der freien Natur und war bei diversen Spezialprojekten ein zuverlässiger Wert. An den Sporttagen gehörte er immer zur Elite. Einzig in der Sparte Seilspringen führte er ein mühsames Dasein. Seinen persönlichen Springrekord wollte er uns unter keinen Umständen verraten.... Auch seine musikalischen Aktivitäten gehören ins Kapitel des Schweigens. So viel sei immerhin erwähnt: Es blieb beim ungeliebten obligatorischen Blockflötenunterricht in der Primarschule.

Die Nationalmannschaft ruft – ▲
Vorbereitung im trauten Zuhause.

Ein Lebensgeniesser trotz ▶
hartem Spitzensport.

In bester Erinnerung bleibt Kevin sein Lehrer der 5. und 6. Klasse. Ignaz Villa, so hiess der gute Mann, war Hockeykonsument beim HC Sierre, fuhr einen roten BMW und fiel durch übervolle Aschenbecher auf. Das war jedoch alles nur Nebensache. Für Kevin war Ignaz Villa ein echter Glücksfall, weil er ihm Selbstbewusstsein vermittelte und ihm immer wieder ein gutes Gefühl gab. Folgende Aussagen motivierten den aufstrebenden Jüngling ganz besonders:

• Glaube an dich.
• Höre auf zu jammern und nimm dein Leben selber in die Hand.

Nicht zuletzt mit diesen mentalen Stärkungen im Gepäck reiste der Youngster als 16-Jähriger ins Emmental. In der Organisation der SCL Tigers trat er eine KV-Lehre an. Obwohl Kevin viel lieber direkt dem Profisport zugesprochen hätte, forderten seine Eltern von ihm zuerst und mit Nachdruck eine Ausbildung mit einem anerkannten Abschluss. In der Tat sollte sich dieser weise Schritt Jahre später als goldrichtig erweisen.

Kevin alleine im Emmental. Das brachte, analog von «Kevin allein in New York», ebenfalls gewisse Turbulenzen mit sich. So überwarf er sich mit seiner ersten Gästefamilie wegen eines Streites in Bezug auf seine Ketchup-Süchtigkeit. Einer Kurzschlussreaktion folgend, zog er deswegen aus. Daraufhin fand er bei Mutter und Tochter Helene und Manu Burri Unterschlupf und wurde praktisch wie ein Sohn und Bruder behandelt. Dadurch lebte er zwar weit von zu Hause entfernt, war aber trotzdem irgendwie daheim. Ein Glücksfall.

NOTE 6 UND MILITÄRISCH TOP

Die kaufmännischen Lehrabschlussprüfungen fanden in Burgdorf statt. Bei einigen Kandidaten flossen die Schweisstropfen nicht zu knapp. Die Nervosität lag in der Luft und erzeugte beklemmende Gefühle. Auch Kevin stieg nicht ganz sorgenfrei in den Prüfungsring. Ohne ihm zu nahe zu treten, stellen wir fest, dass er in der letzten Phase seiner Lehrzeit nicht mehr regelmässig die Schulbank drückte. Die weiten Reisen im Zusammenhang mit seinem sportlichen Engagement liessen ihn andere Prioritäten setzen. Nun gut, trotz verständlichem Minimalismus gelang es ihm, diese hohe Hürde im ersten Anlauf zu meistern. Basis für sein erfolgreiches Bestehen war zweifellos die Note 6 im Französisch. In seinem Sorgenfach Wirtschaft/Gesellschaft durfte er das Glück des Tüchtigen in Anspruch nehmen, um eine ungenügende Note abzuwenden.

Bereits eine Woche nach dem Stress von Burgdorf dachte Kevin keine Sekunde mehr an diesen Hochseilakt. Er unterzeichnete als 19-Jähriger seinen ersten Profivertrag und zügelte aus dem Emmental ins Waadtland zum HC Lausanne. Während seines einjährigen Aufenthaltes in der Romandie teilte er mit Hockeykollege Jérémy Gailland eine 3½-Zimmer-Wohnung. Um immer in einer optimalen Kampfkraft in den Eisring zu steigen, kochten die beiden Hockeyprofis selbst. Das abwechslungsreiche Menu bestand aus Fleisch, Teigwaren und Salat oder aus Teigwaren, Fleisch und Salat. Sehr vorteilhaft war auch, dass die Mutter von Kevin keine Zimmerkontrolle mehr durchführte. Sonst hätte sie nämlich leicht der Schlag treffen können. Aufräumen stand in der Zwischenzeit weit hinten auf der Prioritätenliste.

Kevin Lötscher kurz und bündig: «Es war ein Superjahr. Höhen und Tiefen wechselten in bunter Reihenfolge ab. Obwohl ich mit dem Trainer das Heu nicht immer auf der gleichen Bühne hatte, profitierte ich menschlich für mein weiteres Leben unglaublich viel.»

Längst hatte Kevin verschiedene Versuchungen, welche das Leben anbot, ausgetestet: Beispielsweise den Töffliwahn. «Ein eigenes Töffli hatte ich nie. Auch einen entsprechenden Ausweis konnte ich nicht vorweisen. Trotzdem kam ich auf meine Rechnung und war an schulfreien Nachmittagen mit dem Mofa meines Bruders Sven unterwegs. Stolz knatterte ich mit dem Piaggio, erst noch mit rosarotem Auspuff, genüsslich über Stock und Stein.»

«Es war ein Superjahr. Höhen und Tiefen wechselten in bunter Reihenfolge ab.»

Beispielsweise den Alkohol. «Ich war 15 Jahre alt, als mich Firmgotte Miriam und die Goalie-Legende des Fussballclub Leuk-Susten Thomas Kämpfen im Rahmen der Fasnacht in die Oldi-Gädi-Bar mitnahmen. Mit leicht ausgeschaltetem Hirn kippte ich die mir angebotenen alkoholischen Getränke reihenweise in mich hinein. Das kam definitiv nicht gut. Mit Müh und Not kämpfte ich mich morgens um vier Uhr nach Hause. Zu allem Elend verunstaltete ich auch das Fenster und den Fenstersims vom Büro meines Vaters massiv. Bei der morgendlichen Einvernahme durch meine Eltern griff ich zu einer Notlüge. Ich versuchte ihnen nämlich klar zu machen, dass ich die Bratwurst mit dem Ketchup nicht vertragen hätte. Die Story kam nicht wirklich gut an. Jedenfalls musste ich die unangenehmen Reinigungsarbeiten ganz alleine ausführen und alles wieder in einen tadellosen Glanz bringen.»

Beispielsweise Rauchen. «Mit gutem Gewissen kann ich sagen, dass Rauchen für mich nie ein Thema war. Ich habe es nie versucht und bin damit prima gefahren.»

Beispielsweise der Autorausch. «Ein Auto- und Motorenfan war ich wahrlich nie. Die Autoprüfung legte ich erst im Alter von 21 Jahren ab. Mein erstes Auto war ein Skoda Octavia mit der EHC Biel-Schrift auf den Seiten. Tatsache ist, dass ich bis heute noch nie in eine Kontrolle kam. Bussenmässig erreichte ich einmal einen einsamen Rekord, auf welchen ich natürlich überhaupt nicht stolz bin. In den beiden Tunnels, welche unter der Stadt Luzern durchführen, blitzte es mich innert fünf Minuten sage und schreibe drei Mal. Die Gesamtsumme von 3 x 40 Franken konnte ich locker verschmerzen.»

▼ Gemeinsames Krafttraining mit Schwingerkönig Kilian Wenger.

▲ Der Shootingstar im harten Einsatz.

Die militärische Karriere von Kevin Lötscher begann mit der Aushebung in Sumiswald. Als Spitzensportler war es für ihn ein Leichtes, in allen Tests hervorragende Resultate zu erreichen. Offenbar sah die Führungsriege der Schweizer Armee eine Problematik darin, einen Hockeystar ins militärische Umfeld zu integrieren. Nur so ist zu erklären, dass Kevin als Stabsassistent ausgehoben und erst noch der Reserve zugeordnet wurde. In Tat und Wahrheit war der Aushebungstag in Sumiswald für Kevin Lötscher der allereinzige echte Kontakt zur Armee. Von nun an musste er nämlich seine Wehrpflicht zwar auch in Grün abgelten – jedoch mit einem grünen Einzahlungsschein.

MIT VIEL LEBENSMUT – KOMMT ES IMMER WIEDER GUT

Kevin Lötscher hob früh schon in die Lüfte der Erfolgswogen ab. Trotzdem blieb er jederzeit bodenständig, zugänglich und sympathisch. Dann schlug das Schicksal böse zu und warf ihn heftig ins Tal der Tränen. Die Jahre vergingen, liessen seine Spitzensportlerkarriere wie eine Seifenblase platzen und zwangen ihn, völlig neue Lebensperspektiven zu entwickeln. Der junge Mann nahm diese Herausforderung letztendlich an und gründete eine eigene Firma. Gab ihm vielleicht eine höhere Macht die Kraft und den Impuls für diesen mutigen Schritt?

«Für mich bestehen keine Zweifel, dass es etwas Höheres gibt. Es liegt mir aber fern, festzulegen, was es genau ist. Jeder Mensch soll zu diesem tiefgründigen Thema an das denken, was ihm guttut. Auch wenn einer nichts denkt, ist das für mich in Ordnung. Ganz wichtig ist jedoch für mich, dass ich aufgehört habe zu bewerten und damit den Menschen mehr Freiheit zugestehe. Genau diese Haltung ist auch für mich befreiend. Dadurch lasse ich keine unnötige Energie abfliessen und kann diese ausschliesslich für mich und meine Vorhaben einsetzen.»

Kevin Lötscher trägt in sich einen reichhaltigen Wunschkatalog. Sein primäres Lebensziel ist es, diese Wünsche mit viel Lebensmut und Zuversicht in Erfüllung gehen zu lassen:

- Ich setze alles daran, meinen Buben eine wunderbare Kindheit zu ermöglichen.
- Respekt und Hilfsbereitschaft sollen alle meine Wege begleiten.
- Ich werde alle meine Möglichkeiten einfliessen lassen,
  um die Welt zu einem besseren Flecken zu machen.

Und was genau bietet die Firma «SORGHA GmbH» effektiv an? Ausschlaggebend ist folgender Kernsatz: «Verschwende keine Energie, um Dinge zu verändern, die du nicht beeinflussen kannst. Verändere, was du kannst.»

Kurz, SORGHA steht für das Zusammenspiel von Energie, Bewegung und Dynamik immer unter der Berücksichtigung des Menschen und dem Umfeld. Oder noch deutlicher:

- Wie und wo können Sie Energie gewinnen?
- Wie kann man den Körper ausgleichen?
- Was bewirkt Bewegung?
- Wo können Ruhe und Kraft geschöpft werden?
- Wieso ist es wichtig, an sich zu glauben?
- Was ist mit Teamgeist wirklich möglich?

Kevin Lötscher und seine Firma kennen die guten Ansätze und Möglichkeiten, um auch Ihr Leben noch besser zu gestalten. Schliesslich hat der Firmeninhaber, eben Kevin Lötscher, in seiner schwierigen Zeit wertvolle Erfahrungen gesammelt, welche er künftig an andere Menschen weitergeben und mit ihnen teilen will. Spannend sind auch seine Ausführungen zur Analogie zwischen Profisport und Wirtschaft. Man spürt in seinen Referaten – der Mann weiss, von was er spricht.

DREI FRAGEN ZUM SCHLUSS

*Haben Sie in Ihrer Schulzeit tatsächlich
niemals einen bösartigen Streich gespielt?*
«Ich wiederhole gerne, dass ich zu den pflegeleichten Burschen gehörte. An einem schulfreien Nachmittag wich ich als 13-Jähriger tatsächlich einmal von meinen guten Tugenden ab. Zusammen mit meinem Freund Pascal Schnyder war ich mit dem Velo schnell unterwegs. In der nötigen Erholungsphase und vor dem anstehenden Fussballtraining standen wir plötzlich vor einem schmucken Einfamilienhaus. Hinter dem gepflegten Thuja-Hag befand sich ein Biotop mit Pflanzen, welches von Zwergli und Pilzen umrahmt wurde. Schön anzusehen war auch die tadellos aufgeschichtete Beige mit Brennholz. Ohne gross zu überlegen, behändigten wir uns der Hölzer und warfen diese über die Hecke möglichst direkt in den Teich. Das gelang uns vorzüglich, bald war das Biotop voll Holz und wir schlichen von dannen – jedoch nicht unerkannt. Die Geschichte ging für uns Übeltäter gar nicht gut aus. In Begleitung unserer Väter mussten wir bei den geschädigten Eigentümern zum Verhör antraben. Kaum dort, konnten wir uns das Lachen nicht verkneifen. Wie auf Kommando explodierten in diesem Augenblick die Väter und jeder von uns kassierte eine knallharte Ohrfeige. Weitere Strafen folgten, aber der einzige Schlag ins Gesicht, den ich jemals von meinem Vater erhielt, tat mir bis tief in die Seele weh und trug viel zu meiner Lebensschulung bei.»

61
KEVIN LÖTSCHER

GEHT UNTER
DIE HAUT
24/7

▲ Der klare Blick in eine gute Zukunft ist immer geblieben.

Waren Sie für Mutproben immer offen?

«Grundsätzlich schon. Für ganz grosse Nervenkitzel fehlten mir allerdings die Gelegenheiten. Einmal wurde es aber dennoch zur Realität. Zusammen mit einigen Teamkollegen der Schweizer Nationalmannschaft rückte ich zu einem Fallschirmsprung aus. Auf der Fahrt zum Startort hatten wir eine grosse Klappe und spielten die Obermutigen. Als wir später gegen 3500 Meter über Meer aufstiegen und sich die Türe des Flugzeuges nervenaufreibend langsam öffnete, blieben uns die Sprüche immer mehr in der Kehle stecken, und es wurde sogar gespensterhaft ruhig. Dann folgte der Sprung aus dem Flugzeug – der Sprung ins Ungewisse und Unbekannte – es war nur noch krass. Während des Tandemfluges vergass ich schlicht alles, war die ganze Zeit nur noch in mich gekehrt und vollkommen überwältigt vom wunderbaren Abenteuer. Kurz, es war der Wahnsinn.»

Verraten Sie uns zum Schluss noch einen unerfüllten Traum?

«Bedingt durch mein bisheriges Leben mit Spitzensport, dem ungeplanten Neubeginn und der Familiengründung konnte ich meiner Vorliebe fürs Reisen nicht richtig nachgehen. Deshalb zielt einer meiner Träume in diese Richtung. Sehr gerne möchte ich noch andere Länder und andere Kulturen kennenzulernen. Am liebsten mit dem Rucksack. Meine grössten Träume sind jedoch: Mit meinem Bruder Sven und einer Kiste Bier auf einer einsamen Insel zu stranden und in einem afrikanischen Entwicklungsland eine Schule zu bauen.»

MATTHIAS
LÖTSCHER

WER AUFGIBT, HAT VERLOREN

Matthias Lötscher ist Anwalt im Banking & Finance Team einer Anwaltskanzlei in Zürich. Studiert hat er in Bern und danach Gerichts- und Anwaltspraktika, sowie die Anwaltsprüfungen in Luzern, absolviert. Zudem hat er ein Nachdiplomstudium in den USA abgeschlossen.

Der 33-jährige Anwalt empfängt seine Klienten in der Anwaltskanzlei im Zürcher Seefeld, er lächelt zuvorkommend, strahlt viel Sympathie aus und reicht die Hand zur Begrüssung. Nur eines kann er nicht: Aufstehen. Seit rund 15 Jahren ist er an den Rollstuhl gebunden.

Vor ein paar Jahren sahen seine sportlichen Perspektiven hervorragend aus. Er war Mitglied der Junioren-Nationalmannschaft der Nordisch-Kombinierer, einer interessanten Sportart, die aus Skispringen und Langlauf besteht. Im Jahre 2005 war Matthias Lötscher Teilnehmer an der Junioren-Weltmeisterschaft im finnischen Rovaniemi. Das Tor zum Profisport und zum Höhenflieger schien weit offen. Doch innert Sekunden wurde sein Lebensweg in eine ganz andere Richtung geleitet.

ICH BIN MATTHIAS LÖTSCHER

▸ Geboren am 17. September 1986
▸ Zivilstand: Ledig
▸ Meine Hobbys sind Kochen, mit Freunden kochen, Essen, Musik, Konzerte besuchen, viel Bewegung und Kontakt mit anderen Leuten.

DER ABSTURZ INS TAL DER TRÄNEN

Der 17. Juni 2005 war ein warmer Sommertag, wenn auch etwas vom Winde verweht. Matthias Lötscher machte das, was er am liebsten machte, das was seine ganz grosse Leidenschaft darstellte: Skispringen. Die 100-Meter-Schanze in Kandersteg, umrahmt von einem wunderbaren Bergpanorama, diente dem intensiven Training. Matthias hatte sich bereits mit vielen schönen Sprüngen ins Tal tragen lassen, als der Skisprungtrainer ihm zurief: «Noch einen Sprung, dann machen wir Schluss für heute.» Dann … Schanze frei.

Matthias Lötscher: «Ich bin ein bisschen knapp vom Schanzentisch abgesprungen. Ein Zusammenspiel verschiedener ungünstiger Faktoren führte dazu, dass mir ein Ski nach hinten gezogen wurde. Diese Kraft war enorm und ich konnte mich nicht dagegen wehren.»

Matthias stürzte kopfvoran in die Tiefe und prallte mehrmals heftig auf. «Im Auslauf der Schanze blieb ich liegen und dachte: Glück gehabt.» Als er jedoch aufstehen wollte, reagierte sein Körper nicht. Das Team eilte sofort zu Hilfe. Matthias bat einen Kollegen, ihn in die Beine zu klemmen. Davon spürte er nichts. Daraufhin hörte er die Stimmen der Ärzte und nahm den landenden Rega-Helikopter wahr, welcher ihn zuerst ins Inselspital nach Bern flog. Später wurde Matthias ins Paraplegiker-Zentrum nach Nottwil überführt, wo er das schicksalshafte Verdikt vernahm: Beim Sturz hatte er sich den fünften und sechsten Halswirbel gebrochen. Die Folge davon war eine Querschnittlähmung, bei der alle vier Gliedmassen, sowohl Beine als Arme, betroffen sind.

> **«Im Auslauf der Schanze blieb ich liegen und dachte: Glück gehabt.»**

Statt um Edelmetall zu kämpfen, begann für Matthias Lötscher eine Selbstmeisterschaft. Acht Monate verbachte er im Paraplegiker-Zentrum in Nottwil. Den Moment, als man ihn zum ersten Mal im Rollstuhl durch die beinahe endlosen Gänge ausführte, wird er nie mehr vergessen können. «Es war beklemmend, ich fühlte mich hilflos.»

Überraschend schnell gewöhnte er sich an sein neues Leben im Rollstuhl. Nottwil wurde zu seinem Zuhause auf Zeit. Er schätzte die netten Leute und den Sempachersee direkt vor der Türe. Den Wettkampf mit sich selbst nahm er entschlossen und zielgerichtet auf. Plötzlich ging es bei ihm nicht mehr um einen Platz auf dem Podest, sondern einfach darum, wieder selbstbestimmend durch das Leben gehen zu können.

Waren die Ärzte für Sie Hoffnungsträger?
«Niemand sagte mir, dass ich je wieder gehen könne, weil es sich nicht voraussagen liess. Die einzige Hoffnung war ich selbst und deshalb trainierte ich Tag für Tag sehr hart.»

Sein Körper hatte sich vom Unfall gut erholt. Von der Brust abwärts ist er heute in der Lage etwas zu fühlen, wenn auch nicht kalt oder warm. Matthias Lötscher hadert nicht mit dem Schicksal. Er lebt in einer rollstuhlgängigen Wohnung in Zürich, ist kunstinteressiert, trifft sich gerne mit Freunden zu einem gemeinsamen Kochabend und besucht Konzerte. Sport ist und bleibt die Leidenschaft von Matthias. Auch nach dem Unfall kämpfte er sich als Rollstuhl-Rugby-Spieler zurück an die sportliche

▲ In voller Aktion an der Junioren-
Weltmeisterschaft im finnischen Rovaniemi.

◀ Der Weg zum Spitzensportler
zeigt steil nach oben.

Spitze. Mit diversen Teams reiste er mehrmals zu internationalen Wettkämpfen. Bewegung ist auch sonst ein wichtiger Teil seines Lebens als engagierter Rechtsanwalt. Er fährt am Zürichsee spazieren oder ist mit seinem Hand-Bike zügig unterwegs.

«Mein Ziel ist nicht mehr, bis an die Grenzen zu gehen, sondern meinem Körper Gutes zu tun. Der sportliche Leistungsgedanke steht längst nicht mehr an erster Stelle. Ich hatte als Spitzensportler eine sehr schöne Zeit und bereue nichts. Damals durfte ich Erfahrungen sammeln, die andere in diesem jungen Alter nicht machen.»

Seine positive Lebenseinstellung und seine Zuversicht hat er zu einem guten Teil dem Leistungssport zu verdanken. Darüber bestehen für ihn keinerlei Zweifel. Fokussiertes, zielorientiertes Training lehrte ihn durchzuhalten, Rückschläge einzustecken und ein einmal anvisiertes Ziel nicht mehr aus den Augen zu verlieren. Und wenn Matthias Lötscher sagt: «Ich könnte mir 100 verschiedene Lebensgeschichten ausdenken, aber das was ich erlebe, ist die Realität. Mit gefällt mein Leben, wie es ist.» Dann meint er es auch genauso.

«Viele Leute haben das Gefühl, im Rollstuhl zu sitzen, sei ein unüberwindbarer Einschnitt im Leben. Wenn ich abwäge, was ich inzwischen alles erleben durfte, welche Menschen ich kennengelernt habe, will ich kein anderes Leben mehr als mein heutiges. Heute weiss ich gar nicht mehr, wie es früher war, als ich noch gehen konnte.»

▲ Ein grosses Talent in der Nordischen Kombination. Matthias in der Mitte.

Matthias Lötscher hat beruflich einen sehr guten Weg eingeschlagen und seine gesetzten Ziele erreicht. Er arbeitet mit viel Erfüllung und Begeisterung als Anwalt. Sein Arbeitsplatz wurde seinen Bedürfnissen entsprechend angepasst. «Es ist vieles möglich, doch es benötigt eine gewisse Toleranz vonseiten des Arbeitgebers. Dafür bin ich dankbar.» Zu seinen Eltern und zu seinen drei Brüdern pflegt Matthias ein enges Verhältnis. «Ein Umfeld, auf das man sich verlassen kann, Familie und Freunde, die einen nach so einem Unfall auffangen und an schwierigen Tagen zur Seite stehen, ist das Wichtigste.»

WIE EIN UNBÄNDIGER LEBENSWILLE BERGE VERSETZEN KANN

Die Zeit der Sommertrainingslager entfacht bei vielen Spitzenathleten der Wintersportbranche oftmals zweifelhafte Gefühle. Einerseits gleicht das Ganze einer Art Trockenschwimmen und auf der anderen Seite weiss jeder Sportler, dass es enorm wichtig ist, im Sommer gut zu säen, damit im Winter eine reichhaltige Ernte eingefahren werden kann. Im Juni 2005 legte sich der topmotivierte Matthias Lötscher genau in diesem Sinn und Geist keinerlei Schonung auf. Das erste Training, bei welchem sich alle Kaderstufen miteinander messen würden, fand in Kandersteg statt. Im Vorfeld trainierte Matthias bereits auf hohem Niveau mit einer Langlaufgruppe im Entlebuch. Am Tag vor der Abreise stellte er seine Dienste einer befreundeten Bauernfamilie beim Heuen zur Verfügung und als er nach getaner Arbeit mit dem Velo nach Hause fuhr, erinnerten ihn die Schmerzen im Knie daran, dass er körperlich nicht mehr im Vollbesitz seiner Kräfte war. Gedanken, das Sommertraining in Kandersteg auszulassen, kamen jedoch deswegen nie auf.

Zum ersten Mal überhaupt hatte sich Matthias entschieden, mit dem Zug ins Berner Oberland zu reisen. Bei dieser Fahrt kam er mit einer Klosterfrau ins Gespräch und das Thema Spitzensport und Skispringen stand im Zentrum. Die Frage der Gottesdienerin, ob diese wagemutige Sportart nicht gefährlich sei, verneinte Matthias entschieden. Offenbar hatte er aus seinen Gedanken verdrängt, dass er bereits einmal eine sehr kritische Situation gemeistert hatte.

Matthias Lötscher erzählt: «Im Rahmen eines Vorbereitungslagers für die Nordischen Skispiele der Organisation der Alpenländer-Skiverbände (OPA) im französischen Chaux-Neuve musste die Spur der Gross-Schanze eingezielt werden. Diese zweifelhafte wie delikate Ehre fiel mir zu. Das nicht alltägliche Unternehmen forderte mir einen grossen Respekt ab. Meine Mission als eine Art Versuchskaninchen ging alles andere als erfolgreich aus. Ich musste einen fürchterlichen Sturz in Kauf nehmen, blieb ohne Bewusstsein liegen und trug erst noch eine Hirnerschütterung davon. Da eine eiserne Regel besagt, dass man nach einem solchen Negativerlebnis schnell wieder an den Start gehen muss, stand ich zwei Tage später – trotz Hirnerschütterung – wieder hoch oben auf dem Absprungturm. Das Gefühl war schrecklich. Ich sah in die Tiefe, wurde von unbeschreiblichen Emotionen erfasst und konnte die Tränen nicht zurückhalten. Die Frage, soll ich oder soll ich nicht, dominierte meine Gedankengänge. Letztendlich überwand ich die sich anbahnende Barriere, sprang und war zurück im Geschäft.»

«Ich sah in die Tiefe, wurde von unbeschreiblichen Emotionen erfasst und konnte die Tränen nicht zurückhalten.»

Das intensive Gespräch mit der Klosterfrau war längst vergessen, als Matthias seine Trainingseinheiten auf die Matte legte. So kam es an diesem Freitag, dem 17. Juni 2005, zum allerletzten Sprung, welcher das Leben des 19-jährigen Talents dramatisch verändern sollte.

Nebst dem sportlichen Gipfellauf steckte Matthias an der Kantonsschule Schüpfheim im Gymnasium Plus. Das bedeutete, dass er seine Schulzeit zugunsten des Spitzensportes um ein Jahr verlängern würde. Um sich optimal und praktisch uneingeschränkt auf seine sportlichen Ziele zu fokussieren, sass er jeweils nur am Morgen in der Schulbank. Nachmittags standen ausnahmslos zwei Trainingseinheiten auf dem Programm. Der Montagmorgen blieb für ihn, wegen seiner vielen Auslandeinsätze, schulfrei, dafür war am Montag der Nachmittag jeweils der Schultag.

Plötzlich war für ihn innert Sekundenbruchteilen von A–Z nichts mehr wie vorher. Kein Stein blieb auf dem anderen.

Matthias Lötscher erinnert sich an die schwerwiegende erste Zeit: «Am Tag des Unfalles beschlichen mich komische Gefühle. Ich konnte überhaupt nicht richtig einordnen, was mit mir geschehen war und was auf mich zukommen würde. Bis zu diesem Zeitpunkt hatte ich mir auch nie Gedanken darüber gemacht, was eine Querschnittlähmung für Konsequenzen haben könnte.»

Der Tiefpunkt. Matthias Lötscher lag zuerst im Inselspital in Bern und danach in der Intensivstation des Schweizer Paraplegiker-Zentrums in Nottwil. Sein Gemütszustand bewegte sich verständlicherweise nahe dem Tiefpunkt. Einem Besuch von Hippolyt Kämpf, dem ehemaligen Olympiasieger und aktuellen Bereichsleiter Leistungssport bei Swiss Ski, konnte er zu diesem Zeitpunkt nicht zustimmen. Die aufkeimenden Emotionen hätten Matthias schlicht erdrückt.

Eine Wende ging in ihm vor, als er seinen Kollegen Stefan im Türrahmen der Intensivstation stehen sah und später in die Augen seiner engen Schulkollegin Kathrin blickte. Wie in einem Spiegel reflektierte er, dass die beiden ein unglaubliches Mitleiden in sich trugen. Extrem emotionale Momente nahmen von ihm Besitz. Seine Gedanken schweiften in der Folge zu seinem Vater Fritz über. Dieser war als zweitjüngstes von dreizehn Kindern in ärmlichen Verhältnissen auf einem Bauernhof aufgewachsen. Nie stand zur Diskussion, dass der hochintelligente Mann eine höhere Schule besuchen könnte. Trotzdem hörte man von ihm kein Wort der Klage oder der Unzufriedenheit. Er dachte nie an sich und strahlte jederzeit eine kaum vorstellbare positive Haltung aus. Kurz, er war und ist der positivste Mensch, welchen man sich vorstellen kann. Der Funke sprang über und Matthias wurde bewusst, wie er sich ab sofort zu verhalten hatte: «Zeige allen, dass es mir gut geht, dann geht es ihnen auch gut.»

«Zeige allen, dass es mir gut geht, dann geht es ihnen auch gut.»

Ein gewaltiger Aufsteller. Primär waren es die guten Gespräche mit seinen älteren Brüdern Fabian und Christof, welche für Matthias einen äusserst hilfreichen Einfluss hatten. Zusammen mit ihnen, Fabian ist von Beruf Arzt und Christof Künstler, konnte er seine Zukunftsmöglichkeiten ausloten und die weiteren beruflichen Schritte planen. Theoretisch fehlten Matthias noch eineinhalb Jahre bis zur Erlangung der Matura. Ein Hindernis war natürlich, dass seine Reha in Nottwil ebenfalls noch acht Monate in Anspruch nahm. Was nun?

Matthias Lötscher heute zu diesem wichtigen Schritt: «Meine Kanti-Klasse pflegte ein absolut einmaliges Kollektiv, war zu einer verschworenen Gruppe zusammengeschweisst und alle waren für alle da. Egal, welches Problem sich stellte. Ich erlebte nun, dass das wirklich keine Worthülsen waren. So durfte ich vom grossen Privileg profitieren und die Matura ganz regulär und ohne Einschränkungen mit meiner Klasse über die Bühne bringen. Während meiner Zeit in Nottwil war sichergestellt, dass ich topaktuell mit dem Lehrstoff gefüttert wurde und einige Lehrer kamen sogar nach Nottwil, um mir die geforderten Prüfungen abzunehmen. Grossartig. Diese Entwicklung hat mir unglaublich viel bedeutet, mich motiviert und mir Kraft gegeben.

Auch die Kantonsschule in Schüpfheim trug einen wichtigen Teil zum guten Gelingen bei. Auf einer Eingangsseite des Gebäudes wurde ein Treppenlift installiert, was meine Mobilität stark erleichterte. Sogar für die Ausnahmesituation im Fach Philosophie gab es eine gute Lösung. Da der Lehrer sein Schulzimmer lieber nicht wechseln wollte, traten anstelle des nicht vorhandenen Treppenliftes meine Kollegen auf den Plan: Sie packten mich jeweils und trugen mich, wie in einer Sänfte, die Treppe hinauf. In Dankbarkeit kann ich nur laut sagen: Es war eine unglaublich gute Zeit.»

Das Auto – ein wertvoller Helfer. Grundsätzlich gab es ein Thema, welches den sonst eifrig und allseitig interessierten Matthias nicht aus der Reserve locken konnte: Autos. Für seine sportlichen Aktivitäten hatte er das Glück, dass ihn immer eine gute Seele an irgendeinem Bahnhof abholte. Genau eine Woche vor seinem Unfall steuerte er mit dem Absolvieren des Nothelferkurses in Richtung Autoprüfung.

Als Matthias realisierte, dass das Postauto für den Schulweg nicht rollstuhlgängig war, sah er schnell ein, dass er das Auto zu seinem Freund machen musste. In Nottwil nahm er Fahrstunden und legte die Prüfung in Luzern ab. Von nun an war er motorisiert, selbstständig und ein äusserst disziplinierter Pilot. Die Bussen für zu schnelles Fahren konnte er längstens an einer Hand abzählen. Auch crashmässig darf er eine fast weisse Weste vorweisen. Ein einziges Mal stand ihm ein Pfosten auf einer Brücke im Weg und so wurde sein Auto ganz leicht abgeändert.

Der Entscheid in der Ferne. Matthias Lötscher hatte sein Leben nach dem Drama rechtzeitig wieder in die eigenen Hände genommen. Sein Intellekt und vor allem die Mithilfe der Kollegen und der ganzen Schule liessen es problemlos zu, dass er das ganze Matura-Programm zusammen mit seinen vertrauten Klassenkameraden hinter sich bringen konnte. Sein oder Nichtsein lautete nun die Frage. Die Spannung über das Bestehen der Matura wurde dadurch erhöht, dass die Ergebnisse erst im Rahmen der Maturareise bekannt gegeben wurden. Das hiess im Klartext: Der Entscheid fiel in Lissabon. Eine aussergewöhnliche Praxis.

Matthias erzählt über den Portugal-Abstecher: «Die sechstägige Reise in dieses fremde Land offenbarte mir nachhaltig und eindrücklich, dass mir keine Grenzen gesetzt sind. Portugal präsentierte sich wirklich nur mässig rollstuhlfreundlich, trotzdem gab es für mich, dank unserem eingespielten und harmonischen Team, keinerlei Probleme. Das nachfolgende Motto wurde mir zum Lebensbegleiter: Wenn Leute da sind, welchen man Vertrauen schenken kann, geht alles. Nachdem das Geheimnis gelüftet worden war und ich meinen Maturaabschluss glücklich im Rucksack hatte, liess ich meine Seele so richtig ‹bambelen›. Ich genoss das Leben in vollen Zügen, schlief viel und konzentrierte mich für einmal nicht auf kulturelle Attraktionen, sondern auf die Barszene.»

DIE PROPHEZEIUNG DER INVALIDENVERSICHERUNG (IV)

«Die sechstägige Reise in dieses fremde Land offenbarte mir nachhaltig und eindrücklich, dass mir keine Grenzen gesetzt sind.»

Für den frischgebackenen Maturanden war klar, dass er nahtlos in ein Studium einsteigen würde. Dazu verlegte er seinen Wohnsitz vom beschaulichen Marbach in die hektische Bundesstadt. Dort wohnte Matthias in einer Wohngemeinschaft und besuchte eifrig die Vorlesungen in Jurisprudenz. Einen zusätzlichen Motivationsschub erhielt er eines schönen Tages durch die IV. Diese war der Meinung, er solle sich für sein Studium, aufgrund seiner körperlichen Einschränkung, die doppelte Zeit einplanen. Der fundamentale Irrtum der IV. In seiner gewohnt vorbildlichen Art und Weise liess Matthias nicht das Geringste anbrennen. Er zog in seinem Studium konsequent seine Kreise und bewies der ganzen Welt, dass sein Handicap keine Einschränkungen nach sich zog. Seine unglaubliche Willensstärke führte erfreulicherweise dazu, dass er einen Alltag wie alle übrigen Mitstudenten erleben konnte. Die IV musste erstaunt zur Kenntnis nehmen, dass Matthias Lötscher den erfolgreichen Studienabschluss ohne jegliche Verspätung meisterte.

Nicht genug, der strebsame Jurist erwarb sich im Kanton Luzern zusätzlich das Anwaltspatent und reiste für einige Monate in die USA. Warum wohl? Matthias Lötscher dazu: «Es war für mich eine grosse Herausforderung, meine Grenzen zu erfahren. Der Trip zeigte mir auf, was ich selbst kann und was nicht.»

Ein Skandal erschüttert den Schulfrieden. Wir blicken kurz zurück und stellen fest, dass Matthias im Gymnasium in einen kleinen Skandal verwickelt gewesen war. Unter den Gymnasiasten nannte sich, respektive wurde seine Klasse «Die Hirschen» genannt. Ein Teil dieser Gruppe führte eine Homepage. Eines Tages kam die Idee, Steckbriefe über die Personen des Lehrkörpers zu erstellen und diese auf der Homepage öffentlich zu machen. So konnten oder mussten die Lehrkräfte giftige, bösartige und überspitzte Texte über sich lesen. Erschwerend war zudem, dass die Persönlichkeiten durch Karikaturen keineswegs vorteilhaft dargestellt wurden. Das war für die hoch qualifizierten Pädagogen des Schlechten zu viel. Sie waren in ihrer Ehre tief verletzt und einige weigerten sich sogar vorübergehend, weiterhin zu unterrichten. Ein breitflächiger Skandal zog wie dunkle Wolken am Himmel auf. Drastische Konsequenzen wurden ernsthaft in Erwägung gezogen.

In diesem ganzen unrühmlichen Prozess spielte Matthias Lötscher schlussendlich eine wichtige und wegweisende Vermittler- und Schlichterrolle. Es gelang ihm, die Gemüter zu beruhigen und viel dazu beizutragen, dass das Schulleben wieder seinen gewohnten Lauf nahm. Und das sagt der Mann, der in der Tat Berge versetzen kann.

- Anfänglich war es für mich ein grosser Erfolg,
  wenn ich alleine aufsitzen oder die Socken anziehen konnte.
- So wie es heute ist, bin ich zufrieden und ich kann gut damit leben.
- Ein Zurück gibt es schliesslich nicht mehr.
- Und alles, was noch besser wird, nehme ich dankend entgegen.

PREISFRAGE: WO SIND DIE WURZELN DIESES CHARAKTERSTARKEN MANNES WOHL VERGRABEN?

Bis ins Kindergartenalter wohnte Matthias in einer Mietwohnung im luzernischen Marbach. Das tat er natürlich nicht im Alleingang. Vater Fritz, ein gelernter Drucker, leitete später als Geschäftsführer eine Druckerei. Mutter Judith, eine gelernte Dentalassistentin, stellte ihre guten Dienste während vieler Jahre der Spitex zur Verfügung.

Zurück zu Matthias. Bis zum Umzug in ein Eigenheim teilte er das Zimmer mit seinen Brüdern Fabian (1981) und Christof (1984). Ivan (1990) hatte sein eigenes Zimmer. Im neuen Zuhause durften dann alle Buben alleine ein Zimmer bewohnen. Das schmucke eigene Haus brachte für die Knaben auch Verpflichtungen mit sich. Der Rasen musste gemäht und gejätet werden, Reinigungsarbeiten fielen an und verschiedene Haushaltätigkeiten gehörten zum Dauerprogramm. Der Versuch, die Arbeiten mittels eines Planes aufzuteilen, scheiterte grandios. So wurden immer diejenigen zur Arbeit aufgefordert, die sich durch Nichtstun anboten. Überhaupt durchliefen Matthias und seine drei Brüder eine strenge, dem katholischen Glauben entsprechende, und praktisch in jeder Hinsicht gerechte Erziehung. Beten vor dem Essen und vor dem Einschlafen gehörte zu den täglichen Ritualen, die Mittwochsmesse vor dem

▼ Ferien im Tessin: Mutter Judith mit Fabian, Ivan, Matthias und Christof.

◁ Fabian, Matthias und Christof: Alle mit der Goldmedaille in ihrer Altersklasse.

Schulbeginn war eiserne Pflicht. Alle Buben versahen das würdige Amt des Altardieners. Eigentlich war Matthias einer der pflegeleichten Kostgänger. Doch genau in diesem Bereich kam es immer wieder vor, dass er den Puls der Mutter höherschlagen liess. Er zeigte sich nämlich beim Essen als sehr wählerisch. Ein Beispiel gefällig? «Der schulfreie Mittwochnachmittag war für mich immer restlos ausgefüllt. Neben den sportlichen Tätigkeiten vergnügten wir uns im Wald, bauten Hütten und trieben abenteuerliche Spiele. Ausgerechnet an diesem Tag stand Rhabarberkuchen auf dem Mittagstisch. Demonstrativ zeigte ich meine Abneigung gegen diese Menuwahl und liess den Teller praktisch unberührt. Das wiederum kümmerte die Mutter wenig. Sie verharrte geduldig am Tisch, bis ich auch den letzten Bissen hinuntergewürgt hatte. Zwischenzeitlich stand der Uhrzeiger bereits auf halb drei.»

Herr Anwalt Matthias Lötscher, Sie stehen in einem Kreuzverhör.
Was sagen Sie zum Stichwort: Instrument.
«Den Eltern lag viel daran, dass wir Buben alle ein Instrument lernten. Bei mir war es die Trompete. Unvergesslich bleiben die Kindermusiklager der Musikschule. Da wurde viel geübt, wunderbar gegessen und abwechslungsreiche Rahmenprogramme füllten die Tage perfekt aus. Immer wenn wir nach Hause zurückkehrten, gaben wir im Dorf ein vielbeachtetes Konzert.

Schlimm waren für mich die anderen Events. Immer wieder mussten wir uns im Rahmen der Musikschule im Gemeindesaal präsentieren. Alleine vor den Leuten und speziell vor den Eltern aufzutreten, war für mich ein Horror. Als eher scheuer Bube schätzte ich das Rampenlicht überhaupt nicht.»

Poster in Ihrem Zimmer.
«In meinem Zimmer hing ein schönes Bild von meinem Bruder Christof und ein Bild, welches mich beim Skiwachsen zeigt. Poster? Genau. Tatsächlich hatte ich Poster der britischen Rockbands Muse und Placebo aufgehängt.»

▲ Matthias auf der Schrattenfluh mit Papi Fritz und Bruder Christof.

Familienferien.

«Ferien mit den Eltern und mit meinen Brüdern haben bei mir prägende Bilder hinterlassen. Zuerst waren wir in einem Häuschen im Tessin und später an der Adria in Italien bestens aufgehoben. Hier sah ich das Meer zum ersten Mal in meinem Leben. Spannend war, dass wir öfters von Verwandten mit ihren Kindern begleitet wurden. Die Geselligkeit war grossartig. Als wir älter wurden, stellten wir uns immer häufiger die Frage, ob wir noch mit den Eltern verreisen wollten. So ergab es sich, dass die familiäre Reisegruppe immer kleiner wurde. Wie heisst es doch so schön: Man soll aufhören, wenn es am Schönsten ist.»

Bauernstand.

«Die Grosseltern mütterlicherseits lebten auf einem Bauernhof in Hasle. Ferien bei ihnen öffneten mir die Augen für die Natur und für das vielseitige Leben im landwirtschaftlichen Gewerbe. Ich war zehn Jahre alt, als ich auf die Alp Wasserfalle in die Ferien durfte. Das Älplerleben sagte mir besonders zu. Wunderschön, wenn ich die Kühe füttern oder beim Käsen helfen durfte. Die Alp Wasserfalle macht ihrem Namen alle Ehre. Es gibt dort nämlich tatsächlich einen Wasserfall und da liess ich es mir nicht nehmen, immer wieder unter diesen zu stehen und die Abkühlung zu geniessen.»

DER TRAUMATISCHE SCHULWEG

Beim Thema Schule beisst man bei Matthias Lötscher beinahe auf Granit. Es ist ihm sichtlich peinlich, darüber zu sprechen und das aus dem einfachen Grund, weil er ohne grosse Anstrengung zur Elite gehörte. Selbstlob ist nicht seine Sache. Er sagt von sich, dass er nicht fleissig war und nur Interesse zeigte, wenn ihm das Thema in den Kram passte. Kurz, er war im wahrsten Sinne des Wortes: Ein Minimalist. Doch es gab zwei Punkte, welchen er grosse Bedeutung zukommen liess.

Die Strenge der Eltern. Dieser Aspekt setzte ihn wegen des Zeugnisses unter Druck. Deshalb gab er zwischendurch Vollgas, damit die Noten immer im oberen Mittelfeld blieben.

Der Respekt vor den Lehrern. Deren Autorität war von ihm derart gefürchtet, dass er sich nie zu einem Streich hinreissen liess. Zugegeben, Matthias war zu dieser Zeit ein feingliedriger, dünner Bub, welcher körperliche Auseinandersetzungen tunlichst vermied.

Er war in der zweiten Klasse, als er dank seinen feinen körperlichen Voraussetzungen richtig profitieren konnte. An der Weihnachtsmesse gab es in der viel beachteten Aufführung eine wichtige Hauptrolle, die nur ein kleines und intelligentes Kind ausfüllen konnte: Diejenige des Jesus-Kindes. Matthias erfüllte alle Ansprüche und wurde auserwählt. «Ob Sie es glauben oder nicht, ich habe den Text noch heute lückenlos im Kopf.»

Grundsätzlich besuchte Matthias die Schule eigentlich nur aus einem Grund sehr gerne: Wegen seinen Freunden und Kollegen. Obwohl sein Schulweg nur knappe drei Minuten dauerte, war dieser für ihn allerdings traumatisch. Es gab nämlich einen wichtigen Grund, welcher ihn immer wieder in Angst und Schrecken versetzte: Ein böser, bellender Hund. Das elende Biest hatte schon einen seiner Brüder gebissen. Doch Matthias wusste sich mit der Zeit zu helfen und legte den Schulweg immer mit dem Nachbarsmädchen Karin zurück. Offenbar hatte seine Beschützerin zum angstverströmenden Monster einen guten Draht. Das böse Bellen ging in ein erträgliches Knurren über und alles war gut.

Als Matthias in die fünfte Klasse kam, nahm seine Präsenz im Schulunterricht bereits merklich ab. Längst hatte er die Trompete ins Regal gestellt und sich ausschliesslich auf den Sport fixiert. Seine Talente wurden sichtbar und so reiste er fleissig in der Schweiz und im nahen Ausland herum. Die Schule fiel in der Prioritätenliste einige Ränge zurück.

◀ Schon damals ein Vorbild für alle.

265

EIN VOLLRAUSCH ALS WICHTIGER WEGWEISER

Das Wort Sport wurde in der Familie Lötscher stets grossgeschrieben. Der Vater glänzte als Allrounder und speziell im Langlauf. Die Mutter zeigte starke Leistungen als Sportlerin, wurde nach Magglingen aufgeboten und musste jedoch die Segel streichen, weil sie von den Eltern keine Erlaubnis erhielt.

So setzten sich die Eltern von Matthias zum Ziel, alles zu tun, damit ihre vier Söhne beste Voraussetzungen hatten, um alle angestrebten sportlichen Wünsche und Ambitionen auszuleben.

Bald schon war klar, dass Matthias die sportlichen Gene der Eltern voll übernommen hatte. Er glänzte praktisch in allen Sportarten, welche nicht auf rohe Kraft aufgebaut waren. Seine koordinativen Fähigkeiten befähigten ihn, sowohl im Fussball wie auch in der Langlaufloipe Zeichen zu setzen.

Beim FC Eschholzmatt-Marbach war er bei den Junioren als Stürmer oder offensiver Mittelfeldspieler so auffällig, dass Scouts grosse Augen machten. Doch die Entwicklung zeigte in eine andere Richtung. Der Hauptgrund dafür waren die grossen Vorbilder im heimischen Skiclub Marbach: An erster Stelle sein Vater, dann der Kombinierer Karl Lustenberger und nicht zuletzt der Medaillengewinner an einer Olympiade und einer Weltmeisterschaft, Fredy Glanzmann. Der Entscheid von Matthias war deshalb nicht gegen den Fussball, sondern für die Nordische Kombination.

Bereits die ersten Langlaufrennen zeigten Erfolg versprechende Ansätze. Matthias kämpfte wie ein Löwe und wurde vom Vater mit den folgenden Worten lautstark motiviert: «Du muesch nochli ufd Zänd bisse.» Immer wieder kam es vor, dass Matthias den Vater beim Präparieren der Sprungschanze unterstützte. Logisch, dass für ihn die Versuchung gross war, Sprungversuche zu unternehmen. Dieses Vorhaben setzte er als Zweitklässler mutig in die Tat um. Danach war der Bann gebrochen. Im Sommer musste er jeden Mittwoch nach Kandersteg reisen, um auf der Mattenschanze zu trainieren. Das war schon bald nicht mehr genügend und Matthias war immer dort anzutreffen, wo sich eine Sprungschanze in betriebsbereitem Zustand präsentierte. Egal ob im In- oder im Ausland. Sein emsiger Bienenfleiss wurde immer öfters belohnt. Er wurde JO-Schweizermeister in der Nordischen Kombination, konnte sich für die Junioren-Weltmeisterschaft qualifizieren und erreichte im italienischen Predazzo einen Spitzenrang im Alpencup.

Wir schreiben das Jahr 2001, als Matthias tüchtig Lehrgeld bezahlen musste. Der jungen, aufstrebenden Nachwuchshoffnung war es vorbehalten, mit älteren Athleten an einen Wettkampf zu reisen. Sportlich spielte sich das Ganze völlig im grünen Bereich ab. Doch der nächtliche Ausgang hatte es mächtig in sich. Matthias Lötscher lief unbedacht und leicht naiv ins offene Messer und erlitt seinen ersten Vollrausch. Natürlich blieb dieses «sportliche Verbrechen» nicht im Verborgenen. Bald schon hiess es: «Sportler versumpft.» Diese Schlagzeile konnte der Trainer von Matthias nicht einfach so abhaken und zur Tagesordnung übergehen. Er zitierte seinen Schützling zu einem ernsthaften Gespräch und das waren seine Worte: «Wenn du in die oberste Elite vorstossen willst, musst du ein solides Leben führen. Ein Vollrausch oder Ähnliches ist ein No Go. Nun musst du dich entscheiden: Jetzt oder nie.» Matthias hatte die Lektion schnell begriffen und lebte fortan ein Spitzensportler-Leben mit einem tadellosen Ruf.

DAS LEBEN GEHT WEITER — DIE STERNE STEHEN GUT

Es ist ein extrem heisser Juli-Sommertag, als das Buchgespräch über die Bühne geht. Das hindert Matthias Lötscher nicht daran, pünktlich in Oberentfelden vorzufahren. Bald schon sitzt er agil und zuversichtlich in der guten Stube. In der Folge können ihn auch die delikatesten Fragen nicht beunruhigen. Offen und präzise gibt er jede gewünschte Auskunft. Wir Autoren denken so im Stillen: Der sympathische, junge Mann weiss genau, was er will. Auch bei der Frage nach einer Lebens-Zwischenbilanz ist kein Zögern festzustellen:

- «Der Spitzensport hat mir unglaublich viel gegeben und ich konnte davon extrem profitieren.»
- «Nach dem Unfall habe ich im zwischenmenschlichen Bereich viele wertvolle Kontakte erfahren.»
- «Ich habe ein erfülltes Leben und bin dankbar dafür.»

Beim Thema «Höhere Macht» wird es nun doch etwas schwieriger. Der Redefluss stockt leicht und man spürt, dass zwei Seelen in seiner Brust sind. Als ein vom katholischen Glauben geprägter Mann sind seine diesbezüglichen Gefühle und Überzeugungen gespalten.

«Parallel zum Älterwerden und mit Fortschreitung unserer Schulbildung haben sich meine Brüder und ich immer mehr Gedanken über die Kirche gemacht. Viele schwierige Gespräche mit den Eltern zu diesem Thema waren die Konsequenz. Letztendlich kamen wir zum Schluss, dass die Kirche, wie wir sie erlebten, nicht mehr «das Richtige» für uns war. Deshalb haben sich meine Brüder und ich von der Kirche und den Kirchbesuchen vor langer Zeit verabschiedet. Mit ein Grund dafür war auch eine Predigt anlässlich einer Abdankung, als der Geistliche unverzeihliche Thesen aufstellte.»

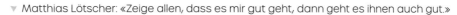
▼ Matthias Lötscher: «Zeige allen, dass es mir gut geht, dann geht es ihnen auch gut.»

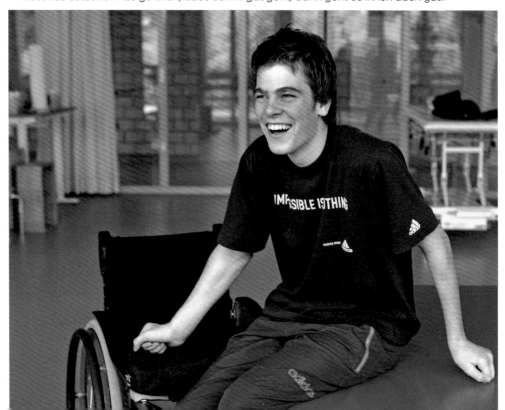

Seither ist Matthias nur noch bei ganz besonderen Anlässen in der Kirche anzutreffen. Beispielsweise wenn die Mutter mit dem Kirchenchor singt. Matthias Lötscher im Originalton: «Ganz wichtig ist es, dass man an etwas glaubt. Eine Personifizierung ist dazu nicht nötig. Persönlich meditiere ich gerne, sinniere über viele Dinge und glaube an etwas Positives. Mit dem Glauben an sich selbst, davon bin ich überzeugt, ist alles möglich.»

FÜNF FRAGEN ZUM SCHLUSS

Wie viel Taschengeld erhielten Sie in Ihrer Schulzeit?
«Bis zum 16. Altersjahr war Taschengeld kein Thema. Wenn wir etwas Spezielles brauchten, hatten wir zwei Möglichkeiten. Wir konnten die Eltern höflich anfragen oder, der einfachere Weg, wir verdienten uns das nötige Geld mit klassischen Ferienjobs in der Druckerei, welche der Vater führte. Nach dem Schulaustritt gab es, altersabhängig, bis zu 50 Franken pro Monat. Sehr lange war für uns klar, dass wir ohne Handy auskommen mussten und auch konnten.»

> **«Du muesch nochli ufd Zänd bisse.»**

Wie steht es bei Ihnen mit dem Rauchen?
«Grundsätzlich war für mich Rauchen nie ein Bedürfnis. Ich muss aber offenherzig gestehen, dass ich im Rahmen der schulischen Papiersammlungen ab und zu eine Zigarette geraucht oder Schnupftabak genossen habe. Als einer, der auf dem Land aufgewachsen ist, kam es vor, dass mir sogar ein Zwetschgenwasser angeboten wurde. Ich erinnere mich, dass ich dazu nicht Nein sagen konnte.»

Wir haben erfahren, dass es auf dem Schulweg nach Schüpfheim oft recht rustikal zu und her ging. Ist da etwas Wahres dran?
«Die Fahrten mit den öffentlichen Verkehrsmitteln waren tatsächlich immer ein Highlight und erst noch hilfreich. Wir schrieben einander die Hausaufgaben ab und fragten uns für bevorstehende Prüfungen ab. Rustikal ist allerdings eher der falsche Ausdruck. Wir kannten die Regeln des Anstandes bestens und waren einfach eine lustige, aufgestellte Bande.»

Welches war Ihr schönster sportlicher Erfolg?
«Eigentlich war mein erster Erfolg, als junger Knabe, der Schönste. Das war bei einem Teamwettkampf im Rahmen der Schwarzwald-Spiele in Schönwald. Die Eröffnungsfeier fand im Europa-Park in Rust statt und alleine dieser Auftakt war unübertrefflich. Das wunderschöne Gefühl wurde noch dadurch untermauert, dass wir den Wettkampf gewonnen haben.»

Schlussfrage. Verraten Sie uns Ihren grössten Wunsch?
«Von Herzen gerne: Ich wünsche mir, dass alle, welche ich gernhabe, gesund und glücklich sind.»

Matthias Lötscher positiv und zukunftsorientiert. Im Hintergrund ▶
die Schanze von Marbach, wo sportlich alles begann.

SVEN MONTGOMERY

WENN DAS STURZPECH AN DEN PEDALEN KLEBT

Sir Bernard Montgomery, ein Namensvetter unseres Sven Montgomery, war ein britischer Berufsoffizier. In dieser Funktion wurde er 1944 von Winston Churchill zum Generalfeldmarschall ernannt und trat dadurch ins hellste Rampenlicht. Als Sieger in der Schlacht von El Alamein erlangte er Weltruhm und avancierte zum populärsten Heerführer des Zweiten Weltkrieges.

Viele Jahrzehnte später machte sich wieder ein Montgomery auf, um sich im Weltruhm sonnen zu können. Dieser Montgomery wählte allerdings eine weit friedvollere Art und bekämpfte seine Gegner mit Köpfchen und Muskelkraft. Von 1988 bis 2006 bildete das Rennrad den uneingeschränkten Ausgangspunkt seiner beruflichen Existenz.

Sven Montgomery wurde von so renommierten Teams wie Française des Jeux, Fassa Bortolo oder Gerolsteiner unter Vertrag genommen. Seine speziellen Fähigkeiten als Bergspezialist waren weltweit bekannt und öffneten ihm die Türen zu den ganz grossen Bühnen des Radsportes. Auf seinem Visitenkärtchen werden der Vize-Europameister-Titel und die Siege bei den Bergwertungen der Dauphiné Libéré und der Tour de Romandie fein säuberlich vermerkt. Eine ganz aparte Geschichte schrieb der Berner Oberländer im Jahre 2001 an der Tour de France. Der hoch talentierte Bursche war gut im Rennen und belegte im Gesamtklassement den 15. Rang. In den Pyrenäen kam der gefürchtete Hammermann. Sven Montgomerys Beine waren plötzlich schwer wie Blei, es ging gar nichts mehr und er verlor auf den Etappensieger Lance Armstrong mehr als zwanzig Minuten. Kaum einer hielt es für möglich, was der Schweizer keine 24 Stunden später schuf. Als Mitglied einer Fluchtgruppe war er unterwegs nach Luz-Ardiden. Sven Montgomery wusste, dass es auf dem legendären Col du Tourmalet einen Sonderpreis gab: 5000 Franken für die Mannschaftskasse. Er sprintete seinen Fluchtgefährten davon und überquerte die Passhöhe des Tourmalet als Erster. Unglaublich. In der anschliessenden Abfahrt dirigierte der Respekt seine Fahrweise. Da er auf dieser Strecke schon gestürzt war, nahm er viel Tempo weg und wurde abgehängt. Dafür kam er gesund und munter ins Ziel und stolz, beim Aufstieg etwas ganz Ausserordentliches erreicht zu haben.

ICH BIN SVEN MONTGOMERY

- Geboren am 10. Mai 1976 in Detmold (Deutschland)
- Verheiratet mit Cissi
- Vater von Kylie (2007), Caio (2016)
- Meine Hobbys sind Skifahren, Wein- und Bierdegustation, Lesen, Velofahren, Aarebötle.

DER ABSTURZ INS TAL DER TRÄNEN

Sven Montgomery erlebte am legendären Col du Tourmalet den besten Moment seiner Rennfahrer-Karriere. Ein Highlight der Sonderklasse. In der übernächsten Etappe, wie aus dem Nichts, wurde er brutal ins Tal der Tränen transferiert.

Bei einem Massensturz in einer Abfahrt, mit 80 Stundenkilometern und wegen der Hitze ohne Helm, knallte er kopfvoran in eine Mauer. Nach der medizinischen Erstversorgung am Strassenrand, wo dem blutüberströmten Sven Montgomery sicherheitshalber eine Halsmanschette verpasst wurde, brachte ihn die Ambulanz ins Spital von Tulle. Nach dem Röntgen stand die niederschmetternde Diagnose fest: Schädelbruch. Sofort erfolgte der Transport mit dem Helikopter ins medizinisch besser eingerichtete Spital von Limoges. Die schweren Gesichts- und Schädelverletzungen waren so gefährlich, dass der 25-Jährige letztendlich dem lieben Gott extrem dankbar sein musste, dass er nicht erblindete.

«... ich sah nichts mehr. Ein echter Horror.»

Sven Montgomery im Gespräch mit Autorin Christina: «Nach diesem schweren Unfall ging es mir drei Tage lang unglaublich schlecht. Beide Augen waren zugeschwollen und ich sah nichts mehr. Ein echter Horror. Dann wurde ich mit einem Privatflugzeug ins Inselspital nach Bern überführt und dort unter falschem Namen einquartiert. Langsam ging es mit mir wieder bergauf. Wenn ich mich gut fühlte, war ich bereit, Besuch zu empfangen. In der Folge erlebte ich zehn Tage lang Ramba-Zamba. Freunde kamen, Journalisten wollten etwas von mir und Personen beanspruchten mich, welche ich noch nie in meinem Leben gesehen hatte. In dieser Zeit der Wiedergenesung lernte ich meine damalige Lebenspartnerin kennen, welche im Inselspital gearbeitet hat.»

Gesundheitlich erholte sich Sven Montgomery von den Folgen des schlimmen Sturzes recht gut und schnell. «Die darauffolgenden drei Monate waren für mich wie ein Sabbatical. Wenn ich mich in der Stadt sehen liess, erkannten mich die Leute, luden mich spontan zum Essen oder zu einem Drink ein. Grundsätzlich erlebte ich nach dem Sturz ins tiefe Tal nun eine grossartige Zeit mit viel Anerkennung und Goodwill.»

Ein nachdenklicher Sven ▲
Montgomery – wie soll es
wohl weitergehen?

Die Berge – Stärke, Kampf ▶
und Leidenschaft.

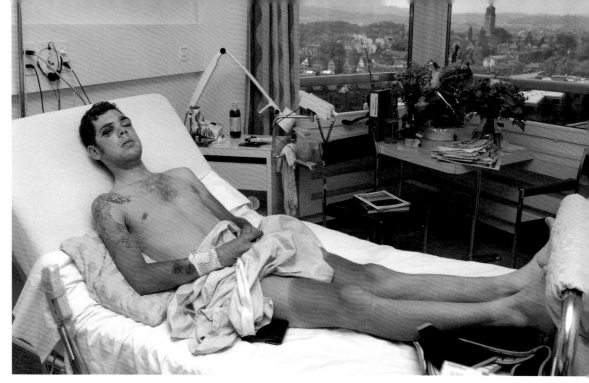

▲ Folge eines Horrorsturzes: Aufenthalt im Inselspital.

Überhaupt nicht einfach war für Sven der Wiedereinstieg in den Trainingsalltag. Er kämpfte verbissen um den Anschluss an die Weltspitze, doch im Kopf fuhr inskünftig stets die Angst mit. Und – wer bremst, verliert.

Ein Jahr später, im Jahre 2002, der nächste massive Dämpfer: Der von vielen als grösste Schweizer Hoffnung Gepriesene erkrankte zweimal an Mumps. Die Fortsetzung seiner Spitzensportlerlaufbahn war erneut höchst gefährdet. Wie ging der faire und sympathische Sportler mit dieser Situation damals um? Wir zitieren auszugsweise aus einem Interview. «Ich erlebe ein ständiges Auf und Ab. Einmal bin ich zufrieden, ein andermal habe ich auf gar nichts Lust. Momentan bin ich nicht gerne allein und mag es, wenn ich Gesellschaft habe. Sonst beginne ich zu grübeln. Doch ich finde keine andere Lösung – ausser auf das Ende der Krankheit zu warten.»

Wie gross ist Ihr Selbstvertrauen?
«Ziemlich klein. Mein Velo-Ego befindet sich fast am Nullpunkt. Nach dem Weltcup-Rennen in San Sebastian war ich froh, überhaupt ins Ziel gekommen zu sein. Das sagt doch schon genug aus. Wäre ich im vergangenen Jahr damit zufrieden gewesen, hätte ich mich wohl schier erschlagen.»

Sie kämpfen einen Kampf mit sich selbst?
«Ich denke zwar nicht an Rücktritt, stelle mir aber vor, welche grosse Anstrengung es mich kosten wird, einen kompletten Neuaufbau zu machen. Ich stelle mir die Fragen: Schaffe ich es noch einmal? Will ich überhaupt in den Radsport zurückkehren?»

Verraten Sie uns Antworten auf diese Fragen?
«Ich will unbedingt zurück. In den letzten Wochen habe ich mich mit der Möglichkeit des Rücktritts befasst und realisiert, wie gross meine Lust ist, wieder Rennen zu fahren. Ich darf nicht aufhören und muss nochmals einen Versuch starten. Ich würde mir wahrscheinlich ein Leben lang Vorwürfe machen, denn ich bin überzeugt, mindestens so gut fahren zu können, wie bis zu meinem schweren Sturz an der Tour de France.

273

Fehlt Ihnen vielleicht der Mut, als derart junger Sportler bereits abzutreten?
«Vielleicht hätte ich den Mut, wenn ich nur ein durchschnittlicher Fahrer mit einem monatlichen Einkommen von 4000 Franken wäre. Doch ich weiss, wozu ich fähig bin und habe überdies einen sehr guten Lohn. Die Tatsache, vermutlich für die nächsten zwei, drei Jahre derart gut verdienen zu können, muss ich ausnützen.»

Die zahlreichen Rückschläge hinterliessen bei Sven Montgomery erhebliche Spuren. Das Sturzpech liess auch weiterhin nicht von ihm ab. Im Jahre 2004 musste er am Giro d'Italia einen Riss im Schulterblatt hinnehmen und im gleichen Jahr an der Tour de France einen Schlüsselbeinbruch. Er realisierte, dass er an seine psychischen und physischen Grenzen stiess. Die Konsequenz: Sven Montgomery erklärte nach der Züri Metzgete 2006 seinen Rücktritt vom aktiven Radrennsport. Und was nun?

Das Schwierigste im Leben eines Spitzensportlers ist vielleicht das Adieu sagen. Auch Sven durchlebte diese heikle Phase. Plötzlich fehlte der Wettkampf, der Erfolg, die breite Aufmerksamkeit, der Adrenalinkick, die Freude und das Umworbensein. Auf einen Schlag ist nur noch eines da: Leere. Kein Jubel mehr und kein Antrieb.

Doch diesem Phänomen gab Sven Montgomery nicht viel Raum, um sich negativ zu entwickeln und sich in seiner Seele festzusetzen. Bereits am Tag, nachdem er anlässlich der Züri Metzgete endgültig vom Rennrad stieg, fand er sich morgens um 8 Uhr in Lyss ein und stieg als Koordinator beim Bigla Cycling Team kräftig in die Pedale. Eine neue Herausforderung war für ihn bereit.

Sven Montgomery: «Klar ist für mich, dass ich während meiner Karriere ausreichend Zeit gehabt hätte, um mich fundiert weiterzubilden. Wie heisst es jedoch so schön: Es ist nie zu spät.»

Zwei Jahre danach trat er eine Stelle als Sachbearbeiter auf einem Polizeiinspektorat einer Gemeinde an. Er war halb Dorfpolizist und halb KV-Administrator. Und wie erging es ihm bei diesem Job? «Brutal bekam ich zu spüren, was es heisst, mit über dreissig Jahren ein neues Leben zu beginnen. Ich war so lange weg vom normalen Arbeitsmarkt, einfach weg vom Fenster.»

Sven Montgomery – ein Stehauf-Mann erster Güte und ein Kämpfer ohne Ende. Dafür wurde er verdientermassen belohnt und das «zweite Leben» hatte gute Perspektiven für ihn im Köcher.

Mit Hochachtung las Autorin Christina im Frühjahr 2019 in den verschiedenen Homepages folgenden Text: «In der Breitensportabteilung von Swiss Cycling kommt es zu einem personellen Wechsel. Bereichsleiter Sven Montgomery hat sich nach fast sieben Jahren in Diensten von Swiss Cycling entschieden, eine neue Herausforderung anzunehmen. Sven Montgomery wirkte zu Beginn seines Engagements als Leiter Ausbildung, Breitensport und Nachwuchs. In den letzten zwei Jahren konnte sich der ehemalige Strassenprofi dank eines Ausbaus der Geschäftsstelle auf den Breitensport konzentrieren. Unter seiner Obhut entstand unter anderem das überaus erfolgreiche Schulprojekt «bikecontrol». Zudem ist die Betätigung als Mountainbike-Lehrer dank der Swiss Cycling Ausbildung offiziell als Beruf anerkannt worden. Swiss Cycling bedankt sich bei Sven Montgomery für seinen grossen Einsatz und wünscht ihm alles Gute.»

«Ich war so lange weg vom normalen Arbeitsmarkt, einfach weg vom Fenster.»

Und bei welcher neuen Herausforderung kann er wohl die guten Wünsche gebrauchen? Man höre und staune: «Das Polizeiinspektorat Köniz steht unter einer neuen Leitung. Der neue Leiter heisst: Sven Montgomery.»

EINE PISTOLE, DIE LAUT KRACHT UND DOCH NICHT SCHIESST

Feutersoey ist ein Ortsteil der Gemeinde Gsteig bei Gstaad. Die Berge im Süden bilden die Grenze zum Kanton Wallis. Dieser schlichte geografische Einstieg ist für Leserinnen und Leser gedacht, welche das weltberühmte Örtchen Feutersoey nicht kennen sollten.

Es war nämlich vor rund zwanzig Jahren, als ein Bursche namens Sven Montgomery auszog, um Feutersoey in aller Munde zu bringen und dem 500-Seelen-Ort einen ungeheuren Bekanntheitsgrad zu verschaffen. Bis es jedoch so weit war, floss ordentlich Wasser durch die Saane und via Simme in den Thunersee.

Die Familie Montgomery bewohnte ein schmuckes Eigenheim. Vater Jerry verdiente sein Geld als Musiker und war in seiner Freizeit wann immer möglich mit dem Velo unterwegs. Mutter Marianne gab als Primarlehrerin ihr grosses Wissen weiter. Daneben schlug ihr Herz für die Musik. Das Ehepaar bot den beiden Söhnen Sven (1976) und Clint (1978) eine behütete Kindheit.

Trotzdem kam es immer wieder vor, dass es im ruhigen und in der wunderbaren Natur eingebetteten Ort laut wurde. Sogar sehr laut. Auch der umtriebige Sven investierte am traditionellen Herbstmarkt einen Teil seines Vermögens, um sich eine gefährliche Pistole anzueignen. Selbstverständlich war es zu dieser Zeit mehr als nur Ehrensache, dass sich Sven beim Cowboy- und Indianerleben im nahe gelegenen Wald tüchtig verteidigen konnte. Seine Pistole mit Käpsli-Munition gab einen unerhörten Knall von sich. Mehr nicht. Die Situation war ungefähr vergleichbar mit einem Hund, welcher laut bellt und niemals beisst. Nichtsdestotrotz genoss Sven die spielerischen Kämpfe immer und immer wieder.

Da die Montgomery-Buben zu Hause sehr wenig Hand anlegen mussten, stand ihnen viele freie Zeit zur Verfügung, um sich in ihrer ureigenen Welt zu bewegen und zu verwirklichen. Und diese Welt bedeutete: Sport im Multipack. Getragen und unterstützt von den Eltern. Das Thema Sport herrschte in der ganzen Familie über allem.

Velorennen, Strassenhockeyturniere, Bobrennen, Skispringen und Langlauf als Nordische Kombination und Tennisturniere auf dem Parkplatz wechselten sich in bunter Reihenfolge ab. Oft kam es sogar vor, dass die Turniere bin in die Dunkelheit dauerten. Das bedeutete, dass der Final noch ausstand und dass der Sieger noch nicht erkürt werden konnte. Nicht verzagen, Sven fragen. Dieser besorgte beim nachbarlichen Baugeschäft Scheinwerfer und die Frage nach dem strahlenden Sieger konnte geklärt werden.

Der generöse Einsatz aller überschüssigen Energien in die vielfältigen körperlichen Betätigungen zog zwei wichtige Aspekte nach sich. Streiche waren ein absolutes Fremdwort und für heimliche Alkoholversuche blieb keine Zeit. Erst nach Vollendung der neunten Klasse war unter den konsumierten Getränken hie und da etwas Alkoholisches.

▲ Mutter Marianne, Sven, Vater Jerry, Bruder Clint.

◀ Unbeschwert auf der Velo-Tour.

Zwischenhalt und Stärkung ▶
in der Alpenwelt.

Sven Montgomery, steckten Sie tatsächlich nie in einer Rebellenphase?

«Der Sport hat mich immer in den rechten Bahnen gehalten. Eine handfeste Rebellenphase gab es in der Tat nicht. Den Wein- und Biergenuss habe ich mir wohlweislich bis in die Gegenwart aufgespart. Jedoch alles in einem gesunden Mass.»

Dann waren Sie ja ein richtig pflegeleichter Thronfolger?

«Das ist eine echte Fangfrage. Jetzt stecke ich wirklich in der Falle. Äusserst unangenehm wurde ich nämlich, wenn es um das Thema Familienferien ging. Ich fühlte mich in unserem Ort und bei meinen Kollegen so wohl und zufrieden, dass ich auch in den Schulferien am Liebsten zu Hause blieb. Schon damals konnte ich dem Aufenthalt in einem Hotelzimmer nichts Positives abgewinnen.

Ich war elf Jahre alt, als mir eine kulturelle Reise der Loire entlang aufoktroyiert wurde. Mit dem Auto starteten wir diese Exkursion. Bald schon konnte ich meine grenzenlose Abneigung für dieses Unterfangen nicht mehr verbergen, veranstaltete einen handfesten Aufstand und verlangte lautstark die Rückkehr nach Feutersoey. In diesem Moment hatte ich nichts Pflegeleichtes an mir und wurde tatsächlich zum hartnäckigen Rebellen. Übrigens, das ganze unangenehme Theater brachte mich sogar auf die Erfolgswelle. Die Eltern gingen den Deal ein, dass gemeinsame Familienferien inskünftig nur noch mit einem angenehmen Strandleben verbunden wurden.»

PFLICHT IN DER SCHULE: BLOCKFLÖTE SPIELEN — ABER BITTE VIRTUOS

Eines ist klar, das Anderholbacher-Quartier bestach durch Freundlichkeit und fast ausschliesslich brave Bewohner. Schwarze Schafe waren nicht auszumachen. Das wiederum bedeutete, dass sich auch die Schulklasse, in welcher Sven zweifellos ein Leader war, brav und leicht führbar präsentierte. In den ersten drei Jahren lernte er sogar das Leben in einer Gesamtschule kennen. Drei Klassen in einer Schulstube, unter der Obhut einer Lehrerin und diese Respektperson war ... seine Mutter. Trotzdem wäre es leicht übertrieben, wenn behauptet würde, dass Sven das Schuldasein richtiggehend genossen hatte. Eher der Wahrheit entsprach die Version, dass er die Schule nur deshalb besuchte, weil das den Gepflogenheiten entsprach und ihm gar keine andere Wahl übrigblieb.

Zu seinen absoluten Lieblingsfächern gehörten Turnen und Koch- und Haushaltsunterricht. Eine Kombination, welche ihm in seinem Leben immer wieder gute Dienste erwiesen hat. Im Kampfmodus stand er hingegen mit dem Französisch. Später fand er automatisch Zugang zu dieser Fremdsprache und entdeckte wertvolle Stärken dafür.

> **Zu seinen absoluten Lieblingsfächern in der Schule gehörten Turnen und Koch- und Haushaltsunterricht.**

Wenn es um das Theaterspielen ging, offenbarte Sven ausgezeichnete Talente. Mit viel Freude übernahm er grössere Rollen und sonnte sich gerne im Scheinwerferlicht. Obwohl der Vater Musiker war und die Mutter eine musische Ader in sich trug, sprang der musikalische Funke nicht auf Sven über. Bereits der obligatorische Flötenunterricht war für ihn das Schlimmste aller Gefühle. Er weigerte sich konsequent, im musikalischen Bereich in die elterlichen Fussstapfen zu treten.

Begeisterung löste bei ihm hingegen der Weg in die Sekundarschule nach Gsteig aus. Bis zu vier Mal pro Tag legte er die Strecke von gut sieben Kilometern mit dem Velo zurück. Zusammen mit seinen Schulkameraden aus dem Quartier sah er in der körperlich happigen Herausforderung stets eine Trainingseinheit.

Sven Montgomery im Originalton: «Ich hatte dabei immer ein sehr gutes Gefühl und kam mir damals bereits vor, als würde ich mich als Rennfahrer in einem kleinen Feld befinden. Überhaupt waren wir eine sehr sportliche Schulklasse. Die Abschlussreise führte uns von der Quelle des Rheins bis zum Bodensee. Die ganze anspruchsvolle Strecke mit dem Velo. Ein absolutes Highlight für mich als Radfan.»

Das musikalische Desinteresse war für Sven Montgomery nie ein Störfaktor. Dafür wäre ihm seine Energie zu schade gewesen. Diese setzte er voll auf die Karte Sport. Er zeigte viel Talent im Skifahren und im Langlauf, war ein wertvolles Mitglied der JO und versuchte sich ebenfalls als Fussballer beim FC Sarina Gstaad. Da es im Saanenland keinen Veloclub gab, trat er als 14-Jähriger dem RC Steffisburg bei und verdiente sich dort seine ersten Sporen ab. Weil ihm die Reiserei offenbar zu umständlich wurde, gründete er als 19-Jähriger kurzerhand einen eigenen Verein: Den Veloclub Saanenland.

BERUFSWAHL: KEIN INTERESSE

Als der begeisterte Hobby-Velofahrer Jerry Montgomery eines Nachmittags gemütlich im Fauteuil sass und im Fernsehen interessiert das Geschehen der Tour de France verfolgte, dachte er nicht im Traum daran, dass Sohn Sven später einmal am grössten Radrennen der Welt für Furore sorgen würde. Der damals 8-jährige Bube schaute dem Vater kurz über die Schulter, blieb gebannt stehen und war von den imposanten Bildern derart fasziniert, dass er laut und deutlich folgende drei Worte sagte: «Das gefällt mir.»

Genau in diesem Augenblick wurde der Grundstein für Svens grossartige, aber auch tragische Rennfahrerkarriere gelegt und zementiert. Nie vergessen wird er sein allererstes Rennen. Seine Erinnerungen darüber sind heute noch so präzise und lebendig, als hätte der Stress erst gestern stattgefunden: «Ich war 14 Jahre alt, als ich zu Hause in Feutersoey auf mein Rennvelo stieg und an den Start nach Gstaad pedalte. Dort begann das Lauenensee-Rennen. Die anspruchsvolle Strecke hinauf zum idyllischen Lauenensee war extrem fordernd, kam jedoch meinen Fähigkeiten als guter Kletterer bestens entgegen. Der Sieg in meiner Kategorie war mir nicht zu nehmen. Auf beinahe 1400 Meter über Meer musste ich mehr als zwei Stunden auf die Preisverteilung warten und jetzt kommt der Clou: Der Wettergott hatte kein Erbarmen und liess es ohne Unterbruch in Bindfäden regnen. Durchfroren und nass bis auf die Haut musste ich zum Dessert noch den härtesten Teil meines ersten Rennfahrertages unter die Räder nehmen: Die Heimfahrt nach Feutersoey.»

«Das gefällt mir.»

Vollster Einsatz auch mit dem Bike. ▶

In Svens Jugendjahren erkannte der Clubobmann des RC Steffisburg, Fritz Mauerhofer, die verborgenen Talente des zähen Naturburschen. Später kam der ungeschliffene Diamant in die Hände von Aldo Schaller. Der Besitzer eines eigenen Velogeschäftes betrieb gleichzeitig ein Eliteteam. Um das Trikot mit seiner Firmenaufschrift in der Region besser präsentieren zu können, rekrutierte er vornehmlich Nachwuchsfahrer aus dem Kanton Bern.

Sven Montgomery heute zu seinem Engagement: «Das Team von Aldo Schaller war eigentlich eine Equipe ‹für verlorene Seelen›. Fahrer, welche keine Aufnahme in einer grossen Mannschaft fanden, waren bei ihm willkommen. Ein Glücksfall für mich. Neben dem, dass er mich mit Material ausstattete, lernte ich, wie man taktisch klug fährt. Ich trainierte fleissig, verlor an Gewicht und schaffte dadurch den eminent wichtigen Durchbruch.»

Irgendwann während dieser rennfahrerischen Lernphase kam auch die Frage wegen der Berufswahl aufs Tapet. Tatsächlich war das für den aufstrebenden Sven kein wirklich relevantes Thema. Seine Berufung war für ihn klar: Er wollte Radprofi werden. Auch ein Besuch bei einem Berufsberater brachte für ihn keine neuen Erkenntnisse. Sein primäres Interesse gehörte dem Sport, alle anderen Szenarien verscheuchte er aus seinen Gedankengängen. Warum auch immer, der intelligente Bursche kam doch noch zum Schluss, sich ein währschaftes Standbein anzueignen. So nach dem Motto: Schaffe in der Zeit, dann kannst du ernten in der Not. Sven trat eine kaufmännische Lehrstelle im Steigenberger Hotel in Saanen an.

DIE ABENTEUERLICHE SEENOT-RETTUNG

Sven Montgomery beschreibt sich selbst als eher ruhigen Zeitgenossen, schiebt aber nahtlos den Nachsatz ein, dass diese Eigenschaft vor allem auf die private Sphäre zu übertragen sei.

Es kam hie und da vor, dass er während eines Wettkampfes zu einem bald ausbrechenden Vulkan werden konnte. Nämlich immer dann, wenn den Trainern die Emotionen aus dem Ruder zu laufen drohten. So geschehen an einem Rennen über 160 Kilometer in Belgrad. Knapp 25 Kilometer vor dem Ziel der praktisch nur geradeaus gehenden Strecke hatte Sven die Führung inne. Zum x-ten Mal überholte ihn sein Trainer Aldo Schaller mit dem Auto und feuerte ihn lautstark und mit einer gewissen Hektik an. Exakt solche Aktionen brachten Sven richtiggehend auf die Palme und seine Reaktion fiel äusserst aggressiv aus: «Wenn du noch einmal kommst, drehe ich um und fahre zurück an den Start.» Diese Drohung sass. Aldo Schaller blieb Sven fern und dieser überquerte die Ziellinie als hervorragender Zweiter.

«Wenn du noch einmal kommst, drehe ich um und fahre zurück an den Start.»

Spannend und abenteuerlich verlief für Sven einmal der Weg in die kaufmännische Berufsschule nach Thun. Da sein Arbeitgeber, das Steigenberger Hotel Saanen, einen eigenen Heissluftballon besass, durfte er eines schönen Morgens mit diesem Flugobjekt in Richtung Schule abheben. Nach einem problemlosen Start und einem ruhigen Flug trat direkt über dem Thunersee ein Problem auf. Ein Windloch zeigte sich so hartnäckig, dass eine Notlandung nicht zu umgehen war. Land war zwar in Sicht, doch der Ballonkorb musste auf den

Gewässern des Thunersees aufsetzen. Die Seepolizei war rasch zur Stelle und rettete die Ballon-Passagiere. Auch Sven musste ins Boot der Seenotretter umsteigen. Sein Fazit: «Nach den Turbulenzen gelang es mir, sogar rechtzeitig im Gewerbeschulhaus anzukommen. Allerdings mit triefendnassen Hosenbeinen und aufgeweichten Schuhen.»

Ein wichtiger Anlass stand unmittelbar vor der Durchführung: Die Lehrabschluss-Diplomfeier. Natürlich stand dieser Anlass auch bei Sven hoch im Kurs. Doch gleichentags gab es für ihn noch eine andere ganz wichtige Mission: Ein Radrennen im Tessin.

Ruhig und bestimmt teilte er den Verantwortlichen mit, dass er pünktlich zur Diplomfeier zurück in Gstaad sein werde. Insgeheim war im völlig klar, dass seine Zeitrechnung sehr sportlich ausgelegt war. So kam es, dass er zu Beginn der würdigen Feier noch meilenweit von Gstaad entfernt war. Die Lehrerschaft, der Lehrmeister, die Eltern, die Mitschüler und einige zugewandte Orte liessen es sich jedoch nicht nehmen, mit der Diplomierung und dem festlichen Diner ganze zwei Stunden lang zuzuwarten. Welche Ehre für den sympathischen Burschen aus Feutersoey.

Sven Montgomerys Entschuldigungsrede: «Das Rennen im Tessin ist für mich extrem wichtig gewesen, da ich noch Punkte für die Elite-Qualifikation benötigte. Im Nachhinein kann ich mit erhobenem Haupte sagen, dass sich mein ‹Doppelleben› gelohnt hat. Mit dem dritten Rang kam ich meiner sportlichen Zielsetzung einen grossen Schritt näher.»

Mit dem wertvollen KV-Abschluss im Bildungsrucksack entschied sich Sven, seine rennfahrerische Zukunft richtig zu pushen. Mittels eines reduzierten Pensums im beruflichen Bereich, er arbeitete in verschiedenen Fitnesszentren, war es ihm möglich, viel in den Radsport zu investieren. Die Erfolge liessen dann auch nicht lange auf sich warten. Im Jahre 1997 belegte er an den Europameisterschaften den 2. Rang und wurde zudem Schweizermeister. Das Gesellenstück hatte er damit nachhaltig erbracht und dank dieser hervorragenden Resultate war es im Jahre 1998 so weit: Der Übertritt ins Profilager. Ein grosses Ziel war unter Dach und Fach und Sven zeigte sein grosses Können inskünftig unter der Flagge des Post Swiss Teams.

▼ Verarztung während des Rennens – beinahe eine Normalität.

Kurz nach der aktiven Karriere: ▲
Als Radiotour-Speaker auf Achse.

Der sympathische und allseits ▶
beliebte Supersportler.

UNTAUGLICHKEIT UND EIN BRUTALER TIEFSCHLAG

Die Begeisterung hielt sich bei Sven Montgomery in engen Grenzen, als er den Marschbefehl für die Rekrutenschule im Briefkasten vorfand. Einmal im grünen Tenu eingekleidet, gab es für ihn jedoch keine Halbheiten. Einsatz pur, immer wenn dieser gefordert wurde. Prompt verdrehte er sich bei einem wilden Rundlauf auf der Kampfbahn den Fuss und musste wohl oder übel die Waffen strecken. Der notwendige Besuch im Krankenzimmer brachte die Diagnose: Bänderzerrung. Die verordnete Therapie: Drei Tage Bettruhe. Anschliessend folgte glücklicherweise das Wochenende mit dem ersehnten Urlaub. Sven stieg in sein Auto und der Weg von Andermatt nach Feutersoey war von höllischen Schmerzen begleitet.

«Das wäre im Sinne von Clint gewesen. Er liebte den Radsport.»

Pflichtbewusst erschien Rekrut Montgomery am Sonntagabend wieder pünktlich in Andermatt zum Antrittsverlesen. Sein militärischer Auftrag: Eine Woche Bettruhe und anschliessend Antritt zur Sonntagswache. Den ersten Teil des Befehls führte Sven tadellos aus. Den Wochenenddienst überliess er jedoch anderen Rekruten, entschied sich eigenmächtig für Urlaub und rauschte ohne jegliche Bewilligung ab ins Berner Oberland.

Das kam bei der militärischen Obrigkeit nicht gut an und beim Wiedereinrücken stand bereits ein Empfangskomitee in Form der Militärpolizei Spalier. Die heftige Anklage lautete auf Befehlsverweigerung, unerlaubtes Verlassen des militärischen Geländes und zudem sei er ein ertappter Simulant. Das Verdikt: Scharfer Arrest. Bevor Sven in die Niederungen der tristen Zelle abtauchte, wurde er ins zivile Spital nach Altdorf überführt, um eine ärztliche Zweitmeinung in Bezug auf seine Verletzung zu erwirken. War Rekrut Montgomery tatsächlich ein Simulant? Der diensttuende Arzt brauchte nicht lange, um eine verbindliche Beurteilung abzugeben: Das Fussgelenk war gebrochen. Sechs Wochen Gips und ein mühevolles Auftrainieren der Muskulatur folgten.

Wir machen es kurz. Dieser Arztbesuch in Altdorf war die letzte militärische Handlung von Sven Montgomery. Seine Worte: «Ohne Wenn und Aber wurde ich als dienstuntauglich erklärt und ausgemustert, und das als Profisportler.»

Im Alter von 22 Jahren war es so weit, dass es sich Sven leisten konnte, von zu Hause auszuziehen und mit einem Kollegen in Burgdorf eine Wohnung zu teilen. Gut ein Jahr später zog es ihn nach Köniz, wo er zusammen mit seinem jüngeren Bruder Clint haushaltete. Auch dieser hatte sich dem Radsport verschrieben und war im Status eines Eliteamateurs erfolgreich unterwegs. Im Sommer des Jahres 2002 wechselte Clint sein Domizil nach Rubigen, von wo aus er als freier Journalist im Raume Bern arbeitete. Ihm wurde nachgesagt, dass er immer hundert Ideen und hundert Träume gleichzeitig in sich trug. Doch es blieb ihm leider verwehrt, diese im realen Leben umzusetzen. Auf einer Trainingsfahrt mit dem Rennrad wurde er in Thörishaus von einem Auto erfasst, welches einen Bus überholte. Der 25-jährige Clint überlebte den Unfall nicht.

Wie stark die Familie Montgomery, trotz des brutalen Schicksalsschlags, mit dem Radsport verwurzelt blieb, zeigt die folgende Episode. Im Jahre 2007 sollte die Schweizer Meisterschaft im Zeitfahren in Stettlen durchgeführt werden. Plötzlich war

▲ Sven Montgomery, Autorin Christina und Claude Jaggi an der Tour-de-Suisse im Einsatz.

die Austragung dieser Veranstaltung dadurch gefährdet, weil sich keine Sponsoren finden liessen. Auch die Startzusage von Zeitfahr-Weltmeister Fabian Cancellara änderte nichts daran. Das Rennen wurde schliesslich durch eine Spende der Familie Montgomery in der Höhe von 25 000 Franken ermöglicht. Zum Gedenken an den verunglückten Sohn Clint. Sven Montgomery zu diesem Schritt: «Das wäre im Sinne von Clint gewesen. Er liebte den Radsport.»

NACH EM RÄGE SCHIENT D SUNNE

Liebeskummer ist ein unangenehmer, oft sehr schmerzhafter Zustand, welchen vermutlich alle Menschen kennen. Davon wurden auch Sven Montgomery und eine gewisse Cissi nicht verschont. Um diesem Leiden und der damit verbundenen Langeweile vernünftig Paroli zu bieten, waren die beiden auf einer gemeinsamen Plattform im Internet unterwegs. Für Sven war diese Cissi eine willkommene Testperson, bevor er sich ernsthaft an die Wunschdates heranwagte. Im ersten Moment taxierte Sven die Botschaften seiner Internetpartnerin als eher langatmig und keineswegs berauschend. Nach einem kurzen internetmässigen Intermezzo vereinbarten Testperson Cissi und Sven ein reales Rendezvous auf neutralem Boden. Dazu wurde das Kornhauscafé in Bern auserwählt. Tatsächlich brachte diese Begegnung gegenseitige Sympathien an den Tag und die Beziehung kam langsam ins Rollen. Nach ungefähr vier Jahren waren die beiden davon überzeugt, dass sie sich das Ja-Wort geben und in den Ehehafen treten wollen. Der schönste Tag ihres Lebens fand dann auch in einem ganz aparten Rahmen statt. Gestartet wurden die Festivitäten mit einer Bike-tour auf dem Gurten, wo der Apéro serviert wurde. Dummerweise hatte die Festgemeinde bei ihrer Fahrt auf den Hausberg von Bern einen ungebetenen Begleiter: Permanenter Dauerregen. Wohlweislich hatte der clevere Sven einen solchen Störfaktor in Erwägung gezogen und vorsorglich eine Turnhalle mit Garderobe zum Duschen und Umziehen gemietet. Dieser Schachzug zahlte sich bestens aus. Frisch gestylt ging es zum wichtigsten Teil über: Der Trauung. Anstelle des landläufigen Gotteshauses diente eine ehemalige Diskothek für das feierliche Ritual. Der Pfarrherr war präsent und der liebe Gott hatte dagegen auch kein Vetorecht eingeräumt.

Einzig beim Festessen im Velogeschäft von Aldo Schaller, auch das war eine Exklusivität, hatte das Brautpaar einen zähen Härtetest zu bestehen. Bei Sven und Cissi meldete sich eine Magen-Darm-Störung und sorgte dafür, dass sie bei den kulinarischen Köstlichkeiten äusserste Zurückhaltung üben mussten. Ein Grund zur Klage? Sicher nicht.

Sven Montgomery, was für Visionen und Träume sind noch zu erfüllen, damit Sie laut sagen können: «Ich bin rundum zufrieden»?
«Ich lebe meine Träume. Die ganz extremen Emotionen durfte ich in jungen Jahren als Sportler ausleben. Heute ist mein Leben ruhiger und ausgeglichener und trotzdem spannend, herausfordernd und erfüllend. Im Vergleich zu vielen anderen Mitmenschen gleichen mein Tun und Wirken einer Achterbahn. Kurz: Ich bin rundum glücklich und zufrieden.»

VIER FRAGEN ZUM SCHLUSS

Hing in Ihrer Jugendzeit ein Poster in Ihrem Zimmer?
«Jawohl. Ein tolles Bild des US-amerikanischen Radrennfahrers Greg LeMond. Dieser gewann als erster nicht-europäischer Rennfahrer die Tour de France. Nachdem er sich von einem schweren Jagdunfall erholt hatte, 60 Schrotgeschosse trafen ihn lebensgefährlich, weil ihn der Schütze für einen Truthahn hielt, gewann er die Tour noch zwei weitere Male. Ein Vorbild par excellence.

Leben Erinnerungen an prägende Grosseltern in Ihnen?
«Die Grosseltern mütterlicherseits wohnten in Moos bei Köniz. Ich erinnere mich sehr gerne daran, dass unsere ganze Familie jeweils für einige Tage ihre herzliche Gastfreundschaft in Anspruch nehmen durfte. Und wie das Leben so spielt, genau dieses Wohnhaus ist heute unser trautes Heim.»

Welches war Ihre erste rennmässige Auslanddestination?
«Als ich bei den Junioren startete, bestritt die Berner-Kantonal-Auswahl die Thessaloniki-Rundfahrt in Griechenland. Zum ersten Mal im Ausland und erst noch in einer solchen Hafenstadt – ein unvergessliches Riesenerlebnis.»

Wie stehen Sie heute zu Mutproben, wie beispielsweise Bungee-Jumping?
«Primär muss ich festhalten, dass Bungee-Jumping für mich nicht zu den Mutproben zählt. Lebensbedrohliche Situationen will ich jedoch mit allen mir zur Verfügung stehenden Mitteln vermeiden, da ich meine Träume noch lange leben will.»

JASMIN NUNIGE

DANN KAM DIE HAMMERHAFTE MÜDIGKEIT

Jasmin Nunige ist in Davos geboren und aufgewachsen. Als junge Athletin entwickelte sie sich im Langlauf zu einer herausragenden Läuferin. Ihre Resultate waren derart überzeugend, dass sie die Schweiz im Jahre 1994 an den Olympischen Spielen in Lillehammer und im Jahre 1995 an der Weltmeisterschaft im kanadischen Thunderbay repräsentieren durfte. In dieser Zeit feierte die hochtalentierte Langläuferin als Jasmin Baumann wertvolle Erfolge. Um jeweils im Winter auf der Höhe der Leistungsfähigkeit zu sein, nützte sie den Sommer, um zu laufen – viel zu laufen. Irgendwann reifte in ihr das Bewusstsein, dass sie im Laufen, ohne Ski an den Füssen, vielleicht auch in die Elite aufsteigen könnte. Mit Freude und Begeisterung investierte sie immer mehr Elan, Zeit und Trainingsfleiss in die Sparte Berglauf.

Bald war ihr Entschluss klar: Sie wechselte definitiv das Terrain und wurde zu einer der besten Trailrunnerinnen weltweit. Beispielsweise gewann Jasmin Nunige in den Jahren 2005, 2008 und 2010 den Swiss Alpine Ultramarathon über eine Länge von 78,5 Kilometer und mit 2260 Höhenmetern, den Sugadaira Sky-Race in Japan und die Tour de Tirol. Ein gewaltiger Leistungsausweis, der später noch eine imposante Fortsetzung finden wird …
Trailrunning ist eine Sportart, welche einer Athletin wirklich alles abverlangt. Spontane Gedanken von Jasmin Nunige zu folgenden wichtigen Elementen:

Technik
«Die Technik muss man dem Gelände anpassen. Je nach Steilheit ist man schneller, wenn man marschiert oder mit kleinen Schritten joggt. Das individuell Effizientere will geübt und automatisiert sein.»

Athletik
«Das Herz-Kreislauf-System ist optimal zu trainieren, da Puls und Atemfrequenz permanent auf einem hohen Niveau gefordert werden.»

Sicherheit
«Sehr oft hat es bei einem Berglauf auch Abwärtspassagen. Dort muss man Sicherheit haben. Man geht idealerweise immer wieder weg vom gewohnten Laufterrain und übt das Laufen auf unebenem Grund.»

Mental – Was läuft bei Ihnen während eines Rennens im Kopf ab?
«In der Regel bin ich sehr konzentriert, geduldig und realistisch. Es gibt kaum etwas, das mir bewusst durch den Kopf geht. Vielmehr bin ich im Hier und Jetzt und konzentriere mich auf das Terrain und die Strecke. Ich denke an schöne Sachen, geniesse die Natur und betrachte es als grosse Chance, überhaupt hier zu sein. Der Wettkampf ist meine Belohnung für all die Trainingsmüh.
Man muss aber auch realistisch sein: Gerade auf einen Ultra kommt eigentlich immer eine Krise. Das ist normal. Aber ich kann beweisen, dass ich fähig dazu bin, diese zu meistern. Ich halte mich am Positiven, arbeite mit Bildern und positiven Aussagen, die ich in den Körper schicke und damit das Negative verdränge.»

ICH BIN JASMIN NUNIGE

▸ Geboren am 28. Dezember 1973 in Davos
▸ Verheiratet mit Guy (ehemaliger französischer Meister über 1500 Meter)
▸ Mutter von Björn (2000) und Fiona (2004)
▸ Meine Hobbys sind allgemeines Sportinteresse, Kochen, Backen und Lesen.

DER ABSTURZ INS TAL DER TRÄNEN

Im Jahre 2011 verspürte Jasmin Nunige plötzlich Probleme. Ihr fehlte es an Energie und das auch bei alltäglichen Tätigkeiten. Es war dann im März während einer Laufwoche in Portugal, als sie von einer Stunde auf die andere Gefühlsstörungen in den Füssen hatte. Doch sie ging davon aus, dass ihr die Schuhe zu eng waren.

«Ich hatte mir noch keine grossen Gedanken gemacht, sondern meine Laufschuhe etwas lockerer gebunden. Als sich diese eigenartigen Symptome bis am nächsten Morgen bis zu den Oberschenkeln ausbreiteten, habe ich zum ersten Mal richtig Angst bekommen, weil ich spürte, dass wirklich etwas nicht stimmt.»

«Im ersten Moment dachte ich mir, ich müsste den Wettkampfsport aufgeben.»

Wenige Tage nach dem vorzeitigen Rückflug stand die Diagnose fest. Sie hatte nur zwei Buchstaben: MS. Sofort war ihr alles klar, weil schon ihre Mutter daran erkrankt war. «Es war ein Schock und zugleich auch eine Erleichterung, weil meine Krankheit einen Namen hatte und ich genau wusste, mit wem ich es fortan zu tun haben würde. Ich wusste auch, dass MS kein Todesurteil ist und dass viele MS-Patienten ein weitgehend normales Leben führen können. Und ich wusste, dass ich für meine Familie da sein kann, auch wenn es mir einmal schlecht gehen sollte und ich körperlich behindert wäre. Im ersten Moment dachte ich mir, ich müsste den Wettkampfsport aufgeben.»

Wurden Sie entsprechend sorgsam auf diese einschneidende Diagnose vorbereitet?
«Nach ersten Untersuchungen wurde am Tag 2 nach meiner Rückkehr aus dem Trainings-Camp ein MRI des Rückenmarks und des Gehirns gemacht. Bis die Resultate vorlagen, ging ich meiner Arbeit nach und war für meine Patienten da. Zurück beim Radiologen erlebte ich einen echten Schreckensmoment. Der Arzt teilte mir oberflächlich mit, dass auf den Bildern etwas zu sehen sei, das bestimmt nicht in Ordnung sein könne. Weiter sagte er, dass im MRI des Gehirns weisse Punkte erkennbar seien. Das sei gar nicht gut.

Danach stieg ich völlig verunsichert und in echter Todesangst auf mein Velo und widmete mich in meinem Studio trotzdem nochmals einem Patienten. Doch immer wieder sagte mir eine böse innere Stimme: ‹Du hast einen Hirntumor.› Es folgte eine unglaublich schlimme Nacht. Am Tag 3 begleitete mich mein Ehemann zum wichtigen Gespräch bei den Ärzten. Als ich die Diagnose MS erfuhr, war ich nicht geschockt, sondern erleichtert. Ich wusste, dass diese Botschaft zwar hart war, aber dass mein Leben weiter gehen werde.»

Nach langen Gesprächen mit ihren Ärzten entschied sich Jasmin Nunige, im Sport weiterzumachen. Sie stellte die Ernährung um, vermied Milchprodukte, Zucker und Weizen, obwohl sie wusste, dass diese Massnahme nicht allen hilft. Auch das Training hatte sie nach der schwerwiegenden Diagnose verändert.

«Ich höre besser auf meinen Körper als früher und schalte konsequent Ruhepausen ein. Die Krankheit kehrt jeweils schubweise zurück und im ersten Moment fühlt es sich an, als ob ich einfach zu viel Sport gemacht hätte. Bald wird mir aber klar, dass es mehr ist. Das ist immer wieder hart und es fliessen auch immer wieder Tränen.»

Jasmin Nunige hat den Umgang mit der Krankheit tapfer aufgenommen und .... läuft nach wie vor auf absolutem Spitzenniveau Langdistanzen. Sie ist sich aber bewusst, dass dieses Phänomen nicht ewig weitergehen wird: «Ich hoffe, dass ich noch lange in den Bergen laufen kann. Wenn das nicht mehr möglich ist, suche ich mir meine Erfüllung in einem anderen Hobby.»

Unglaublich und kaum für möglich zu halten ist die Tatsache, dass sie auch nach dem Ausbruch der Krankheit im Jahre 2011 auf einer Erfolgswelle schwebte. Zur Illustration zählen wir nur einige wichtige Stationen auf, bei welchen sie an der Spitze der Weltelite stand:

- Siegerin am Swiss Alpine Ultramarathon in den
  Jahren 2012, 2013, 2015 und 2016.
- 2015: Weltmeisterin im Berglauf auf Langdistanzen mit dem Team.
- 2016: Siegerin am Ultravasan Marathon in Schweden über 90 Kilometer
  und das mit einem neuen Rekord von 6 Stunden 54 Minuten und 32 Sekunden.
- 2016: Siegerin am La Grande Course des Templiers über
  78 Kilometer und 3650 Höhenmeter.
- 2017: Siegerin am Eco Trail in Paris über 80 Kilometer.
  Übrigens: Die Ziellinie befindet sich auf der ersten Plattform des Eiffelturms.

▼ Im Gleichschritt mit Ehemann Guy.

▲ Jasmin Nunige – lebenserfahren, zuversichtlich und wortgewandt.

Jasmin Nunige, welches ist bisher Ihr grösster sportlicher Erfolg?
«Zweifellos der Sieg am Swiss Alpine Ultramarathon im Jahre 2012. Emotionen und Highlights pur, weil es mein erster Sieg nach der MS-Diagnose war. Leistungsmässig sind es der Gewinn des Ultravasan Marathon in Schweden über 90 Kilometer mit Streckenrekord und der 5. Rang am Comrades Marathon in Südafrika über 86,7 Kilometer und in Konkurrenz mit den weltbesten Strassenläuferinnen.»

Wir fragen uns natürlich, wie das möglich ist, dass ein Mensch mit einer solchen Krankheit derartige Spitzenleistungen erbringen kann. Genau zu diesem Thema gibt es folgende Aussagen von Professor Doktor Adam Czaplinski vom Neurozentrum Bellevue in Zürich.

MS und Swiss Alpine Marathon. Wie geht das?
«Das ist tief beeindruckend. Ein solcher Ultramarathon ist ja kein Dorflauf. Unsere Erfahrung bestätigt, dass immer mehr Betroffene trotz MS nahezu normal leben können und auch keine grossen Abstriche machen müssen.»

Ist ein solcher Extremsport nicht gefährlich?
«Mit Spitzensport kann man weder MS noch einen Schub auslösen und auch keine MS besiegen. Wichtig ist: Auch MS-Patienten dürfen und sollen möglichst viel Sport treiben, ausser bei einem MS-Schub.»

Kann man bei MS auf eine medikamentöse Behandlung verzichten?
«Die Behandlung bei MS ist immer eine individuelle Entscheidung jedes Einzelnen und das nach sorgfältigem Abwägen zusammen mit dem behandelnden Arzt. Es geht nicht um Schwarz oder Weiss. Es geht um ganz viele Aspekte. Ich respektiere den Entscheid von Jasmin Nunige, vorerst auf eine medikamentöse Behandlung zu verzichten.»

Gäbe es gute Gründe, trotz der unglaublichen
Spitzenleistungen Medikamente einzusetzen?
«Wir wissen heute, dass die ersten Jahre darüber entscheiden, wie die Krankheit
später verläuft und eine Frühbehandlung deshalb sinnvoll ist, das heisst nach dem
ersten Schub. Die Schübe sind nur der sichtbare Teil des Krankheitsgeschehens. Mit
den modernen Medikamenten geht es darum, die unsichtbaren Entzündungsprozes-
se zu beeinflussen und das Fortschreiten der Erkrankung möglichst zu stoppen.»

Wie sieht das Jasmin Nunige?
«Es macht keinen Sinn, sich gegen die Krankheit zu wehren. MS kann man nicht einfach besiegen und man soll MS auch nicht bekämpfen. Es ist viel besser, die Krankheit anzunehmen und mit ihr das Beste aus dem Leben zu machen, die Energie für
die guten Dinge und die positiven Gedanken zu verwenden. MS ist für mich zum
festen Begleiter geworden, zu einer Lebensaufgabe. MS ist eine Krankheit, die mir
Hindernisse in den Weg stellt, aber auch viel Positives zeigt. Ich bin ein Glückskind,
trotz oder gerade wegen MS. Ich habe einen verständnisvollen Mann, dem ich für
alles von Herzen dankbar bin, und ich habe wunderbare Kinder. Ich muss heute
nicht mehr laufen, ich darf es. Schliesslich durfte ich am Swiss Alpine Marathon an
den Start gehen. Früher war das für mich selbstverständlich. Heute ist es ein Geschenk. Umso schöner ist es dann, wenn es ein guter Lauf wird.»

Ein guter Lauf wurde es für Jasmin Nunige auch im Juli 2018. Wir erlauben uns, einen Auszug aus dem Pressewald zu zitieren. «Bei der 33. Austragung des Swissalpi-
nes gab es eine neue Königsdisziplin, die über eine neue Strecke führte. Mit Jasmin
Nunige lief eine Schweizerin ganz vorne mit.

Die Bündnerin eroberte sich in einer Zeit von 10 Stunden und 9 Minuten den zweiten Platz hinter der Britin Julia Bleasdale. Jasmin Nunige hatte den harten Wettkampf zuvor schon sieben Mal gewonnen. Im letzten Jahr musste die Davoserin aufgrund von Problemen mit dem Fuss nach 35 Kilometer aufgeben. Umso glücklicher
zeigte sie sich nach dem heutigen Rennen beim Zielinter-
view: ‹Ich bin happy. Es war ein hartes Rennen. Mir haben
sicherlich ein paar Laufkilometer gefehlt. Doch ich traure
deshalb keinesfalls dem Sieg nach.›»

Noch länger, noch härter. Die neue Königsdisziplin führte
über 85 Kilometer und sage und schreibe 4000 Höhenmeter mussten gemeistert werden. Der Start war in St. Moritz
und die abenteuerliche Strecke hatte es extrem in sich. Nur
schon der Gedanke, dass der Muottas Muragl (2454 Meter
über Meer) und der Sertigpass (2739 Meter über Meer) bezwungen werden mussten, erzeugt grossen Respekt. Da
können wir uns einer anderen Zeitungsschlagzeile vorbehaltlos anschliessen: «Dass Jasmin Nunige nach einem
schweren MS-Schub solche Leistungen erbringen kann, löst
nur noch ungläubiges Staunen und respektvolle Bewunderung aus.»

Dass Jasmin Nunige nach einem schweren MS-Schub solche Leistungen erbringen kann, löst nur noch ungläubiges Staunen und respektvolle Bewunderung aus.

DIE HARMLOSE TODESFALLE

Das Ehepaar Kurt und Rosmarie Baumann stammt ursprünglich aus der Innerschweiz. Einmal gut in Davos angekommen, gibt es für die beiden kein Zurück mehr.
Kurt zeigte bis zu seiner Pensionierung als Metzgermeister bei Bell sein grosses Können und Rosmarie war als Krankenpflegerin im Dienste der Menschen unterwegs.
Das Familienglück wurde durch die beiden Töchter Sandra (1971) und Jasmin (1973)
vervollständigt. In Davos, dem absoluten Lebensmittelpunkt der Familie, war ab und
zu zügeln angesagt. Nicht unglücklich waren vor allem die beiden Töchter, als von
einer grossen Liegenschaft in das beschauliche Chalet Aida übersiedelt wurde. Die
Eltern versahen bisher im grossen Gebäudekomplex den Hauswartdienst und Jasmin lernte dadurch, was strenge Arbeit bedeutet. Sie musste zusammen mit ihrer
Schwester Sandra das grosse Treppenhaus reinigen und öfters die Wäsche managen.
Dazu kamen auch Arbeiten im Küchendienst, wie beispielsweise Geschirrspülen und
Abtrocknen, was allerdings viel zum guten Familiengeist beitrug.

Bleiben wir noch einen kleinen Moment in der Mehrfamilienhaus-Wohnung. Die
beiden Mädchen bewohnten zusammen ein Zimmer und dabei herrschte Folgendes
vor: Streit. Kurz, es gab kaum einen Grund, um sich nicht in den Haaren zu liegen.
Nervenaufreibend – speziell für die Eltern. Gab es für dieses streitbare Verhalten
rigorose Strafen? Fehlanzeige. Schliesslich wurde bald gezügelt und im neuen Heim
im Chalet Aida hatten die beiden Streit-Schwestern ihr eigenes Zimmer. Die Unter-
schiedlichkeit von Sandra und Jasmin wurde auch durch die Poster in den jeweiligen
Zimmern optisch ersichtlich. Bei Sandra lachten Pop-Stars heiter von den Wänden
und bei Jasmin sah man Bilder von Pferden in freier und schöner Natur.

▾ Jasmin, Mutter Rosmarie und Schwester Sandra.

▲ Die Schule ruft.

Ein Phänomen bedarf unbedingt einer Erwähnung mit Ausrufezeichen. Sobald sich die beiden Schwestern in der Fremde, beispielsweise in den Ferien im Südtirol, aufhielten, waren sie ein Herz und eine Seele. Sie genossen die Zweisamkeit und die weiten Wanderungen mit den Eltern. Kein Wässerchen konnte die Herzlichkeit der Mädchen trüben. Zurück in Davos fiel der Vorhang wieder und beide lebten ihr ureigenes Leben. Heute sind sich die beiden Schwestern gegenseitig sehr nahe und gute Freundinnen.

Doch einmal kam es auch in Davos zu einem ernsthaften Vorfall, bei welchem der familiäre Zusammenhalt komplett uneingeschränkt war und mit einer kollektiven Dankbarkeit endete.

Entlang dem Guggerbächli, wahrlich nur einem Rinnsal, führte eine kleine Mauer. Jasmin war es streng untersagt, sich auf diesem Mäuerlein aufzuhalten oder gar darauf herumzuturnen. Das sonst so brave und folgsame Mädchen, gerade mal fünf Jahre alt, ignorierte das Verbot und genoss es, sich auf der Mauer zu bewegen. Plötzlich verlor Jasmin das Gleichgewicht, stürzte ins eisig kalte Bächlein und weil Hochwasser herrschte, wurde sie schnell in den Landwasser-Fluss gespült. Eine äusserst gefährliche Situation quasi aus dem Nichts. Das sonst harmlose Rinnsal hatte sich rasch zu einer richtigen Todesfalle entwickelt. Rein zufällig verfolgte die Mutter dieses Schauspiel vom Balkon aus, liess alles fallen und eilte ihrer Tochter zu Hilfe. Diese Aktion kam allerdings viel zu spät. In der Zwischenzeit hatte Jasmin nämlich den Todeskampf aufgenommen, wehrte sich mit allen ihr zur Verfügung stehenden Kräften, konnte sich im allerletzten Moment an Grasbüscheln festhalten und sich aus dem wilden Wasser retten. Die Mutter fand ihr triefend nasses und völlig durchfrorenes Kind am Uferrand. Vielleicht gab es jetzt ernsthafte und harsche Worte? Fehlanzeige. In grosser Dankbarkeit wurde Jasmin daheim liebevoll aufgewärmt und mit heissem Tee verwöhnt.

Nicht zum letzten Mal in ihrem Leben sollte ihr grosser Wille zur entscheidenden Selbstrettung kräftig beitragen.

Unsere Recherchen zeigen, dass der Schulweg inskünftig nie mehr via Mäuerlein zurückgelegt wurde. Doch so ganz ohne schelmisches Verhalten ging es dann doch nicht. Wenn nämlich im Winter die Pferdekutschen so rasant vorbeikurvten, konnte es Jasmin nicht lassen und stellte sich verbotenerweise hinten auf die Kufen. Ein tolles Gefühl. Je nach Kutscher gab es eine längere Gratisfahrt oder ein massives Donnerwetter. Dieses Risiko ging Jasmin jeweils locker ein.

Familienferien im Südtirol. Das riecht nach Eintönigkeit?

«Die Herbstferien im Südtirol waren immer absolut ideal. Wir wohnten in einer günstigen Pension mit Frühstück und am Abend genossen wir das Essen in einer Pizzeria. Das Dumme war einzig, dass die Eltern noch bei einem guten Glas Wein etwas länger verweilen wollten. Da wir immer einen anstrengenden Tag mit anspruchsvollen Wanderungen oder der Mithilfe bei der Traubenlese hatten, war ich derart müde, dass ich mich kurzerhand auf das Bänkli legte und sofort einschlief.

Ich war zwölf Jahre alt, als wir zum ersten Mal in ein Flugzeug steigen durften. Die Reise führt uns auf die griechische Insel Samos. Eindrücklich und unvergesslich war der Moment, als der Flieger in Zürich abhob und sich in die Lüfte schwang. Spontan brach in uns ein grosser Jubel aus.»

Gehörten regelmässige Sonntagsspaziergänge wirklich zum Fixprogramm?
«Von Spaziergängen zu sprechen, wäre nicht korrekt. Die ganze Familie war fit und so waren wir jeden Sonntag, ob es schön war oder nicht, auf Wanderungen unterwegs. Hoch in den Bergen, jedoch immer ohne ein Risiko einzugehen oder gar zu klettern. Unterwegs wurde grilliert, gerastet und ab und zu gesungen. Mit der Zeit wurde aus unserm Quartett ein Trio, da meine Schwester Sandra andere Prioritäten setzte. Meine Begeisterung für die familiären Ausflüge war weiterhin grenzenlos. Hoch im Kurs war zudem ein anderes Familienritual: Das sonntägliche Nachtessen. Eine Selbstverständlichkeit und eine Freude für uns alle.»

FLIEGEN IN DER SCHULE VON DAVOS WIRKLICH HEXEN DURCH DIE GÄNGE?

Die Eltern von Jasmin und Sandra legten immer grossen Wert darauf, dass die Mutter da war, wann immer die Töchter nach Hause kamen. Längst war den Kindern beigebracht worden, wie sie sich im Dorf, im Touristen-Dschungel, zu verhalten hatten. Offen gegenüber den Leuten, ehrlich, freundlich, zuvorkommend und hilfsbereit. Bei Jasmin haperte es eigentlich nur an einem Punkt: Bei der Ordnung in ihrem Zimmer.

In ein paar Wochen war es so weit, dass Jasmin von der zweiten in die dritte Klasse aufsteigen konnte. Von verschiedenen Seiten hörte sie folgende Botschaft: «Hoffentlich kommst du nicht zu Frau Hänni. Das ist eine Hexe.». Jasmin, nicht scheu, übernahm diese Version und verkündigte auf Anfrage hin: «Hoffentlich komme ich nicht zur Lehrerin Frau Hänni, das ist nämlich eine Hexe.» Und wie das Leben so spielt, hiess die neue Lehrerin von Jasmin Baumann: Frau Hänni. Diese hatte vermutlich die Vorverurteilung längst mitbekommen.

Im Hause Baumann galt der Grundsatz, dass man für Handlungen, welche nicht korrekt waren, selber geradestehen musste. So blieb Jasmin keine andere Wahl, als sich ganz alleine bei Frau Hänni zu melden und um Nachsicht zu bitten.

Jasmin Nunige heute: «In der Tat stand ich vor der Schulzimmertüre von Frau Hänni und schwitzte Blut. Am liebsten wäre ich im Boden versunken. Doch es gab kein Zurück. Ich brachte meine Entschuldigung stotternd hinter mich und musste feststellen, dass es sich bei Frau Hänni um eine sehr nette und liebenswürdige Person handelte. Keine Spur von Hexe. Frau Hänni nahm meine Entschuldigung lächelnd an, und wir hatten es während der gemeinsamen Schulzeit immer gut miteinander.»

Und, dass man Probleme immer offen und ehrlich angehen muss.

Diese Episode hatte für Jasmin nachhaltige Wirkung. Sie lernte daraus, dass man nie jemanden verurteilen sollte, bevor man nicht ein eigenes Bild von der fraglichen Person besitzt. Und, dass man Probleme immer offen und ehrlich angehen muss.

Den Start in die Schulzeit erlebte Jasmin mit gemischten Gefühlen. Einerseits durfte sie einen Fensterplatz einnehmen und andererseits merkte sie bald, dass das kein Vorteil war. Der Blick direkt auf den Pausenplatz und in die wunderschöne Natur erweckten in ihr andere Wünsche, als das ABC oder das Einmaleins zu ergründen.

Glücklicherweise durfte sie von tollen Lehrkräften profitieren und dadurch wurde ihre Lernbereitschaft und die Freude für die Schule immer grösser. Während den ganzen Jahren stellte sie fest, dass die Einsatzbereitschaft mit dem jeweiligen Lehrer steht oder eben fällt. Konkret durfte sie sich in den wissenschaftlichen Fächern zur Elite zählen. Nicht in der Spitzengruppe konnte sie sich in den Sprachen etablieren und eher in den hinteren Rängen war sie zu finden, wenn es um das Auswendiglernen von Texten ging.

Mit Abstand der wichtigste Punkt war für sie der soziale Kontakt zu den Mitschülerinnen und Mitschülern. Immer wieder kam es vor, dass sie bei Kolleginnen übernachten durfte oder umgekehrt.

Früh schon war sie von den regelmässigen Schülermessen freitags wenig begeistert. Die religiösen Feste wie Erstkommunion oder Firmung hinterliessen bei Jasmin jedoch wichtige Glücksgefühle: Die Freude, Götti, Gotte und die ganze Verwandtschaft zu sehen und natürlich die Geschenke in Form von Bargeld.

«Der liebe Gott ist mir in der Natur viel näher, als in einer Kirche.»

Jasmin Nunige zu diesem Thema: «Der liebe Gott ist mir in der Natur viel näher, als in einer Kirche. Ich habe grossen Respekt vor der Natur und vor den Mitmenschen. Oft war ich bei meinen Grosseltern mütterlicherseits auf dem Bauernhof in Morgarten in den Ferien. Dort erlebte ich hautnah, was es heisst, hart arbeiten zu müssen. Trotz des extrem anstrengenden Alltages schenkten mir die lieben Grosseltern immer wieder das wichtigste Gut: Ihre Zeit.»

Erhielten Sie immer genügend Taschengeld?
«Ein regelmässiges Sackgeld gab es nie. Ich hatte kein Bedürfnis danach, weil wir alles hatten, was man für ein gutes Leben braucht. Selten kam es vor, dass meine Schwester und ich fünf Franken zur freien Verfügung bekamen. Dieses ‹Chrömligeld› setzten wir jeweils sofort am Bahnhofkiosk in Davos in Süssigkeiten um.

Eine Geschichte, welche zu diesem Thema passt, erzähle ich gerne. Vater und Mutter haben geraucht. Öfters musste ich deswegen bei Herrn Krättli für sie Zigaretten einkaufen gehen. Jedes Mal bekam ich vom lieben Krämersmann einen runden Kaugummi. Das war herrlich. Ich war schätzungsweise sieben Jahre alt, als der Vater jammerte, dass ihm die strengen Wanderungen immer mehr Mühe bereiten würden. Deshalb entschloss er sich, mit dem Rauchen aufzuhören. Ich höre die Mutter noch heute leicht ironisch sagen: ‹Wenn du das schaffst, habe ich auch meine letzte Zigarette geraucht.› Tatsächlich liess der Vater Knall auf Fall das Rauchen sein und die Mutter stand zu ihrem Wort und zog unvermittelt nach. In diesem Moment entstand in mir die Gewissheit, dass ich nie rauchen werde. Es ist bis heute so geblieben.»

EIN MEILENSTEIN ZUM ERFOLG: JUGENDSCHNEESPORT-MEISTERIN VON DAVOS

Es ist nicht von der Hand zu weisen, dass Jasmin Nunige von den sportlichen Aktivitäten ihrer Eltern beeinflusst wurde. Der Vater frönte dem Skifahren und dem Bergsteigen, die Mutter dem Wandern und dem Laufsport. Beide betrieben diese Aktivitäten mit viel Herzblut, jedoch keinesfalls im Hochleistungssportbereich.

◄ Zum ersten Mal in weiter Ferne: Eseltrip auf Samos.

▼ Glücklich über den Gesamtsieg vom
Swiss-Loppet (Volkslaufserie).

Wenn man davon ausgeht, dass Jasmin im schulischen Sportgeschehen stets im vordersten Glied anzutreffen war, bewegt man sich ordentlich auf dem Holzweg. Natürlich war sie im Ausdauerbereich, speziell im Langlauf und bei Läufen, immer im Spitzenfeld. Anders sah es aus, wenn ein Ball im Zentrum des Geschehens war. Wurde
Volleyball, Fussball oder gar Völkerball gespielt, war ihre Begeisterung nahe bei Null
und ihr Einsatz lediglich alibimässig. Auch das alpine Skifahren behagte Jasmin wenig. Ohne einen gewissen Druck war sie kaum auf den Pisten anzutreffen. Ihre Welt
war der Sport auf den schmalen Latten – der Langlauf.

Mächtig über ihren Schatten musste sie an den Jugend-Schneesporttagen springen. Diese bestanden nämlich aus einer Kombination von Langlauf, Slalom und Abfahrt. Am Freitag kam der Langlauf zur Austragung und dabei konnte sich Jasmin
ein wertvolles Zeitpolster erkämpfen. Am Samstag gelang ihr ein gutes Resultat im
Slalom und anschliessend begann ihr Herz richtig wild zu schlagen: Nämlich im
Starttor zur Abfahrt. Nach Überwindung der Angstsekunde raste sie ins Tal und holte sich die stark umworbene Auszeichnung der Jugend-Schneesportmeisterin von
Davos. Ein kleiner goldener Ski in Form einer Anstecknadel war der Preis. Und nicht
zu vergessen, ihr Name wurde auf dem hölzernen Wanderpreis, inmitten vieler späterer Spitzensportler, verewigt.

Jasmin Baumann wollte sportlich mehr, viel mehr. Sie investierte künftig ihre
ganze Freizeit für den Langlaufsport und dieser Effort wurde auch belohnt. Sie gewann in Wald ZH den JO-Schweizermeistertitel über 5 Kilometer. Anschliessend
qualifizierte sie sich für die Junioren-Weltmeisterschaft in Reit im Winkel und landete mehrere Siege im Alpencup. Logisch, dass während dieser Zeit des sportlichen
Aufstieges auch die Berufswahl zum wichtigen Thema wurde. Diese Entscheidung
brachte allerdings einiges Kopfzerbrechen mit sich. Klar war einzig, dass sie die Matura abschliessen wollte. In dieser Zeit verdiente sie sich ihren Lebensunterhalt mit
Jobs bei der Metzgerei Bell, im Schuhhaus Vögele und in der Thurgauisch-Schaff-
hausischen Höhenklink.

Irgendwann zog sie Bilanz und kam zu folgendem Entschluss: Ein Arztstudium würde zehn Jahre dauern und anschliessend wäre es das Ziel, endlich gutes Geld zu verdienen. Das entsprach nicht dem Familiengedanken von Jasmin. Sie schätzte immer sehr, dass sie junge Eltern hatte und wollte es ihnen einmal gleichtun. Das Arztstudium fiel deshalb ausser Traktanden.

Option 2: Ein Sportstudium. Der Inhalt eines solchen Studiums hätte ihr sehr gefallen. Doch das «Danach» hatte seine Tücken. Sportlehrer an Schulen hatten es nicht leicht und Jasmin konnte sich nicht vorstellen, die Energie aufzubringen, um völlig uninteressierte Schüler im Sportunterricht zu unterhalten. Auch diese Option fiel weg. Die Decke der Möglichkeiten wurde immer dünner, da auch die Ausbildung zum Physiotherapeuten nicht infrage kam, weil schlicht kein Ausbildungsplatz vorhanden war.

Ein Langlaufkollege fand schliesslich das Ei des Kolumbus: Eine 3-jährige Ausbildung zum medizinischen Masseur. Die entsprechende Schule befand sich in Davos und bot Jasmin die Möglichkeit, weiterhin zu Hause zu wohnen. Zudem konnte sie in Bezug auf ihre Spitzensportlerkarriere auf viele Freiheiten zählen. Einzige Bedingung: Die schulischen Leistungen mussten lückenlos stimmen. Der Weg zum Eidgenössischen Diplom umfasste 18 Monate Schule und 18 Monate Praktikum. In einem der drei praktischen Engagements lernte sie auch eine negative Seite dieses Berufes kennen. Es war in einer Kurklinik in St. Moritz, wo sie tatsächlich Arbeit am Fliessband ausführen musste. Wie bitte? Lassen wir Jasmin Nunige selbst erzählen: «In meiner Vorstellung sah ich mich als medizinische

«So nicht, dachte ich für mich, und wurde sehr nachdenklich ...»

Masseurin bei der Arbeit im harmonischen Kontakt mit den Menschen. Diese schöne Ansicht wurde kräftig über den Haufen geworfen. In der Kurklinik reihte sich nämlich Kabine an Kabine. Bei meinem Eintreten lag die zu behandelnde Person bereits auf dem Bauch auf dem Massagetisch. Ich spulte mein Programm ab und zog unverzüglich in die nächste Kabine. Eben, eine Arbeit wie am Fliessband. Die Gesichter meiner Patienten bekam ich höchst selten zu sehen. So nicht, dachte ich für mich, und wurde sehr nachdenklich ...»

Ihre erfolgreiche Ausbildung dauerte von 1996 bis 1999. Spitzensportmässig lief alles perfekt und im rein persönlichen Bereich? Lassen wir uns überraschen.

PREISFRAGE: WER STELLT WOHL EINE SCHWANGERE MEDIZINISCHE MASSEURIN EIN?

Nach Einsätzen an drei Junioren-Weltmeisterschaften war die Zeit reif, dass Jasmin Baumann zum ersten Mal im Weltcup an den Start gehen durfte. Sie war 18 Jahre alt und genoss den Wettkampf im heimischen Davos und vor vertrauter Kulisse in vollen Zügen. Dadurch noch zusätzlich motiviert, trainierte sie weiterhin extrem hart und ihr Leistungsniveau stieg stetig an. Natürlich wurde sie während dieser Zeit auch öfters in Versuchung geführt, um die sogenannten schönen Seiten des Lebens kennen zu lernen. Die Mittelschule bot dazu viele Möglichkeiten.

«Im Internat waren während der Matura Alkohol und Drogen immer wieder ein Thema. Nicht selten kam es vor, dass die sogenannten Partys richtig ausarteten. Ganz davon ausschliessen konnte ich mich nicht. Da ich jedoch immer die hohen

▲ Björn, Fiona und Mutter Jasmin freudig – der Esel geduldig.

Ziele im Spitzensport vor mir sah, liess ich mich weder auf alkoholische Ausschweifungen noch auf Drogenversuche ein. Mein starker Charakter war mir dabei eine grosse Hilfe. Kurz, für eine Rebellenphase hatte ich wegen der vielen Trainings und der weltweiten Wettkämpfe gar keine Zeit.»

Die Hartnäckigkeit zahlte sich aus. Völlig überraschend konnte sich Jasmin 1994 für die Olympischen Winterspiele in Lillehammer qualifizieren. Und damit betrat sie eine für sie komplett neue Welt. Plötzlich standen ihr überall alle Türen offen. Sei es, dass sie sich während 24 Stunden frei verpflegen konnte oder sei es, dass die Kühlschränke immer mit Getränken und Snacks gefüllt waren. Alles war vorhanden und alles war gratis – wie im Schlaraffenland.

Sportlich kamen diese Wettkämpfe für Jasmin zu früh. Die Teilnahme an der Olympiade zählte nie zu ihren Saisonzielen. Kurz, sie war in allen Teilen überfordert und dadurch leistungsmässig blockiert. Lehrgeld musste sie auch in Bezug auf das soziale Netzwerk bezahlen. An der Olympiade ging es um viel Geld und um viel Prestige. Das wiederum bedeutete, dass jeder nur brutal für sich schaute. Eine erschreckende Erkenntnis für das Landei aus dem Bündnerland.

Gab es für Sie auch positive, vielleicht sogar unvergessliche Momente in Lillehammer?

«Obwohl es eisig kalt war, liess ich es mir nicht nehmen und nahm an der Eröffnungsfeier teil. Der Einmarsch mit dem ganzen Team ins ausverkaufte Stadion und die Entflammung des Olympiafeuers erzeugten in mir gewaltige Emotionen. Auch die fantastische Zuschauerunterstützung auf der Loipe war unglaublich und einfach unvorstellbar für einen Langläufer. Die Einheimischen hatten während zwei Wochen auf dem Wettkampfgelände ihre Zelte aufgebaut und waren in konstanter Feierlaune. Diese Stimmung hat mich bei meinem Wettkampf extrem mitgerissen.»

Das schöne Olympia-Erlebnis diente natürlich auch als Motivationsspritze für die Zukunft. Jasmin wurde in der Nationalmannschaft zu einem sicheren Wert, erbrachte ihre Leistungen und weil sie 1997 eine gute Weltcupsaison aufweisen konnte, war die Türe für die Olympiade in Nagano 1998 weit offen. Das zuständige Komitee beharrte allerdings im Dezember 1997 darauf, dass Jasmin in einem Qualifikationsrennen an den Start gehen musste und das mit einem gebrochenen Mittelfussknochen. Der Mannschaftsarzt verabreichte ihr eine Kortison-Spritze und los ging's. Diese Massnahme zeigte allerdings keine hilfreiche Wirkung. Der gebrochene Mittelfussknochen war ein zu grosses Handicap. Dass Jasmin deswegen die Nomination für Olympia verpasste, war für sie deprimierend und frustrierend. Die Freude war wie weggewischt und entmutigt gab sie den Rücktritt vom Langlauf-Spitzensport bekannt. Ein Kapitel wurde endgültig geschlossen.

Im Rückblick auf diesen Teil der sportlichen Laufbahn gilt es jedoch, einen ganz wertvollen und wichtigen Gewinn hervorzuheben. Es war im Jahre 1993, als ADIDAS den Adventure Cup in Scuol durchführte. Jasmin Baumann gewann in einem Wettbewerb einen Startplatz für diesen Event. Die auserwählten Persönlichkeiten mussten sich während drei Tagen im Biken, Klettern, Running und River Rafting besonders bewähren. Im Team von Jasmin Baumann war auch ein gewisser Gusti Weder, seines Zeichens Olympiasieger und mehrfacher Weltmeister im Bobfahren, vertreten. Doch nicht diese Koryphäe spielte die Hauptrolle in diesem Stück, sondern der Spitzenleichtathlet Guy Nunige, welcher von ADIDAS Frankreich an diesen Anlass delegiert worden war. Dieser fand schnell Gefallen an der Langläuferin aus Davos.

Die beiden lernten sich kennen, flirteten miteinander und mehr war da eigentlich nicht. Doch der smarte Franzose zeigte sich hartnäckig und liess es nicht bei diesem Treffen bewenden. Die Beziehung entwickelte sich nach und nach und wurde immer stärker.

Der Geschädigte war äussert charmant, freundlich und mitfühlend. Letztendlich bot er sich sogar als Stadtführer an.

Es kam der Tag der Wahrheit. Jasmin wollte endlich Klarheit, ob aus der Liebschaft auf Distanz etwas Ernsthaftes, etwas Dauerhaftes und sogar ein Zusammenleben ohne Hintertürchen entstehen könnte. So startete sie ihr neues Auto und fuhr zum ersten Mal in ihrem Leben nach Frankreich. Guy hatte ihr eine exakte Wegbeschreibung übermittelt, nach welcher sie seine Wohnung in Strasbourg bestens finden sollte. Jasmin dachte jedoch nicht daran, Strasbourg über das Hohheitsgebiet Deutschland anzupeilen und entschied sich für die Route via Basel und Colmar. Je näher sie ihrem Zielort kam, umso mehr musste sie sich eingestehen, dass der Plan nicht mehr zu gebrauchen war. Ihre Nervosität stieg erheblich an. Und, oh Wunder, plötzlich sah sie im letzten Moment auf der dreispurigen Autobahn einen Wegweiser mit der Aufschrift «Montagne verte». Dorthin musste sie ja. Sie reagierte blitzschnell, schwenkte aus und streifte dabei ein anderes Fahrzeug. Völlig aufgelöst und der Verzweiflung nahe, musste sie den entstandenen Schaden mit dem anderen Fahrzeughalter regeln. Da erlebte sie eine positive Überraschung. Der Geschädigte war äussert charmant, freundlich und mitfühlend. Letztendlich bot er sich sogar als Stadtführer an, fuhr mit seinem Wagen voraus und lotste Jasmin direkt vor die Haustüre von Guy Nunige.

Ende gut – alles gut. Dieser kurze Satz beinhaltet die ganze Wahrheit. Guy bestand nämlich den ernsthaften Test so brillant, dass Jasmin im Jahre 1995 ihren staunenden Eltern eröffnete, dass sie heiraten werde. Diese verfielen in Panik und fragten

▲ Laufschule in den Aktivferien in Fuerteventura.

Jasmin spontan, ob sie wohl schwanger sei. Sie war es nicht. Die Hochzeit fand im Kirchlein in Davos Frauenkirch statt, in einem klassischen Rahmen mit der Braut in weiss. Und wo ging wohl die Hochzeitsreise hin? Wie in Jasmins Kinderzeit ins nahe gelegene Südtirol, da schliesslich wenig Zeit und noch weniger Geld zur Verfügung standen.

Schüchterne Frage, dann sind Sie bestimmt rasch von zu Hause ausgezogen?
«Eben nicht. Meine Eltern hatten schon früher eine Eigentumswohnung erworben und fanden den Zeitpunkt für gegeben, in ihr Eigenheim umzuziehen. Ich blieb mit Guy noch viele Jahre in der kleinen, heimeligen Wohnung im Chalet Aida. Ein Familienmitglied liess sich jedoch nicht mehr verpflanzen: Die in die Jahre gekommene Katze ‹Schnurrli› blieb bei uns und durfte ihren Lebensabend in mitten unserer neu gegründeten Familie geniessen.»

Und da war doch noch etwas mit der ersten Stelle nach der Ausbildung?
«Meine Ausbildung hatte ich bekanntlich im Laufe des Jahres 1999 zu einem guten Ende gebracht. Als ich mich nun auf Stellensuche begab, war ich schwanger. Die Frage, wer wohl eine schwangere medizinische Masseurin engagieren werde, ist schnell beantwortet: Niemand. So machte ich kurzen Prozess und trat in die Selbstständigkeit ein. Nicht zuletzt dank einem fixen Pensum während 12 Wochen in der Wolfgang-Klinik darf ich behaupten, dass ich meinen Lebensunterhalt jederzeit selber finanzieren konnte.»

Anschlussfrage: Was hatten Sie in der Wolfgang-Klinik für eine Aufgabe?
«Die Klinik führte jeweils ein sogenanntes Sommer-Camp als Pilotprojekt für 16- bis 20-Jährige durch. Da ich während meiner Ausbildung mein letztes Praktikum in

dieser Klinik absolviert hatte, war ich dort bestens bekannt. Das half mir sehr dabei, dass ich diese interessante und schöne Aufgabe als Projektleiterin übernehmen durfte. Das Outdoor-Programm mit Sport und Therapien war für mich herausfordernd und ... ein wertvolles Geschenk.»

LANGLAUF ADE – ES LEBE DAS TRAILRUNNING

Der Rücktritt als Spitzensportlerin im Langlauf bedeutete keineswegs, dass sich Jasmin Nunige künftig nur noch als Gesundheitssportlerin oder sportliche Normalkonsumentin sah. Sie trainierte weiterhin zielorientiert, kompromisslos und mit viel Disziplin. Der grosse Unterschied bestand darin, dass sie die Langlaufskis gegen Runningschuhe austauschte. Wettkampfmässig begann die neu lancierte Karriere mit Strassenläufen. Als Jasmin im Jahre 2003 den Entschluss fasste, den Swiss Alpine Ultramarathon über 78,5 Kilometer zu laufen, war das eher als Versuch zu werten. Unglaublich, aber wahr, die Faszination dieser Herausforderung packte sie komplett, und sie entdeckte in sich ein grosses Talent für diese übermässigen Leistungsansprüche. solche Husarenritte. Sie realisierte, dass in ihr viel mehr steckte, als sie sich je erträumt hatte. Eine nicht alltägliche Aussage zeigt ihre innere Einstellung nachhaltig. «Als zweifache Mutter und gestandene Frau kann ich überzeugt sagen, dass die Geburt eines Kindes und ein Marathonlauf gewisse Gemeinsamkeiten aufweisen. Die Geburt ist ein wunderbares, aber extrem hartes Ereignis. Wenn das Kindlein geboren ist und das Leben seinen Lauf nimmt, sind die Leiden schnell vergessen und die grosse Freude überwiegt. Ähnlich ist es bei einem Marathonlauf. Die Strapazen sind gewaltig und wenn das Ziel erreicht ist, herrscht eine grosse Genugtuung und die Qualen sind nicht mehr präsent.»

Wir gehen davon aus, dass Sie zur Erfüllung dieser Parforceleistungen intensiv Mentaltraining betreiben müssen. Einverstanden?
«Jeder Spitzenathlet muss seinen mentalen Weg selber finden. Versuche mit speziellen CDs habe ich schnell beendet. Diese Art sagt mir nicht zu. Mein grosses Plus ist, dass ich mich für das notwendige und harte Training nicht motivieren oder gar überwinden muss. Mental habe ich immer vor Augen, besser zu werden und besser zu sein als die anderen. Deshalb findet mein Mentaltraining auf der Basis des Belohnungsprinzips statt. Erfolge zeigen mir, dass ich mich auf dem richtigen Pfad befinde und geben mir ein unglaublich gutes Gefühl. Erst nach der MS-Diagnose beschäftigte ich mich mit spezifischen mentalen Techniken, welche ich auch regelmässig anwende.»

Hochleistungssport und Familie. Sind da nicht Problemherde versteckt?
«Wir leben nach dem folgenden Grundsatz: Sport ist wichtig, aber nicht das Wichtigste. Konkret darf ich bemerken, dass unsere Kinder jederzeit völlig bedingungslos waren. Meine Resultate waren für sie nicht von wesentlicher Bedeutung. Ihnen war viel wichtiger, dass ich wieder gesund und happy bei ihnen war.»

> «Sport ist wichtig, aber nicht das Wichtigste. Konkret darf ich bemerken, dass unsere Kinder jederzeit völlig bedingungslos waren. »

*Sie haben in Ihrer Karriere praktisch alles gewonnen,
was es zu gewinnen gibt. Gab es auch einmal einen Event,
welchen Sie nicht noch einmal erleben möchten?*

«Ein solches Erlebnis gab es tatsächlich, und ich hatte es, dank meiner grossen Klappe, selbst verschuldet. Beim Swiss-Ski-Sponsorenlauf in Bern hatten die Organisatoren einen gewaltigen Kran aufgestellt, damit man als Bungee-Jumper glänzen konnte. Spontan liess ich mich zur Aussage: ‹Das mache ich auf jeden Fall.› hinreissen. Bald darauf ging es mit dem Lift nach oben auf die Plattform. Der zuständige Helfer sprach während der langsamen Fahrt fortwährend mit mir. Er teilte mir die Verhaltensregeln mit. Mein Puls nahm mit jedem Höhenmeter markant zu und ich realisierte nur noch, dass der Mann sagte: ‹Sie springen erst, nachdem ich auf Drei gezählt habe.› Immer näher bei der Plattform, reifte in mir der Gedanke, umzukehren. Das wiederum liess mein Stolz nicht zu. So ergab ich mich in mein Schicksal. Oben angelangt, konnte der Helfer nicht einmal mit dem Zählen beginnen. Ich stürzte mich sofort in die Tiefe und dachte: Es ist aus und vorbei.»

*Verstehen wir Sie richtig. Sie würden
eine solche Mutprobe nicht wiederholen?*

«Natürlich war ich damals froh und glücklich, dass ich heil und ganz unten auf dem Teerplatz angekommen war. Doch mit dem Abstand der Zeit und mit meinem Hang, Grenzen auszuloten, gilt für mich: Sag niemals nie.»

SIEBEN FRAGEN ZUM SCHLUSS

Erzählen Sie uns eine Episode zum Thema «Schulreisen»?

«Unsere Maturaklasse bestand aus viel mehr Burschen als Mädchen. So wurde die Wahl des Reiseziels zu einer einseitigen Angelegenheit. Wir Mädchen wollten nach Paris und die Burschen entschieden sich für Amsterdam. Auch in mir gab es viele negative Vorurteile gegen die holländische Metropole. Während dem fünftägigen Aufenthalt wurde ich gründlich eines Besseren belehrt. Amsterdam ist wahrlich eine Reise wert. Mit dem Nachtzug ging es zurück in die Schweiz. Und jetzt kommt der Clou. Schlafen im Nachtzug war für mich ein Ding der Unmöglichkeit. In Davos angekommen, musste ich nahtlos zur Kesch-Stafette antreten. Ganz ehrlich, der Berglauf über gut sieben Kilometer war für mich ein Leidensweg von unbeschreiblichem Ausmass.»

*Durch das Buschtelefon haben wir erfahren, dass Sie an
den Kanton Aargau nicht nur positive Erinnerungen haben.*

«Ich hatte als Spitzensportlerin das Privileg, durch Swiss Ski, unter anderen, einen schnellen VW Golf GTI in Weiss leasen zu können. Dieses Fahrzeug musste ich nach meinem Rücktritt nach Schinznach-Bad zurückbringen und so kombinierten wir diese Ablieferung mit der Weiterfahrt in die wohlverdienten Ferien. Guy fuhr im weissen Golf und ich steuerte das Auto meiner Eltern, mit welchem wir die Reise fortsetzen wollten. Es kam anders. Bereits in Schinznach-Bad angekommen, übersah ich in einem Kreisel einen kleinen Lieferwagen, und es kam zum Crash. Die Sonne hatte stark geblendet, und ich war überzeugt, dass die Ampel auf Grün gestanden hatte. Der Fahrer des Lieferwagens brachte das gleiche Argument vor. Und er war im Recht.

▲ Eine Erinnerung an den ersten Einsatz im Weltcup.

Strahlende Zuversicht – ein Marken- ▲
zeichen von Jasmin Nunige.

Ein Blick in die Zukunft zusammen ▶
mit Tochter Fiona.

Die Aufzeichnungen der Ampel bestätigten dessen Aussage. Die Konsequenz: Wir fuhren mit zwei Autos in Davos weg und hatten nach dem Crash keines mehr. Die geplanten Ferien fielen ins Wasser und wir hatten keine andere Wahl, als ins Bündnerland zurückzukehren. Mein Portemonnaie wurde zudem arg belastet: Einer saftigen Busse vom Kanton Aargau folgte eine happige Busse des Kantons Graubünden und ... den Fahrausweis war ich für drei Monate los.»

Im Moment absolvieren Sie eine berufliche Weiterbildung.
In welchem Bereich und was ist das Ziel?
«Nebst meiner Grundausbildung als diplomierte medizinische Masseurin mit eidgenössischem Fachausweis habe ich auch eine Zusatzausbildung für Akupunkturmassage nach Penzel abgeschlossen. Aktuell befinde ich mich in der Weiterbildung zum Sportmental-Coach und zum betrieblichen Mentor. Wenn alles gut geht, schliesse ich diese Gebiete Ende 2021 erfolgreich ab. Mein grosses Ziel ist es, Menschen in schwierigen Lebenssituationen ganzheitlich zu begleiten und dabei auch die involvierten Angehörigen einzubeziehen. Für mich ist es eine Art Lebenselixier, immer wieder Ziele zu stecken und den Mut zu haben, diese umzusetzen. Ganz wichtig ist für mich, immer vorwärts zu gehen.»

Verraten Sie uns Ihre sportlichen Ziele?
«Immer vorausgesetzt, dass mein Körper mitspielt, habe ich verschiedene Pläne. Gerne möchte ich weitere coole Events erleben und neue Strecken irgendwo auf unserer schönen Erde kennenlernen. Und eines ist für mich klar: Je höher ich mein Niveau halte, je länger kann ich dadurch gesundheitlich profitieren.»

Haben Sie noch einen grossen Wunsch?
«Der grösste Wunsch ist es, zusammen mit meiner Familie bis ins hohe Alter gesund und fit zu bleiben. Und ... eventuell einmal Enkelkinder zu bekommen.»

Gibt es für Sie einen Kraftort?
«Die Schatzalp oberhalb Davos. Wenn meine Batterien langsam leer werden, setze ich mich dort auf die Terrasse des Jugendstilhotels, blicke in die Weite und spüre, wie die Energie in mich fliesst. Es kommt aber auch vor, dass ich irgendwo unterwegs einen beeindruckenden Baum entdecke. Dieser zieht mich magisch an, ich muss ihn umarmen und spüre ebenfalls, wie er mir positive Energie gibt.»

Ihr Wort zum Schluss.
«Ich durfte eine schöne Kinder- und Jugendzeit verbringen, bin sehr dankbar, dass ich mich in einem ruhigen, positiven Umfeld bewegen kann und schätze das Leben in unserem wunderbaren Land sehr. Kurz: Ich bin ein Glückskind und darf auf einen guten Schutzengel zählen, welcher immer seine Hand über mich hält. Mein Urvertrauen ist grenzenlos.»

**BEAT
SCHLATTER**

DIE GEMEINE ATTACKE KAM AUS DEM NICHTS

Dass ein Mann wie Beat Schlatter ins Tal der Tränen abdriften könnte, erschien sehr unwahrscheinlich. Schliesslich schwebte der Schweizer Kabarettist, Schauspieler und Drehbuchautor auf einer fast märchenhaften Erfolgswelle. Doch alles schön gemütlich der Reihe nach.

Von 1979 bis 1982 spielte er als Schlagzeuger in verschiedenen Punk-Bands. Im April 1981 gab er mit Liliput, der einzigen Schweizer Post-Punk-Band, die auch international bekannt war, an den Münchner Rocktagen ein Livedebüt. Mit Liliput sammelte er im Musical «Der Hundeschwindel von Moskau» auch Bühnenerfahrung. Sein Bekanntheitsgrad nahm 1984 sprunghaft zu. Mit der Gründung des Kabaretts Götterspass, zusammen mit Patrick Frey und Enzo Esposito, gelang ihm ein grosser Wurf. Die Folge davon war der Gewinn des begehrten Salzburger Stiers 1992 und im gleichen Jahr die ehrenvolle Auszeichnung der Oltner Tanne. Auch an der Erstausgabe des Arosa Humor-Festivals fehlten Beat Schlatter und Co. nicht.

Beat Schlatter liess auch nachhaltig erkennen, dass er sich nicht nur auf einem komödienhaften Parkett behaupten konnte. Ganze sechs Jahre lang lieferte er als Mitarbeiter der Konsumentenschutzsendung Kassensturz beim Schweizer Fernsehen tadellose Arbeit. Es wäre ihm aber nicht in den Sinn gekommen, sich nun auf die faule Haut zu legen und sich im Erfolg zu sonnen. Im Gegenteil. Genau in dieser Zeit stiess er mit dem Film «Katzendiebe» in die absolute Spitzenklasse vor. Als Drehbuchautor und Darsteller wurde ihm für dieses Werk der äusserst wertvolle Prix Walo überreicht. Fünf Jahre später, im Jahre 2011, fiel ihm diese grosse Ehre nochmals zu. Dieses Mal in der Sparte Schauspieler/Schauspielerin und zwar für seine genialen Vorstellungen im Stück «Seegfrörni 2012» und für sein schauspielerisches Können im Film «Hoselupf».

Genau an dieser Stelle bringen wir eine fast unglaubliche Seite von Beat Schlatter ins illustre Spiel. Es wäre nämlich wirklich leicht vermessen, wenn man den Städter Schlatter als grosses Schwingertalent mit Eichenlaubambitionen porträtieren würde. Zum einen, wir entschuldigen uns für die Offenheit, weil er ein ordentliches Manko an Muskelmasse aufweist und zum andern, weil ihm familiäre Gene, welche ihn zum Bösen stempeln würden, fehlen. Trotzdem wagte er sich im Vorfeld des Filmes «Hoselupf» mitten in die Horde der übermächtigen Schwingergestalten und … wurde innert kürzester Zeit als einer der ihren anerkannt, geschätzt und in den inneren Zirkel aufgenommen. Beispielsweise knüpfte er mit dem Koloss der Kolosse, Christian Stucki, freundschaftliche Bande, und er zeigte in einer Serie des Schweizer Fernsehens, dass er sich in der traditionellen Sägemehlwelt bestens auskennt und sich zu Hause fühlt.

Der omnipräsente Beat Schlatter ist nicht nur als Komiker, Schauspieler und Drehbuchautor eine ganz grosse Figur. Gerne erweitern wir sein immenses Können mit einigen Müsterchen, welche nicht einfach so auf den ersten Kick zu erkennen sind. So zeichnet er als Autor von diversen Schreckmümpfeli für die Krimi-Hörspiel-Reihe des Schweizer Radio SRF1 verantwortlich. Zudem schreibt er Kurzgeschichten im Zusammenhang mit Märli für Erwachsene und für das Comicbuch Bupo Schoch-Operation «Roter Zipfel». Für das beliebte Jass-Computerprogramm Stöck Wyys Stich lieh er einem Computerspiel seine Stimme und … er erfand den Namen Aqui für das gleichnamige Mineralwasser und wurde dafür mit drei Goldvreneli belohnt. Beat Schlatter – im Tal der Tränen – der gute Mann hat dafür doch gar keine Zeit. Oder doch …

ICH BIN BEAT SCHLATTER

▸ Geboren am 5. Mai 1961 in Zürich
▸ Verheiratet mit Mirjam Fischer
▸ Meine Hobbys sind Lesen, Filme schauen, bildende Gegenwartskunst zu versuchen zu verstehen, Sportanlässe wie Spiele des FC Zürich und Schwingfeste.

DER ABSTURZ INS TAL DER TRÄNEN

Am Freitag, den 6. März 2015, begab sich Beat Schlatter um die Mittagszeit zu einem Güggeli-Stand am Bahnhof Meilen, ass genüsslich ein halbes Poulet und schaute auf der gelben Anzeigetafel nach den Abfahrtszeiten der Züge. Ein alltäglicher Vorgang, ohne Hektik und fernab von jeglichen unguten Gedankengängen.

Minuten später ... Plötzlich und ohne Vorwarnung wurde Beat Schlatter von hinten angegriffen. Der psychisch kranke, ehemalige Kickboxer, ein 41-jähriger Italiener, schlug so brutal auf den beliebten Komiker ein, dass dieser sofort das Bewusstsein verlor.

Beat Schlatter kam erst wieder im Hier und Jetzt an, als ihm eine Frau die Kleider aufschnitt. In der Ambulanz sah er als Erstes viel, viel Blut. Mit Verletzungen an Kopf und Beinen, dazu Prellungen am ganzen Körper, wurde er ins Spital eingeliefert. An drei Stellen musste genäht werden: An der Nase, unter dem linken Auge und im Mund. Seiner Frau schrieb er eine SMS mit dem nicht gerade beruhigenden Wortlaut: «Bin im Spital, habe viel Blut verloren und keine Kleider mehr.»

> **«Bin im Spital, habe viel Blut verloren und keine Kleider mehr.»**

Später wieder zu Hause ... Nach der ersten Erholungsphase zog es Beat Schlatter wieder hinaus an die frische Luft. Von einem entspannten Spaziergang konnte allerdings keine Rede sein. Eine innere Angst begleitete ihn auf seinem kleinen Ausflug. Seine Schilderung: «Ich schlich vorsichtig um die Häuser und erschrak wahnsinnig wegen einer älteren Frau, die langsam und gemächlich von hinten auf mich zukam. Ich zuckte so sehr zusammen, dass die alte Dame wegen meiner Reaktion selber so erschrak und fast gestorben wäre.»

Verspürten Sie einen Hass auf den Täter?
«Nein. Auf den psychisch Kranken kann ich nicht wütend sein. Bei ihm ist etwas im Kopf verschoben, so dass er Feinde sieht, wo gar keine sind.»

Beat Schlatter freute sich sehr über die vielen Anteilnahmen aus allen Ecken. Ein gutes Zeichen, dass in ihm bereits wieder der begnadete Komiker und Schauspieler erwacht war, zeigte seine kurze Rede: «Viele haben mir Blumen vor die Türe gestellt. Jetzt weiss ich, wie es aussehen wird, wenn ich einmal gestorben bin.»

Übrigens. Der brutale Täter war schon wenige Tage vor dieser gemeinen Attacke gewalttätig geworden. Im Zug hatte er einen 23-jährigen Pendler angegriffen und den Mann krankenhausreif geschlagen. Daraufhin war er festgenommen, aber postwendend wieder freigelassen worden, da sein Opfer keine Anzeige erstattet hatte. Unglaublich, aber wahr.

DIE STEUERERKLÄRUNG — EIN PRACHTVOLLES DOKUMENT

Armin Schlatter war hauptberuflich Liegenschaftsverwalter bei der Brauerei Hürlimann. Er bewohnte mit seiner Ehefrau Irma und den beiden Söhnen Beat (1961) und Martin (1964) eine Mietwohnung in Rüschlikon an unvorteilhafter Lage. Vor dem Gebäude sorgte die Hauptstrasse für hörbaren Betrieb und auf der Rückseite ratterten Züge im Dreiviertel-Takt vorbei.

Das Zauberwort «Hausämtli» geisterte im Hause Schlatter immer wieder herum und Beat wurde von den vielseitigen Aufgaben nicht verschont. Logisch, dass dadurch seine freie Zeit ordentlich eingeschränkt wurde. Trotzdem fand er immer wieder günstige Gelegenheiten, um sein äusserst karges Taschengeld aufzubessern.

Beispielsweise, indem er in einer Gärtnerei heimlich schöne Weichsel-Kirschen von den Bäumen pflückte und diese zu Geld machte. Bei diesen gefährlichen Expeditionen bestand natürlich konstant die Gefahr, erwischt zu werden. Um dieses Risiko einzuschränken, fand Beat eine geniale Lösung. Er sägte kurzerhand die ganzen Äste ab und konnte so die Kirschenernte in aller Ruhe im heimischen Keller vornehmen. Diese Machenschaft hatte allerdings kurze Beine. Er wurde in flagranti erwischt und als Folge wurde ihm die Deliktsumme in Raten von seinem Taschengeld abgezogen. Da blieb wahrlich nicht mehr viel in seinem Portemonnaie übrig.

Beat war jedoch nie in Nöten, wenn es darum ging, neue Ideen zu entwickeln. Auch jetzt nicht. Er setzte seine allerletzten harten Franken dazu ein, um Filme zu mieten. Dann errichtete er aus der Waschküche eine Art Kino und schon bald strömten Kinder und Halbwüchsige aus dem ganzen Quartier herbei, um bei den abenteuerlichen Eskapaden von Don Camillo und Peppone mitzufiebern. Die Kasse klingelte und das «Geschäft» war erst noch legal.

Im Grunde genommen genossen Beat und sein Bruder eine in allen Teilen gute Erziehung. Oberstes Gebot war, immer die Wahrheit zu sagen und wenn man ein Versprechen abgab, dieses ausnahmslos einzuhalten. Wert wurde auf Pünktlichkeit und Zuverlässigkeit gelegt und die Eltern trimmten ihre Jungs darauf, grosszügig zu sein und auf jede Art von Geiz zu verzichten. Zu guter Letzt wurde ihnen eingetrichtert, dass man alle Leute so zu behandeln habe, wie man selbst auch behandelt werden möchte. Ein wichtiger und prägender Kernsatz der elterlichen Erziehung lautete wie folgt: Wenn etwas Schlimmes geschieht, das man nicht versteht – ist es für irgendetwas gut, das man noch nicht weiss.

«Wenn etwas Schlimmes geschieht, das man nicht versteht – ist es für irgendetwas gut, das man noch nicht weiss.»

Da Beat in einem Quartier gross geworden war, in welchem viele gutbetuchte Herrschaften wohnten, bekam er logischerweise zu sehen, wie Bedienstete in weissen «Scheuben» die Haustüre öffneten. Das beeindruckte ihn so sehr, dass er dieses grossartige Gefühl auch einmal erleben wollte. Statt einfach in die elterliche Wohnung einzutreten, läutete er vor der Haustüre und wartete, bis ihm seine Mutter die Türe öffnete. Keck sagte Beat zu ihr, dass er von nun an möchte, dass ihm immer jemand die Türe öffnet. Doch dieses herrschaftliche Hochgefühl kannte zu seinem Leidwesen keine Wiederholung. Die Mutter gab ihm den gesellschaftlichen Tarif gründlich durch und war ab sofort für solche Spässe nicht mehr zu haben.

Themenwechsel. Beat hatte das Glück, ein Zimmer für sich ganz alleine zu haben. An seinen ureigenen vier Wänden gab es nicht die geringste weisse Stelle zu sehen, denn Poster an Poster waren angereiht. Auf der einen Seite lachten ihm Typen wie Fritz Künzli, Köbi Kuhn, Marie-Therese Nadig oder Jo Siffert entgegen und auf der anderen Seite strahlten Led Zeppelin, Pink Floyd oder der amerikanische Rockmusiker Alice Cooper um die Wette. Beat schätzte sein eigenes Reich und seinen Rück-

Schlagzeuger ▲
in verschiedenen
Punk-Bands.

▲ Jung, zuversichtlich und voller Träume.

zugsort sehr. Nicht etwa, um der Mutter aus dem Weg zu gehen. Denn diese verkörperte für alle die klassische Hausmutter. Ihr Ein und Alles war die Familie, welche sie mit grosser Hingabe umsorgte. Sie war immer zur Stelle, wenn Wehwehchen zu beseitigen oder Trost nötig waren. In der Freizeit versuchte sie mit ebenso viel Hingabe Schnittmuster umzusetzen, was in den seltensten Fällen perfekt gelang. Das hatte den Vorteil, dass Beat von selbst geschneiderten Kleidern verschont blieb. Es reichte ihm vollkommen aus, dass er die von der Grossmutter gestrickten Socken zu Hause gehorsam anziehen musste, um diese fünfzig Meter vor der Schule wieder auszuziehen, damit er dem hämischen Gelächter der Mitschüler entgehen konnte.

Ein unglaublich kreatives Hobby pflegte Vater Armin. Sein Freizeitleben bestand aus dem Ausfüllen von Steuererklärungen. Das war seine Welt. Kreativ? Natürlich, schliesslich verlor er im Dschungel des Zahlenwaldes die Orientierung niemals. Viele Verwandte, Bekannte und Freunde schätzten seine ausserordentliche Gabe – später auch Sohn Beat. Überhaupt war der Vater ein echter Menschenfreund. Heute weiss man genau, dass der Apfel nicht weit vom Stamm landete. Im Klartext: Auch Beat Schlatter zählt zu den ganz Guten auf unserem Erdball.

Wie das gemeinsame Nachtessen gehörten auch die Familienferien zu den traditionsgeladenen, eminent wichtigen Fixpunkten. Da die Mutter gemeinsam mit ihrer Schwester eine kleine, bescheidene Ferienwohnung in Engelberg ihr Eigen nennen durfte, war die Destination für den Frühling, den Sommer, den Herbst und den Winter gegeben. Ferien und dann hiess es: Ab nach Engelberg.

So kam es, dass Beat einmal eine leicht schmerzhafte, jedoch prägende Erfahrung machen musste oder, je nach Blickwinkel, machen durfte. Im Schaufenster des örtlichen Spielwarenladens sah er ein wunderbares Spielzeugauto. Immer wieder und sogar stundenlang verharrte er vor dem Laden und bewunderte den exklusiven Ford Mustang. Doch weil dem Vater ein solches Traumauto, in Echtheit, aus Kostengründen verwehrt geblieben war, brachte er es nicht übers Herz, dem Jüngling das Modellauto zu kaufen.

Beat Schlatter heute zu seinem damaligen Leidensweg: «Meine Gedanken drehten sich unaufhörlich um das sehnlichst gewünschte Spielzeugauto. In meinen Vorstellungen malte ich mir aus, dass mein Leben mit diesem Ford Mustang viel besser wäre. Meine Fantasie brachte mich so weit, dass ich mich mit dem Auto unter dem Arm und mit verträumtem Gesicht gesehen habe. Heute weiss ich genau, dass ich damals mit diesen Vorgängen meine Vorstellungskraft entscheidend geschult und gestärkt habe.»

STOFF, AUS DEM THEATERSTÜCKE GEMACHT WERDEN KÖNNEN

Beats Grossmutter väterlicherseits war eine grosszügige Stadtzürcherin mit einem unverkennbaren Hang zur Melancholie. Einmal pro Woche stattete sie in Rüschlikon einen Besuch ab, stellte sich sofort in den Mittelpunkt und erzählte in theatralischer Art und Weise ihre Geschichten. Immer drehte sich alles um ihr Lieblingsthema: Beerdigungen. Dabei setzte sie ihre traurigste Miene auf und referierte über das Ableben der bestatteten Personen. Der Vater versuchte immer zu relativieren: «Du hast ja die Leute überhaupt nicht gekannt.» In der Tat gehörte der Besuch von solchen Anlässen wildfremder Leute zur allerliebsten Beschäftigung der Grossmutter.

Den Vogel schoss sie allerdings ab, als sie eines Abends den bald dreijährigen Beat hüten musste. Als die Eltern zu fortgeschrittener Stunde nach Hause kamen, sass die Grossmutter mit dem Bübchen auf dcm Sofa und beide weinten in herzzerreissender Art. Die Eltern hörten, wie die Grossmutter immer wieder sagte: «Du armer Bub, jetzt bekommst du bald ein Brüderchen und dann musst du mit diesem alles teilen. Das ist schrecklich.» Das war für das Ehepaar Schlatter nun endgültig zu viel. Sie schritten zu drastischen Massnahmen und erteilten der Grossmutter für drei Monate Hausverbot.

«Du armer Bub, jetzt bekommst du bald ein Brüderchen und dann musst du mit diesem alles teilen.»

Auch die Grossmutter mütterlicherseits sorgte wieder einmal für grosses Aufsehen: Die alte Dame verbrachte ihren Lebensabend in einem Altersheim. Der Tag, an welchem sie ihren 90. Geburtstag feiern durfte, sollte zu einem wunderbaren Höhepunkt werden. Sogar der örtliche Gemeindepräsident hatte sich angemeldet, um ihr einen edlen Blumenstrauss zu überbringen. Ein familiärer Grossaufmarsch war ebenfalls zu erwarten. Das war am Vorabend des Ehrentages für die Grossmutter dann doch des Guten zu viel. Sie präsentierte sich höchst aufgeregt und wälzte sich im Bett von einer Seite auf die andere. Das Pflegepersonal hatte Erbarmen und servierte der guten Frau ein Schlafmittel. Leider gingen sie dabei mit der Dossierung zu wenig sorgfältig um. Das hatte zur bitteren Folge, dass die Jubilarin am grossen Tag nicht aufzuwecken war und sich den ganzen Tag im Tiefschlaf befand. Deshalb musste der Gemeindepräsident mit dem schönen Blumenarrangement und die ganze Verwandtschaft unverrichteter Dinge den Heimweg antreten. Beat Schlatter kurz und knapp: «Das wäre ein Stoff für einen Kurzfilm.»

BEAT ALS SCHÜLER – HOFFNUNGSLOS

Der Schulbetrieb stellte für Beat Schlatter wahrlich keine freudvolle Lebensbereicherung dar. Es ging sogar so weit, dass er in seinem Zimmer ein Meterband aus Plastik aufhängte und dieses jeden Tag um eine Ziffer kleiner machte. Das war sein psychologisches Ventil, bis die ungeliebte Schule endlich der Vergangenheit angehört hatte.

Eigentlich erhielt die Schule den Charakter einer mühevollen Pflicht und eines notwendigen Übels in dem Augenblick, als Beat seinen Entscheid, Rockmusiker zu werden, für jedermann offengelegt hatte. Da fiel es ihm wie Schuppen von den Augen, dass ein Rockmusiker andere Qualitäten in die Waagschale werfen musste, als mit guten Leistungen in der Schule aufzuwarten. Seine nicht gerade hohe Begeisterung für das Lernen sank endgültig in bedenkliche Tiefen ab. Überhaupt sahen seine Zeugnisse in den rechnerischen Fächern alles andere als grossartig aus. Note 2 reihte sich an Note 2 und der clevere Beat wusste genau, dass ihm die Lehrer aus reinem Anstand nicht eine 1er-Bank verpassten. Stark war Beat jedoch, wenn es darum ging, Aufsätze zu schreiben oder Vorträge zu halten. Einer dieser Vorträge verblüffte die Lehrerschaft komplett. Das Thema durfte Beat selber auswählen. Da er zu faul war, die notwendigen Vorbereitungen anzugehen, stellte ihm ein befreundeter Gymnasiast das gesamte Material leihweise zur Verfügung. Das Thema: Die Cheops-Pyramide. Eigentlich ein Gebiet, welches von Beat so weit weg war, wie der Nordpol vom Südpol. Doch es geschah ein kleines ägyptisches Wunder. Er tauchte in die Geheimnisse dieser Materie ein, versuchte alles zu verstehen und trat letztendlich als brillanter Interpret auf. Das Verdikt: Note 6.

Entschuldigung, aber das war eine Ausnahme. Als Beat nämlich die 3. Sekundarklasse besuchte, wurde er mit zwei anderen Schülern vor den Hauptlehrer zitiert. Dieser eröffnete den drei Burschen, dass sie völlig hoffnungslose Fälle wären und am Schulunterricht nicht mehr teilnehmen müssten. Ab sofort sei ihr Aufenthalts- und Studienort der Singsaal. Damit sie ihre Zeit sinnvoll gestalten würden, könnten sie ja ein Theaterstück erfinden, einüben und dem breiten Publikum zugänglich machen. So im Vorbeigehen sagte der Lehrer Sutter zu Beat: «Du bist und bleibst ein Clown.»

«Du bist und bleibst ein Clown.»

Das einstudierte Bühnenstück liess den Lehrer vor Stolz und Freude richtig aufleben. In dieser Komödie spielte Beat einen von zwei Betrügern, welche mit selbstgebastelten Tabletten den Leuten das Geld aus der Tasche zogen. Beat erinnert sich heute noch daran, dass er in einem Bühnenbild, welches ein Restaurant darstellte, einen von heftigen Zahnschmerzen gequälten Bürger dargestellt hatte. Dann kam der zweite Betrüger, der einen Mediziner verkörperte. Er gab Beat, den er natürlich vorgab nicht zu kennen, eine «Wundertablette». Beat gaukelte eine sofortige, grossartige Wirkung vor. Alle Gäste in diesem Restaurant wollten nun von diesen «Wundertabletten» kaufen. Danach zogen die zwei

Betrüger von dannen, ins nächste Wirtshaus, und spielten den Gästen dieselbe Komödie wieder vor. Weitere tolle Sketchs folgten in bunter Reihenfolge. Bei den Aufführungen war der Singsaal, mit der schön hergerichteten Bühne und dem edlen Vorhang, immer ausverkauft.

Beat Schlatter, der damals Hoffnungslose, zu seiner Abschiebung in den Singsaal: «Noch heute bin ich Lehrer Sutter unendlich dankbar. Die Verbannung aus dem Schulbetrieb öffnete mir neue Horizonte und wichtige Perspektiven für meine Zukunft und für meinen späteren Wirkungskreis.»

Übrigens, rund zehn Jahre später sah Beat den Lehrer Sutter bei einer seiner Götterspass-Vorstellungen in der vordersten Reihe sitzen, begeisternd klatschen und Eintritt hatte dieser natürlich auch bezahlt.

Ein Blick weit zurück in die Kindergartenzeit zeigt, warum Beat damals sehr gerne in den Unterricht ging. Der Hauptgrund war die Kindergärtnerin, welche ihm so enorm gut gefiel. Verständlich, dass er auf allen Kindergartenfotos direkt neben dieser zu sehen ist. Verständlich auch, dass er das tragische Schicksal dieser Frau nie ganz ausblenden konnte. Ihr Ehemann verunglückte nämlich beim Klettern tödlich. Beat litt als Kindergartenschüler elend mit. Daraus entwickelte sich eine Story, welche ihresgleichen sucht.

Beat Schlatter erzählt: «Warum auch immer, mir kam später zu Ohren, dass diese Frau in eine unglückliche Beziehung geraten war. Der neue Partner behandelte sie unmenschlich und so ging diese Ehe in die Brüche. Dann stellte sich eine Sendepause ein, und ich vergass meine ehemalige Kindergärtnerin, bis es vor rund 15 Jahren ein überraschendes Wiedersehen gab. Ursprung war ein Zeitungsartikel in der NZZ zu meiner neusten Produktion mit einem Bild von mir im Kindergarten. Auf die Frage des Journalisten, warum ich direkt neben der Kindergärtnerin gestanden sei, sagte ich salopp und eher im Spass, dass mir damals schon eher reifere Frauen gefallen hatten. Dann kam die Vorstellung und wer sass in der vordersten Reihe? Meine damalige Kindergärtnerin. Wir kamen ins Gespräch und die besagte Dame lud mich nach Davos in ein 5-Sterne-Hotel ein. Mit ihrem dritten Gatten wohnte sie in der wunderbaren Bündner-Alpenwelt. Sie hatte den NZZ-Zeitungsartikel aufmerksam gelesen, denn sie wusste, dass ich ein grosser Fan dieser Gegend bin und von einer Ferienwohnung träumte. Zu meiner kompletten Überraschung drückte sie mir einen Hausschlüssel in die Hände und sagte, dass sie mir ein kleines Ferienhäuschen zur freien Verfügung überlassen möchte. Betroffen und irritiert machte ich mich zusammen mit der Besitzerin in ihrem Jeep auf den Weg zu diesem Chalet in der Abgeschiedenheit und in wunderbarer Lage. Schnell war mir klar, dass ich als ‹Mann ohne Auto› nicht der richtige Hausherr wäre. Dieses Bekenntnis tat ich der grosszügigen Dame kund und bei einer guten Flasche Wein beendeten wir dieses Thema zur besten Zufriedenheit.»

SCHLAGZEUGER EINER FRAUEN-PUNK-BAND. WIE BITTE?

Beat Schlatter sass in verkrampfter Haltung dem Berufsberater gegenüber und musste sich die gleiche Leier anhören wie von allen anderen Ratgebern: «Als Musiker ist kein Staat zu machen, damit können Sie Ihren Lebensunterhalt nie finanzieren.» Der Lehrer hatte nämlich versucht, ihn von diesem Vorhaben abzubringen und

▲ Beat (ganz links) mit seiner Band.

▲ Adventsstimmung im Hause Schlatter. Vater Armin, Martin, Beat und Mutter Irma.

auch seine Eltern waren von seinen Absichten überhaupt nicht angetan. Was nun? Eine kaufmännische Lehre war aufgrund seiner Zeugnisse ausgeschlossen und etwas musste doch mit dem jungen Traumtänzer geschehen. Immerhin spürte der Berufsberater, dass in Beat eine kreative Ader schlummerte. So kam es, dass der Jüngling in Küsnacht eine Lehre als Tapezierer-Dekorateur begann. Bald schon war ihm klar, dass bei dieser Tätigkeit von Kreativität wenig bis nichts vorhanden war. Seine Hauptaufgaben bestanden nämlich darin, den Chef und einzigen Mitarbeiter der Firma beim Aufhängen von Vorhängen und beim Verlegen von Bodenbelägen tatkräftig zu unterstützen. Kurz, der Meister war auf seine fleissigen und zuverlässigen Handreichungen angewiesen. Einmal, das war übrigens der kreativste Auftrag in seiner Lehrzeit, durfte Beat einen Klienten in Bezug auf Stoffmuster beraten. Der Kunde musste sich zwischen fünf verschiedenen Rottönen auf das ihm zusagende Rot entscheiden. Mehr war da nicht.

Da Beat während seiner Lehrzeit bereits viele musikalische Engagements hatte, musste er die gesamten Ferientage und ab und zu einen Krankheitstag einsetzen, um der Musik und dem Lehrgeschäft gerecht zu werden. Oft hatte er keine andere Wahl, als bei Auslandauftritten die restlichen Nachtstunden für die Rückreise auszunützen, damit der Chef bei Arbeitsbeginn auf ihn zählen konnte. Eine harte Zeit mit sehr wenig Schlaf und noch weniger Geld in der Tasche.

Das Gesellenstück lieferte Beat an der Lehrabschlussprüfung ab. Dabei wurde er in keiner Weise geschont und wurde mit einer ganz schwierigen praktischen Arbeit betraut. Er musste einen Louis-Philippe-Stuhl neu schnüren und polstern. Das Husarenstück gelang ihm zu seiner eigenen Überraschung bestens und tatsächlich erhielt er im ersten Anlauf die «Lizenz zum Arbeiten» – den Eidgenössischen Fähigkeitsausweis. Das Prüfungsobjekt durfte er sogar mit nach Hause nehmen. Die Mutter platzte beinahe vor Stolz, stellte das Möbel mitten in die gute Stube und wenn Besuch kam, stimmte sie ein Loblied auf ihren tüchtigen Sohn an: «Wenn ihr marode Stühle habt, bringt sie nur her. Mein Sohn wird es schon richten.» Dieser hatte jedoch absolut keine Lust auf solche Aufträge. Er arbeitete nämlich keinen allereinzigen Tag in seinem angestammten Beruf. Längst hatte ihn seine musikalisch-künstlerische Ader mit Haut und Haaren in Beschlag genommen.

> **Eine harte Zeit mit sehr wenig Schlaf und noch weniger Geld in der Tasche.**

Zugegeben, Beat Schlatter hatte es nach der Lehre in keiner Art und Weise leicht und vegetierte in einem brotlosen Unterfangen dahin. Er hatte als 19 Jahre alter Bursche bereits viel mehr erlebt als ein Durchschnittsbürger von 50 Jahren. Wir erzählen einige Beispiele im Schnelldurchlauf.

Der Nichtbesuch der teuren Gitarrenstunden. Wenn sich Beat jeweils im Eindunkeln auf den Weg machte, um den Gitarrenunterricht zu besuchen, erfüllte dies die Eltern wirklich mit ein wenig Stolz. Doch ihr Sohn hatte ein ganz anderes Vorhaben. Zusammen mit einem Kollegen besass er nämlich im Brachland von Rüschlikon eine stattliche Hütte. Jede freie Minute investierte er, um die heimliche Behausung noch grösser und noch schöner zu bauen. Statt die Gitarrensaiten zu zupfen, nützte er die Dunkelheit aus, um in Baustellen einzubrechen und dort schöne Bretter zu klauen. Die Hütte entwickelte sich in der Tat zu einem zweistöckigen Bijou. Die Wände waren sogar isoliert. Dem Sperrgut entnommene Polstermöbel erhöhten die

Wohnlichkeit und ein Cheminée sorgte für eine warme und heimelige Atmosphäre. Einmal kam es sogar vor, dass das tolle Imperium Feuer fing, und die Feuerwehr mit grossem Sirenenlärm angerauscht kam, um den Brand zu löschen. Das Fazit: Logisch, dass Beat kein Gitarrenvirtuose werden konnte, denn ohne Fleiss gibt es keinen Gitarristen.

Tambour im Musikverein. Keine Absenzen leistete sich Beat, wenn es darum ging, im Musikverein Kilchberg-Rüschlikon-Thalwil zu üben. Das Bearbeiten der Trommel sagte ihm ungemein zu, doch auch bei diesem Instrument traf der kluge Satz zu: «Aller Anfang ist schwer.» Alles begann mit dem beharrlichen Üben an einem Holzböckli, vergleichbar mit dem Schwimmen ohne Wasser. Als Übungsmotivation galt die Regel, dass man die Trommel erst mit nach Hause nehmen durfte, wenn man einen Wirbel fehlerlos hinklopfen konnte. Nach etwas mehr als einem Jahr war Beat so weit, dass er diese Auflage erfüllte. So wurde ihm eines schönen Abends endlich die so lange ersehnte Trommel anvertraut. Allerdings mit dem Nachsatz, dass er sie erst zu

«Aller Anfang ist schwer.»

Hause auspacken dürfe. Doch als sich der strenge Lehrer in sein Auto schwang und davonraste, nahm ein innerer Antrieb von Beat Besitz. Er konnte nicht widerstehen, packte das gute Stück aus, begann zu spielen und trommelte frisch und fröhlich bis tief in die Nacht hinein durch die Strassen. Das kam definitiv nicht gut. Bereits am nächsten Tag musste er seine stolze Errungenschaft wieder zurückbringen. Unwiderruflich und endgültig. Er durfte das faszinierende Instrument nur noch bei Proben oder Platzkonzerten behändigen und spielen. Das Fazit: Wer nicht hören will, muss büssen.

Wenn der Mammon fehlt. Rüschlikon zählte bekannterweise zu den finanzstarken Gemeinden in der Region am Zürichsee. Jeder Jugendliche, welcher sich ein Motorfahrrad aneignen wollte, schnippte mit den Fingern und schon lag das nötige Geld parat. Die reichen Eltern mussten nicht lange studieren und rechnen. Für Beat zählte dieses Privileg jedoch nicht. Für ihn galt die von seinen Eltern vorgegebene Direktive: Selber verdienen oder kein Töffli.

Obwohl sich Beat jeweils während den gesamten Sommerferien am Fliessband der Brauerei Hürlimann abquälte, gute Arbeit leistete und einen ordentlichen Zahltag erhielt, klingelte in seinen Taschen nur ganz wenig Geld. Schliesslich musste er immer und immer wieder für begangene Eskapaden Ratenzahlungen leisten. Und trotzdem wollte er sich unbedingt auch zu den Töffli-Besitzern zählen. So fuhr er eines Sonntags mit dem Bus ins Nachbardorf und machte sich kurzerhand ein Solex zu eigen. Gratis und illegal. Dumm nur, dass er kein gutes Modell erwischt hatte. Der rollende Untersatz hatte keinen Dampf und kroch nur so durchs Land. Die Lösung: Frisieren. Gesagt, getan und … der Eingriff ging komplett schief. Nach getaner Arbeit lief das Solex – überhaupt nicht mehr. Beat zögerte nicht und brachte das unfahrbare Motorfahrrad bei Nacht und Nebel wieder an den Ausgangspunkt im Nachbardorf zurück. Diese Aktion hatte er offenbar zu wenig gut geplant oder mindestens zu wenig sorgfältig durchgeführt. Drei Tage später klingelte nämlich der Dorfpolizist an der Wohnungstüre und bat Beat höflich zur Einvernahme.

Der Töff hatte einem Gärtner gehört, der sich empörte, weil sein Solex zuerst verschwunden war und ein paar Tage später, falsch frisiert, wieder an demselben Ort

▲ Bruder Martin verpflegt sich und Beat geniesst die Wintersonne von Engelberg.

stand. Längst war im Dorf bekannt, dass bei solchen Delikten nur drei Verdächtige in Frage kommen konnten. Einer davon war Beat Schlatter, welcher sein «Verbrechen» sofort gestand und ab sofort eine weitere finanzielle Last abzuzahlen hatte.

Die erste Band – als Sprungbrett ins Ausland. Beat Schlatter war ein Jungspund von besonderem Format. Statt sich mit antiken Möbelstücken und leicht verrückten Vorhängen zu beschäftigen, kreisten seine Gedanken unaufhörlich um zukünftige Karrierehöhenflüge im Bereich der Musik. Er gründete eine eigene Band und hatte vor, sich als Gitarrist zu profilieren. Doch nun holte ihn der nicht besuchte Gitarrenunterricht gnadenlos ein. Seine Bandmitglieder stellten bald schon die schüchterne Frage, ob er sich nicht an einem anderen Instrument besser fühlen würde? Schnell war die Brücke zu seiner Tambouren-Vergangenheit im Musikverein geschlagen. Ein Tambour würde wohl auch mit dem Schlagzeug eine gute Figur abgeben. Professionell und mit viel Hingabe verbiss er sich richtiggehend in seinen neuen Partner: Das Schlagzeug.

Es folgte eine knallharte Zeit als Strassenmusiker. Gemeinsam mit Stephan Eicher tingelte er durch die Lande und ass hartes Brot. Alleine mit den musikalischen Darbietungen waren die Zukunftsaussichten sehr trüb. Es war auch nicht zielführend, dass sie zu Beginn ihrer Auftritte viele Münzen in den «Sammlerhut» legten, um die Vorbeigehenden zu richtig happigen Spenden zu animieren. Oft konnten die Musiker froh sein, wenn am Ende der Vorstellung nicht weniger im Hut war, als beim Anfang.

Eher zufällig ergab sich eine wichtige Wende. In dem Moment, als Beat die Lieder auf seine urkomische Art ansagte, amüsierte sich die Zuhörerschaft köstlich. Beat Schlatter heute in philosophischer und treffender Art: «Es ist bis heute mein Rezept und meine Vorgehensweise, dass ich mir etwas ausdenke und dieses Etwas kurzum ausprobiere. Nur so weiss ich letztendlich, ob sich ein Erfolg einstellt oder nicht. Wenn eine Idee auf fruchtbaren Boden fällt, dann fliesst auch das Geld. Alle wollen dann auf den immer schneller werdenden Zug aufspringen, und ich sitze praktisch im Führerstand und mit Garantie am längeren Hebel. In der Phase des Pröbelns verbanne ich das Materielle energisch in den Hintergrund. In meiner Anfangszeit war ich praktisch immer total glücklich und … verdiente nichts.

Eine wichtige Episode muss ich unbedingt noch loswerden. Nach der Lehre geschah nämlich etwas Aussergewöhnliches. Wie Winnetou und Old Shatterhand ging ich mit meinem Compagnon Stephan Eicher eine rituelle Verbindung ein: Die Blutsbrüderschaft mit allem Drum und Dran. Dabei schworen wir uns, inskünftig nur noch für die Musik zu leben. Explizit bedeutete das: Nie arbeiten. Kein Militär. Nie heiraten.»

Exakt zu dieser Zeit kam Beat Schlatter noch zu einem weiteren, allerdings sehr wackligen, Standbein. Im Nebenraum seines Probelokals übte gleichzeitig eine Frauen-Punkband, welche sich in der Szene bereits einen guten Namen erarbeitet hatte. Wie das Leben so seine Tücken hat, kam es auch in der Frauen-Power-Gruppe öfters zu Eifersuchtsdramen und heftigem Beziehungsknatsch. Diese turbulente Entwicklung spielte Beat mächtig in seine Karten. Er übernahm den verwaisten Part der Schlagzeugerin und war danach gut zwei Jahre lang mit der Frauen-Punkband auf Achse. Konzerte in Berlin, Köln, Hamburg, Stuttgart, Hannover, Paris, London, Wien, Innsbruck, Graz oder wo auch immer gehörten zu seinem vielseitigen Leben. Wer nun vermutet, dass sich «der Hahn im Korb» finanziell gesundpflegen konnte, befindet sich total auf dem Holzweg. Die eingespielte Gage musste handkehrum in die Infrastruktur, wie Band-Bus oder Tonanlage investiert werden. Unter dem Strich war es für Beat kein rentables Geschäft.

Da war es ein richtiger Segen, dass er von einer günstigen Wohnsituation profitieren durfte. Das Wirte-Ehepaar des Restaurants Zeughauskeller in Zürich hatte ihn richtig ins Herz geschlossen und stellten ihm eine kleine Wohnung direkt über dem Gastlokal günstig zur Verfügung. In seiner unmittelbaren «Nachbarschaft» hausten acht Tamilen. Beat durfte während mehrerer Jahre sogar kostenlose Verpflegung geniessen. Jeweils um 11 Uhr und um 17 Uhr konnte er sich aus verschiedenen Blechtöpfen erquicken und erlaben. Anschliessend wurden die Restbestände in den Behälter des Schweinefutters abserviert.

Natürlich sorgte sich speziell die Mutter wegen des unsteten Lebens ihres Sohnes. Den auffordernden Worten, Beat solle sich doch endlich ernsthaft um eine konstante Anstellung bemühen, liess sie Taten folgen. Sie bewarb sich unter dem Namen von Beat für eine Stelle als Aushilfsnachtportier in einem guten Zürcher Hotel. Und, hurra, es klappte auf Anhieb. Beat bekam die Anstellung. Doch wieder einmal war ihm das Glück nicht wirklich hold. Nach nur zwei Nachteinsätzen wurde er bereits wieder auf die Strasse gestellt. Was war geschehen? Die Hotelkundschaft bestand aus internationalen Gästen mit den verschiedensten Sprachen. Jedenfalls verstand und wusste Beat nie genau, welche Dame mitten in der Nacht ihrem Gatten telefonisch einen guten Schlaf wünschen wollte. Und mit einer ausgesprochen hohen Trefferquote weckte er stets die falschen Personen. Das konnte wahrlich nicht gut gehen.

«Die Blutsbrüderschaft mit allem Drum und Dran. Dabei schworen wir uns, inskünftig nur noch für die Musik zu leben. Explizit bedeutete das: Nie arbeiten. Kein Militär. Nie heiraten.»

◀ Erfolgreich im Radiostudio ...

▲ ... und auf allen Theaterbühnen.

Trotz seiner unangenehmen, ja dauerhaften Finanzmisere, wäre es ihm nie in den Sinn gekommen, eine ihm nahestehende Person um Moneten anzufragen. Das hätte sein Stolz niemals zugelassen. Er blieb auch in den schwierigsten Situationen seinem einmal gefassten Grundsatz treu: «Es gibt immer eine Lösung, ich muss sie nur finden.»

So schrieb er, neben seinen musikalischen Engagements, Hörspiele oder griff auch hie und da und in der Not zu illegalen Methoden. Der spätere Erfolgsfilm «Katzendiebe» lässt grüssen. Es war für ihn als grosser Tierfreund nämlich ein Leichtes, Katzen zu sich zu locken. Dann verwöhnte er die Vierbeiner während drei oder vier Tagen liebevoll und wartete, bis an den Bäumen die Vermisstmeldungen mit dem versprochenen Finderlohn angebracht wurden. Dann brachte Beat die Katzen den langsam verzweifelnden Besitzern mit Glanz und Gloria zurück. Die guten Taten brachten ihm jedes Mal ein Entgelt von 20 Franken aufwärts ein.

Beats Überlebenskampf und sein beharrlicher Glaube an ein Künstlerdasein sollten sich tatsächlich auszahlen. Ab dem Jahre 1991, Beat war bereits 30 Jahre alt, verdiente er dann endlich gutes Geld. Leider durfte seine von ihm hochverehrte Mutter dieses grosse Glück nicht mehr erleben.

EINE REICHE ERFÜLLUNG UND DAS IM TAL DER TRÄNEN

Beat Schlatter gibt offenherzig zu, dass er beinahe 24 Jahre alt werden musste, um die Bedeutung des Gebetes kennenzulernen. Hier kommt die tragische Geschichte, die zu seiner relativ späten Einsicht führte:

Hauptdarstellerin in diesem schwer verkraftbaren Drama war die Mutter von Beat. Die gutmütige und immer alle umsorgende Frau musste als knapp 50-Jährige vom Arzt die brutale Diagnose entgegennehmen, dass sie nur noch mit einer Lebenserwartung von drei bis fünf Jahren rechnen könne. Ein Schock für sie und ihr engeres Umfeld. In einem tiefsinnigen Gespräch mit ihrem Sohn Beat erzählte sie diesem das nun folgende Erlebnis: Ihr Vater war einmal auf der Strasse umgefallen, blieb

▲ Fleissiger Helfer bei der Säuberung der Limmat.

◄ Beat Schlatter im Stück «Die Bank-Räuber».

liegen und konnte sich nicht mehr aus eigener Kraft erheben. Passanten eilten herbei und leisteten erste Hilfe. Beats Mutter war damals so verzweifelt, dass sie zum lieben Gott sprach und diesen inbrünstig bat, ihren Vater gesund werden zu lassen und ihm noch zehn gute Jahre zu schenken. Diese könne der liebe Gott ja an ihrer Lebensdauer abziehen. Nun stand die Mutter vor der unabänderlichen Tatsache, dass sie ihr damaliges Versprechen einlösen musste. Sie bat Beat, nie, auch wenn die Situation noch so schlimm werden sollte, einen solchen Pakt einzugehen. Die Mutter war überzeugt, dass sie ihre Seele damals nicht dem lieben Gott, sondern dem Teufel versprochen hatte.

Die Mutter war überzeugt, dass sie ihre Seele damals nicht dem lieben Gott, sondern dem Teufel versprochen hatte.

Der gesundheitliche Zustand der Mutter verschlechterte sich zusehends. Sie wurde zu einem Schwerstpflegefall. Auch Besuche bei Wunderheilern brachten nicht den kleinsten Ansatz einer Besserung. Die Zeit war reif und es gab nur noch eine einzige Option: Die Mutter musste in ein Pflegeheim eingeliefert werden. Schliesslich steckte der Vater voll im Berufsleben und musste für die lebensnotwendigen Einnahmen besorgt sein. Auch Bruder Martin hatte als Notar ein beruflich ausgefülltes Tagesprogramm.

Obwohl Sohn Beat nicht mehr zu Hause wohnte, trat er auf den Plan und setzte von einem Tag auf den andern klare Prioritäten. Er entschied sich, die inzwischen schwerstbehinderte Mutter tagsüber zu betreuen und mit allen Konsequenzen zu pflegen. Beispielsweise musste er sie drei Mal pro Woche ins Spital bringen, lange Wartezeiten auf sich nehmen und sie wieder nach Hause führen. Eine Selbstverständlichkeit war die intime Pflege und das Waschen der Kleider. Immer um 7.00 Uhr, wenn der Vater das Haus verliess, begann seine fordernde und vielschichtige Tätigkeit. Abends, wenn der Vater heimkehrte, begann für Beat das andere Leben: Die Proben und verschiedene Auftritte als Künstler.

Die Mutter durfte drei Jahre lang auf die Dienste des zeitweise am Rande seiner Kräfte stehenden Beat zählen. In dieser Zeit erlangte das gemeinsame Gebet eine tragende Wichtigkeit, brachte Trost und Zuversicht. Beat begleitete die Mutter intensiv auf ihrem letzten Weg und geriet, als es endgültig Abschied zu nehmen galt, ins tiefe Tal der Tränen. Seine letzten Gedanken zu seiner aussergewöhnlichen Mission: «Irgendwann in dieser schwerwiegenden Zeit wurde auch das Thema ‹Exit› diskutiert. Meine Haltung dazu war und ist unerschütterlich. Es ist für Kranke wie für die Pflegenden unglaublich wichtig, dass der betroffene Mensch auf dem göttlich gewollten Weg sein Leben abschliessen darf. Für meine Mutter und für mich war diese Zeit jedenfalls eine reiche Erfüllung. Persönlich ist es für mich schmerzhaft, dass die Mutter nicht mehr erleben durfte, dass ich tatsächlich von der Kunst leben kann. Es wäre erhebend gewesen, wenn sie an einer erfolgreichen Aufführung von mir hätte teilhaben können. Das Drehbuch ihres Lebens hatte das leider nicht vorgesehen.»

WEITERE STORYS, WELCHE DAS LEBEN FÜR BEAT SCHRIEB

Beat wird Soldat – oder auch nicht. Der militärische Marschbefehl, welcher eines schönen Tages in seinen Briefkasten flatterte, war alles andere als eine Aufmunterung. Schweren Schrittes begab er sich an die obligatorische Aushebung. Auf dem Weg dorthin erkannte er, dass ihm mit den vielen Diensttagen wichtige Zeit gestohlen würde. Seine ganze Energie und Kraft musste er schliesslich für seine Karriere als Musiker einsetzen. Die Dienstpflicht würde ihn merklich und empfindlich zurückwerfen. Leider hatte er überhaupt keinen Plan, wie er dem Störfaktor Armee entrinnen könnte. Die Idee mit einem psychologischen Gutachten verwarf er schnell. Er kannte genügend junge Kerle, welche vor der Aushebung tonnenweise Salami verschlungen hatten und nun glaubten, dass sie voller Pickel krank aussahen und so nicht als tauglich befunden wurden. Andere stachen sich die Arme auf, um als heroinsüchtig abgestempelt zu werden. Beat marschierte an die ungeliebte Veranstaltung mit blond gefärbten Haaren und in bester Punker-Manier.

Im Laufe des Tages musste auch er zum Gespräch mit dem Aushebungsoffizier antreten. Sofort wurden ihm folgende zentrale Fragen gestellt: «Warum sind Sie blond? Finden Sie Ihr Outfit wirklich schön?» Treuherzig erzählte Beat, dass er speziell in der gleichgeschlechtlichen Welt mit seinem Aussehen sehr gut ankomme. Natürlich meinte er sein Engagement in der Frauen-Punk-Band. Der Offizier zog blitzartig seine Schlüsse und ordnete Beat in die Kaste der Homosexuellen ein. Solche Subjekte seien in der Schweizer Armee nicht erwünscht. Wau, das waren gute Töne in Beats Ohren. Doch er blieb ruhig und überlegt und jammerte sogar, dass es beim Vater gar nicht gut ankomme, wenn er der Armee nicht dienen dürfe. Der hohe Mann aus dem Militär blieb unerbittlich und verweigerte dem bedrückten Burschen den Eintritt ins Militär. Der derart Verstossene zog total geknickt und mit unglücklicher Miene vom militärischen Territorium. Kaum ausser Sichtweite liess er seiner Riesenfreude freien Lauf und legte einige rekordverdächtige Freudensprünge vom Stapel. Seine Militärkarriere war beendet, bevor sie begonnen hatte.

> **«Warum sind Sie blond? Finden Sie Ihr Outfit wirklich schön?»**

Das erste und das einzige eigene Auto. Zu Beginn und zur Beruhigung der ganzen Schweizernation: Beat Schlatter besitzt einen rechtmässigen Fahrausweis. Trotzdem fühlte er sich als Pilot hinter dem Steuer nie wohl. Der Vater überliess ihm zwar einen stattlichen BMW métalisé im letzten Stadium, also konnte es am fahrbaren Untersatz nicht liegen, aber Beat sah sich von Anfang an als schlechter Autofahrer. Er kurvte viel zu langsam und viel zu übervorsichtig in der Gegend herum. Dauernd wurde er durch aggressives Hupen der anderen Strassenbenützer gestört und erschreckt. Als dieser Zustand immer massivere Formen annahm, griff er zu einer Notlösung: Er setzte eine Schaufensterpuppe auf den Beifahrersitz und montierte wieder, gut sichtbar, den Lehrfahrer-L. Das wirkte sich sofort positiv aus, und Beat war wenigstens die lästige Huperei los. Nicht los wurde er jedoch die grosse finanzielle Belastung für den Parkplatz in der Stadt Zürich. Er musste monatlich ein Vermögen hinblättern. Im Klartext: 580 harte Schweizerfranken kostete ein Dauerparkplatz in einem Parkhaus in der Zürcher City. Und immer wieder stellte sich ihm die gleiche Frage: Wo nehmen und nicht stehlen? Nach gut sechs Jahren Leidenszeit auf den Schweizer Strassen, meistens mit dem «L» geschmückt, hatte Beat endgültig genug. Er verkaufte seinen Wagen. Und mit der Endgültigkeit war es ihm bitter ernst. Bis zum heutigen Tag ist er nie mehr Autobesitzer geworden.

Die Rebellenphase in Reinkultur. Mit Fug und Recht kann man behaupten, dass Beat Schlatter schlicht die Zeit fehlte, um sich in einer klassischen Rebellenphase auszutoben. Bereits mit 18 Jahren trat er im harten Musikbusiness als eigener Unternehmer auf, bürdete sich damit eine so grosse Arbeitslast auf seine Schultern, so dass für ihn sogar ein erholsames Ausschlafen illusorisch war. Zugegeben, er war auch zu dieser Zeit kein Kind von Traurigkeit. Sein Umfeld brachte es mit sich, dass er ganz automatisch mit Alkohol und Nikotin in Kontakt kommen musste. Das Rauchen war jedoch kein Thema mehr, weil er mit diesem Laster, allerdings meistens im Versteckten, schon als grösserer Knabe begonnen hatte.

Die Lebensbahn von Beat war bestimmt so konzipiert, dass er auch, ohne es zu suchen, Begegnungen mit Drogen hatte. Schnell war für ihn klar, dass er derartigen Versuchungen willensstark entgegentreten musste und auch wollte. Trotz dieser löblichen Absichten geriet er einmal voll in den Dunstkreis der Drogenwelt. Seine Erzählung:

«Ein mir gut bekannter bildender Künstler startete ein Experiment mit der Droge LSD. Er wollte aus dem Buch ‹Findet dich dein Glück› von Fischli/Weiss 15 Fragen zuerst nüchtern, und dann unter Einfluss von LSD, beantworten. Ich wollte diesen Vorgang mit einer Kamera dokumentieren. Als ich die Kamera und das Licht eingerichtet hatte, dachte ich, ich könnte selber auch LSD nehmen. Bei der Kamera auf den Knopf drücken, kenne ich im Schlaf. Trotzdem geschah etwas Unvorhersehbares: Die Künstler verkalkulierten sich bei der Bestimmung der Dosis gewaltig. Das Teufelszeug fuhr mächtig ein und zeigte bei meinem Kollegen und mir eine ungeheure Wirkung. Mein Kollege hörte plötzlich mental eine ganz wichtige Botschaft aus New York. Eine ihm sehr nahestehende Person forderte seine sofortige Hilfe an. Unvermittelt war er nicht mehr zu halten und rannte los in Richtung New York. Ich ihm hinter her. Wir rannten

«Wir machten die wertvolle Erfahrung, dass das Leben ohne Drogen erst richtig lebenswert ist.»

drei Stunden lang quer durch die Stadt. Dabei hatte ich plötzlich das unheimliche Gefühl, keinen Körper mehr zu haben. Wenn er mit mir sprach, sagte ich zu ihm, er solle aufpassen, dass niemand zuschaut, wenn er mit mir spricht. Sonst glauben die Leute, er sei irre und führe Selbstgespräche, weil man mich ohne Körper nicht mehr sehen könne. Das war echt horrormässig, ja sogar äusserst bedrohlich. Irgendwann waren wir wieder in der Lage, unsere Reaktionen zu kontrollieren. Ob es etwas Positives gab? Natürlich. Wir machten die wertvolle Erfahrung, dass das Leben ohne Drogen erst richtig lebenswert ist.»

Es gibt eine wunderschöne Geschichte, welche das Verhältnis zwischen dem Berner-Riesen und Schwingerkönig Christian Stucki und dem überaus populären Beat Schlatter herrlich wiedergibt.

«Lange, sehr lange hatte ich keinen Zugang zum Schwingen. So war mir auch der ‹Christian Stucki› kaum ein Begriff. Woher auch? Dann kam der Film ‹Hoselupf› und die Welt veränderte sich.

Dreharbeiten in Tokio stehen bevor. Mit Christian Stucki und Roger Brügger. Via Internet erfahre ich, dass die beiden zusammen rund 300 kg schwer sind und erst noch riesengross. Meine kluge Konsequenz: Ich fliege ein paar Tage früher und gehe so dem Risiko aus dem Weg, zehn Stunden zwischen Stucki und Brügger eingeklemmt zu sitzen. In Tokio beginnt der erste Drehtag mit dem Empfang der beiden Schwergewichte auf dem Flughafen. Mein Anstand gebietet es, dass ich höflich ‹Grüezi, Herr Stucki› sage. Die Szene ist nicht brauchbar. Beim zweiten Schnitt mit ‹Hoi, Chrigel› klappt es dann bestens. Da die Drehtage ein halbes Vermögen kosten, sollen am gleichen Tag weitere Szenen in den Kasten kommen. Als ich die beiden Hauptdarsteller im Hotelzimmer abholen will, sehe ich ein unvergessliches Bild. Stucki und Brügger in einem Doppelbett à la Japan: 140 cm breit. Beide in tiefem Erschöpfungsschlaf. Von den Bettkanten ist nichts mehr zu sehen. Nur zwei grosse Menschen. Trotz engem Finanzkorsett biete ich ihnen Einzelzimmer an. Aber Christian Stucki lehnt ab und während der ganzen Woche im japanischen Kurzbett hört man kein Wort der Klage. Es ist mir heute noch ein Rätsel, was vor sich ging, wenn sich einer im Bett drehen wollte.

Ein leises Jammern hörte man von Christian wegen des Essens. Da wir weder der englischen noch der japanischen Sprache mächtig waren, gab es halt immer nur Reis, Reis und nochmals Reis. Ehrlich gesagt, ich hatte auch genug davon. Und so schlich ich mich eines Abends zu später Stunde aus dem Hotel und begab mich in den McDonald's. Endlich etwas Richtiges zwischen die Zähne. Ich freute mich auf die nicht ganz gesunde Ernährung wie ein Kind. Und was sehen meine übermüdeten Augen? Ein Bär von einem Mann füllt sich den ausgehungerten Magen: Christian Stucki. Auch Christian schlich sich Minuten zuvor heimlich aus dem Hotel.

Das waren meine ersten Begegnungen mit Christian Stucki. Und nun lüfte ich noch ein wichtiges Geheimnis. Es war Zuneigung auf den ersten Blick. Schlicht und ergreifend – eine gegenseitige Sympathiewelle. Noch eine Episode, welche zeigt, dass Christian Stucki ein moderner und weltoffener Typ ist. Ich lade Christian und Co. zu mir nach Hause zum Nachtessen ein. Mein Anspruch ist hoch, alles muss stimmen. Um einen würdigen Rahmen zu präsentieren, kaufe ich ein rot-weiss kariertes Tischtuch, den besten Delikatesse-Fleischkäse der Stadt Zürich und Kartoffelsalat vom Feinsten. Aber etwas fehlt doch noch? Genau. Die passende Musik. Schnell beschaffe ich aus dem Brockenhaus noch eine Ländler-CD. Ein schöner Abend folgt. Alles stimmt ... fast. Nach einer gewissen Zeit wendet sich Christian an mich und bittet inbrünstig um einen anderen Sound. Zum Beispiel Mundartrock. So ist Christian Stucki: bodenständig, hochanständig, direkt in seinen Aussagen und trotzdem mit ganz moderner Prägung. Eben – ein Mann von Welt ... wie ich.»

KURZ VOR DEM ENDE – WIRD NOCH DAS DESSERT SERVIERT

Dass Tops und Flops im Leben eine gewisse Wechselwirkung haben, musste Beat Schlatter nicht nur einmal erfahren, erdulden und verarbeiten. Bei der Frage nach Höhepunkten in seinem Künstlerleben musste der kommunikativ grossartige Gesprächspartner keine Sekunde überlegen und legte richtig euphorisch los: «Einen eigenen Film, eine eigene Komödie oder ein Bühnenstück zu machen, ist etwas unglaublich Anspruchsvolles. Vom Beginn bis zur Premiere muss so viel zusammenstimmen, dass es fast unwirklich und unmöglich erscheint Flops sind offensichtlich dazu da, um auf den harten Boden der Realität zu fallen. Schliesslich darf es für einen Künstler niemals einen Stillstand und ein Ausruhen geben. Selbstverständlich musste ich auch schon in den Spiegel schauen und laut und deutlich zu mir sagen: «Beat, du bist kläglich gescheitert.» Das war beispielsweise bei einem Buchprojekt ganz ausgeprägt der Fall. Der Inhalt der Lektüre drehte sich um meine Künstler-Garderoben, in denen ich mich in den vergangenen 40 Jahren vor den Auftritten aufhielt. Aus über 600 Bildern wählte ich die 200 interessantesten aus und zeigte diese der Öffentlichkeit in meinem Buch mit dem Titel: «Rock'n'Roll Hinterland. Swiss Backstages». Zu meiner Freude startete die Promotion des Werkes super. Sogar die Tagesschau berichtete in der Hauptausgabe darüber sowie alle grossen Zeitungen. Ein Volltreffer schien sich abzuzeichnen. Bereits sah ich mich als erfolgreicher Buch-Autor. Dann kam der faustdicke KO-Schlag: Es wurden nur 1200 Exemplare verkauft.»

MIT EINER WUNDERSCHÖNEN GESCHICHTE, STATT MIT VERSCHIEDENEN FRAGEN ZUM SCHLUSS

Die aussergewöhnliche Geschichte eines aussergewöhnlichen Zeitgenossen endet in diesem Buch mit einem aussergewöhnlichen Ereignis. Beat Schlatter war als Gast bei der Vernissage eines befreundeten Kunstmalers zugegen. Klar hatte er die Absicht, sich eines der Werke zu eigen zu machen. Aber welches? Er war unschlüssig und hatte die Qual der Wahl. Da erhielt er unverhofft Support einer Dame namens Mirjam Fischer. Bald stellte sich heraus, dass sie beim Bundesamt für Kultur einen verantwortungsvollen Posten innehatte und als Sachverständige für Kunst ein absoluter Profi war.

Ob und welches Bild Beat schlussendlich mit sich nach Hause nahm, ist für die Fortsetzung dieser Story völlig nebensächlich. Viel wichtiger ist die Tatsache, dass er mit Frau Fischer ins unterhaltsame Gespräch kam und diese ihn schon lange gerne kennenlernen wollte, seit sie ihn in einem Berner Kino im Film «Katzendiebe» auf der Leinwand gesehen hatte. Dieser Wunsch ging ihr ja nun in Erfüllung. Im Laufe der Konversation machte Beat die Nebenbemerkung, dass er am nächsten Morgen früh eine dringend notwendige Auszeit antreten und zum Zwecke der Erholung mit der Bahn nach Genua reisen werde. Dann wurden die Handy-Nummern ausgetauscht und ... gute Nacht.

Frohgemut stieg Beat planmässig in den 7-Uhr-Zug in Richtung Genua. Nun konnte er so richtig aufschnaufen, sich zurücklehnen und das ruhige Dasein ohne Verpflichtungen und Störfaktoren geniessen. Irgendwann hörte er aus dem Zuglautsprecher die monotone Stimme einer Sprecherin, welche folgende Ankündigung durchgab: «Nächster Stopp Como.» Exakt in diesem Augenblick erreichte ihn eine

▲ Die Bingo-Show im Bernhard-Theater in Begleitung von Autorin Christina

SMS mit folgendem Wortlaut: «Sitze im Speisewagen. Gruss Mirjam Fischer.» Der ruhebedürftige Beat musste die Message zweimal lesen, stutzte kurz, nervte sich ebenso kurz über die bevorstehende «Last» und dislozierte trotzdem in den Speisewagen. Damit begann ein schöner Weg, den er nicht einmal im Traum erahnt hätte. So wurde Beat tatsächlich zum Verräter, denn wir erinnern uns daran, dass er in jungen Jahren Stephan Eicher anlässlich des Blutsbrüderschafts-Rituals unter anderem geschworen hatte: Nie zu heiraten. Nun führte er seine Mirjam im Grossmünster zu Zürich vor den Traualtar.

Sein Schlusswort: Ich bin Frau Fischer unendlich dankbar, dass sie den Mut gefunden hatte, mich auf dem Weg nach Genua zu verfolgen und zu stören. Die Zweisamkeit mit ihr ist das Beste, was mir in meinem Leben passieren kann.

**MARC
SURER**

SEIN SCHUTZENGEL HAT BREITE FLÜGEL

Zweifellos zählt Marc Surer zu den interessantesten Persönlichkeiten der Schweizer Sportwelt. Bevor er, nicht zuletzt wegen seiner attraktiven und sympathischen Erscheinung, in der obersten Etage der Prominenten seinen Platz fand, lernte er auch die Sorgen und Probleme der «kleinen Leute» kennen. Nach der Lehre als Konstruktionsschlosser setzte er als Kartfahrer im Motorsport ein erstes Ausrufezeichen. Bereits 1972 feierte er seinen ersten nationalen Titel als Kartmeister der Schweiz.

Einen rasanten Aufstieg erlebte Marc Surer an verschiedenen europäischen Formel- und Tourenwagen-Rennserien. Als unbekannter Schweizer wurde er 1976 Zweiter der Deutschen Formel-3-Meisterschaft und bekam einen BMW Werksvertrag. 1979 gelang es ihm, Formel-2-Europameister zu werden. Und es kam in diesem Jahr 1979 noch besser. In den USA startete er mit 28 Jahren zu seinem ersten Formel-1-Grand-Prix. Der Weg nach oben schien keine Grenzen zu kennen. Oder doch?

In der sogenannten Königsklasse, der Formel 1, hatte er als Fahrer aus dem kleinen, für grosse Sponsoren uninteressanten Schweizerland, einen richtig schweren Stand. Meistens sass er deswegen in Boliden von kleineren und technisch unterlegenen Teams. Dank seinem ausserordentlich grossen fahrerischen Können konnte er sich in seinen insgesamt 82 Formel-1-Rennen verschiedentlich im vorderen Fahrerfeld einreihen. Viel Pech klebte ihm beim Grossen Preis von Europa 1985 auf dem Brands Hatch Circuit am Gaspedal. Kurz vor Rennende lag er auf Platz 2 vor Ayrton Senna und sah sich schon vom Podest in die Menschenmenge winken. Doch ein Motorenschaden liess diesen Traum, vor 120 000 Zuschauern, platzen.

Grosse Erfolge feierte der Schweizer zudem bei zahlreichen Langstreckenrennen und Rallyes. 1985 gewann er das 24-Stunden-Rennen von Spa-Francorchamps mit einem BMW 635 und das 1000-km-Rennen von Monza mit einem Porsche 962.

Auch nach seiner turbulenten Aktivkarriere blieb er dem Automobilsport treu. Sei es als Fahrerbetreuer und Rennleiter für BMW, als Chef-Instruktor bei Fahrsicherheitstrainings, als Moderator des Automagazins Motorshow beim Schweizer Fernsehen und während über zwanzig Jahren als Kommentator für Sky Deutschland. Im Jahre 2019 gab er beim Schweizer Fernsehen ein Comeback als SRF-Experte.

Marc Surer – sein Herz schlägt für den Motorsport. Übrigens, nach seinem Abschied aus dem Cockpit und aus einem Sport mit unglaublich vielen Pferdestärken kaufte er sich Pferde und wurde mit seinen 1-PS-Freunden endgültig glücklich.

Im Dezember 2010 verlobte er sich mit seiner langjährigen Lebensgefährtin Silvia Renée Arias. Ein Jahr später fand die Hochzeit in Argentinien statt, heute lebt das Ehepaar hauptsächlich in Spanien.

ICH BIN MARC SURER

▸ Geboren am 18. September 1951 in Füllinsdorf BL
▸ Verheiratet mit Silvia Renée Arias
▸ Meine Hobbys sind Reiten und Kartfahren nach dem Motto: Back to the roots, so wie es einst angefangen hat.

327

DER ABSTURZ INS TAL DER TRÄNEN

Wenn man bedenkt, mit welchen Kräften die Formel-1-Monster über den Asphalt donnern, ist es immer wieder ein Wunder, dass die mutigen Piloten die waghalsigen Manöver meistern und heil überstehen können. Darüber wird sich Marc Surer mit Sicherheit auch öfters Gedanken gemacht haben. Autorin Christina wird ihm in diesem sensiblen Bereich garantiert ordentlich auf den Zahn fühlen. Versprochen.

Es war am 29. Mai 1986, als das ADAC Hessen-Rallye auf dem Rennkalender stand. Der Rennwagen von Marc Surer, ein Ford RS200, gehörte der «Gruppe B» an. Dem Wildesten, was der Ralleysport je hochgezüchtet hatte und so tödlich, dass die Serie nach nur vier Jahren, am Ende des Jahres 1986, bereits wieder abgesetzt wurde. Die Gruppe B, das sagte man in einem lauten Brustton der Überzeugung, war for men, not for boys.

Zum besseren Verständnis: Der Ford RS200 war ein extrem starker Mittelmotorwagen, mit einem Hauch von glasfaserverstärktem Kunststoff umgeben, und direkt hinter den Sitzen befand sich der Tank.

... for men, not for boys.

Marc Surer und sein Beifahrer und Freund Michel Wyder waren mit etwas über 200 Stundenkilometern vor der Ortsdurchfahrt Rudingshain unterwegs. Ein schleichender Plattfuss, welcher dem Wagen die Haftung nahm, führte dazu, dass sie von der Strasse abkamen und nahezu ungebremst mit einem Baum kollidierten. Das Auto wurde von diesem entzweigerissen und ging sofort in Flammen auf.

Die Folgen ... Drei Wochen seines Lebens bleiben für Marc Surer ohne Erinnerung. Es waren Stunden und Tage, in denen es nicht klar war, ob der Tod oder das Leben als Sieger aus dem Rennen hervorgehen würde. Marc lag im künstlichen Koma auf der Intensivstation im Unispital in Giessen. Die Diagnose war verheerend: Das Becken kaputt, vierzehn Knochenbrüche, ein Fuss fast abgerissen und dazu die breitflächig verbrannte Haut. Die linke Hand war nur noch ein Klumpen aus Fleisch. Dreimal am Tag musste man ihm die Lunge auspumpen. Kurz: Bei seiner Einlieferung ins Spital war er klinisch tot.

Als Marc Surer aus dem Koma erwachte, wusste er nicht, wo er war. Seine erste Frage: Wo ist Michel? Warum besuch er mich nicht? Erst viel später wurde ihm von seinem Rallye-Manager und Freund Hans die traurige Botschaft überbracht, dass sein Freund und Beifahrer Michel Wyder den Unfall nicht überlebt hatte.

Später liess sich Marc Surer, nachdem er seine Aktivkarriere nach diesem Unfall unverzüglich abgebrochen hatte, etwas in seine Seele blicken. Wir erlauben uns, einige Passagen zu zitieren. «Es war ein überaus tragischer Rennunfall. Solange ich lebe, besuche ich bei jeder Gelegenheit das Grab meines Freundes. Natürlich ist etwas ganz Wertvolles auf der Strecke geblieben. Es ist wie mit meinen Brandwunden auf der Haut. Sie sind zwar vernarbt, aber sie sind stets da. Es gibt Tage, da ist der Schmerz über den Verlust enorm gross.»

Im Mai des Jahres 2015 stand Marc Surer wieder am Abgrund. Für seinen erneuten Gang ins Tal der Tränen war diesmal nur eine einzige Pferdestärke massgeblich beteiligt. Bei einem Ausritt in der Nähe seines spanischen Hauses scheute plötzlich das Pferd, es stolperte, fiel und begrub Marc unter sich. Gott sei Dank war eine Reitkollegin mit dabei, welche per Handy sofort einen Notarzt zu Hilfe rufen konnte. Marc

Bei der Einlieferung ▲
ins Spital war
Marc Surer klinisch tot.

▲ Im Cockpit und auch am Mikrofon erfolgreich.

brach sich fünf Rippen und eine dieser Rippenspitzen bohrte sich in seine Lunge und verletzte diese ernsthaft. Acht Tage musste er auf der Intensivstation verbringen. So lag er nun im Krankenhaus, überall Schläuche und wenn ihn die Medienleute um einen Zustandsbericht anfragten, kam die Antwort schnell und präzise: «Dem Pferd geht es gut. Für mich hätte es schlimmer ausgehen können. Die Rippen sind noch nicht wieder zusammengewachsen und verschieben sich im Brustkorb bei der Atmung. Und auch das gebrochene Bein schmerzt noch höllisch.»

«Dem Pferd geht es gut.»

Marc Surer ist an Schmerzen und an lebensgefährliche Verletzungen gewöhnt. Mit keinem Wort erwähnt er, dass der Tod wieder an seine Türe geklopft hatte. Die fette Schlagzeile in einer grossen deutschen Zeitung brachte es auf den Punkt: Der Schutzengel von Ex-Formel-1-Pilot und Sky-Experte Marc Surer hat breite Flügel.

Feuer-Drama um Marc Surer. Am 4. September 2018 brach in Javea, durch eine weggeworfene Zigarette, ein Grossfeuer aus. Betroffen war auch «El Casup», was kleines Haus bedeutet, das Paradies der Eheleute Surer. Als das Feuer ausbrach, waren sie am Grand Prix in Monza. Die ersten Meldungen waren für sie nicht alarmierend, weil die Feuerwehr mitteilte, dass alles unter Kontrolle sei. Bereits eine Stunde später war alles anders. Der Wind übernahm die Herrschaft und es brannte lichterloh. 1400 Personen mussten aus dem Gebiet evakuiert werden. Zurück im Krisengebiet, entschieden sich Marc und Silvia Surer, illegalerweise zu ihrem Anwesen zu gehen und dort zu bleiben.

Marc Surer: «Unser Haus blieb unversehrt. Die Pferdeställe waren leider ausgebrannt und vieles wurde vernichtet. Die ganze Nacht kam immer wieder die Feuerwehr und löschte aufflackerndes Feuer. Bei uns waren die Wasserleitungen geschmolzen und die Elektro- und Telefonleitungen versengt. Doch wir hatten genug Trinkwasser im Haus. Bis auf das Husten, ausgelöst durch den Rauch, schliefen wir recht gut. Es war ein Abenteuer.»

Erst Tage später durften seine Pferde, die von der Pferdepflegerin rechtzeitig in Sicherheit gebracht werden konnten, wieder zurückkehren. Von den 2,5 Hektaren Land und Wald, welche Marc Surer besitzt, war nur noch knapp eine Hektare unversehrt und brauchbar. «Es soll zehn Jahre dauern, bis der Wald wieder in Ordnung ist. Doch ich bin sicher, dass wir das in einer kürzeren Zeit schaffen. Alles in allem kann ich sagen: Wir hatten grosses Glück. Ich bin wirklich ein Glückspilz.»

EIN TRANSFER MIT POSITIVER LANGZEITWIRKUNG

Der Chemiker Ernst Surer war eigentlich seiner Zeit weit voraus. Er zählte gerade einmal einundvierzig Lenze, als er nachhaltig spürte, dass die ihn bei der Arbeit stets umhüllenden giftigen Dämpfe seiner Gesundheit massiv abträglich waren. Der weitsichtige Mann hatte sich längst eine private Vorsorge aufgebaut, indem er im Baselbiet in Grundstücke investierte. Sein Immobilien-Engagement gedieh zum vollen Erfolg, weil die Grundstücke genau zum richtigen Zeitpunkt in die Bauzone aufgenommen wurden. Dadurch war ein Ausstieg aus seinem giftumnebelten Chemiealltag glücklicherweise möglich.

Wohlüberlegt packte er seine siebzehn Sachen und zog mit Ehefrau Lilly und den drei Kindern Marlies, Marc und Werner nach Eptingen. Dort hatte sich die Familie Surer einen Bauernhof zu eigen gemacht. Ein vollkommen neues Leben begann.

Natürlich war der fundamentale Wechsel des Lebensstandards kein Alleingang des Vaters. Auch die Mutter, eine studierte Lehrerin, unterstützte diesen aussergewöhnlichen Schritt mit Leib und Seele. Sie hatte seit jeher ein Herz für Tiere und freute sich sehr auf die neue Herausforderung. Für den damals 10-jährigen Marc, wie auch für seine beiden Geschwister, war der Transfer auf einen Bauernhof ein wahnsinnig spannendes Unternehmen. Die Freude auf das abenteuerliche Tun und Wirken unbeschreiblich.

Ein vollkommen neues Leben begann.

Trotz seines jungen Alters hatte er bereits Erfahrung mit dem Zügeln. Geboren wurde er im Obergeschoss eines Schulhauses in Füllinsdorf, an jenem Ort, wo seine Mutter die Schulkinder unterrichtete. Von dort aus ging es weiter nach Gelterkinden. Das Leben in einem Einfamilienhaus mit angebautem Holzschopf hatte es schon in sich, denn der Umschwung reichte bestens aus, dass ein Bernhardiner-Hund und einige Geissen bei der Familie für Abwechslung sorgten.

Die Expedition «eigener Bauernhof» hatte für Marc auch unausweichliche Pflichten parat. Die ursprüngliche Freude entwickelte sich phasenweise zu harter Arbeit bei Wind und Wetter. Der Familienbetrieb mit rund zwanzig Kühen und einem starken Selbstversorger-Konzept war zu klein, um eine fremde Arbeitskraft einzustellen. So gab es kein Wenn und kein Aber, die Kinder mussten in der Tat hart zupacken. Für

◄ Wenn er wollte,
war er in der Schule
im Spitzenfeld.

▲ Marc hat alles im Griff – auch seinen Bernhardiner.

▲ Mutter Lilly mit ihren Kindern Werner, Marc und Marlies auf Wanderschaft.

die Hausaufgaben blieb kaum Zeit. Heuen, Getreide- und Kartoffelernte sowie die Pflege und Betreuung der Tiere hatten Priorität. Das Highlight war für Marc immer, wenn er mit dem Traktor fahren durfte. Futter hereinführen oder zu ackern war für ihn nicht Pflicht, sondern reines Vergnügen.

Der Hof und die Tiere gaben noch bei einem anderen Thema klar den Ton an: Bei der Ferienplanung. Logisch, dass die Landwirtschaft keine längeren Abwesenheiten zuliess. Zudem fand Vater Surer Ferien als unnötigen Luxus. Verlängerte Wochenenden, Wanderungen in den Bergen und Besuche von wichtigen Anlässen wie zum Beispiel die Olma oder die BEA waren das Höchste aller Gefühle. Marc hatte noch ein stichhaltiges Argument, dass ihm weite Reisen so oder so ein Greuel waren. Sowohl beim Autofahren als auch beim Rückwärtsfahren in der Eisenbahn wurde ihm trostlos schlecht. Mitfahren war für ihn ein Drama.

MOPED-PRÜFUNG IM ERSTEN ANLAUF — KONFIRMATION ERST IM ZWEITEN

Alles, was Räder hatte, war für Marc eine willkommene Herausforderung. Ob mit einem gnadenlos frisierten Töffli oder mit dem Traktor gab es für ihn nicht die geringsten Probleme. Und da gab es noch einen Jeep, welcher als landwirtschaftliches Fahrzeug genutzt wurde. Beispielsweise diente er zur Fahrt in die Käserei, um die Milch abzuliefern. Marc war zwölf Jahre alt, als er die Technik des Jeeps, beispielsweise Schalten mit Zwischengas, famos beherrschte. Immer wenn sich die Eltern auswärts aufhielten, kam seine grosse Zeit. Zusammen mit Bruder Werner als Beifahrer rumpelte er in hohem Tempo in der Gegend herum. Es kümmerte ihn wenig, dass er sich illegal auf kaum befahrenen Nebenstrassen rasant bewegte. Doch beim Start zu den Spritzfahrten zeigte er sich rücksichtsvoll. Damit die Nachbarn nichts merkten und die Eltern informieren konnten, verzichtete er sogar auf das Einschalten der Scheinwerfer .... Ohne Licht ging es, bis sie ausser Sichtweite waren, ins grosse Vergnügen. Nicht zuletzt deswegen wurden die beiden Buben nie ertappt und die Eltern blieben ahnungslos. Machte sich da bereits ein Vorbote einer rennfahrerischen Zukunft bemerkbar? Zweifellos. Leistungsmässig war die Schule für Marc eher ein Schaulaufen. Sowohl in Gelterkinden wie später in

«Das Französisch habe ich gehasst.»

Eptingen zählte er, wenn er wollte, zu den Besten. Speziell im Fach Mathematik konnte er konstant glänzen. Nicht ganz so gut schnitt er ab, wenn es um die deutsche Sprache ging, und wenn man ihn heute auf das Französisch anspricht, verdüstert sich seine Miene und sein Verdikt ist glasklar: «Das Französisch habe ich gehasst.»

Neben der Schule blieb ihm als Bauernsohn wenig Zeit, um sich irgendwo zu profilieren. Lustig fand er die Zeit, als er zusammen mit Kollegen einen Jungschützenkurs absolvieren konnte, und zur Möglichkeit der Selbstverteidigung besuchte er einen Judo-Kurs. Sonst spielte sich sein Leben weitgehend im elterlichen Betrieb ab.

Nicht eitel Freude bereitete Marc seiner Mutter, wenn es um den Konfirmandenunterricht ging. Da die Mutter erst noch Mitglied der Kirchenpflege war, hatte sie gewisse Ansprüche an ihren Filius. Dieser hatte allerdings eine distanzierte Einstellung zur Religion und löcherte den Pfarrer mit kritischen Fragen im Unterricht. Das nervte den Pfarrherrn so, dass er sich weigerte, den aufsässigen Burschen zu konfirmieren. Marc konnte mit diesem Entscheid bestens leben, nicht aber seine sehr gläubige Mutter. Sie setzte alle Hebel in Bewegung, damit ihr Sohn die feierliche Segenshandlung doch noch erfahren durfte. Ein Jahr später kam es tatsächlich dazu. Eigentlich gegen den Willen des kirchlich nicht sehr interessierten Marc.

EIN VERRÄTER UND DIE HÖHLENBEWOHNER

Turbulenzen und spannungsvolle Abwechslung gehörten zum wertvollen Teil von Marcs Landleben. Wenn es darum ging, Streiche auszuhecken und sogar in die Tat umzusetzen, stand er nie zurück. So auch nicht, als ein Motormäher verlassen am Rande eines wunderbaren Kornfeldes stand. Kurz entschlossen wurde der Mäher gestartet, der erste Gang eingelegt, und dann fuhr das Vehikel alleine quer durch das Feld und hinterliess eine markante und verräterische Schneise. Marc und seine Freunde nahmen Reissaus und wurden tatsächlich nicht erkannt oder erwischt.

Später leistete sich Marc Surer eine noch weit aufregendere Story. Zusammen mit einem Schulkollegen, welcher ebenfalls eine Problembeziehung mit dem Vater hatte, beschloss er, sich für eine Zeitlang abzusetzen und unsichtbar zu machen. Die beiden Buben rissen von zu Hause aus, richteten sich in einer abgelegenen Höhle möglichst wohnlich ein und genossen die Freiheit in vollen Zügen. Damit das leibliche Wohl nicht zu kurz kam, sorgte ein vertrauenswürdiger Kamerad für kulinarischen Nachschub. Das Abenteuer funktionierte zwei Tage lang einwandfrei. Natürlich harrten die besorgten Eltern nicht tatenlos der Dinge. Nach erfolgloser Suche wurde die Polizei eingeschaltet, um nach den Vermissten zu fahnden. Tatsächlich war den Hütern des Gesetzes Erfolg beschieden. Bei der Einvernahme des eingeweihten Kollegen, welcher für die Versorgung zuständig gewesen war, bekam dieser kalte Füsse und wurde zum Verräter. Die beiden Höhlenbewohner konnten aufgegriffen, in die reale Welt zurückgebracht und so richtig in den Senkel gestellt werden.

Während der Sommerzeit herrschte auf dem landwirtschaftlichen Betrieb der Familie Surer Hochsaison. An Ferien oder Freizeitvergnügen war nicht zu denken. Umso dankbarer zeigte sich Marc, als er einmal mit der Schule einen Ausflug ans Comptoir Suisse nach Lausanne unternehmen durfte. Was er dort nämlich zu sehen bekam, löste in ihm Faszination pur aus: Die Tinguely-Maschine. Von einer Sekunde auf die andere wurde er ein grosser Fan des Basler Künstlers.

Marc Surer heute: «Jean Tinguely war ein grosser Rennfan. Unvergesslich bleiben mir die interessanten und inhaltsvollen Treffen zwischen dem grossen Meister, dem Motorrad-Weltmeister Stefan Dörflinger und mir im Atlantis in Basel. Das waren stets Highlights der besonderen Art.»

Aus der Schulzeit ist Marc Surer in bester Erinnerung geblieben, dass er als Schauspieler bei einem Theaterauftritt eine sehr gute Figur abgegeben hatte. Im Märchen der Gebrüder Grimm «Der Teufel mit den drei goldenen Haaren» spielte er mit grosser Leidenschaft die Hauptrolle. Schon sein Aussehen war den Eintritt wert: Der schwarz angemalte Marc mit dem gefährlichen Dreizack verbreitete Angst und Schrecken. Schauspieler? Eine Zukunftsvision?

WENN DIE NOTFALLMÄSSIG GEWÄHLTE BERUFSLEHRE ZUM GLÜCKSFALL WIRD

Der dem Schulende entgegenblickende Marc Surer hatte seinen beruflichen Werdegang deutlich vor Augen: Er wollte Ingenieur werden. Schulmässig standen die Sterne günstig und auch die Mutter nahm freudig vom ambitionierten Vorhaben ihres Sohnes Kenntnis. Doch der Vater sah in Marc keinen Studenten, weil er dadurch eine äusserst fähige, zuverlässige und erst noch kostengünstige Arbeitskraft verlieren würde. Mit verbalem Widerstand torpedierte er die Absichten seines Sohnes. Mehrmals musste sich Marc folgenden abwertenden Spruch anhören: «Du bist nur zu faul zum Arbeiten.»

Marc liess sich nicht allzu gross beirren und entschloss sich zu einem beruflichen Umweg. Nach einer Konsultation beim Berufsberater sah sein neuer Plan wie folgt aus: Lehre als Konstruktionsschlosser, Zusatzlehre als technischer Zeichner und anschliessend Ausbildung am Technikum zum Konstrukteur.

So begann er seinen weiten Ausbildungsweg als Lehrling in Diegten. So viel sei vorweggenommen, er schloss die Lehrabschlussprüfung als Drittbester des Kantons Basellandschaft ab.

Die schicksalshafte Regie sah vor, dass sich ein Kollege von Marc ein sogenanntes Gokart gekauft hatte. Nach der strengen Arbeit als Lehrling machte sich Marc daran, den Renner instand zu stellen. Logisch, dass danach eine Probefahrt Pflicht war. Da sich die Werkstatt direkt neben dem Schulareal befand, drehte Marc eine Runde um das Schulhaus. Doch es blieb nicht bei einer Runde. Marc kam richtig ins Fieber und kurvte ungefähr zwanzig Mal um den Bildungskomplex. Dieser Aktivismus blieb natürlich nicht unerkannt. Plötzlich standen haufenweise Leute herum und sahen dem kühnen Treiben zu. Auch der Pfarrer, welcher Marc erst im zweiten Anlauf mehr oder weniger zwangsweise konfirmiert hatte, reihte sich unter die Zuschauer. Er hatte wegen des horrenden Lärms den Unterricht abbrechen müssen und die Schüler nach Hause geschickt. Der Gottesmann schüttelte unbarmherzig sein weises Haupt und seine Gedanken waren in seinem Gesichtsausdruck bestens erkennbar: Marc Surer, das ist ein hoffnungsloser Fall.

Vermutlich nicht nur bei dieser Beurteilung befand sich der Pfarrer auf dem Holzweg. Seine Gedanken hätten zwingend wie folgt lauten müssen: Marc Surer, ein hoffnungsvoller Fall mit einem gesegneten Talent.

Marc Surer, ein hoffnungsvoller Fall mit einem gesegneten Talent.

Der erste wichtige Schritt für den Einstieg in diesen Sport: Er wurde Mitglied in einem Kart-Club und begleitete seine Kollegen als Rennmechaniker auf die verschiedenen Rennstrecken. Dabei schlug das positive Schicksal heftig zu. Autorin Christina Boss erfuhr von Marc Surer die ungewöhnliche Geschichte für den nächsten Schritt vom Mechaniker zum Kartfahrer: «In diesem Club fuhr ich mit zu den Rennen, half als Rennmechaniker und konnte meine Ambitionen zum Ingenieur ein bisschen einbringen. Dabei arbeitete ich auch für Christoph, einen Piloten aus unserem Club, mit dem ich mich anfreundete. Dieser liess mich seine Motoren einfahren. Manchmal durfte ich sogar eine Runde mit vollem Tempo fahren, um zu testen, ob der Motor nun wirklich rennbereit war. Offenbar sah das so gut aus, dass er zur Stoppuhr griff und bei meinem nächsten Einsatz die Zeit prüfte. Bass erstaunt sagte er zu mir: ‹Du fährst ja schneller als ich,

▼ Mit über 1000 PS im Brabham-BMW unterwegs.

▲ Der erste eigene Team-Bus war im Jahre 1976 Marc Surers Zuhause.

beim nächsten Rennen fährst du.› Tatsächlich liess er mich wettkampfmässig ein Rennen fahren. So kam es, dass ich bereits bei der nächsten Austragung vom Mechaniker zum Piloten aufgestiegen war. Das war der effektive Karrierestart und es hatte mich voll gepackt.»

Wer finanzierte daraufhin Ihre Rennfaszination?
«Nachdem ich das erste Rennen gefahren war, kaufte ich mir mit meinem allerletzten Geld selbst einen leistungsfähigen Rennkart. Um voll in diesem spannenden Metier anzukommen und einzuschlagen, legte ich die berufliche Weiterbildung auf Eis. Doch den Traum, eines Tages Konstrukteur zu werden, habe ich nicht aufgegeben und weiterhin begleitend Vorbereitungskurse für die Technische Hochschule besucht.»

Wo trainierten Sie Ihre exklusive Sportart?
«Es war so, dass mir das Geld fehlte, um nach Wohlen zu reisen und dort auf der Kartbahn zu trainieren. Doch es gab in Eptingen einen Motocross-Fahrer, welcher von der Gemeinde ein Stück Land zur Verfügung gestellt erhielt, um zu trainieren. Das ermunterte mich, ebenfalls beim Gemeindepräsidenten vorzusprechen und den Wunsch nach einer Trainingsstrecke anzubringen. Es klappte. Ich erhielt die Bewilligung, auf einer Strasse, welche in einen Wald führte, meine Tempofahrten absolvieren zu dürfen. Als Absperrung stellte ich das Auto quer über die Strasse und dann liess ich es so richtig rauschen.»

Ihr erster Erfolg?

Das war im Jahre 1972 an der Schweizer Meisterschaft in Wohlen. Ich stand zuoberst auf dem Treppchen und erhielt als Preis einen Pokal und einen Blumenstrauss. Übrigens, mein Freund Christoph Merz wurde zu meinem wertvollen Begleiter – auch später bei den Autorennen.

SHOWTIME IN DER SCHWEIZER ARMEE

Auf der Sportanlage Gitterli in Liestal versammelten sich viele junge Männer, um die militärische Aushebung über sich ergehen zu lassen. Einer der Teilnehmer war Marc Surer. In ganz jungen Jahren hätte dieser viel darum gegeben, wenn er in die Haut eines Cowboys hätte schlüpfen dürfen. Die Zeiten änderten sich und im Moment der militärischen Personalrekrutierung träumte er eher davon, als Astronaut im Weltall herumzufliegen. Die Raumfahrt zog ihn völlig in ihren Bann. Bei der ersten Mondlandung blieb er die ganze Nacht vor dem Fernseher kleben und machte sich, als der Tag erwachte, ohne Schlaf auf den Weg zur Arbeit.

Die Realität in der Schweizer Armee hatte ein anderes Gesicht. Da war nichts von Wildwest oder Weltall und Wunschträume lagen ausserhalb des Machbaren. So bewarb sich Marc Surer um einen «fahrenden» Job und wurde Panzerfahrer. In der Rekrutenschule in Thun lernte er das entsprechende Handwerk von der Pike auf.

Eines schönen Tages erlebte Marc Surer sogar beim Vater Staat ein grossartiges und unvergessliches Highlight. In Payerne fand eine Demonstration unter dem Titel «Die Wendigkeit des Schweizer Panzers» statt, und Marc wurde als Fahrer dafür ausgewählt. Hohe militärische Gäste aus aller Welt verfolgten erwartungsfroh und mit Spannung die exklusive Show. Sie wurden nicht enttäuscht, sondern sogar zeitweise geschockt.

Marc Surer erinnert sich an seinen Auftritt: «Ich fuhr mit meinem Panzer sehr schnell und sehr direkt auf die versammelten, hochkarätigen Attachés zu, drehte im allerletzten Moment vor ihnen ab und zog mit einem eleganten, gewagten und gekonnten Powerslide von dannen.»

Sogar mit einem so schweren und im Grunde genommen ungelenken Monster zeigte Marc Surer, was fahrtechnisch in ihm steckte. Jedermann war klar: Fortsetzung folgt – in welchem Fahrzeugtyp auch immer.

Anzumerken gilt es, dass er nur einen WK hinter sich brachte, bevor er nach Deutschland auswanderte. Doch in dieser Zeit durfte er noch eine ganz wertvolle und nachhaltige Erfahrung machen. Quasi im Panzer lernte er Valentin kennen, welcher sein Sponsor, Reitkollege und Freund wurde.

WENN EIN MÖBELHÄNDLER
EIN PREISAUSSCHREIBEN GEWINNT ...

Dass ein deutscher Möbelhändler aus einem Preisausschreiben als Gewinner hervorgeht, ist eigentlich kein Grund für eine Schlagzeile. Ganz speziell an der Geschichte ist jedoch, dass Marc Surer indirekt ebenfalls zum grossen Gewinner wurde. Doch alles schön der Reihe nach.

In den Jahren 1972 und 1973 zeigte der Kart-Newcomer Marc Surer allen seinen Konkurrenten den (Schweizer-)Meister. Danach war es naheliegend, dass er sich nach diesen fulminanten Starterfolgen die Frage stellte, ob sein Talent auch für höhere Aufgaben, beispielsweise mit einem richtigen Rennwagen, ausreichen würde? Um sich darüber Klarheit zu verschaffen, nahm er in Österreich an einem Rennwagenkurs mit Formel-Ford-Autos teil. Mit ihm unterwegs war ein wichtiger Begleiter: Das Glück.

An diesem Kursus lernte er den Möbelhändler Herbert Kummle aus Deutschland kennen. Dieser fuhr hobbymässig kleinere Autorennen und hatte den Kurs in einem Preisausschreiben gewonnen. Da Marc Surer im besagten Lehrgang als bester Schüler ein Glanzlicht setzte, wurde er vom Möbelhändler spontan zu einer Probefahrt auf dem Hockenheimring eingeladen. Warum auch nicht, dachte sich der junge Schweizer.

Mit ihm unterwegs war ein wichtiger Begleiter: Das Glück.

Auf dem Hockenheimring angekommen, staunte Marc nicht schlecht, als er den Boliden von Herbert Kummle für die Testfahrt zu sehen bekam: Ein Porsche Carrera mit mehr als 450 PS. Da er in seinem Leben noch nie in einem so edlen und teuren Auto gefahren war, vermischten sich Angst mit Vorfreude und Herausforderung in ihm. Angst – keineswegs wegen der hohen Geschwindigkeit, sondern wegen der bangen Vorstellung, dass er mit dem wunderbaren Sportwagen von der Rennstrecke fliegen könnte. Vorfreude – dass ihm überhaupt das Vertrauen geschenkt wurde, sich rennmässig zu zeigen und sein Können zu beweisen. Herausforderung – wenn schon, denn schon. Marc legte seine Scheu schnell ab, zeigte Mut und eine Portion Frechheit und fühlte sich sofort wohl in seinem Element.

Das Resultat: Zu Marcs eigener Überraschung raste er gute zwei Sekunden schneller um den Rundkurs als der gönnerhafte Möbelhändler. Dieser war tief beeindruckt und Marc wusste nun definitiv, dass viel rennfahrerisches Talent und viel Potenzial in ihm steckte.

VIEL TALENT UND KEIN GELD – EINE HERAUSFORDERNDE KRUX

Wieder einmal wurde Marc Surer vor eine knifflige Entscheidung gestellt. Ein Kart-Hersteller unterbreitete ihm das Angebot, für seine Marke Rennen zu bestreiten und das quasi als Werksfahrer. Das bedeutete so viel, dass Marc praktisch kostenlos das beste Material zur Verfügung hätte und seine Siegeschancen konstant hoch gewesen wären. Das bedeutete aber auch, dass er sein berufliches Studium hätte aktivieren und weiterführen können. Trotzdem zögerte er und zögerte und zögerte ...

Es wurde Winter und in dieser kalten Zeit wurde Marc von einem erwärmenden Telefonanruf des Möbelhändlers Herbert Kummle überrascht. Die Botschaft: «Ich habe für dich einen Formel-V-Rennwagen gekauft. Die einzige Auflage, du musst das Fahrzeug selber präparieren.» Nun zögerte Marc nicht mehr. Der Fall war für ihn klar. Er setzte alle seine Chips und alle Inhalte seiner Sparstrümpfe auf die Karte Autorennen. Das Studium wurde in die zweite Reihe verbannt. Auch wechselte er den Job und fand in der Firma Metallbau Koller in Muttenz einen Arbeitgeber, welcher seine Rennfahrerleidenschaft punkto «Dienstplan» grosszügig unterstützte. Er durfte sein Ferienguthaben in einzelnen Tagen beziehen.

◀ Sorgte auch als Panzer-
fahrer in der Schweizer
Armee für Aufsehen.

▼ Der goldene Siegerkranz
in einem internationalen
Rennen der Formel 3.

Sein Leben auf irgendeiner Achse führte ihn in ganz Europa herum. Das monatliche Gehalt von ungefähr 2500 Franken zwang ihn zu äusserster Sparsamkeit. Für den Transport des Rennwagens diente ein alter Opel Olympia Kombi in Rot mit Anhänger oder manchmal ein Möbeltransport-LKW. Geschlafen wurde, wenn überhaupt, entweder im Auto oder in der Koje des Lastwagens. Ungefähr nach dem Motto: Harte Unterlage – gesunder Schlaf. Zwischendurch leistete man sich Übernachtungen im Rahmen von Bed and Breakfast. Diese privaten Möglichkeiten führten öfters zu lustigen Begebenheiten.

Marc Surer im Originalton: «Nicht selten kam es zu richtigen Härtetests. Beispielsweise fuhr ich nach einem Rennen von Norddeutschland aus die ganze Nacht durch, um am Morgen nahtlos und rechtzeitig in Muttenz die Arbeit aufzunehmen. Ein Wahnsinn.» Das Fazit aus dieser Anfangszeit: Marc Surer vollbrachte aus einem Minimum an Ressourcen ein Maximum an Bestleistungen.

> **«Ich arbeite absolut gratis und will dafür die Zusicherung, dass ich ein paar Rennen fahren kann.»**

DIE NOTLÜGE UND DER GROSSE SCHOCK DER TANTE

Das längst nicht ausgeschöpfte Potenzial des helvetischen Nachwuchspiloten blieb nicht unerkannt. Als ein deutscher Rennstall einen zweiten Fahrer für die Formel 3 suchte, wurde auch Marc Surer zu einem ernsthaften Thema. Dieser hatte nämlich die Ausscheidung zwischen den zehn valablen Kandidaten eindeutig für sich entschieden. Schon wurde ihm allseitig gratuliert. Leider konnte er sich nur mit Lobeshymnen rein gar nichts kaufen. Kurz, der Vertrag kam nicht zustande, weil Marc Surer die geforderte Mitgift von 50 000 DM nicht aus dem Hut zaubern konnte. Schnell hiess es: «Es tut uns leid und tschüss.»

Wieder zu Hause vertiefte sich der Enttäuschte, jedoch keineswegs Geknickte, ins Magazin «Motorsport aktuell». Dabei entdeckte er ein Inserat, bezeichnenderweise des gleichen Rennstalls, welcher ihn soeben infolge fehlender Mitgift verabschiedet hatte. Ein Rennmechaniker wurde gesucht. Marc erkundigte sich postwendend telefonisch über die Höhe des Salärs. Die Antwort: 35 000 DM als Jahresgehalt.

Der innovative Marc scheute sich nicht und machte dem Unternehmen folgenden, nicht alltäglichen Vorschlag: «Ich arbeite absolut gratis und will dafür die Zusicherung, dass ich ein paar Rennen fahren kann.» Der Deal kam zum Tragen. Nun hatte Marc einen interessanten Vertrag in der Tasche, musste dadurch seine bisherige Arbeitsstelle aufgegeben und hatte die Gewissheit, dass er schon bald an Bargeldmangel leiden werde. Doch irgendwie musste er seinen Lebensunterhalt bestreiten, und so kam er auf die glorreiche Idee, bei seiner Tante Marlies vorstellig zu werden. Natürlich konnte er nicht mit offenen Karten spielen und deshalb ersuchte er die Tante, ihm für den Kauf eines Campingbusses bei der Bank für den notwendigen Kredit zu bürgen. Schliesslich könne er dank dieser Anschaffung an den Rennen beträchtliche Aufenthaltskosten einsparen. Diese Begründung tönte so einleuchtend, dass die gute Tante in das Geschäft einwilligte. Was Marc der Tante nicht offenbarte, war die Tatsache, dass er den Campingbus als sein ständiges Zuhause nützen würde.

Das Geld des Kredites brauchte der «Tanten-Schwindler» auch zum Leben. Dumm nur, dass er es mit der Begleichung der Kredit-Raten nicht so genau nehmen konnte. Prompt bekam Tante Marlies von der Bank dicke Post. Ihr wurde eingeschrieben und

▲ Hochzeit mit Silvia Renée Arias in Argentinien.

schonungslos mitgeteilt, dass infolge des Ausbleibens der vertraglichen Rückzahlungen ihre Aktien blockiert wurden. Ein Riesenschock. Marc brachte die unangenehme finanzielle Schieflage wieder ins Lot, indem er der Tante den Schwindel gestand. Schliesslich konnte er zwischenzeitlich einen erfreulichen Erfolgsausweis vorlegen. Er belegte nicht nur den zweiten Platz in der Deutschen Meisterschaft, sondern wurde gleichzeitig zum besten Nachwuchsfahrer Deutschlands erkoren. Eine wertvolle Auszeichnung mit vielversprechenden Optionen und Aufstiegsmöglichkeiten.

Tatsächlich wurde der Einstieg als Profi-Rennfahrer Realität. BMW plante den Einsatz eines Juniorenteams in der Deutschen Tourenwagen-Meisterschaft und Marc Surer hatte dank seiner glänzenden Erfolge ihr Interesse mehr als geweckt.

Marc Surer zu diesem wichtigen Karriereschritt: «Das war mein hoher Sprung ins Profigeschäft. Ein Grund, um so richtig zu feiern. Dazu lud ich meine Mutter und meine Tante Marlies zu einem edlen Festmahl auf den Fernsehturm in Stuttgart ein. Längst hatte mir die Tante den Schwindel verziehen. Schliesslich hätte ich, ohne ihre gutgläubige Bürgschaft, den steilen Weg in Richtung Traumberuf nie bewältigen können.»

WIE EIN SCHWERVERBRECHER ABGEFÜHRT

Marc Surer wohnte nun in der Nähe von Stuttgart, weil mit Manfred Winkelhock ein Junior-Team-Kollege und Freund auch dort den Wohnsitz hatte. Der Einstieg in den Job bei den Bayrischen Motorenwerken war bestens vollzogen, Marc fühlte sich rundum wohl und sah einer erfolgreichen Zukunft positiv entgegen.

Genau in diesem Zeitraum lag ein drückender Schatten über Deutschland und sogar über der ganzen Welt. Grund dafür war die Entführung und Ermordung des populären deutschen Arbeitgeberpräsidenten Hans Martin Schleyer. Das Volk war aufgewühlt und voller Hoffnung, dass die Verbrecher schnell gefasst und ihrer Strafe zugeführt werden könnten. Übereifer führte dazu, dass der unbescholtene Marc Surer plötzlich in eine äusserst missliche Lage geraten war. Die unglaubliche Geschichte. Von seinem bei BMW erstverdienten Geld wollte sich Marc eine Sonnenbrille kaufen. Angebote dafür gab es schliesslich an jeder Ecke. Als er ein schönes Modell ausgewählt hatte, zückte er zur Bezahlung und nichts ahnend einen 1000-DM-Schein. Dabei wurde er von einer Drittperson beobachtet, welche unverzüglich die Polizei alarmierte, denn die grosse Note in den Händen des jungen Mannes schien äusserst verdächtig, weil das Lösegeld an die Entführer ausschliesslich in 1000-DM-Scheinen übergeben worden war. Marc wollte, ohne jeden unguten Gedanken, einen weiteren Einkauf tätigen. Plötzlich spürte er eine Pistole im Rücken und hörte eine Stimme, welche sagte: Bitte kommen Sie mit.

Marc wurde wie ein Schwerverbrecher abgeführt und während gut fünf Stunden in einem Vernehmungsraum der Polizei verhört. Immer wieder forderte man von ihm ein Geständnis, dass er an der Entführung des Politikers beteiligt gewesen sei. Und immer wieder beteuerte Marc seine Unschuld und erklärte die wahrheitsgetreue Herkunft der grossen Banknote. Irgendwann zwischen Tag und Traum sahen die hartnäckigen Vernehmungsspezialisten ein, dass sie einen Unschuldigen in ihren Krallen hatten. Mit folgenden Worten wurde der verzweifelte Marc endlich entlassen: Sie können gehen, halten Sie sich zur Verfügung.

Marc Surer zu diesem unglaublichen Affront: «Sehr schlimm war, dass ich kein einziges Wort der Entschuldigung zu hören bekam. Einfach nichts. Für mich war es eine brutale Erfahrung. Mir wurde so richtig vor Augen geführt, was es heisst, komplett hilflos ausgeliefert zu sein.»

Haderten Sie danach noch lange mit Ihrem Schicksal?
«Eine gewisse Zeit schon. Schliesslich hatte mich die Ohnmacht, in Form der selbstherrlichen Beamten, voll im Griff. Seither musste ich längst erfahren, dass sich nicht alles berechnen lässt – auch das Leben nicht.»

SECHS FRAGEN ZUM SCHLUSS

Fuhr die Angst in den Formel-1-Rennen jeweils mit?
«Im Rennen, egal in welcher Kategorie, hat man keine Angst, höchstens einen angemessenen Respekt.»

Haben Sie aus Ihrer Karriere das Optimum herausgeholt?
«Zweifellos haben mich die verschiedenen Unfälle in der Karriere zurückgeworfen. Zum Beispiel habe ich zwei Mal beide Füsse gebrochen. Schmerzen begleiteten mich auf meinem Weg. Solche Einschränkungen gehen nicht spurlos vorbei. Irgendwann leidet die letzte Bereitschaft darunter. Wenn ich mein Rennfahrer-Leben rückwirkend beurteile, die erlebten Unfälle genauer analysiere, weiss ich, dass ich unheimlich viel Glück hatte. Kollegen, welche ähnliche Unfälle hatten, sind nicht mehr unter uns. Ein weiterer einschränkender Grund war bestimmt der Umstand, dass ich wegen fehlender Unterstützung meines Vaters viel zu spät ins Rennfahrermetier eingestiegen bin.»

Welchen grossen Wunsch haben Sie sich schon erfüllt?

«Als Knabe wollte ich Cowboy werden. Gut, das klappte nicht ganz. Als ich jedoch mein erstes Geld verdiente, kaufte ich mir ein Pferd und erfüllte mir damit einen grossen Wunsch. Seither begleiten mich auf meinem Lebensweg immer Vierbeiner. Ich lernte sogar, die Pferde selbst zu beschlagen, erlangte im Jahre 1987 die Springreiter-Lizenz und startete an verschiedenen Turnieren. Seit einiger Zeit liegt meine grosse Erfüllung allerdings primär im Ausreiten.»

Welcher Traum ging bereits in Erfüllung?

«Ich habe mein Leben lang von einer Pferderanch geträumt. Diesen Traum konnte ich mir, wenn auch in einer kleineren Form, wunderbar erfüllen. Mein Herz schlägt jedes Mal höher, wenn ich am Morgen vom Wiehern meiner Pferde auf sehr angenehme Art geweckt werde.»

Gibt es Highlights ausserhalb der Pferdewelt?

«Grundsätzlich kann ich heute alles machen, was mir Spass macht. Das ist wahrlich ein grosses Privileg. Eine ganz spezielle Freude macht es mir, wenn ich für BMW Classic bei diversen Veranstaltungen historische Rennwagen aus der Sammlung BMW Motorsport fahren darf.»

Verraten Sie uns zum Schluss noch Ihre Vision?

«Alle meine Träume haben sich erfüllt und inzwischen habe ich auch die richtige Frau gefunden.» Lachend fügt er hinzu: «Da bleibt nur noch ein Wunsch übrig: Eine Mondlandung.»

▼ Das neue Leben mit nur noch einem PS: Marc auf Cartucho.

ANDY TSCHÜMPERLIN

DAS UNERWARTETE AUS
DOCH DAS LEBEN GEHT WEITER

Die männlichen Vorfahren von Andy Tschümperlin gehörten seit Generationen der «hölzernen» Gilde an. Im Klartext, sie verdienten ihr Geld als Schreiner.

Aufgewachsen ist Andy Tschümperlin in der Urschweiz, ganz genau an der Käskuchengasse in Schwyz, direkt neben der Pfarrkirche. Die Nähe zum gewaltigen Barockbau brachte es automatisch mit sich, dass ihn die kirchlichen Traditionen während der Kinder- und Jugendzeit eng begleiteten. Er war als Ministrant in Amt und Würde und voll präsent, wenn beispielsweise das Lied «Maria, breit den Mantel aus» gesungen wurde.

Später demonstrierte er jedes Jahr, dass er als Samichlaus mit vielen Talenten ausgestattet war. Zum Mann mit dem langen weissen Bart macht er eine nicht alltägliche Aussage:

Der Samichlaus ist der sozialste Sozialdemokrat, welchen es überhaupt gibt. Warum? Weil er seinen Reichtum immer den Armen verteilt.

Andy Tschümperlin wurde nicht Schreiner und brach damit aus der Familiendynastie aus. Er liess sich zum Primar- und Reallehrer ausbilden und arbeitete sogar als Schulleiter einer Integrationsschule für fremdsprachliche Jugendliche in Zug. Grundsätzlich hätte der vierfache Familienvater beruflich ausgesorgt gehabt und sah den besten Perspektiven entgegen, um bis zu seiner Pensionierung krisensicher und fixbesoldet durch ein angenehmes Leben zu gehen.

Doch einen so lockeren und beschwingten Weg wollte der zielorientierte Pädagoge nicht einschlagen. Da gab es in ihm noch eine andere Leidenschaft: Die Politik. In den Jahren 1996 bis 2007 sass er für die Sozialdemokraten im Schwyzer Kantonsrat. Und als es im Nationalrat die verstorbene Josy Gyr zu ersetzen gab, nahm er diese Chance wahr und zog nach Bundesbern. Die Wiederwahl im Jahre 2007 schaffte er mit 9501 Stimmen problemlos. So weit – so gut.

ICH BIN ANDY TSCHÜMPERLIN

▸ Geboren am 11. März 1962 in Zug
▸ Verheiratet mit Cornelia Tschümperlin-Gamma
▸ Vater von Raphaela (1989), Jonas (1991), Samuel (1994) und Angelina (1997)
▸ Meine Hobbys sind Skifahren, Wandern, Musik machen (Hardrock-Band), Handwerken und mit dem Mountainbike unterwegs sein.

DER ABSTURZ INS TAL DER TRÄNEN

Einmal im politischen Lift nach oben, gab es kein Anhalten mehr. Andy Tschümperlin war Mitglied der Staatspolitischen Kommission, der Geschäftsprüfungskommission und ab dem 30. September 2008 Vizepräsident der SP-Fraktion. Als er auf den Beginn der Frühlingssession 2012 zum Fraktionspräsidenten der SP aufstieg, wurde seine Popularität x-fach multipliziert. Fernsehauftritte, Interviews in allen möglichen Radiosendungen und Präsenz in den Printmedien gehörten praktisch zu seinem Alltag. Die Politik nahm ihn mit Haut und Haaren gefangen und er entschied sich, Berufspolitiker zu werden und seine sicheren Pfründe als Lehrperson zu verlassen.

Familienorganisatorische Hürden waren plötzlich auch noch zu meistern. Bis zu diesem Zeitpunkt arbeitete er nämlich mit einem Vollpensum und seine Frau als Heilpädagogin. Als Lehrpersonen kam ihnen jedoch die variable Arbeitsgestaltung sehr entgegen. Damit war sichergestellt, dass über Mittag immer jemand zu Hause war und die vier Kinder, welche im Alter zwischen 10 und 18 Jahren waren, betreute. Was nun? Die Lösung: Marco Helbling, ein Mann, welcher wegen einer schweren Erkrankung seinen Job als Koch verloren hatte und sogar eine IV-Rente zugesprochen bekam, wurde zum Sechser im Lotto. Der damals 32-Jährige erzählte gerne über seine neue Herausforderung:

«Schnell wurde ich zu einem Teil der Familie. Neben dem Kochen von guter Hausmannskost führte ich beispielsweise die Tochter zum Zahnarzt, holte den älteren Sohn vom Ausgang ab und hörte mir die Probleme der Kinder an. Sogar Noten durfte ich unterschreiben.» Weiter sagte die neumodische Gouvernante: «Ich war am Boden und die Tschümperlins haben mich wieder eingegliedert – in die Gesellschaft und in die Arbeitswelt.»

Brüsker Themenwechsel. «Wer ist eigentlich Tschümperlin?» Diese Frage wurde zu einem aktuellen Aufhänger in der Pressewelt. Zuerst erforschte man, was eigentlich der Name «Tschümperlin» bedeutet. Dabei einigten sich die Journalisten letztendlich, nach Konsultation verschiedener alter Bücher, auf folgende Definition: Liebenswürdiger, armer Tschumpel.

▽ Auf dem Weg zur Vereidigung nach Bern, begleitet von Ehefrau Cornelia.

▲ Als Fraktionspräsident der SP im Gespräch mit Simonetta Sommaruga.

Doch die Presse wusste immer noch nicht, wie sie mit dem Mann aus der Innerschweiz umgehen sollte. Andy Tschümperlin wurde als «Coach» bezeichnet, weil er seine Genossinnen und Genossen mehr betreue als führe. Andere wiederum nannten ihn «Softie», wegen seines Sanftmutes. Irgendwann wurde der Punkt erreicht, dass man die Fragerei nach der Herkunft und das Kritisieren einstellte. Längst hatten die Schreiberlinge erfahren und erlebt, dass der neue Fraktionschef, wenn es die Situation erforderte, provozieren, austeilen und tüchtig einstecken konnte. Er war definitiv in Bundesbern angekommen.

Wie kann sich Andy Tschümperlin diesen rasanten Aufstieg erklären?
«Die Verwurzelung meiner Familie in Schwyz ist vermutlich das Erfolgsrezept, dass ich als Sozialdemokrat in diesem konservativen Kanton überhaupt in den Nationalrat gewählt wurde.»

Und Ihre Familie war bestimmt riesig stolz darauf, plötzlich
einen so bekannten Politiker in den eigenen Reihen zu haben?
«Nicht wirklich. Meine Mutter ist im Dorf als ‹Strubel› allgemein bekannt, und den Vater nennt man wegen seiner weissen Locken ‹Barockengel›. Er führt an der Herrengasse einen Trödlerladen. Geöffnet ist dieser, wenn mein 82-jähriger Vater Lust und Laune hat. Er hatte Mühe, und er hatte Angst, dass meine politische Tätigkeit einen schlechten Einfluss auf das Geschäft haben könnte. Nicht zu Unrecht, es gab tatsächlich Leute, die nicht mehr zu uns kamen.»

Andy Tschümperlin musste auch in seiner engsten Heimat viel einstecken. So stand in einer Zeitung: «Andy Tschümperlin wurde in dieser Gegend als Sozialdemokrat in den Nationalrat gewählt – ein Unfall der Geschichte?»
Er erhielt verschiedentlich Morddrohungen – anonym natürlich. Und der «Bote der Urschweiz» warnte in einem Inserat vor dem «Wolf im Schafspelz» – das Inserat wurde auch anonym aufgeschaltet.

Schlussfrage: War in dieser Zeit Andy Tschümperlin vielleicht doch ein wenig ein «liebenswürdiger, armer Tschumpel»? Es war in der Tat ein kühler Sonntag, dieser 18. Oktober 2015. Andy Tschümperlin sass mit seiner Frau und seinen Kindern beim Mittagessen. So ganz ruhig konnte er allerdings das vorgesetzte Menu nicht geniessen, schliesslich war Wahltag. Viele sagen: Wahltag ist Zahltag. Freunde von ihm waren voller Überzeugung, dass die Nationalratswahlen für ihn zu einem guten Zahltag werden würden. Die Wiederwahl schien eine Formsache. Andy Tschümperlin teilte diese Ansicht nicht ganz: «Das ist der Kanton Schwyz. Da weiss man nie.»

«Das ist der Kanton Schwyz. Da weiss man nie.»

Innerlich glaubte er nicht an ein Scheitern. Schliesslich stand er der zweitgrössten Partei des Landes als Fraktionschef vor und ... ihm wurde eine rundum gute Leistung attestiert.

Dann kamen die Resultate aus den ersten ausgezählten Gemeinden. Andy Tschümperlin ahnte bald, dass sein bisheriges Leben durch ein richtig heftiges Erdbeben erschüttert werden könnte. Er konnte zwar seinen Wählerkreis halten und teilweise gar ausbauen, doch andere Kombinationsmodelle liessen seine Stirne in tiefe Falten legen. Das Unheil nahm seinen Lauf und wurde zur bitteren Gewissheit: Das SP-Debakel riss Andy Tschümperlin ins Tal der Tränen.

Die Abwahl als Berufspolitiker war ein herber Schlag für ihn. Als er wusste, dass er eine Wiederwahl verpassen würde, ging er ins Wahlzentrum nach Schwyz. Er wollte die Sache am gleichen Tag noch abschliessen. Bereits warteten eine ganze Anzahl Journalisten auf sein Statement. Er versteckte sich nicht und machte aus seinem Herzen auch keine Mördergrube. Ihm war klar, dass die lokale Presse eine grosse Verantwortung an seinem Scheitern trug. Sie übte zu oft harte Kritik an seiner Person, er erhielt im Vergleich zu seinen Mitkonkurrenten eine viel zu kleine Plattform und eine Alternative zu dieser Zeitung gab es für ihn nicht. Traurig, ungerecht, aber nicht mehr zu ändern.

Das Leben danach mit vielen Fragezeichen und keinerlei Antworten. Wie aus heiterem Himmel stand er vor einem Nichts und das zum ersten Mal in seinem Leben. Bildlich gesehen, war der unaufhaltsame Lift nach oben – abgestürzt. «Mir war sofort klar, dass ich professionelle Hilfe in Anspruch nehmen wollte. Ich besuchte ein Führungscoaching und liess mich quasi durchleuchten. Zum Glück hatte ich in dieser Zeit meine Familie.»

Andy Tschümperlin half während einiger Wochen seinem Vater im Geschäft, schlief wieder mehr und ging für einen mehrwöchigen Sprachaufenthalt nach Frankreich. Dadurch war es ihm möglich, das Tal der Tränen langsam wieder zu verlassen und neue Horizonte zu öffnen. Finanziell konnte er sich diesen Weg leisten, da seine Frau arbeitstätig ist und er etwas Geld aus der Überbrückungshilfe für abgewählte Parlamentarier erhalten hatte. Das jähe Ende seiner politischen Karriere führte schweizweit zu Fragen. Hier finden sie auszugsweise einige seiner Antworten.

Wie haben Sie reagiert, als Ihre Nichtwahl Tatsache wurde?
«Ich blieb gefasst, was auch mein Umfeld bestätigte. Am nächsten Morgen dachte ich im ersten Moment, was für ein merkwürdiger Traum das gewesen ist. Doch es war Wirklichkeit. Ich konnte schlafen, nicht so gut, aber es ging. Die Abwahl hat mich nicht völlig aus den Socken gehauen. Eigentlich realisiere ich die Tragweite erst schrittweise, seit ich mich damit befassen muss.»

Und was nun?

«Genau. Und jetzt, was mache ich? Ich stehe das erste Mal in meinem Leben vor einer solchen Situation. Mit 21 Jahren startete ich ins Berufsleben und ab diesem Zeitpunkt ging es vorwärts, und ich wurde stets gefordert und immer noch mehr gefordert. Und jetzt, mit 53 Jahren, bin ich zum ersten Mal an einem Punkt, an dem es abrupt stoppt. Trotzdem möchte ich betonen, dass ich nicht an einem Nullpunkt angelangt bin. Ich komme aus einer Unternehmerfamilie, mein Vater besitzt einige Immobilien und meine Frau ist berufstätig. Es gibt für mich bestimmt einiges zu tun und finanziell habe ich keine Angst vor der Zukunft. Aber ich muss mich völlig neu orientieren.»

Eigentlich könnten Ihre Familie und Ihre Geschwister freudig aufatmen?

«Tatsächlich mussten sie mich oft in Schutz nehmen. Einzelne verzichteten sogar darauf, auszugehen, weil sie die Sticheleien nicht ertrugen. Inzwischen hatten wir uns daran gewöhnt. Die Leute haben sich nicht mehr so getraut, nachdem ich mich in Bern hatte durchsetzen und das Fraktionspräsidium übernehmen können. Das wurde zur Kenntnis genommen, ohne es je einmal zu loben. Seit ich die Wiederwahl nicht geschafft habe, hat das Bösartige wieder zugenommen. Beispielsweise ging ich kürzlich durchs Einkaufszentrum. Da hat mich einer angebrüllt: ‹Das geschieht Ihnen recht. Das haben Sie nun davon.› Und böse Salven folgten. Ich fragte ihn höflich, ob er noch ein Fünklein Anstand habe. Da bekam er einen hochroten Kopf und begann sogar noch mehr zu wettern.»

Parteikollegen bezeichnen Sie als lieb und nett. Wie kommt es, dass Ihnen gewisse Leute so aggressiv begegnen?

«Ich bin sicher ein Teamplayer und ein guter Kumpel. Dass mich Kollegen so einschätzen, liegt aber auch an meinem Körperbau. Ich bin klein, untersetzt und etwas zu schwer. Aber ich wäre mit Sicherheit nicht Nationalrat geworden, wenn ich nicht auch grosse Stärken hätte. Was ich nicht ertrage, sind soziale Ungerechtigkeiten. Da stehe ich mit meiner ganzen Persönlichkeit ein, provoziere manchmal und schaffe mir dadurch nicht wirklich Freunde.»

Im Mai 2016 begann für Andy Tschümperlin das neue Leben. Die Konferenz der Kantonalen Justiz- und Polizeidirektoren unterzeichnete mit dem SAH Zentralschweiz, einem sozialen Unternehmen, eine Leistungsvereinbarung, den Lehrplan «Basisbildung im Strafvollzug» schweizweit umzusetzen. Der verantwortungsvolle Posten als Leiter Bildung im Strafvollzug wurde Andy Tschümperlin anvertraut. Mehr als 40 Lehrpersonen unterrichten die Häftlinge im Alter von 18 bis 71 Jahren. Andy Tschümperlin stellte die Pädagogen ein, begleitete sie und setzte Leitplanken. Einwände, dass der Unterricht den Haftalltag zu wenig abschreckend machen könnte, liess er nie gelten.

Schon Victor Hugo, der grosse französische Schriftsteller sagte: «Baut eine Schule, dann kann man ein Gefängnis schliessen.» Bildung sorgt unter anderem dafür, dass die Insassen weniger rückfällig werden, wenn sie wieder frei sind.

Im August 2017 konnte man folgenden News-Text lesen: Andy Tschümperlin wird neuer Zuger Abteilungsleiter Asyl. Bisher hat er im Kanton Luzern Gefangenen eine Basisbildung vermittelt.

Die Übernahme von solch grossen Herausforderungen beweist, dass der Mann seinen Schock definitiv überwunden hat und munter in die Zukunft blickt. Seine Visionen, Ziele und Träume werden wir verfolgen und mit Freude allen Leserinnen und Lesern kundtun. Aus dem «liebenswürdigen, armen Tschumpel» wurde nämlich längst wieder eine «liebenswürdige, zielorientierte und hilfsbereite Spitzenkraft».

DER SOHN EINES UNTERNEHMERS MIT POTENZIAL ZUM RISIKO

Dass ein eigener Herr und Meister zu sein, auch mit einer ordentlichen Portion Risiko eng verbunden ist, bekam Andy bereits im frühen Kindesalter mit auf den Weg. Vater Franz, von Beruf Innenarchitekt, zeigte ihm nachhaltig auf, dass das Führen einer Schreinerei mit Verkaufslokalen und einer Innendekorations-Boutique fachliches Können, Energie, Cleverness und Sozialkompetenz voraussetzt. Erfolg muss man sich verdienen, geschenkt wird kaum etwas. Mutter Annemarie hat einen Abschluss als Kauffrau im Bildungsrucksack und ist mit allen Tugenden ausgerüstet, um als Geschäftsfrau Wind, Wetter und allerlei Stürmen zu trotzen.

Es sei jedenfalls schon an dieser Stelle erwähnt und dick unterstrichen, dass die Kinder Christian (1961), Andy (1962), Philipp (1963), Matthias (1965) und Rebecca (1968) eine harmonische Kinder- und Jugendzeit in einem gehobenen Mittelstand durchleben durften. Sie wurden bestens umsorgt, nach den katholischen Gepflogenheiten erzogen und manchmal, wenn es nicht anders ging, auch hart angefasst. Hie und da kam es vor, dass die Mutter dem Vater den klaren Impuls gab, die Holzleiste

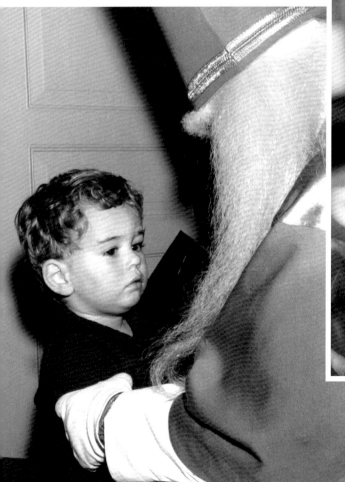

▲ Früh schon mit klarem Weitblick.

◀ Ehrfurchtsvoll vor dem Sankt Nikolaus.

hinter der Bank hervorzuholen und den fehlbaren Buben abzuklopfen. Gross beeindrucken tat das allerdings die Tschümperli-Brothers nicht und bald schon sahen die Eltern ein, dass diese Strafmethode wenig erfolgreich war. Es war in der Tat so, dass die Hiebe den Vater mehr schmerzten, als seine Söhne.

Eine ähnliche Entwicklung nahm auch das obligate Gebet vor dem Essen. Gesungen wurde nämlich das Lied «Für Spis und Trank ...». Im leicht gehobenen Alter erlaubten sich die vier Jungs die Melodie dreistimmig und ordentlich falsch zu interpretieren, was die religiöse Mutter zur Weissglut brachte. Sofort muss aber angefügt werden, dass die Kirche in der Familie eine grosse und wichtige Rolle gespielt hat. Die Begegnungen in der katholischen Kirche waren mit einem positiven Menschenbild verbunden und versprühten Sicherheit, Ehrfurcht und den Glauben an das Gute.

Eine wertvolle Oase bildete der gemeinsame Familientisch auch ohne Gesang. Jederzeit konnte im Familienbund über alles gesprochen werden. Anbahnende Konflikte wurden nie verdrängt, sondern solange diskutiert, bis ein gemeinsamer Nenner gefunden wurde. In diesem Zusammenhang zeigte sich immer wieder, dass sich die Mutter als ganz starke Persönlichkeit mit einer ansteckenden Überzeugungskraft entpuppte. Als tüchtige Geschäftsfrau lebte sie Ansprüche wie Freundlichkeit, Ehrlichkeit, Gerechtigkeit und fleissig sein, jederzeit vor. Ohne das geringste Lamento übernahmen die Kinder diese Vorgaben.

Schon sehr früh baute sich Andy Tschümperlin eine ganz spezielle Beziehung zum Gevatter Tod auf.

Schon sehr früh baute sich Andy Tschümperlin eine ganz spezielle Beziehung zum Gevatter Tod auf. Dafür gab es verschiedene Gründe.

Für den Vater gehörte der Umgang mit dem Tod und mit trauernden Angehörigen zum täglichen Brot. Als Besitzer einer Schreinerei war das Einsargen ein gängiger Geschäftszweig, welcher aber mit viel Gefühl zelebriert werden musste. Selbstverständlich sahen seine Kinder in diesem Tun keinerlei Bedrohung. Warum auch? So war es für sie unproblematisch, wenn sie an regnerischen Sonntagen das Sarglager als Spielplatz auswählten. Angst und Schrecken durchfuhren jeweils die mitspielenden Nachbarskinder, wenn sich der Mättel, der Bruder von Andy, ein Totenhemd überstreifte und eine richtige Show abzog.

Der Tod als Lebensbestandteil kam dem Burschen Andy sehr zustatten, als es darum ging, die beiden Grossmütter vom irdischen Dasein zu verabschieden.

Das Verhältnis zur Grossmutter mütterlicherseits war anfänglich örtlich etwas distanziert, weil sie in Schwyz eine eigene Wohnung belegte. Doch ihre Gesundheit schwächelte immer mehr, sie wurde krank und das war ein Grund, für sie im geräumigen Hause der Familie Tschümperlin eine kleine Wohnung einzurichten. Hier wurde sie liebevoll versorgt und betreut. Irgendwann in dieser Zeit mussten die Eltern geschäftlich in den hohen Norden verreisen, um Möbel und andere Handelswaren einzukaufen. Diesen Moment wählte die betagte Frau, um loszulassen und sich von dieser Welt zu verabschieden. Andy war derjenige, welcher die Grossmutter in den Tod begleitet hatte.

Ein ganz anderes Verhältnis bestand zu der Grossmutter väterlicherseits. Da sie zugleich das Gotti des erstgeborenen Christian war, sagten alle Kinder zu ihr «Gotti». Sie wohnte konstant im Hause der Familie und war bei Abwesenheiten der Eltern für die Kinder die Anlaufstelle Nummer 1. Sie lernte die vier Buben und das Mädchen stricken und jassen und wenn eines der Kinder krank war, wurde sie zur Pflegerin und wirkte mit ihrem Seelenbalsam oftmals Wunder. Auch sie durfte bis zum letzten Atemzug im Kreise der Familie glücklich und zufrieden sein.

Andy Tschümperlin heute zum oftmals gemiedenen Thema Tod: «Alle diese Ereignisse prägten mich so stark, weil ich den Umgang mit dem Tod, mit älteren Leuten und überhaupt mit den Mitmenschen von Grund auf lernen durfte und entsprechende Verhaltensweisen in mir aufbauen konnte. Eine wertvolle Lehrzeit, welche mir für das ganze Leben dienlich ist.»

Tatsächlich musste Andy bei zwei Vorkommnissen dem Tod in die Augen schauen. Es war an einem wettermässig optimalen Skitag, als der draufgängerische Bursche seine Latten hoch oben im Gebirge anschnallte. Nicht etwa, um elegante Skikunst zu demonstrieren, sondern um den Wahn des Tempos so richtig auszuloten. Nicht zum ersten Mal startete er auf der Holzegg, um sich in Richtung Huserenberg zu stürzen. Ohne Rücksicht auf Verlust. Bisher hatte er die waghalsigen Abfahrten jeweils mit Glück und Können und ohne Zwischenfälle überstanden. Doch an diesem Tag kam es ganz anders. Er verlor die Kontrolle über seine Ski, nahm noch einen strammen Pfosten mit, wurde wüst durch die Lüfte gewirbelt und befand sich in Gedanken bereits im Nirwana. Unglaublich, Andy kam wie durch ein Wunder mit leichten Blessuren und mit einem massiven Schock davon. Den Kontakt mit einer argen Todesangst will der Ski-Raser auch heute nicht in Abrede stellen.

Andy war mit Kollegen im schönen Portugal in den Ferien. Baden im tiefblauen Meer war Faszination pur. Einer seiner Kumpels überschätzte sich punkto schwimmerische Fähigkeiten komplett. Zudem unterschätzte dieser den Einfluss der Strömung und prompt kam er in Seenot. Andy bemerkte das Malheur, zögerte nicht und machte sich zusammen mit einem Kollegen auf, um den Fahrlässigen zu retten. Der Notleidende wurde immer weiter ins Meer getrieben und den beiden Rettern drohte ernsthaft die eigene Hilflosigkeit. Dem lieben Gott sei Dank, dass er in dieser kritischen Phase einen Wildfremden mit einer Luftmatratze vorbei schickte. Die drei übel gefährdeten jungen Männer stiegen auf das höchst willkommene Plastikboot und konnten sich etwas erholen. Gerettet waren sie dadurch längst noch nicht.

> **«Wenn ich keine Familie hätte, würde ich sofort loslegen.»**

Einer musste sich opfern, um Hilfe zu holen. Da kam es Andy sehr zugute, dass ihn sein Vater in allen Familienferien zu einem guten Schwimmer ausgebildet hatte. Mutig stürzte er sich wieder ins 18 Grad kalte Meer und gab sein Letztes. Der Überlebenswille besiegte seine immer stärker werdende Todesangst. Glücklich konnte er die Seenotretter alarmieren und es kam alles gut.

Viel Mut zum Risiko legte Andy an den Tag, als er sich in den Anfängen des Gleitschirmfliegens mit dem Schirm eines Kollegen durch die Lüfte treiben liess. Wohlverstanden, mit einer improvisierten Ausrüstung und ohne Gedanken daran, was eigentlich hätte passieren können.

Andy Tschümperlin, wie stehen Sie heute zu einem solchen Action-Erlebnis?
«Gleitschirmfliegen könnte mich bestimmt auch jetzt vollumfänglich begeistern. Wenn ich keine Familie hätte, würde ich sofort loslegen.»

DER SOHN EINES UNTERNEHMERS
AUF DEM WEG ZUM PÄDAGOGEN

In Bezug auf Auseinandersetzungen konnte Andy Tschümperlin bereits früh üben. Er teilte nämlich bis zum 14. Altersjahr das Zimmer mit seinem um ein Jahr jüngeren Bruder Philipp. Grosse Differenzen gab es zwischen den beiden eigentlich nie, Sticheleien halt, wie es immer wieder vorkommen kann. Beinahe zum Konflikt kam es jeweils, wenn die Zeugnisse zum familiären Thema wurden. Einerseits hatte der bequeme Andy immer Topnoten und der fleissige, hart arbeitende Philipp eben nicht. Ein Frust. Andererseits wurde diese Ungerechtigkeit noch mit dem väterlichen Zeugnis-Prämien-System befeuert. Die fünf Kinder wurden aufgrund der Noten klassiert. Der Spitzenreiter erhielt 5 Franken und das Schlusslicht, aufgrund der Abstufung, nur noch einen Franken. Und wer wohl etablierte sich konstant an der Spitze? Sie haben es richtig erraten: Der Minimalist Andy.

Andy Tschümperlin heute zu diesem Bonussystem: «Dazu kann ich mich kurz fassen. Damals nahm ich das Geld gerne entgegen, konnte es gut gebrauchen und kümmerte mich nicht um Recht oder Unrecht. Grundsätzlich bin ich aber ein Gegner der schulischen Notengebung. Ein Schulbetrieb ohne Noten würde bestens funktionieren und viele Diskussionen ausschliessen.»

Ohne einen wirklichen Aufwand zu betreiben, brillierte Andy praktisch in allen Schulfächern. Man konnte ihn, ohne rot zu werden, als Multitalent bezeichnen. Durch diese Leichtigkeit des Seins gestützt, war die Schule für ihn

> **«Ein Schulbetrieb ohne Noten würde bestens funktionieren ...»**

eine echte Freude und niemals eine Pflicht. Der Gerechtigkeit halber sei an dieser Stelle leise erwähnt, dass er im Lehrerseminar mit dem Französisch und dem Englisch manchmal ordentlich Mühe hatte. Obwohl die Tschümperlin-Boys lediglich einen kurzen Schulweg zu absolvieren hatten, hielt es sie nicht davon ab, Streiche auszuhecken. Böse Zungen behaupten hartnäckig, dass Andy dabei Ideengeber und der «Mann der ersten Reihe» war. So auch beim Highlight der Streiche-Hitparade.

Das Bundesbriefarchiv lag ganz in der Nähe eines Wäldchens. Ideal, um sich hinter den Bäumen zu verstecken und sich einen guten Überblick über das Geschehen zu verschaffen. Viele Besucher aus nah und fern strömten in das bekannte Archiv, um sich an den historischen Dokumenten und Geschichten zu erfreuen. Das war die Gelegenheit, dass sich die Tschümperlin-Buben starke Gummibänder um die Finger spannten und die Leute mit Agraffen bombardierten. Dieses recht bösartige Treiben wurde vom «Archivtüfel», so wurde der ungeliebte Hauswart genannt, beobachtet. Unverzüglich informierte dieser die Polizei. Die Gesetzeshüter beauftragten einen Fahnder in Zivil auf Ermittlungstour und prompt wurden die Heckenschützen in flagranti erwischt. Logisch, dass eine Einvernahme erfolgte und die Eltern benachrichtigt wurden. Die Mutter fiel aus allen Wolken und verstand die Welt nicht mehr. Niemals hätte sie ihren lieben und guterzogenen Söhnen ein solches Verhalten zugetraut. Die harte Strafe folgte auf dem Fuss: Chilbi-Verbot.

Andy Tschümperlin, war das Verbot tatsächlich eine Strafe?
«Das Kirchweih-Fest oder eben der Chilbi-Markt war für Jung und Alt ein überaus beliebter Anlass. Wir Kinder durften vom Vater, vom Götti und von der Grossmutter

dankbar einen Chilbi-Batzen in Empfang nehmen und das grosse Geld so ausgeben, wie wir es wollten. Zuckerwatte, Magenbrot oder, in meinem Fall, eine Schallplatte. Einzige Auflage der Eltern: Es durften keine waffenähnlichen Utensilien sein. Das Chilbi-Verbot traf uns wirklich sehr hart. Um uns in dieser Zeit auf andere Gedanken zu bringen, hatte die Mutter ein wirksames Rezept parat: Sie wanderte mit uns auf den Mythen. Weitab vom Chilbi-Geschehen.»

Beste Erinnerungen hat Andy noch heute an eine eintägige Schulreise auf die Kleine Scheidegg. Es war für ihn der erste nähere Blickkontakt zu den 4000 Meter hohen Bergmassiven. Die Eigernordwand direkt vor den Augen und etwas weiter entfernt das im goldenen Sonnenschein strahlende Silberhorn. Die ganze Naturschönheit wurde durch spannende Informationen und Geschichten von Lehrer Paul Schnidrig umrahmt. Ein toller Anschauungsunterricht für einen Burschen auf dem Weg zum Lehrer.

Auch musikalisch legte Andy schon früh ein starkes Fundament, um später im Lehrerseminar zu überzeugen. Mit fünf Jahren spielte er Blockflöte, zwei Jahre später wechselte er zur Geige und als 8-Jähriger trat er dem Jugendorchester Schwyz bei. Unter der kompetenten Führung von Melk Ulrich und dank einer ausgezeichneten Musiklehrerin avancierte er schnell zu einem Nachwuchs-Virtuosen. Die Türe zum Eintritt ins Konservatorium stand später weit, weit offen. Doch Andy liess diese Chance ungenützt. Schlicht, weil er nicht gerne übte und viel lieber auf dem Fussballplatz dem runden Leder nachjagte. Die Geige blieb jedoch

Doch Andy liess diese Chance ungenützt.

weiterhin seine Begleiterin. Verschiedene Male stellten ihn die Eltern vor wichtige Entscheidungen. Beispielsweise Fussballclub oder Geigenspielen. Und immer entschied sich Andy zugunsten der Geige. Später im Lehrerseminar trug seine erfolgreiche Diplomarbeit folgenden Titel: Ein Geigenkonzert mit irischer Volksmusik.

Bei der Berufswahl gab es für Andy Tschümperlin zwei mögliche Optionen: Schreiner oder Lehrer. Er entschied sich für das Lehrerseminar in Rickenbach. Dort zeigte er sich immer wieder als gwiefter Taktiker. Weil er weiterhin etwas lernfaul war, fiel er leistungsmässig ab und zu etwas aus dem Takt. Das war aber absolut kein Grund zur Besorgnis. Flux startete er seinen Turbo, erhöhte die Lernbereitschaft und war schnell wieder voll auf Kurs.

In dieser Zeit wohnte er weiterhin in der «Villa Mama» und profitierte von den vielen Vorzügen. Dabei zeigte er sich nicht immer dankbar und pflegeleicht, sondern immer häufiger rebellisch und aufmüpfig. Das ging so weit, dass die Mutter eines Tages die Nase voll hatte und Abklärungen traf, ob es eine Möglichkeit geben würde, um ihren Sohn ins Seminar-Internat abzuschieben. Der Bursche bekam Wind davon, erkannte die Gefahr und zeigte sich wieder von einer angenehmeren Seite.

Zu seiner Ehrenrettung muss man ihm attestieren, dass er in einer schwierigen Klasse steckte. Der Beweis dafür: Keine Lehrperson war bereit, die Verantwortung für die Diplomreise nach Florenz zu tragen. Unter keinen Umständen.

Da schritt einmalmehr Andy zur Tat und organisierte die Begleitung selber. Die 5-tägige Reise mit dem Zug, die Übernachtungen in einer Pension und das Begleitprogramm gingen ohne das geringste Problem über die Bühne und der ganze Aufenthalt wurde zu einem unvergesslichen Erlebnis. Und wer hatte sich wohl als «Löwenbändiger» zur Verfügung gestellt? Franz Tschümperlin, der Vater von Andy.

▲ Andy Tschümperlin hat das
Gleichgewicht nie verloren.

◀ Als Amerika-Jonny im
Theater «Japanesen-Spiel».

DER SOHN EINES UNTERNEHMERS ALS LEHRER
UND ALS STREIKFÜHRER IM MILITÄR

Andy Tschümperlin war 21 Jahre alt, als er in Sattel eine 2. Klasse als Lehrperson übernahm. Das monatliche Gehalt von 3600 Franken war die positive Seite der Medaille. Die Rückseite zeigte einen Newcomer als Lehrer, welcher von einem Tag auf den andern für 13 Schüler die volle Verantwortung tragen musste. Nicht ohne Grund nennt man diesen Sprung ins kalte Wasser: Einen Praxisschock. Viele junge Pädagogen scheitern an dieser hohen Hürde. Nicht Andy Tschümperlin. Dieser legte seine anfängliche Nervosität bald ab, fand die richtigen Worte zu den Kindern und vor allem zu den manchmal unzimperlichen Eltern. Die erste grosse Prüfung liess nicht lange auf sich warten. In seiner Klasse gab es ein Mädchen, welches kein Wort sprach. Alles Zureden nützte nichts und guter Rat war wirklich teuer. Da empfahl Andy den Eltern, ihr Kind zu einem Gesundheitscheck mit Hörberatung anzumelden. Des Rätsels Lösung: Das Mädchen litt an Schwerhörigkeit. Dank den notwendigen Massnahmen entspannte sich die Situation und die ganze Klasse wartete gebannt und gespannt auf den Moment, da ihre Mitschülerin endlich etwas sagen würde. Tatsächlich kam es so weit. Das Mädchen schritt durch das Schulzimmer, direkt vor das Lehrerpult und dann der grosse Moment der ersten lauten, deutlichen Worte: «Tschümperlin, ich muess go seiche.»

Andy Tschümperlin musste auf Schulbeginn seinen Wohnsitz ins Dorf Sattel verlegen. Es herrschte Wohnsitzzwang. Ehrlich gesagt, er fühlte sich so alleine in der Wohnung überhaupt nicht wohl und zufrieden. Da lachte ihm nach einem Jahr das Glück zu. Der Wohnsitzzwang wurde aufgehoben und Andy zügelte unverzüglich zurück nach Schwyz in die «Villa Mama». Dort blieb er glücklich und zufrieden – bis nach seiner Hochzeit.

Garantiert nicht alleine in einem Zimmer musste er in der Rekrutenschule in Andermatt wohnen. Bei der Aushebung in Schwyz brachte er den grossen Wunsch an, in die Sanitätstruppe eingeteilt zu werden. Die Offiziere hatten dafür kein offenes Ohr und teilten ihn den Gebirgsfüsilieren zu. Begründung: «Als Lehrer sind Sie für eine Führungsposition prädestiniert.»

Andy fügte sich in sein Schicksal und erlebte später eine kuriose Geschichte in der Verlegung auf der Älggialp in Sachseln. Sonntagswache. Eine unbeliebte Verlängerung des Armeelebens und Andy war ebenfalls einer der Auserkorenen. Das Wetter, mit den Naturgewalten der Höhenzüge, sorgte für einen Föhnsturm von unglaublicher Heftigkeit. Ganze Bäume wurden entwurzelt. In Anbetracht dieser Situation entschlossen sich die Sonntagswache-Rekruten, den Wachdienst nicht auszuführen und es sich an einem gesicherten Ort gemütlich zu machen. Sie gingen fest davon aus, dass bei diesem orkanhaften Getöse keine Kontrolle erfolgen werde. Doch diese Rechnung ging nicht auf. Plötzlich stand, wie ein Gespenst, ein Vorgesetzter auf der Matte. Dieser zögerte nicht lange und verurteilte den erstbesten Rekruten zu einigen Tagen Arrest. Das war für die anderen Kollegen doch

> **«Als Lehrer sind Sie für eine Führungsposition prädestiniert.»**

des Strengen zu viel. Bei nächster Gelegenheit, das heisst exakt am darauffolgenden Morgen beim Antrittsverlesen, trat die gesamte Kompanie in den Streik. Lückenlos alle setzten sich auf den Boden und sangen, unter musikalischer Leitung von Rekrut Tschümperlin, beharrlich das Lied des Gefangenchores von Nabucco. Und warum wohl hatte diese militärisch verwerfliche Aktion keine Folgen?

Das Ehepaar Tschümperlin mit den Kindern ▲
Angelina, Samuel, Jonas und Raphaela.

▲ Das Ehepaar Tschümperlin-Gamma in der Einsiedelei
«Tschütschi» oberhalb Rickenbach.

Der damalige Kompaniekommandant Gusti Mächler erzählt diese wahre Geschichte noch heute bei jeder passenden Gelegenheiten. Er fand die Idee nämlich ausgesprochen genial und war sich voll bewusst, dass sie nur von einer Person stammte: Von Rekrut Tschümperlin.

Auch nach diesem Vorfall gehörte Andy weiterhin zum engen Kreis der Kandidaten für höhere militärische Aufgaben. Doch diesem war in der Zwischenzeit die Lust an der Armee abhandengekommen. So war für ihn klar, dass er alles daran setzen würde, um Soldat zu bleiben. Er griff in die Trickkiste. Überall tat er kund, dass er als Musiker grosse Ziele habe, ins Konservatorium eintreten werde und für zusätzliche Militärtage keine Ressourcen frei seien. Diese ausgedachten Vorsätze musste er natürlich mit Taten untermauern. So rückte er mit der Geige ein, suchte sich in der freien Zeit einen Raum und übte und übte und übte. Die Vorgesetzten waren darüber derart beeindruckt, dass Andy ... vorerst tatsächlich Soldat bleiben durfte.

Bereits im zweiten Wiederholungskurs sorgte Soldat Tschümperlin für helle Aufregung in der militärischen Führungsetage. Er rückte nämlich mit einem gebrochenen Arm ein. Wenig vorteilhaft für einen Gebirgsfüsilier. Logisch, dass man ihn postwendend nach Hause entlassen wollte. Trotz harschem Befehlston blieb Andy Tschümperlin beharrlich und machte den hohen Herren wortreich klar, dass er für seinen Lehrerjob einen kostspieligen Stellvertreter berappen müsse. Jetzt sei er da und wolle seine dreiwöchige Dienstpflicht hinter sich bringen. Schlussendlich einigte man sich darauf, dass er auf der Oberalp-Passhöhe bleiben könne und das wichtige Amt eines Munitionschefs übernehmen müsse. Diesen Befehl führte er so gut aus, dass er inskünftig in diesem Amte verbleiben konnte und als Anerkennung für gute Dienste in diesem WK sogar zum Gefreiten befördert wurde.

Andy Tschümperlin schloss seine militärische Laufbahn, wie es für ihn eigen ist, mit einem richtigen Knaller ab. Lassen wir ihn selbst erzählen: «Der Dirigent des Regimentsspiels suchte einen Elektrobassisten und klopfte bei mir an. Ich zögerte natürlich nicht, sagte zu und fand mich plötzlich inmitten der Militärmusik wieder. Nicht genug. Exakt in dieser Zeit fanden im Radio Studio Zürich Plattenaufnahmen, zusammen mit Maja Brunner, statt. Ein besonderes Erlebnis für mich. Speziell war, dass ich nicht mit der Geige im Ensemble glänzte, sondern mit dem Triangel, mit Schlaghölzern und mit einem Schällenkranz.»

KLEINE HÜRDEN AUF DEM WEG ZUM POLITIKER

Es ist nicht von der Hand zu weisen, dass es von Vorteil ist, wenn man über verschiedene Facetten des Lebens Erfahrungen sammeln kann. Dieser Gedankengang hatte wohl auch Andy Tschümperlin, als er sich auf den Weg zur Politik machte. Ganz diskret und in aller Kürze verraten wir ein paar Hürdenläufe.

Alkohol. Es war Dorfbächler-Chilbi in Schwyz und auch Andy ging hin. Munter, froh und bei rundum bester Gesundheit. Je später der Abend und vor allem auf dem Weg nach Hause, war dieser optimale Zustand plötzlich verschwunden und eine üble Stimmung machte sich in ihm breit. Die abwechslungsweise Konsumation von Weisswein und Kaffee-Kräuter war des Guten viel zu viel. Eine kurze Nacht mit wenig Schlaf und grausamen Qualen folgte und als der neue Tag erwachte, entschied der kranke Andy, im Bett zu bleiben. Doch noch bevor die Sonne richtig aufging, klopfte es heftig an seine Zimmertüre. Die Mutter kannte kein Pardon und rief mit gut hörbarer Stimme: «Wer festet – kann aufstehen.» Andy Tschümperlin heute: «Seit diesem brutalen Vorfall habe ich nie mehr Kaffee-Kräuter zu mir genommen.»

> «Seit diesem brutalen Vorfall habe ich nie mehr Kaffee-Kräuter zu mir genommen.»

Rauchen. Im Lehrerseminar gehörte das Rauchen zum guten Ton. Nichtraucher verkamen zu Aussenseitern. Da konnte und wollte Andy nicht ausscheren, er pfaffte ebenfalls um die Wette und fand die «Rauchopfer» erst noch lässig. Die Wende zum Fast-Nichtraucher kündigte sich im Jahre 1988 an, als er Vaterfreuden entgegenblicken durfte. Zigaretten und Zündhölzchen wurden in einen Kasten verbannt. Dass ihm dieser Verzicht wahrlich nicht leicht fiel, zeigt die Tatsache, dass er mit sich selbst, immerhin unter Einbezug seiner Ehefrau, einen langfristigen Vertrag abschloss. Der Inhalt: Rauchbewilligung jeweils für die Zeit während der Fasnacht. Obwohl er haargenau weiss, dass dieses temporäre Laster nur negative Seiten hat, hält er an seiner Vereinbarung mit sich selbst bis zum heutigen Tag eisern fest.

Sport. Nach dem Seminar fand Andy Zeit und Musse, um sich sportlich viel intensiver zu betätigen. Beim STV Schwyz zeigte er als Kreisläufer im Handball seine Qualitäten. Auch bei seinem Engagement im Fussballclub Brunnen brauchte er seine

Hände weit mehr als seine Füsse. Seine Mannschaft spielte in der 4. Liga und gewann während der ganzen Saison – kein einziges Wettspiel. Ob dies wohl sehr stark an Torhüter Tschümperlin lag? Zu seiner Ehrenrettung: Später spielte er beim FC Nationalrat sehr erfolgreich mit – als Aussenverteidiger.

Autofahren. Bereits zu Beginn der motorisierten Laufbahn konnte Andy auf schnelle VW-Produkte setzen. So war er oft etwas über dem Limit unterwegs und machte diese Verfehlungen mit dem Begleichen der Bussenrechnungen wieder gut. Doch einmal provozierte er bei einem Überholmanöver eine unschöne und gefährliche Situation. Zu spät bemerkte er nämlich, dass das hinter ihm fahrende Auto ebenfalls überholen wollte. Just in diesem Moment schoss er dieses Fahrzeug in der Art ab, dass dieses von der Strasse flog. Eigentlich hätte Andy auch weiterfahren können, da ihm ja nichts geschehen war. Doch seine Reaktion war eine ganz andere. Er stoppte seinen Wagen, kehrte unverzüglich zur Unfallstelle zurück und liess erst noch die Polizei antraben. Ohne Wenn und Aber legte er ein Schuldgeständnis ab und kam ohne mit der Wimper zu zucken für die Kosten auf. 400 Franken Busse wegen Nichtbeherrschen des Fahrzeuges und rund 6000 Franken für den Schaden des Unfallwagens. Sein Fazit: Ein gutes Gewissen ist ein sanftes Ruhekissen.

> **«Ein gutes Gewissen ist ein sanftes Ruhekissen.»**

Unterlegt mit so vielen Lebenserfahrungen, stieg Andy Tschümperlin in die Politik ein. Verantwortlich dafür war in erster Linie ein genialer Geschichtslehrer namens Kurt Messmer. Als Andy nämlich in Luzern die Ausbildung zum Reallehrer anstrebte, konnte ihn dieser im Fach Geschichte richtiggehend packen. Themen wie Staatsgründung, soziale und politische Aspekte und vieles mehr wurden derart spannend diskutiert, dass Andy in sich das sozialdemokratische Denken entdeckte.

Wieder in Schwyz machte er sich sofort auf die Suche nach Sozialdemokraten und fand prompt einige ältere Gewerkschafter. Diese Herren empfingen ihn mit offenen Armen und waren sehr froh, dass junge Leute die SP zu einem aktiveren Leben erwecken wollten. Andy engagierte sich sofort mit viel Herzblut und erlebte als Mitglied der Jugendkommission nachhaltig, dass man als Politiker auch mit unverständlichen Entscheiden leben muss und Niederlagen oftmals nicht zu umgehen sind.

Im Jahre 1996 wurde Andy mit der ehrenvollen Anfrage konfrontiert, ob er sich für die Kantonsratswahlen auf die Wählerliste setzen lassen würde. Als Vater von damals drei Kindern und einem anspruchsvollen Lehrerjob hatte er wahrlich keine freien Zeitreserven, um in einem solchen Amt mitzuwirken. Schlussendlich wurde er davon überzeugt, dass alleine seine Präsenz auf der Liste sehr wichtig wäre, um Stimmen für die Partei zu generieren. Schliesslich ging es darum, den Sitz der Grünen zu retten. Er sagte unter der Bedingung zu, dass er auf der Wählerliste als Letzter erscheinen werde. Damit lagen die Wahlchancen für ihn nahe bei null.

Der Wahltag war vorbei und in der Familie Tschümperlin herrschte betretenes Schweigen. Andy war tatsächlich in den Kantonsrat gewählt worden. Was nun? Es musste organisiert werden. Damit er den wöchentlichen Sitzungstag für den Kantonsrat frei machen konnte, übernahm die Schwester seiner Frau die familiären Aufgaben und diese ihrerseits die Schulklasse von Andy. Dank familiärer Verbundenheit und guter Organisation war die überraschende Politkarriere so richtig ins Rollen gekommen.

Ging die Kombination Politiker und Lehrer immer stressfrei über die Bühne?

«In der Zeit, als ich im Kantonsrat Fraktionspräsident der Sozialdemokratischen Partei war, kam ich wegen eines Vorfalls in der Schule Steinen wenig positiv in die Medien. Tele Tell konstruierte eine reisserische Geschichte mit der Schlagzeile: ‹Linker Lehrer stellt Schüler auf die Strasse.› Im Bericht sah man den fragwürdigen Schüler in einer Homestory und mit einem Teddy im Arm. Die oberflächliche Berichterstattung warf kein gutes Licht auf mich.

Die wahre Geschichte. In der Klasse gab es einen Burschen mit einem stark rechtsradikalen Gedankengut. Um diesen im Schulbetrieb tolerieren zu können, hatte ich mit ihm klare Verhaltensabmachungen getroffen und auch mit den Eltern Verschiedenes vereinbart. Kurz: Ich kam mit ihm gut über die Runden. Als ich einmal nicht in der Schule war, nützte er die Gunst der Stunde und schleuste einen anderen Rechtsradikalen in den Hauswirtschaftsunterricht ein. Dieser vermittelte seine Parolen derart vehement, dass die Lehrerin noch am nächsten Tag voller Angst und Schrecken war. Ein unhaltbarer Zustand. Da habe ich den wortbrüchigen Kerl am Kragen gepackt und vor die Türe gestellt. Zudem gab ich ihm klar und deutlich zu verstehen, dass ich ihn nie mehr unterrichten würde. Damit nahm ein Riesentheater seinen Anfang. Ich geriet bei den Behörden gewaltig unter Beschuss. Dank dem, dass der Sachverhalt sauber und korrekt dokumentiert war, konnte ich meine Arbeit an der Schule Steinen fortsetzen. Der provokative Schüler musste seine Schulpflicht an einem anderen Standort weiterführen. Übrigens, bis zum heutigen Tag kommt es immer wieder vor, dass ich diesem Mann im Dorf begegne und wir uns distanziert, aber korrekt grüssen.»

DARF ES PERSÖNLICH WERDEN?

Cornelia Gamma war Blauringleiterin in Küssnacht am Rigi und Andy Tschümperlin Jungwachtleiter in Schwyz. Als im Jahre 1980 auf der Rigi ein Leiterkurs stattfand, waren beide mit Begeisterung dabei. Sie nahmen sich wahr – mehr nicht. Gut drei Jahre später wurde in Goldau ein Lehrer-Weiterbildungs-Kurs zum Thema «Lesen durch Schreiben – eine Erstlesemethode» durchgeführt. Beide waren wieder mit Begeisterung dabei, sie nahmen sich wieder wahr und diesmal sprang der Funke richtig über. Eine Beziehung begann zu wachsen. Da Andy mit seinem bisherigen Kollegenkreis sehr eng verbunden war, stand er immer wieder vor dem Dilemma: Partnerschaft oder Ausgang?

Im Jahre 1986 war es dann ein niederschmetterndes und tief trauriges Ereignis, welches ihm den richtigen Weg aufzeigte. Was war geschehen? Andy genoss zum ersten Mal in seinem Leben einen Höhepunkt der ganz besonderen Art: Tourenskifahren auf dem Sustenhorn auf 3503 Meter über Meer. Als er voller Glücksgefühl und in absoluter Hochstimmung nach Hause kam, empfing ihn Freundin Cornelia mit der erschütternden Botschaft, dass sich einer seiner besten Freunde mit dem Sturmgewehr erschossen habe. Ein Tiefschlag aus dem Nichts, ohne jede Vorahnung und völlig unerwartet.

In Andy starb in diesem Moment ein Teil seines Übermutes und wich einer viel ernsthafteren Lebensanschauung. Die Frage, Partnerschaft oder Ausgang, verschwand gänzlich aus seiner Denkweise. Er wusste nun genau, mit wem er seinen Lebensweg teilen wollte: Mit Cornelia Gamma.

Ein Jahr später gaben sich die beiden das Ja-Wort und das an einem äusserst ehrwürdigen Ort: In der Kapelle Tütschi, einer Einsiedelei auf einer Waldlichtung oberhalb von Rickenbach. Die frühbarocke Ausstattung unterstrich die Willensbekundung: «Bis der Tod uns scheidet.»

Garantiert unvergesslich war die Hochzeitsnacht. Als das neuvermählte Paar in den Morgenstunden, glücklich und müde, ihre Wohnungstüre öffnete, war sofort klar, dass die Kollegen die Wohnung dekoriert hatten. Und wie. Das Schlafzimmer war vollständig ausgeräumt und in einen Sandstrand mit Palmen und einem Swimming-Pool verwandelt worden. Ungeschickt nur, dass der Pool aus Plastik ein Leck hatte, und dadurch ein erheblicher Wasserschaden entstanden war.

Andy Tschümperlin heute zu dieser damaligen Überraschung: «Tatsächlich waren wir im ersten Moment richtig hässig auf die Kollegen. Schliesslich gibt es nach einem so wunderbaren Ehrentag Schöneres als einen derartigen Wasserschaden zu beheben und aufzuräumen. Laut und klar kann ich an dieser Stelle vermerken, dass ich an den jeweiligen Hochzeiten meiner Kollegen mit Rache nicht geizte.»

Welchen idyllischen Flecken Erde wählten Sie für die Hochzeitreise aus?

«Es war Herbst und wir hatten das Bedürfnis, richtig Sonne zu tanken. So flogen wir, übrigens zum ersten Mal gemeinsam, für eine Woche nach Mallorca. Bereits der Flug entbehrte jeglicher Idylle. Es rüttelte und schüttelte, erfüllte mich mit so viel Angst, dass ich mir vornahm, nie mehr in ein Flugzeug zu steigen. Nach diesem Wochenaufenthalt auf der spanischen Insel hatten wir wenigstens eine wichtige gemeinsame Erkenntnis gewonnen: Nie mehr etwas in dieser Art. Wir waren echt nicht die Typen für eine solche Art Badeferien. Übrigens, mein selbst auferlegtes Flugverbot hielt ich konsequent aufrecht, bis ich als Nationalrat zwangsweise in die Lüfte abheben musste: Für Staatsbesuche.»

▼ Sitzt im Militär auf einem richtigen Pulverfass: Als Munitionschef.

Verraten Sie und das Grösste aus Ihrem bisherigen Leben?

«Die Geburten unserer vier Kinder. Es war jedes Mal ein unglaublich erhebendes Gefühl, wenn ich die Nabelschnur durchschneiden und später das Frischgeborene baden durfte. Enorm dankbar bin ich auch dafür, dass die Partnerschaft mit meiner Ehefrau Cornelia nach wie vor so gut funktioniert.»

VIER FRAGEN ZUM SCHLUSS

Haben Sie Erinnerungen an Ferien mit Ihren Eltern?

«Bis zum Jahre 1967 fuhren wir mit dem Auto nach Sant'Abbondio. Dort hatten wir jeweils ein Häuschen gemietet. Zugegeben, die Fahrt durch die Tremola, mit dem stundenlangen Warten, bis man im Tessin ankam, war überhaupt nicht lustig. Einmal dort, gab es viele wunderbare Momente. Beispielsweise das Baden mit dem Vater im Lago Maggiore. Auch dabei hatte er ein Prämiensystem entwickelt: Für drei Schwimmzüge gab es einen Kaugummi. Einen hausgemachten Konflikt erlebten wir anlässlich eines Besuches des berühmten Marktes in Luino. Wir Buben wurden mit einem Plastikauto beschenkt. Da übermannte mich die Eifersucht, weil Bruder Philipp ein viel schöneres Auto bekommen hatte. Kurzerhand entriss ich ihm seinen ganzen ‹Stolz› und warf das Ding in hohem Bogen in den See. Glücklicherweise habe ich den Ausgang dieses Dramas tatsächlich völlig vergessen ...»

Wer waren Ihre politischen Vorbilder?

«Da gab es verschiedene. Auf dem weltweiten Parkett imponierten mir Martin Luther King und John F. Kennedy am meisten. In der Schweiz Helmut Hubacher und Ruth Dreyfuss.»

Denken Sie an ein Comeback in der Politik?

«Der Spruch ‹man soll niemals nie sagen› beinhaltet eine gewisse Logik. Die Wahrscheinlichkeit, dass ich wieder in die Politik einsteige, ist aus heutiger Sicht eher gering. Ein klares Indiz, dass ich in meinem Innern immer noch ein Vollblutpolitiker bin, ist die Tatsache, dass ich sehr viel politisch träume. Eigentlich fehlen mir die Politik und das Tragen einer diesbezüglichen Verantwortung schon.»

Welche Visionen schlummern in Ihnen?

»Im materiellen Denken gibt es keine. Ich habe alles, was ich brauche, bin zufrieden und will weder eine Jacht noch einen Privatjet. Wichtig ist mir, dass sich die Gesellschaft wieder auf Werte besinnt, welche unser schönes Land so gross gemacht haben: Toleranz, Neugier, Forschen nach Antworten auf allerlei Fragen. Es ist mir auch ein grosses Anliegen, mein unmittelbares Umfeld positiv zu beeinflussen und Themen weiterzuvermitteln, welche mir ganz wichtig sind.»

▲ Lässt in einer Hardrock-Band die Funken springen – im Hintergrund die Mythen.

HANSPETER WENGER

DER RETTER, DER LEADER UND DER MACHER

Hanspeter Wenger ist im Berner Oberland eine regionale Grösse. Sein Bekanntheitsgrad hinterlässt jedoch Spuren in der ganzen Schweiz.

Betrachtet man sein bisheriges Lebenswerk, kommt man in Versuchung, von einer Tellerwäscher-Karriere zu sprechen. Da liegt man vermutlich nicht falsch, aber es gibt doch eine wichtige Nuance. Hanspeter Wenger verdiente sein erstes Geld nicht irgendwo in einer Küche, sondern handfest mit dem Handeln von Kaninchen und später mit dem Verkauf von Ziger. Zugegeben, das edle Gut aus Ziegenmilch musste der fantasievolle Bube heimlich im Versteckten zubereiten. Das Geschäft lief bestens und schon damals zeichnete sich klar ab, dass er seine unternehmerische Ader hegen, pflegen und ausbauen würde.

Das tat er beispielsweise bereits, als er die achte Klasse besuchte. Die Bäuertgemeinde Grund Innertkirchen suchte einen Älpler. Der Vater, von Beruf Bergführer, zögerte nicht lange und schickte Sohn Hanspeter in den Frühlingsferien für eine Woche in die Bergbauernschule nach Hondrich ob Spiez. Dort lernte der aufgeweckte Bursche innert kürzester Zeit, wie man Käse fachgerecht herstellt.

Wieder zögerte der Vater keine Sekunde, übertrug Hanspeter eine grosse Verantwortung und entsandte ihn während des Sommers mit einem eigenen Senntum auf die Engstlenalp. Hanspeter als Senn und ein zwei Jahre jüngerer Knabe als Helfer. Zu betreuen gab es 24 Kühe, 56 Rinder und 11 Schweine. Logisch, dass auch die Käseproduktion nicht zu kurz kommen durfte. Im Herbst, nach der Rückkehr ins normale Schulleben, wurde abgerechnet. Und wie. Vater Alfred kassierte bei den Bauern den vereinbarten Sömmerungsbeitrag und Hanspeter, der die grosse Arbeit tadellos geleistet hatte, wurde einzig mit einem «Vergelt's Gott» entlöhnt, denn er hatte ja während der ganzen Zeit auf der Alp kostenlos wohnen und essen können…

Im Sommer darauf zog Hanspeter wieder als hauptverantwortlicher Senne auf die Engstlenalp. Erneut waren seine Leistungen äusserst positiv und zur vollsten Zufriedenheit aller Beteiligten. Punkto finanzieller Abgeltung schlug er jedoch einen neuen Weg ein. Schliesslich musste er auch etwas für sein eigenes Kässeli tun. Da sich die Sennhütte in der Nähe eines Wanderweges befand, hatte Hanspeter eine glanzvolle und profitable Idee. Er stellte gut sichtbar eine Tafel mit folgender Aufschrift auf: «Zu verkaufen frischer Alpziger.» Das Geschäft florierte prächtig und zum Schluss resultierte ein stolzer Gewinn von 1200 Franken. Erwirtschaftet – und in die eigene Tasche gesteckt. Er konnte sein lukratives Nebengeschäft so gut kaschieren, dass nie jemand in seinem Umfeld von diesem Handeln Kenntnis bekam. Auch sein Vater nicht. Ein genialer Unternehmer war auf dem steilen Weg nach ganz oben …

ICH BIN HANSPETER WENGER

▸ Geboren am 26. März 1952 in Innertkirchen BE
▸ Verheiratet mit Andrea
▸ Meine Hobbys sind Schwingsport, Jodeln, Jagd

DER ABSTURZ INS TAL DER TRÄNEN

Die Aussenwahrnehmung von Hanspeter Wenger ist immer die Gleiche. Nichts deutete darauf hin, dass er jeweils in den Nächten mit Schmerzen, Fragen und einem unguten Gefühl unterwegs war. Überall, wo Hanspeter auftaucht, kennt er viele Leute. Sein Namensgedächtnis ist phänomenal. Er liebt es, Menschen um sich zu haben und geht herzlich mit ihnen um.

Es war im Jahre 2014, als sein Schlaf immer häufiger gestört wurde. Hanspeter ordnete die Schmerzen einem Rheumaschub zu. In der Folge spürte er nachhaltig, dass er auch tagsüber nicht mehr der Gleiche war. Plötzlich fehlte ihm die Luft, um Treppen zu steigen und auf der Jagd stellte er konsterniert fest, dass seine Kondition mehr als zu wünschen übrig liess. Endlich nahm er sich die Zeit, um den Hausarzt aufzusuchen. Eine längere Untersuchungsphase gipfelte in der Diagnose: Stiller Herzinfarkt, die linke Herzklappe war total zu.

Aus dem vermuteten Rheumaschub wurde ein Notfall. Hanspeter sah bereits das Tal der Tränen in aller Deutlichkeit vor sich. Natürlich erkannte der nun ins ernsthafte Spiel eintretende Professor Doktor Thierry Carrel sofort, was es geschlagen hatte. Innert knapp zwei Wochen operierte er Hanspeter im Inselspital in Bern, setzte ihm vier Bypässe ein und gab ihm damit sein Lebenselixier bestehend aus Zielstrebigkeit, Freude und Leidenschaft zurück. Logisch, dass es nach einer so schweren Operation eine angemessene Erholungsphase braucht. Herr und Frau Schweizer tauchen dafür in eine Spezialklinik ab und kennen für einige Wochen nur ein Ziel: Rehabilitation in Form von Ruhe und Raum für vollständige Erholung. Und in welcher Klinik konnte man Hanspeter Wenger besuchen? Sie haben es erraten, liebe Leserinnen und Leser, in keiner. Unmittelbar nach der Operation machte er sich auf den Weg in sein schönes Zuhause in Goldswil, besuchte artig verordnete Therapien und ... auf Los ging es bei ihm wieder los. Sein unternehmerisches Denken und Handeln liessen keine andere Lösung zu. Ja, wenn er sich etwas in den Kopf setzt. dann ....

▼ Auf der Skipiste mit Ehefrau Andrea.

Professor Thierry Carrel – ▼
der Mann der guten Tat.

▲ Der Jäger vom Oberhasli.

Und wie hat wohl der hoch anerkannte und weltweit beste Herzchirurg, Professor Doktor Thierry Carrel, seine verantwortungsvolle Mission in Erinnerung? Wir fragen bei ihm direkt nach.

Ich durfte Herrn Hanspeter Wenger im Sommer 2014 kennenlernen. Er hatte bereits einige Jahre zuvor einen Herzinfarkt erlitten, sich davon aber recht gut erholt. Nun plagte den viel beschäftigten und strebsamen Unternehmer eine allgemeine Leistungsschwäche, gepaart mit einer raschen Ermüdbarkeit und etwas Kurzatmigkeit beim Bergaufgehen; typische Herzbeschwerden gab er nicht an. Die Abklärungen zeigten eine stumme, dies bedeutet symptomarme, Durchblutungsstörung des Herzmuskels, bereits bei kleineren Belastungen. Als Eigentümer einer grossen Firma in Interlaken sowie Besitzer, Förderer und zuletzt auch Retter eines wichtigen Skigebietes im Berner Oberland hatte er gewiss viele Sorgen zu tragen.

... als Retter eines wichtigen Skigebietes im Berner Oberland hatte er gewiss viele Sorgen zu tragen.

Wir trafen uns vorerst für eine Besprechung im Hinblick auf die geplante Herzoperation. Ich durfte ihm und seiner Ehefrau die medizinische Begründung zum Eingriff erklären. Wir sprachen auch über seine Pläne, seine Visionen und seine Sorgen mit dem Hasliberg. Hanspeter Wenger hinterliess bei mir das Bild des pflichtbewussten, engagierten und umsichtigen Patrons. Genauso wie in seinem Betrieb, fällte er einen raschen Entscheid für die Durchführung der Operation. Er trat knapp zwei Wochen danach in die Klinik für Herz- und Gefässchirurgie des Inselspitals ein. Ich besuchte ihn noch am späten Abend; wie so oft spürte ich bei diesem sehr sympathischen Patienten eine gewisse existenzielleAngst – es ging schliesslich um einen Eingriff am Herzen. Das ist für mich nicht zuletzt einer der Gründe, warum ich vor dem Verlassen des Spitals, in der Regel bei allen Patienten, die sich am nächsten Tag einem Eingriff unterziehen müssen, vorbeischaue. Patienten fühlen sich nicht selten am Abend vor dem Eingriff wie alleine vor der Eigernordwand: Sie brauchen einen Bergführer, der sie zum Gipfel begleitet.

Auch Hanspeter Wenger brauchte Ermutigung und Zuversicht, dass alles seriös vorbereitet sei und auch höchstwahrscheinlich erfolgreich über die Bühne gehen würde. Der Eingriff verlief ohne Komplikationen und Hanspeter konnte nach knapp einer Woche die Klinik bereits verlassen. Er strahlte eine grosse Zuversicht aus und ich spürte seinen Willen, so früh wie möglich wieder am Kommandopult in der Garage zu stehen und Pläne für die kommende Wintersaison auf dem Hasliberg zu schmieden. Bei den Gesprächen, die wir nach dem Eingriff noch führen durften, erfuhr ich sehr viel über das vielseitige Leben und das grosse Engagement von Hanspeter für die Region Interlaken-Meiringen. Seine Grosszügigkeit dürfte legendär sein.

Im darauffolgenden Winter lud er ein kleines Team von Ärzten zu einem Skitag auf den Hasliberg ein und begleitete uns auf allen Pisten – als Skilehrer quasi; seine Form war bemerkenswert und auch psychisch hatte er die Belastung des vergangenen Sommers bestens überwunden. Später half er sogar mit, den Skitag unserer Klinik zu organisieren und zeigte sich einmal mehr als grosszügiger Gastgeber.

Für mich bleibt es ein Privileg, Patienten – so auch Hanspeter Wenger – in einer schwierigen Lebenssituation zu begleiten. Nicht nur die technische Leistung, die ich erbracht habe, bleibt mir in Erinnerung, sondern viel mehr die Begegnung mit interessanten Menschen mit unterschiedlichsten kulturellen, sozialen und sprachlichen Hintergründen.

Hanspeter Wenger erzählt Autorin Christina aus der Tiefe seiner Seele. «Beim schweren Gang ins Inselspital, um den notwendigen Eingriff machen zu lassen, war die Angst zugegebenermassen unterschwellig mein Begleiter. Ich wusste genau, dass ich, neben dem phänomenalen Können von Herrn Professor Thierry Carrel, auf meine guten Schutzengel zählen durfte. Tatsächlich waren mir diese hold gestimmt. Die Eingriffe an den Knien und an der Schulter waren dagegen weit einfacher zu verarbeiten, vergleichbar mit meinen unguten Gefühlen, welche ich als Jüngling auf der Alp durchlebt hatte, als ich die Kühe zusammentreiben musste, und der Wettergott gleichzeitig ein unheimliches Gewitter über den Hasliberg ergehen liess.»

EIN BLICK ZURÜCK. ES WIRD HART, HERZLICH UND EINE MÄRCHENHAFTE ERFOLGSGESCHICHTE

Zur Illustration dafür, dass Hanspeter keineswegs als verwöhnter Goldjunge durch die Kinder- und Jugendzeit gesurft war, gibt es eine eindrückliche Episode. Hanspeter hatte folgenden grossen Kleiderwunsch, welcher von seinen Eltern konsequent unerhört blieb: Halbleinige Hosen. Die Hoffnung aufgeben? Aber doch nicht einer wie Hanspeter Wenger. Eines schönen Tages bekam er mit, dass sein Vater die Militärklamotten entsorgte. Da witterte der Blondschopf seine Chance und eignete sich kurzerhand den Militärmantel an. Er brachte das ausrangierte Stück zu einem Schneider und liess sich daraus lange Hosen anfertigen. Das Geld für diese exklusive Ausgabe verdiente er sich auf der Alp. Ja, wenn er sich etwas in den Kopf setzt, dann …

Die Eltern legten grossen Wert auf eine gute Erziehung ihrer Kinder. Früh schon wurde ihnen Freundlichkeit, Korrektheit und Ehrlichkeit vorgelebt und beigebracht. Eine saubere Kleidung rundete das gute Bild einer sympathischen, arbeitsamen Familie ab. Zu einem wertvollen und wichtigen Ritual gehörte auch das Gebet mit der Mutter vor dem Schlafengehen.

▲ Hanspeter (in der Mitte) hat auch in der Schulbank alles im Griff.

Stichwort: Mutter Ella. Diese war Gemeindeschwester und hatte in dieser Funktion natürlich einen Apothekerschrank mit verschiedenen Utensilien für die Erstversorgung ihrer Patienten. In einem Kässeli sammelten sich einige Franken aus dem Medikamentenverkauf an. Hanspeter war fünf Jahre alt, als er der Versuchung nicht widerstehen konnte, einen Franken aus der Kasse stahl und sich damit im Dorflädeli mit zehn Vanille-Glace-Stengeln eindeckte. Sieben dieser süssen Versuchungen verschlang er auf der Stelle. Die erste Strafe folgte unverzüglich. Ihm wurde nämlich elendiglich schlecht und so kam es wie es kommen musste: Er musste sich übergeben. Die Eltern wollten alsdann ganz genau wissen, weshalb er sich plötzlich in einem solch üblen Zustand befand. Hanspeter zögerte nicht und erzählte kleinlaut die wahre Geschichte. Auch sein reuiges Bekenntnis zum Diebstahl bewahrte ihn nicht von der absoluten Höchststrafe: Er musste die ganze Nacht im dunklen Keller verbringen. Ohne Wenn und Aber und ohne jegliche Verpflegung. Der Vater war ein sehr strenger Mann und kannte bei solchen Verfehlungen keine Nachsicht.

Sein Einsatz, sein Fleiss und seine Zuverlässigkeit waren unverkennbar.

Sonst gibt es über den Jüngling Hanspeter Wenger eigentlich nur Gutes zu erzählen. Als 6-Jähriger züchtete er die ersten Kaninchen. Bereits ein knappes Jahr später war er in jeder freien Minute bei den Bauern anzutreffen, wo er im Stall kräftig mitwirkte. Sein Einsatz, sein Fleiss und seine Zuverlässigkeit waren unverkennbar. Das ging dann so weit, dass sich Bauer Adolf Zybach diese Fähigkeiten zu eigen machte und Hanspeter praktisch fest verpflichtete. Morgens und abends besorgte der inzwischen 14-Jährige die Stallarbeit vollkommen selbständig. Die vier Kühe und 12 Rinder hatten ein gutes Leben. Hanspeter fütterte und tränkte die Vierbeiner und sowohl ihr Äusseres wie ihr Heim waren tadellos herausgeputzt. Auch das Melken gehörte zum Programm und bereitete dem Jüngling grosse Freude.

Wer nun davon ausgeht, dass Hanspeter nur bei fremden Leuten seinen «Mann» stellte, geht von komplett falschen Voraussetzungen aus. Auch zu Hause in Innertkirchen, im elterlichen Dreifamilienhaus, hatte er zusammen mit seinem Vater eine ganz wichtige Aufgabe: Das Intakthalten der Holzheizung. Und es war wahrlich nicht damit gemacht, dass man irgendwo das nötige Brennholz kaufte und in den Ofen legte. Oh nein, im Wald mussten die Bäume gefällt und das so wichtige Wärmeprodukt anschliessend entsprechend gerüstet werden. Der Transport nach Hause vollzog Hanspeter mit dem Motormäher und sozusagen als Dessert musste er das Holz sägen, scheitern und zu einer kunstvollen Beige aufreihen. Im Winter trug er dann korbweise Holz vom Schopf in den Keller, wo die Zentralheizung für das ganze Haus für wohlige Wärme sorgte. Der Vater profitierte von dieser wertvollen Vorarbeit und brachte den Ofen jeweils um fünf Uhr in der Früh in Gang.

Hanspeter Wenger, Ihr Arbeitsprogramm war bereits als Kind gigantisch. Gab es zur Erholung Ferien im Kreise der Familie?

«Ferien kannten wir nicht und wir dachten deshalb auch nicht daran, solche einzuführen. Meine Arbeit bei den Bauern hätte auch keine Abwesenheiten zugelassen. Mit den Eltern durfte ich allerdings immer wieder schöne Wanderungen unternehmen. An den freien Nachmittagen war es mir eine Freude, wenn ich ab und zu mit Schulkameraden Skifahren durfte. Eine Auflage bestand jedoch ausnahmslos: Ich musste zeitig im Stall sein, um meinen Pflichten nachzukommen.»

Wie war es im Sommer?

«Als siebenjähriger Bub musste ich zum ersten Mal mit einem Älpler auf die Arnialp. Dort bestand meine Arbeit daraus, Kühe zu sammeln, den Schopf zu reinigen und natürlich auch beim Melken mitzuhelfen. Eine harte Zeit in einer anderen Welt. Sieben Sommer lang wiederholten sich diese arbeitsreichen Aufenthalte in der Abgeschiedenheit. Einen grossen Vorteil gab es doch: 14 Tage Alpdispens in der Schule und im Herbst nochmals 14 Tage zusätzlich ohne Schulstress. Das war die schöne Seite der Medaille.»

Themenwechsel. Wie standen Sie zu Ihren Grosseltern?

«Mit den Grosseltern väterlicherseits pflegte ich ein sehr gutes Verhältnis. Speziell mit der Grossmutter teilte ich ein echtes Geheimnis. Während der grossen Pause in der Schule tauchte sie regelmässig auf und schenkte mir heimlich Schokolade. Diese hatte sie unter ihren Kleidern gut versteckt. Denn der Grossvater durfte davon ja nichts merken, sonst hätte er dem geheimnisvollen Treiben ein Ende gesetzt. Dummerweise war die Schoggi immer halb geschmolzen.»

Sie hatten eine bewegte, arbeitsreiche, erlebnisvolle und abwechslungsreiche Kinder- und Jugendzeit. Wie stand es überhaupt mit der Schule?

«Zugegeben, in die Schule ging ich nie gerne. Im Unterricht waren meine Gedanken oftmals nicht beim Lernstoff, sondern bei den verschiedenen Bauern und deren Tiere. Stark war ich in den Fächern Rechnen, Turnen und Singen. Dagegen widerstrebte mir alles, was mit Geografie und Schreiben zu tun hatte. Schulische Höhepunkte waren für mich die Examenanlässe. Einerseits, weil ich sehr gerne Theater spielte und andererseits wegen der feinen ... Crèmeschnitte. Ungern gebe ich auch zu, dass mein Schulweg, speziell im Winter, öfters etwas zu lange gedauert hatte. Schliesslich war

▲ Der Unternehmer mit viel Mut zum Risiko.

◀ Wintertauglich in Diensten der Schweizer Armee.

in dieser Zeit die Aare hie und da zugefroren und das forderte uns richtiggehend auf, über das Eis zu gehen. Leider war die Eisdecke meistens zu dünn und wir brachen ein. So hatten wir ganz gefährliche Situationen zu meistern, welche Gott sei Dank, nie zu einem Unglück führten. Natürlich kamen wir triefend nass nach Hause, mussten unsere Kleider zum Trocknen in den Heizungsraum hängen und uns dort auch körperlich richtig aufwärmen.»

Hand aufs Herz. Waren Sie wirklich immer der streb- und arbeitssame Bursche? Immer brav und nie für einen Streich bereit?
«Nein, einen Heiligenschein kann ich mir wirklich nicht guten Gewissens aufsetzen. Als ich bei den Bauern im Urbachtal, dem Ort des Vorsasses, wirkte, war ich für Streiche immer zu haben. Ein Beispiel. Ein Knecht hatte in der Nacht furchtbare Angst vor Mäusen. Als ich das herausfand, kratzten ein Kollege und ich von aussen an der Wand des Knechte-Zimmers. Die Geräusche hatten eine täuschende Ähnlichkeit mit denen, wie sie Mäuse verursachen. Es ging nicht lange, dann hörten wir den Knecht schreien und wir sahen, dass er die Petrol-Lampe anzündete. Nun sass der gute Mann die ganze Nacht an einem Tisch und traute sich nicht mehr ins Bett. Wir haben uns natürlich köstlich amüsiert und waren stolz, dass unser Streich ein voller Erfolg war.»

> **«Nein, einen Heiligenschein kann ich mir wirklich nicht guten Gewissens aufsetzen.»**

Die Berufswahl lief überhaupt nicht nach dem Gusto von Hanspeter Wenger. Seine Eltern kannten den Besitzer und Chef der Firma Fritz Willi AG in Meiringen bestens und so war schnell klar und entschieden, dass ihr Sohnemann die Lehrstelle als Schlosser antreten werde. In der ländlichen Sprache würde man vermutlich von einem Kuhhandel sprechen. Hanspeter träumte indessen von einem ganz anderen Berufsleben. Landwirt sah er als seine Berufung. Diese Option wurde jedoch nicht in Betracht gezogen, weil es in jener Zeit äusserst schwierig war, Land und einen Bauernhof zu erwerben. Zudem fehlte in der Regel auch das nötige finanzielle Polster, um eine solche Investition stemmen zu können.

Im Schlosserberuf sah Hanspeter für sich keine Zukunft.

Im Schlosserberuf sah Hanspeter für sich keine Zukunft. Zudem fehlte ihm das innere Feuer und das ernsthafte Interesse für dieses Handwerk. So war für ihn bald klar, dass er nach seiner erfolgreichen Lehrabschlussprüfung einen anderen Weg einschlagen werde. Tatsächlich arbeitete er letztendlich nicht einen einzigen Tag als Schlosser.

Obwohl seine Eltern niemals ein Auto besessen hatten, faszinierte ihn alles, was mit solchen Fahrzeugen zu tun hatte. Nach der Lehre heuerte Hanspeter nahtlos in einem Garagebetrieb in Meiringen als Hilfsmechaniker an. Seine Auffassungsgabe war derart exzellent, dass er schnell Servicearbeiten und Reparaturen absolut eigenständig ausführen konnte.

Hanspeter Wenger heute zu seiner ersten Stelle nach der Lehrzeit: «Der Stundenlohn von Fr. 6.50 war in bester Ordnung und entsprach der damaligen Norm. Meinem Chef Kurt Döbeli bin ich noch heute sehr dankbar, dass er mir die Chance gegeben hat, den Umstieg vom Schlosser zum Automechaniker zu realisieren.»

Im Jahre 1975 wagte er sich tatsächlich in die Selbstständigkeit und eröffnete in einem Holzschopf seine eigene Autowerkstatt. Dabei durfte er auf das Vertrauen der Raiffeisenkasse und auf den Glauben des Vaters an seinen dynamischen Sohnemann bauen. Beide liehen ihm das notwendige Geld als Startkapital. Bald schon verkaufte Hanspeter Wenger das erste Auto: Einen roten Opel Ascona. Sein erster Kunde war der Bauunternehmer Ernst Raz aus Innertkirchen, welcher den Handel ohne jeglichen Vertrag einging und die geforderten 10 000 Franken ohne mit der Wimper zu zucken hinlegte. Ernst Raz: «Der Opel Ascona hat mir gute Dienste erwiesen, sogar auf der Hochzeitsreise. Schnell war für mich klar, dass ich ein treuer Opel- und Wenger-Kunde bleiben werde.» Der Firmeninhaber Wenger fuhr als erstes Auto einen roten VW-Käfer. Nicht zuletzt dank diesem trendigen Modell florierte sein Geschäft so gut, dass er den Holzschopf, ohne Wasseranschluss, durch einen Neubau ersetzen wollte. Und, wir wissen es schon: Ja, wenn er sich etwas in den Kopf setzt, dann …

Zwischenhalt. Drei Fragen von Autorin Christina Boss: Hanspeter Wenger, waren Sie selber ein wilder Autofahrer?
«Das kann man guten Gewissens so ausdrücken. Ich war meistens zu schnell unterwegs und nicht selten wurde mein Portemonnaie deswegen ordentlich erleichtert. Gott sei Dank blieb ich crashmässig weitgehend verschont. Ein einziges Mal produzierte ich einen Totalschaden, gab diesem Ereignis allerdings keine hohe Bedeutung, weil niemand dabei verletzt wurde. Das war die Hauptsache. Trotzdem ist es nicht von der Hand zu weisen, dass mir die Schutzengel in Bezug auf das Autofahren immer gut gesinnt sind.»

Haben Sie bleibende Erinnerungen an die Schweizer Armee?

«Ausgehoben wurde ich in Meiringen als Seilbahn-Sapeur. Während der Rekrutenschule genoss ich eine längere Ausbildung im aargauischen Bremgarten und während sieben Wochen auf dem Julier. Mit voller Überzeugung kann ich sagen, dass meine Diensttage sinnvoll und spannend gestaltet waren. In Savognin bauten wir beispielsweise eine Transportseilbahn zur Erschliessung von zwei neuen Alphütten. Das war wirklich gut. Genau in dieser Zeit lernte ich auch die militärische Gerichtsbarkeit kennen. Ich fuhr nämlich mit meinem roten VW-Käfer und mit drei Kollegen als Beifahrer nach Chur in den Ausgang. Heimlich und natürlich ohne Einholung einer entsprechenden Bewilligung. Die Folge: Wir wurden erwischt und erlebten, wie die hohen Herren Gnade vor Recht ergehen liessen. Uns wurde lediglich eine zusätzliche Sonntagswache aufgebrummt.»

Wie gestalteten Sie Ihre karge Freizeit?

«Äusserst aktiv. Ich war Mitglied der Schwingersektion Meiringen. Im Winter konnte der Skiclub Innertkirchen auf meine Dienste zählen und zudem sang ich im Jodlerklub Innertkirchen. Das war meine Welt neben den hohen beruflichen Belastungen.»

Wir schreiben das Jahr 1977, als die neu gebaute Garage in Innertkirchen eröffnet wird. Der Chef persönlich war exponiert, belastet und stand in einer grossen Verantwortung. Trotzdem, und das passt zum Bild des uneigennützigen Burschen, fand er die Zeit, um seiner damals 58-jährigen Mutter das Autofahren beizubringen.

In den Jahren 1985 bis 1989 gab es im Zusammenhang mit dem Berner Oberländer Gipfelstürmer nur einen Slogan: Das Handeln ist des Wengers Lust. Er kaufte und verkaufte in Brienz eine Garage; er kaufte und verkaufte in Innertkirchen das Hotel Alpina und er realisierte später in Matten bei Interlaken eine Garage, welche ihn zu einem wichtigen Garagisten im Berner Oberland werden liess. Seine nahezu unerschöpfliche Energie spornte ihn zu vielen weiteren Grosstaten im Bereich der Autoindustrie an.

Das Handeln ist des Wengers Lust!

Beim Besuch des Oberländischen Schwingfestes in Schönried im Jahre 1992 war Hanspeter Wenger im Hotel Kernen einquartiert und es ist kein Geheimnis, dass ihm die Tochter des Hauses ausserordentlich gut gefiel. Einmal mehr lebte Hanspeter konsequent nach seinem bewährten Grundsatz: Ja, wenn er sich etwas in den Kopf setzt, dann ...

Er nahm den Kampf um seine Angebetete auf und durfte zwei Jahre später, im Wonne Monat Mai, Andrea Kernen zum Traualtar führen. Nach der harmonischen und fröhlichen Hochzeitsfeier gönnte sich das frischvermählte Paar eine Auszeit: Flitterwochen auf Gran Canaria. Von nun an muss Hanspeter den gesamten Freuden- und Sorgenberg nicht mehr alleine tragen. Andrea stand und steht ihm jederzeit tatkräftig und umsichtig zur Seite.

Hanspeter Wenger hat sich, wie bereits in früher Kindheit als Kaninchen-Händler angekündigt, zu einem unglaublich innovativen und weitsichtigen Unternehmer entwickelt. Seine Bandbreite geht weit über Pferdestärken und Luxuslimousinen hinaus. Als bei den Bergbahnen Meiringen-Hasliberg das Damoklesschwert einer Nachlassstundung über der ganzen Region schwebte, verharrte er nicht im stillen Kämmerlein, nein, er stellte sich der fast übermächtigen Herausforderung. Ohne Rücksicht auf persönliche Verluste legte er sich mächtig ins Zeug. Sein Leitsatz diente ihm als Wegweiser: Geht nicht, gibt's nicht.

Beispielsweise erschallte das Echo von Bruno Weber, Delegierter des Verwaltungsrates der Rügenbräu AG, Interlaken, wie folgt: «Hanspeter Wenger ist gleichermassen Macher, Helfer, Kamerad, Optimist und Visionär. Eine grosse Portion von all dem benötigte er, als er die Bergbahnen Meiringen-Hasliberg übernommen hat. Für diese Risikobereitschaft gebührt ihm der Respekt einer ganzen Region.» Auch der Pressewald nahm diesen ausserordentlichen Effort wahr und geizte nicht mit Erfolgsmeldungen. So stand in der Luzerner Zeitung vom 8. Februar 2017: «Der Garagist, der den Hasliberg rettete.»

Vor sechs Jahren standen die Bergbahnen Meiringen-Hasliberg vor dem Konkurs. Hanspeter Wenger bewahrte das Skigebiet vor dem Aus. Bei der Neuausrichtung setzt der Berner auf den heimischen Markt und auf gute Freunde.

Sein Mut zum Risiko und sein unternehmerisches Geschick bewies er Ende 2011 in aller Deutlichkeit. 40 Millionen Franken Schulden lasteten auf dem Unternehmen. Der Konkurs war in greifbarer Nähe. Da sagte er zu sich: «Das darf doch nicht passieren, denn wenn das Skigebiet schliesst, wäre das eine Katastrophe. Über 250 Stellen wären direkt gefährdet und viele weitere Arbeitsplätze würden ebenfalls auf dem Spiel stehen, denn die Bergbahnen sind der grösste Arbeitgeber der Gemeinde Hasliberg mit knapp 1000 Einwohnern und gegen 700 Zweitwohnungen. Die meisten Personen aus meinem persönlichen Umfeld rieten mir von einem Engagement ab.» Einmalmehr sind wir an einem Punkt angelangt, welchen wir bestens kennen. Ja, wenn er sich etwas in den Kopf setzt, dann …

Also stieg Hanspeter Wenger ein und übernahm, zusammen mit einem weiteren Investor aus der Region, die Aktien der Bergbahnen für 8 Millionen Franken. So konnte verhindert werden, dass das Skigebiet die Konzession verlor, alle 13 Bahnen abgestellt und den Mitarbeitern gekündigt werden musste.

Der Garagist, der den Hasliberg rettete.

▲ Volksverbunden als Sänger im Jodlerklub Innertkirchen.

◄ Ein Bild mit Seltenheitswert: Hanspeter in Holiday-Stimmung.

Investiert wurde auch in ein neues Hotel. In Rekordzeit von nur sechseinhalb Monaten entstand 2015 das Hotel Reuti. Einen grossen Beitrag zum gelungenen Bau leistete dazu der Freund von Hanspeter Wenger – Schwingerkönig Harry Knüsel. Der markante Chalet-Bau mit 18 Zimmern und Gastwirtschaft ist heute so etwas wie der Stolz der Region.

Wir erlauben uns folgende Frage an den mutigen Vorwärtsstrategen:
Waren Sie sich bewusst, welches Risiko Sie sich auf Ihre Schultern luden?
«Mir war bewusst, was auf mich zukommt und dass dies eine riesige Herausforderung ist. Schliesslich ging es primär um Menschen – 120 Mitarbeitende im Sommer und bis zu 230 im Winter. Was mir nicht bewusst war, war, dass der ganze Betrieb so extrem wetterabhängig ist.

Die grösste Erwartung stellte ich jedoch an mich selbst, nämlich die Herausforderung zu meistern und das Unternehmen finanziell auf Vordermann zu bringen. Inzwischen darf ich sagen, dass wir das mit einem tollen Team fertiggebracht haben. Trotz vielfach schwierigen Witterungs- und Rahmenbedingungen konnten wir jedes Jahr mindestens einen Cash-Flow von 3,5 Millionen erwirtschaften und in den letzten Jahren haben wir rund 38 Millionen Franken investiert. Unsere Anlagen sind in einem Topzustand. Mein Erfolgsrezept heisst: Freundlichkeit, Herzblut und Leidenschaft.»

Hanspeter Wenger, der Retter, der Leader und der Macher, der für seine aufopfernde, nimmermüde Art einen hohen Preis auf sich nehmen musste. Herr Gemeindepräsident Arnold Schild – Sie haben das Wort.

Freundlichkeit, Herzblut und Leidenschaft.

Was geht Ihnen durch den Kopf, wenn
Sie den Namen Hanspeter Wenger hören?
«Natürlich sofort und in dankbarer Art und Weise, dass Hanspeter Wenger die Hasliberger aus einem echten Elend befreite, als er die Bahnen übernahm und in einen guten Bereich führte. Speziell erwähnenswert ist dabei, dass er nicht aus geschäftlichen Motiven handelte, sondern mit viel Herzblut für den Hasliberg. Mit seinem selbstlosen Wirken hat er viele Arbeitsplätze, und das im ganzen Haslital, gerettet. Die weitgehenden positiven Auswirkungen sind enorm hoch einzuschätzen.»

Aber Hanspeter Wenger ist doch ein Fremder.
«Eben nicht. Als junger Mann ging er auf dem Hasliberg z'Alp und hat dadurch die schöne Gegend und die Hasliberger-Bevölkerung kennen und schätzen gelernt. Er hat genau gespürt, wie viel verloren gegangen wäre, wenn er nicht zu zielführenden Aktionen bereit gewesen wäre. Der persönliche Bezug von Hanspeter Wenger war ein grosser Glücksfall für die Region Hasliberg und das Haslital.»

Hätten Sie als Gemeindepräsident ohne seine hochaktive Ader mehr Sorgen?
«Das ist völlig klar. Ich wüsste tatsächlich nicht, wie es herausgekommen wäre, wenn die Anlagen in die Hände eines Investors geraten wären, welcher den Profit in den Vordergrund gestellt hätte. Hanspeter Wenger ist eine Persönlichkeit, welche in erster Linie die Anliegen der Menschen in seinem Herzen trägt und es zudem versteht, Gleichgesinnte in sein Umfeld einzubeziehen. Er hat auch mich als Gemeindepräsidenten überzeugt und meine Gedankengänge gehen in die gleiche Richtung.»

▲ Hanspeter Wenger mit Gemeindepräsident Arnold Schild.

Wie ist Hanspeter Wenger als Mensch?

«Wohlwollend, positiv denkend und mit sehr viel Erfahrung im Bereich der Geschäftswelt. Er sieht immer den Menschen im Ganzen. Man spürt immer wieder, dass er auch schwere Zeiten durchstehen musste und immer wieder einen Weg zum Guten gefunden hat. Er ist sich auch nicht zu schade, einen grossen Teil seines Lebens in das ‹Projekt Hasliberg› zu investieren. Ich bin überzeugt, dass er sich dadurch eine schöne Lebensqualität generiert. Und wenn einmal eine erfreuliche Rendite erwirtschaftet wird, zögert er nicht und gibt das Geld für weitere Investitionen frei. Selbstlos und im Interesse der ganzen Region.»

Was wünschen Sie Hanspeter Wenger?

«In erster Linie ein langes und gutes Leben mit der dazu gehörenden stabilen Gesundheit. Ich wünsche ihm aber auch, dass er seine persönlichen Grenzen respektiert und sich die wichtigen Erholungsräume gönnt. Die ganze Bevölkerung wünscht sich, dass seine positiven Züge immer in ihm bleiben und er dem Hasliberg noch lange innovativ und zielführend zur Verfügung steht.»

VIER FRAGEN ZUM SCHLUSS AN HANSPETER WENGER

Haben Sie Geschwister? Gab es auch Ämtli im Haushalt?

«Jawohl. Ich bin der Erstgeborene, dann folgten die beiden Schwestern Marianne und Ursula und zum Schluss kam Bruder Markus zur Welt. Weil die Mutter häufig als Gemeindekrankenschwester stark gefordert war, kochte eine der Schwestern eine feine Suppe oder sonst ein einfaches Gericht. Mir war jeweils vorbehalten, beim Kochen und beim Abwaschen mitzuwirken. Das klappte sehr gut und ... Hunger leiden mussten wir nie.»

Stimmt es, dass Sie dem Konfirmandenunterricht ab und zu fernblieben?

«Das hingegen ist eine klare Fehlinformation. Der Konfirmandenunterricht war schliesslich obligatorisch – auch für mich. Zur Konfirmation wünschte ich mir von Gotte und Götti Bargeld, um Kleider kaufen zu können. Übrigens, das Buschtelefon hat offenbar etwas verwechselt. Im Schulbetrieb kam es wirklich vor, dass ich mich hin und wieder rarmachte. Die Arbeiten bei den Bauern hatten ganz einfach eine viel höhere Priorität.»

In welchem Alter zogen Sie von zu Hause aus?

«Das war im Jahre 1976. Da war ich 24 Jahre alt. Im Zusammenhang mit meinem Garage-Neubau in Innertkirchen realisierte ich über der Werkstatt eine Wohnung und zog in diese ein. Nun war ich auch im Haushalt mein eigener Herr und Meister.»

Verraten Sie uns Ihre Wünsche und Visionen?

«Visionen und Ziele habe ich speziell auf dem Hasliberg noch viele. Es ist mir ein grosses Anliegen, dass der Winterbetrieb so erhalten bleiben kann, wie er zurzeit ist. Zudem möchte ich den Sommerbetrieb noch intensiver vorantreiben. Etwa in Bezug auf Erlebnisparks für Kinder und Jugendliche. Um alle meine Visionen realisieren zu können, muss auch mein primärer Wunsch in Erfüllung gehen: Stets eine stabile, gute Gesundheit.»

▼ Der umsichtige Gastgeber mit seinen treuen Hotelgästen Christian Robin und Christina.

AUTOREN

Ohne Zweifel hat es sich in den letzten Jahren ergeben, dass wir als Autoren-Team eine Art «Lese-Nische» gefunden und aufgebaut haben. Deshalb machen wir uns immer wieder auf den Weg, um Persönlichkeiten zu finden und dazu zu begeistern, dass sie Freuden und Leiden ihres Lebens offen darlegen. Die verschiedenen Biografien sollen aufzeigen, dass es sich immer wieder bezahlt macht, an das Gute zu glauben und Hürden in diversen Höhen zu überspringen.

Der Titel dieses Buches «Im Tal der Tränen und das Leben geht weiter» ist nicht oberflächlich gewählt worden. Die Gedanken dahinter sind wohlbedacht. Vermutlich gibt es nur wenige Leute in unserer Gesellschaft, welche nicht auch schon den unangenehmen Marsch durch das Tal der Tränen kennenlernen mussten. Und viele durften letztendlich erkennen, dass man sogar gestärkt den Aufstieg in Richtung Gipfel antreten kann.

Zu unserer grossen Freude und in hochachtungsvoller Dankbarkeit haben sich 20 Persönlichkeiten zur Verfügung gestellt, um ihre ureigenen Geschichten zu erzählen und mit Fotos zu illustrieren. Das ist wahrlich keine Selbstverständlichkeit, zeigt aber nachhaltig auf, dass alle das Tal der Tränen tatsächlich mit Stärke, Selbstbewusstsein und einer Portion Humor verlassen haben. Ein hohes Zeichen, dass das Leben immer wieder positiv weitergehen kann.

Als Autoren-Ehepaar müssen wir offen gestehen, dass die einzelnen Geschichten für uns zeitweise eine enorme Herausforderung bedeuteten. Nicht wegen der zeitlichen Beanspruchung, auch nicht wegen der zum Teil weiten Reisen von Christina – sondern – weil uns die tragischen Schicksale tief berührt und in ihren Bann gezogen haben. Doch uns, wie auch allen Leserinnen und Lesern, wollen diese unterschiedlichen Lebenswege zeigen, dass es immer wieder aufwärts geht. Denn, wo ein Wille ist, ist immer ein Weg und ein fürsorglicher Engel wird uns alle stets begleiten.

Christina Boss

Christian Boss

**Kanton Schwyz
Kulturförderung**
SWISSLOS

 Kulturförderung Graubünden. Amt für Kultur
Promoziun da la cultura dal Grischun. Uffizi da cultura
Promozione della cultura dei Grigioni. Ufficio della cultura
SWISSLOS

KIM STREBEL ARCHITEKTEN

AUCH EIN GROSSES DANKESCHÖN FÜR BEITRÄGE VON:

- Ernst Werthmüller, Holziken
- Schmutz + Partner Metallbau AG, Gipf-Oberfrick
- Hypothekarbank Lenzburg, Lenzburg
- Dr. Paul Affentranger, Arzt, Flühli

BILDNACHWEIS

BILDBEARBEITUNG
Boss-Foto Aarau
Kurt Geisseler Oberentfelden

BILDER
Titelbild: ©Eberhard Gross, Public License gemäss www.creativecommons.org
Orlandi Photography by Roland Kämpfer, Langenthal
Werner Schaerer, schaererphotographs.ch
Nicolas Y. Aebi, Fotostudio, Zürich
Maedy Georgusis, mg-photography.ch
Marco Grob, New York (Kampagnenbild für Schweizer Paraplegiker-Stiftung)
Joseph Khakshouri Photography, Zürich
Christian Lanz, Fotostudio, Zürich
Kurt Meier, Studio Art, Horgen
Tamara Reinhard, Photography, Kerns
Anja Zurbrügg Photography

Von Diversen zur Verfügung gestellt
Dafür bedanken wir uns ganz herzlich.

BEREITS ERSCHIENEN VON
CHRISTINA UND CHRISTIAN BOSS

**Schiedsrichter sind
auch nur Menschen**

Christina Boss, Christian Boss
240 Seiten, Hardcover
ISBN 978-3-7245-2100-6
CHF 34.80

**Goldenes Eichenlaub
Die Geschichten der Schwinger
mit 100 und mehr Kranzgewinnen**

Christina Boss, Christian Boss
280 Seiten, Hardcover
ISBN 978-3-7245-2116-7
CHF 34.80

Der steile Weg ins Rampenlicht

Christina Boss, Christian Boss
360 Seiten, Hardcover
ISBN 978-3-7245-2170-9
CHF 36.80

Politiker und ihr anderes Ich

Christina Boss, Christian Boss
360 Seiten, Hardcover
ISBN 978-3-7245-2211-9
CHF 34.80

BEREITS ERSCHIENEN VON CHRISTINA UND CHRISTIAN BOSS

**Der Doktor und der liebe Gott –
Ärzte erzählen aus ihrem Leben**

Christina Boss, Christian Boss
360 Seiten, Hardcover
ISBN 978-3-7245-2301-7
CHF 34.80

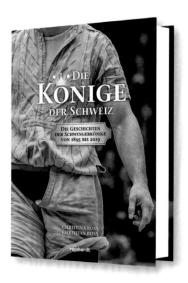

**Die Könige der Schweiz –
Die Geschichten der
Schwingerkönige**

Christina Boss, Christian Boss
388 Seiten, Hardcover
ISBN 978-3-7245-2362-8
CHF 44.80

**Helden der Volksmusik
und ihre Lebensspuren**

Christina Boss, Christian Boss
320 Seiten, Hardcover
ISBN 978-3-7245-2363-5
CHF 39.80